工商管理硕士(MBA)系列教材

MBA

会计学：
基于报表分析视角

KUAIJIXUE（第2版）

JIYU BAOBIAO FENXI SHIJIAO

■主　编　张金若

■副主编　朱　丹　李世新

重庆大学出版社

内容提要

本书针对 MBA 学员缺乏会计基础知识的情况及会计学课程学习的主要目标不同于会计从业人员这一显著特点，围绕如何看懂财务报表这一主要目的展开写作。本书第 1 章简要介绍了财务报表生成的逻辑过程，让 MBA 学员尽可能地在教师引导下完成会计学入门。随后，通过 4 章的篇幅详细介绍了资产负债表、利润表和综合收益表、现金流量表各主要报表项目的经济内涵以及合并财务报表与个别财务报表简要区别，让读者读懂财务报表的“单个报表”。在此基础上，第 6 章介绍了财务报表分析，让读者能够读懂财务报表的“整体”。因此，本书还专门用一章简单介绍审计报告解读。同时，最后一章专门介绍了财务会计若干特殊问题。

本书主要适用于 MBA 学员，也可作为 EMBA 学员、MPAcc 学员、财务经理、投资经理、企事业单位其他管理人员等学习会计学的参考教材，还可作为大学本科会计专业学生强化财务报表认知的教材，也适合非会计学专业的本科生参考用书。

图书在版编目（CIP）数据

会计学 : 基于报表分析视角 / 张金若主编 . -- 2 版
. -- 重庆 : 重庆大学出版社 , 2022.9

工商管理硕士（MBA）系列教材

ISBN 978-7-5689-3523-4

Ⅰ . ①会… Ⅱ . ①张… Ⅲ . ①会计学—研究生—教材
Ⅳ . ① F230

中国版本图书馆 CIP 数据核字 (2022) 第 156699 号

会计学：基于报表分析视角

（第 2 版）

主　编　张金若

副主编　朱　丹　李世新

策划编辑：尚东亮

责任编辑：姜　凤　版式设计：尚东亮

责任校对：邹　忌　责任印制：张　策

*

重庆大学出版社出版发行

出版人：饶帮华

社址：重庆市沙坪坝区大学城西路 21 号

邮编：401331

电话：（023）88617190 88617185（中小学）

传真：（023）88617186 88617166

网址：http://www.cqup.com.cn

邮箱：fxk@cqup.com.cn（营销中心）

全国新华书店经销

中雅（重庆）彩色印刷有限公司印刷

*

开本：787mm×1092mm 1/16 印张：22.5 字数：495 千

2013 年 6 月第 1 版 2022 年 9 月第 2 版 2022 年 9 月第 2 次印刷

印数：3 001–5 000

ISBN 978-7-5689-3523-4 定价：68.00 元

前言（第2版）

自本书第1版出版以来，我国2006年2月建立起来的会计准则体系已经过较大幅度的修改。截至2021年8月，我国财政部会计司已经发布了42项具体会计准则、1项基本准则和14个解释公告。会计准则的变化影响了上市公司财务报表的很多重要方面，例如，金融资产分类与会计确认、收入确认和列报、资产减值、财务报表格式等都发生了重要变化，相应地也影响了公司的财务报表。同时，一些影响上市公司行为的重要法律法规也发生了变化，包括公司法、证券法、首次公开发行股票并上市的管理办法等，这些法律法规的变化也可能影响企业行为，从而影响财务报表。

因此，在重庆大学出版社和重庆大学经济与工商管理学院的大力支持下，我们决定对本书进行较大力度的修订。修订主要体现在3个方面：第一，根据2013年以来我国财政部会计司发布或修订的企业会计准则、解释公告以及其他影响上市公司及拟上市公司行为的法律法规的最新变化，对本书各个章节的知识点进行了修改。第二，补充并更新了全书的案例，绝大多数案例都是直接根据上市公司年报信息编写的，确保案例贴近相应的知识点，并具有时效性。第三，适当调整了本书章节顺序，将原第8章“审计报告解读”与原第7章“财务会计若干特殊问题”调换顺序，这主要是考虑多数院校MBA会计学的学时压缩，且“财务会计若干特殊问题”知识点相对复杂，比较适合学时充裕的院校或学有余力的学生学习。对学时紧张的院校，前7章的学习已构成比较完整的知识体系。

本书编写分工如下：第1章、第6章和第7章，由张金若独立完成；第2章和第3章由张金若和朱丹共同完成；第4章和第5章由张金若和李世新共同完成。主编张金若独立或合作参与到每一个章节写作，有利于教材内容的连贯性，也有利于贯彻好教材的写作思路和写作特点。第1版教材的写作，要感谢当时仍为重庆大学经济与工商管理学院研究生的高洁同学、苏莉同学的帮助，他们帮助搜集了第1版教材的部分案例。当然，本书的写作过程中还参考了大量优秀的教材、专著、论文及新闻报道，在此一并表示感谢。

尽管我们将本书定位于MBA学员及其他非会计专业人士的教学、自学之用，并为此付出了努力，但仍有疏漏或差错之处，恳请读者批评、指正。

编　者

2021年8月

前言（第1版）

目前，国内各大院校普遍针对MBA学员开设了“会计学”课程，时间通常是一个学期，约50个学时。广义的会计学包括财务会计、管理会计、审计、财务管理等。其中，每一个分支所涵盖的知识点都非常多，且在不断地更新发展。仅就财务会计准则而言，我国现阶段(截至2013年4月)包括38个具体会计准则、1个基本准则和5个解释公告。对于一个会计专业的本科生而言，需要通过4年时间的系统学习，方能满足毕业后会计工作的需要。

然而，MBA学员普遍是“周末学习班”，一边学习、一边工作，学习精力相对于本科生而言是“捉襟见肘”的。大部分MBA学员没有财务会计知识背景，甚至有些学员只有理科或工科知识背景，在单位普遍不直接负责财务会计具体工作。基于这种原因，我们在授课过程中发现，具体而复杂的会计分录，即使传授了，学员也难以真正消化。众所周知，由会计学学科特点决定，即使是会计专业本科生，学习会计分录也需要进行大量的课后练习，才能真正掌握。我们在授课过程中还发现，学员真正感兴趣的，也不是具体而复杂的会计分录，而是如何解读财务报表。“看懂财务报表”是MBA学员学习会计学的主要目标。

基于此，我们希望能够寻找一本教材，让MBA学员看懂财务报表。做到这点，MBA学员至少应把握两个方面的知识：第一，企业发生的各种经济活动，分别是如何影响财务报表的。第二，如何解读财务报表，即财务报表分析。第一种知识点，现有的任何一套合格的大学本科会计学系列教材(通常包括基础会计学、中级财务会计学和高级财务会计学)都能够满足要求，但是，具体会计准则和会计分录不仅复杂且繁多，MBA学员未必需要，也未必愿意或有精力掌握这些复杂的知识点。因此，我们希望MBA教材以通俗易懂的语言，略去具体会计分录，阐述主要经济活动如何影响财务报表。至于第二种知识点，市面上也有非常多的财务报表分析的教材，但是这些教材通常假设读者已经具有基本会计知识，讲授财务报表分析课程的大学院校，也通常将课程时间定于本科生学习完中级财务会计学(甚至是高级财务会计学)之后。

为此，这类财务报表分析教材通常不包括第一种知识点。目前市面上大量的 MBA 会计学教材，虽然注意到了 MBA 学员的学习特点和需求，但大多数仍以大量笔墨写作具体会计分录。面对这些教材，授课教师要么对教材的部分知识“束之高阁”，要么以近乎“基础会计学”的难度传授其中比较简单的知识点，不能完全达到 MBA 学员的学习要求。

因此，我们决定写作一本专门围绕如何让 MBA 学员“看懂财务报表”的会计学教材。基于这种目的，本书具有以下 4 个主要特点：

1. 贴近 MBA 学员学习需要和学习特点。本书结合大量的上市公司实际案例，将复杂的经济活动对财务报表的影响，以通俗易懂的语言，以容易接受的方式阐述。

2. 考虑 MBA 学员课后普遍缺乏时间复习，不同于现有教材在每一章节结束时附上大量的复习参考题，本书在每个章节知识点讲解时，穿插了大量案例，有些直接给出分析过程和结果，有些则没有提供分析过程和结果。这种处理方式，一则便于 MBA 学员课堂讨论，弥补缺乏课后复习的缺点；二则便于将案例思考与所涉及知识点直接联系起来，使学员在教师讲授相关知识点后，即可通过案例讨论加深认识。

3. 结构安排巧妙。本书第 1 章是会计知识迅速入门，让学员初步了解财务报表组成及产生过程，解除他们对会计学的“神秘感”。随后，本书围绕资产负债表、利润表、现金流量表，逐一解析主要报表项目的经济内涵及如何受经济活动的影响。鉴于合并财务报表和个别财务报表的显著差异，企业发布的年报普遍同时提供这两套报表，本书接着介绍了合并财务报表与个别财务报表的主要差异。在掌握了这些知识点的基础上，本书开始介绍财务报表分析。至此，学员能够读懂每一张单独的报表，读懂单独报表的具体报表项目，还能够读懂财务报表的“整体”，从而在整体上获取企业财务状况、经营成果和现金流量信息及其质量。考虑不同学校学时、不同教师教授进度可能存在的差异，本书随后还安排了两个主要知识点：第一，几种特殊会计问题，重点仍然是解读这些会计问题对财务报表和财务报表分析的影响。第二，解读审计报告。特殊会计问题比较复杂，但是，涉及债务重组、非货币性资产交换、会计政策变更等特殊会计问题的企业，这些业务普遍对企业的财务报表产生较大影响，认识这些会计问题，对加深财务报表的理解是有益且必要的。同时，解读财务报表时，通常要关注企业财务报表是否真实可靠，这又需要掌握具体会计准则和报表舞弊甄别，MBA 学员通常难以在短短一个学期内获取这一能力，因此，解读审计报告，可以帮助学员确定财务报表的可信赖程度，这是一种更为简易且有效的方法。

4. 内容较为全面。尽管本书篇幅不大，且不按照企业具体会计准则及会计分录一一讲解，但由于本书从财务报表入手，财务报表是财务会计的“最终产品”，因此，几乎涵盖了企业会计准则的主要知识点，还涵盖了审计报告解读。这一安排，使得 MBA 学员能够在较短的时间内从面上了解基础会计学、中级财务会计学、高级财务会计学、审计学等主要知识点，从面上掌握会计学知识的“森林”，便于读懂财务报表，且不必受困于复杂的会计分录。

本书所有章节的写作，都由张金若完成，这有利于教材内容的连贯性，也有利于贯彻好教材的写作思路和写作特点。在写作过程中，重庆医科大学附属第一医院宋颖，重庆大学经济与工商管理学院研究生高洁、苏莉帮助搜集了部分案例。本书还得到了厦门大学会计系桑士俊教授的帮助，尤其是第 6 章财务报表分析，桑士俊教授提供了一些很有帮助的素材。当然，本书在写作过程中还参考了大量的教材和专著，在此一并表示感谢。

尽管我们将本书定位于 MBA 及其他非会计专业人士的教学、自学教材，并为此付出了努力，但仍有许多疏漏和不足之处，恳请读者批评指正。

编　者

2013 年 4 月

目录

第 1 章　MBA 学员会计学入门

【学习目的】

1. 了解财务报告与财务报表的基本组成。
2. 了解财务报表产生过程，完成会计学入门。
3. 熟悉财务会计常用术语。
4. 了解我国会计规范的构成现状。

1.1　会计学入门

【导论】

任何一个对股票市场信息披露制度稍微有一些常识的 MBA 学生都可能知道，在我国上海证券交易所或深圳证券交易所上市的公司，需要定期披露年度报告，其中，最主要的内容就是已经通过会计师事务所审计的年度财务报告。如果你对某一家上市公司已经发布的年度报告感兴趣，可以在其公司主页或上市交易所网站进行下载。打开任何一份年度报告，可以发现，诸如“会计数据和业务数据摘要”“财务会计报告”这类与会计相关的内容。其中，“会计数据和业务数据摘要”通常排序非常靠前，位于“公司基本情况简介”之后，表明它是年报阅读者在了解公司基本情况后最先希望获知的信息。如果这些信息不能引起阅读者的兴趣，阅读者通常不一定会继续阅读年度报告其他部分的内容，因为一份完整的年报，通常少则几十页，多则几百页；而“财务会计报告”在年度报告中所占篇幅一般是最多的。例如，翻开万科股份有限公司（股票代码：000002）2019 年度报告 PDF 版本，发现年度报告篇幅达 303 页，而自 124 页之后全部属于“财务会计报告”的内容，足可以窥见财务会计报告在年度报告中的重要地位。

如上所述，读者对会计的重要性应该有了一个感性认识。我们知道，要掌握如此庞大且复杂的财务会计报告的生成过程，并读懂其透露出来的信息，需要有一定的会计知识。以大学会计本科生为例，大学四年时间要花费大部分时间学习会计学知识，包括基础会计学、中级财务会计学、高级财务会计学、审计学、管理会计、财务管理、成本会计、税收等专业课程，同时进行大量的练习，并结合暑期或寒假社会实践，方能对会计这片森林有一个比较全面的掌握，满足毕业后会计工作的知识需要。但是，MBA 学员通常只有一个学期的时间学习会计学，各大院校的 MBA 通常也只设置了三四十个学时讲授会计学课程。如果按照本科授课方式，可能只能满足入门级的“基础会计学”课程所需。而且，MBA 学员通常是半脱产学习，在学习过程中还需承担工作单位的工作任务，也不可能像本科学生一样有充足的时间进行习题训练。

那么，MBA 学员学习会计学，主要学习什么呢？MBA 学员通常是企事业单位的中层员工，大部分并不直接从事会计工作，但这些 MBA 学员在学有所成之后又很有可能成为所在单位的重要人力资源，乃至成为所在单位的高级管理人员。摆在这些 MBA 学员面前的，最能够吸引他们学习兴趣的可能不是如何做账，而是如何阅读报表。因此，本书的主要任务是努力使得 MBA 学员通过一个学期的学习，能够“看懂”报表，为经营管理决策提供辅助。基于此，本书将按照“如何教会学生阅读报表”的逻辑编写，也希望让具有较强自学意愿和自学能力的 MBA 学员能够循序渐进地“看懂”财务报表。

为了让 MBA 学生能够迅速对会计学有一个初步了解，本章以如下案例展开。

【案例导入】①

在很久很久以前，在山清水秀的江南某地住着一个名叫江公正的庄主，统治着方圆十平方千米领地，管辖南山、溪东两个村，约 200 人。每年春天，当积雪开始融化时，他就开始盘算今年的事情。

又一年春天来临了，庄主正在考虑雇用谁来种植 50 亩②水稻田。“50 亩土地，按往年的经验，每亩能收 500 斤③谷子，”他对管家说，“可是叫谁来种地呢？”管家说：“南山的迟发财和溪东的梅有钱，人本分老实，又勤快能干，应该叫他们来种这些地。”于是迟发财和梅有钱应召来到了江公正的庄园。

“迟发财，你负责种 30 亩地，梅有钱负责种 20 亩地，”庄主接着说，“我给迟发财 900 斤谷种和 18 000 斤肥料（10 斤肥料值 1 斤谷子，1 斤谷种值 3 斤谷子），给梅有钱 600 斤谷种和 12 000 斤肥料。再给你们每人一头水牛，但你们需要自己去犁匠那里买犁。顺便说一下，这两头牛均为三岁，还从未耕过地，耕十年地大概还不成问题。要用心照管它们，因为一头牛值 10 000 斤谷子，今年秋天把牛、犁和收成一块交给我。”

迟发财和梅有钱告别庄主之后，带着庄主给的东西离开了庄园。

夏天一晃就过去了，接着就是秋收。收割完庄稼后，迟发财和梅有钱回到了庄主那里归还庄主春天给他们的东西，迟发财说：“江老爷，我把这头牛，还有这个破得不能再修的犁和 16 000 斤谷子交给您。但为了这个犁去年春天我欠犁匠的 200 斤谷子现在也没有还，并且我用完了春天时您给我的所有谷种和肥料。还有，您已经从我的收成里拿走了 300 斤谷子自己用了。”

---

① 摘自刘峰等编著《会计学基础》（第三版），高等教育出版社，2009 年，第 92 页。分析则由本书提供。

② 1 亩 ≈ 666.67 平方米，下同。

③ 1 斤 ≈ 0.5 千克，下同。

梅有钱接着说：“老爷，我把这头不常使唤过的牛、这个犁和 12 000 斤谷子交给您，我已经从收成里拿出 200 斤谷子给犁匠。我也用光了春天您给我的所有谷种和肥料。还有前几天，您刚刚从我的收成里拿走了 100 斤谷子，我认为这犁至少还可以供您使用两年。”

“你们做得都很好，我不会亏待你们的，”江公正说。道谢之后，两个农民离开了庄园。

在他们离开后，江公正反复掂量发生的事情。他说：“他们干得都不错，但我怎么能知道谁干得更好呢？”

要求：评价哪一个干得更好？为什么？

【案例的会计学引导式分析】

第一，案例需要对迟发财和梅有钱谁干得更好做出评价，对比迟发财和梅有钱在本期间（春天至秋天）的劳动过程的投入产出。为此，应分别确定迟发财和梅有钱的投入产出情况。在会计上，迟发财和梅有钱就相当于两个“会计主体”。会计主体是会计核算的四大基本假设之一（其余三个是持续经营、会计分期、货币计量），它是核算和报告会计信息的特定个体、单位或组织，界定了会计信息的空间范围。也就是说，会计信息系统所处理与提供的信息都必须是与该会计主体相关的，而那些与本会计主体无关的信息，则不属于本会计主体的信息系统所核算的范围。会计基本假设如同数学的公理，虽难以证明，但却构成了会计信息系统运行与发展的基本前提与制约条件，若缺乏或违背这些前提或条件，会计信息系统就无法提供真实而公允的信息。在本例中，我们分析迟发财的投入产出时，显然不能包括梅有钱的投入产出，反之亦然，因为他们两个分别是独立的“会计主体”。在经济生活中，能够独立核算会计信息的自然人、法人企业、非法人企业、事业单位、政府部门，都可以构成一个“会计主体”；也可以是若干个会计主体组成的一个更大的会计主体，例如，若干个法人企业组织起来的集团公司。

第二，分别确定迟发财和梅有钱的投入产出，必须将投入产出限定于某一个期间。在本例中，应该是以两个农民春天从江公正庄主手中领取生产所需材料为起点，秋收完成之时为终点，即为一个完整的信息期。在会计上，对应的概念是“会计分期”假设。会计分期是人们将持续经营的会计主体的经营活动人为地划分为一个个等距离的区间，以便能够及时核算与报告该会计主体的会计信息。在我国，上市公司定期公布财务报表，“定期”通常包括年、半年、季度、月。随着智能会计的逐渐兴盛，也不排除未来可以按照周、日提供财务报表，这就是会计分期概念的应用。根据会计分期概念，会计主体才能够定期核算与报告该会计主体过去一段时间以来特定时点的财务状况、期间的经营成果和现金流量等会计信息，会计主体的股东和债权人等会计信息使用者也才能够定期及时了解会计主体的财务状况、经营成果和现金流量等会计信息，而无须等到该会计主体消亡时刻。

第三，在案例中提供了农业生产需要的生产资料等信息，耕地所需的牛可以使用很多年，土地也可以使用很多年，我们可以合理预期江公正庄主未来仍然会继续使用这些牛，用于耕地。也就是说，我们可以合理预期江公正庄主会“持续”运用这些土地和牛进行经营活动。在会计上，相对应的是“持续经营”会计假设。所谓持续经营假设，是指如果不存在明显的反证，一般都认为会计主体将无限期经营下去。也就是说，除非有明显证据表明会计主体将在可以预计的时刻结束，例如，合同或法律规定的经营期满且不能或不打算延续、企业资不抵债而濒临破产清算无法继续经营、企业主动关停等证据。实际上，持续经营假设和会计分期假设是相辅相成的。在经济生活中，破产倒闭的企业每天都在发生，它们的会计处理与持续经营前提下的会计主体的会计处理是有差异的，前者通常会采用破产清算会计，学有余力的同学可以通过其他书籍了解破产清算会计，本书主要介绍的是持续经营假设下的会计处理，这也是最为普遍和主流的会计处理问题。

第四，在本例中，为了核算迟发财和梅有钱谁干得更好些的问题，材料中将肥料、谷种、牛、犁等生产所需要素都换算成谷子，以提供统一的标准，方便衡量与对比。在会计中，这种统一的标准，相对应的概念是“货币计量”会计假设。采用货币是因为在经济生活过程中，自从货币产生之后，货币便成为经济生活中用于交易所普遍接受的价值尺度。只有货币才具备可以加总性，才能将各种经济活动综合反映出来。在我国，各种各样的会计主体“货币计量”所采用的货币通常是人民币。

在上述例子中，还隐含着其他很多会计概念，例如原材料、固定资产、折旧等，这些概念在以后的学习过程中我们还会继续说明。

了解上述概念之后，读者就可以根据已有的数学基础，简单分析计算两位农民的投入产出信息，可以发现梅有钱每亩地的净产出高于迟发财的。

迟发财的产出包括秋收时缴纳的 16 000 斤谷子和江公正提前拿走的 300 斤谷子，合计 16 300 斤谷子。

迟发财的投入：①谷种和肥料折合 4 500 斤谷子；②去年春天开始借用至今的犁，租金 200 斤谷子，今年分摊 100 斤谷子；③牛的成本值 10 000 斤谷子，按照十年使用期，假定不考虑残值，平均分摊牛的成本，本期间需要分摊成本 1 000 斤谷子。因此，迟发财的合计投入为 5 600 斤谷子。投入中，土地成本忽略不计，原因主要是：①封建社会土地属于私有，可以无限期使用（除非改朝换代等原因）；②耕作的土地，耕作使得土地更为肥沃，生产率更高，一般不会导致土地使用价值下降；③案例中也没有给出土地成本，不便于估计。

迟发财的净产出为 10 700 斤谷子，每亩产出 356.67 斤谷子。相似的计算过程，可以得出梅有钱的每亩净产出约 411.37 斤谷子。

1.1.1 会计是什么

从上文可以简单总结出，会计应该是特定主体在持续经营假设下，通过一定的程序与方法，以货币为主要计量手段，定期提供的反映主体经济信息的系统。但这一认识是比较粗糙的。

由于所有权和经营权的分离，资源提供者将资源提供给经营者负责日常运营，经营者则通过承担相应的经营责任而获取一定的报酬。为此，现代企业就产生了以企业管理当局为代表的“内部人士”和以投资者、债权人为代表的“外部人士”两类相互依存又相互矛盾的利益集团。基于这种客观事实及双方的不同信息需要，在现代会计这片森林中，财务会计与管理会计是两个重要分支，两者相配合共同服务于市场经济条件下的现代企业。因此，它们都是 MBA 学员最需要掌握的两大会计领域。其中，财务会计主要面向不参与企业经营管理而对企业有资源投入或其他利害关系的外部集团，因此，又称为“对外报告会计”；管理会计则主要面向负责企业经营管理的经营者（包括企业内部经营管理阶层），因此，又称为“对内报告会计”。财务会计由于是面向不参与经营管理的外部集团，它们与直接进行经营管理的管理人员在目标、信息获取能力等方面都存在显著差异，经营管理者比外部集团掌握更多有关企业经济活动、财务业绩的信息，产生了信息不对称。为此，财务会计在对外提供会计信息时通常需要遵循一定的规范，这类规范统称为“公认会计原则”，在我国现阶段则主要表现为企业会计准则、小企业会计准则等形式。管理会计则由于面向企业内部，所以不需要如财务会计般严格遵循特定的准则或制度，只需运用比较灵活的方法提供会计信息，这有助于管理当局经营决策、长期投资决策和全面预算管理等。本书的内容主要介绍财务会计，有关管理会计的知识，MBA 院校普遍开设财务管理课程，将有所涉及。

我国著名会计学家葛家澍教授在总结了各种关于财务会计的定义之后，提出了如下比较全面的财务会计的定义，即它是立足于主体，面向市场，对企业已经发生的交易或事项运用确认、计量、记录等程序，主要通过货币表现形式，以公认会计原则为依据，在财务报表表内表述财务信息，并通过报表附注加以解释和补充。同时通过其他财务报告或手段，充分披露同财务会计有关的、不能够在表内或附注表述的、一切有助于使用者进行经济决策所需要（并有用）的财务、非财务、数理化或叙述性的信息。其中，财务报表提供的信息是财务报告的核心信息。

上述内容可以用图 1.1 来表示：

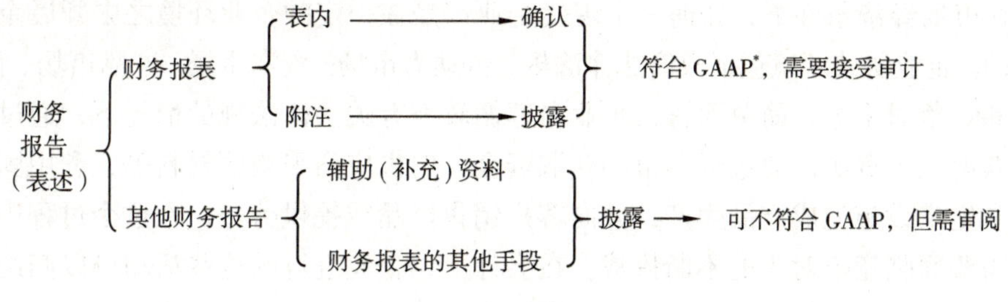

注：GAAP（Generally Accepted Accounting Principles）是指公认会计原则，在我国是指企业会计准则。

图 1.1　财务报告组成部分

上文中涉及的确认、计量、披露等专业术语，我们在后面学习中会陆续说明。

1.1.2 财务会计迅速入门

1）为什么需要财务会计迅速入门

在简要了解财务会计定义以及财务报告基本组成之后，本书希望通过一个简单的例子让 MBA 学员尽快迈过会计门槛，了解财务报告的核心组成部分——财务报表的生成过程，并在此过程中学习财务会计的确认、计量、记录和报告等程序，或者说学习财务会计循环过程。本书将这部分内容安排在第 1 章，并冠以“财务会计迅速入门”，是基于如下理由：

首先，由于本科学生在完成高中学业之后直接进入大学学习，对企业经济活动缺乏感性认识，而会计又是对企业经济活动的反映，为此，本科学生完成会计学入门需要比较长的时间，一般需要一个学期完成基础会计学的学习。这个学习过程中将从掌握会计的一些基本概念开始，然后学习简单的经济业务的会计处理，最终完成简单财务报表的编制。然而，MBA 学员普遍具有工作经验，通过直接或间接方式参与或接触企业经济活动，对其具有较为深刻的认识，因此，比较容易入门反映经济活动的会计学科。

其次，MBA 学员的工作大多并不直接处理会计日常工作，其学习会计学的主要任务应该是作为一个信息使用者，如何使用会计信息，而不是作为一个信息提供者，如何提供会计信息。

最后，虽然 MBA 学员不是一个会计信息提供者，但由于大多数没有会计知识背景，通过“会计迅速入门”，掌握会计基本程序，熟悉财务报表产生过程，消除财务会计与财务报表的“神秘感”，将有助于更好理解财务报表表内各个具体项目的具体经济内涵。

财务会计快速入门过程，必然是对本科基础会计学知识的高度浓缩和简化，因此，它可能不如基础会计学内容严谨、完整，但足以让 MBA 学员对财务报表的产生过程及该过程中一些基本会计知识有初步认识。

2）财务会计三大报表的简单推论过程

在市场经济条件下，任何一个现代企业都是在一定的企业环境之中开展企业经济活动的。企业所处环境包括政府法律法规、劳动力市场、资本市场、产品市场、供应商、客户和竞争对手等。简单而言，企业在遵循政府有关法律法规的前提下，通过劳动力市场获取人力资源，通过资本市场获取资金，向供应商采购原材料等，利用固定经营场所和生产设施完成产品生产，并向客户销售产品或提供劳务，在这个过程中，企业可能需要面临竞争对手的不断挑战。在会计上，企业进行的这些活动可以归纳为三个方面：

第一，融资活动。企业创立伊始，首先需要有一定的经济资源，这种经济资源的来源不外乎两种主要形式：一是作为所有者的投入；二是向银行或其他人士借款。虽然企业获取经济资源的方式还可能包括获取捐赠，但企业一旦获取捐赠的经济资源后，这些经济资源就属于企业所有，属于所有者享有。债权人或所有者投入的经济资源，在企业创立伊始就构成了企业享有经济资源的全部来源。因此，企业的经济资源 = 企业的所有者享有的经济资源 + 债权人享有的经济资源。

债权人或所有者投入的资金，可能是现金、银行存款，也可能是原材料、设备、厂房、土地使用权、专利技术等非现金资产，但是它们一般都需要通过货币予以量化。企业拥有的这些以货币量化的经济资源，在财务会计中的术语是“资产”。根据我国企业会计准则，资产是会计主体在过去的交易或事项过程中形成的，由会计主体拥有或控制的预期能够带来未来经济利益的资源。因此，企业创立伊始，企业的资产就包括两个来源，其一是债权人提供的经济资源，其二是所有者提供的经济资源。债权人提供的经济资源构成了企业的负债，需要企业根据债务合约的约定在未来予以偿还。所谓的负债，是会计主体在过去的交易或事项过程中形成的，由会计主体承担的现时义务，这种义务的履行将导致企业未来经济资源的流出。所有者提供的经济资源构成了所有者权益，它是企业所有者享有的权益，金额上为企业的资产扣除企业承担负债后的净额，因此也称为“净资产”。为此，企业创立伊始，存在如下等式：

资产 = 负债 + 所有者权益

企业在日常经营或规模扩张等过程中，可能还需要从外部获取资金来源，但其途径亦是债权人借款或所有者投入。企业接受捐赠取得的资产，也将形成所有者享有的权益，因此，也不会违背上述等式。

第二，经营活动和投资活动。企业创立之后，作为一个以营利为目标的组织，通常需要通过租赁、购买、自建等方式取得一定的工作场所，然后购买生产设备和生产所需材料等，生产市场所需要产品，或提供市场所需要劳务，并获取报酬。在这个过程中，取得工作场所、购买生产设备等一般属于企业的投资活动，而购买原材料、生产并销售产品、提供劳务等一般属于企业的经营活动。企业的投资活动通常次数较少，但发生金额较大，而经营活动则是日常发生的，反复循环。企业在向客户提供产品或劳务过程中取得收入，如果能够弥补发生的成本费用，则赚取利润；否则发生亏损。如果是盈利，它必将表现为企业资产的增加，或负债的减少，或兼而有之；如果是亏损，它必将表现为资产的减少，或负债的增加，或兼而有之。但不论亏损还是盈利，它们都属于企业所有者享有的权益的增加或减少。

因此，在企业创立之后，经营活动和投资活动过程中，虽然企业所持有的资产总量、资产的具体表现形式可能发生变化（具体表现形式的变化，如购买行为将现金转化为原材料），但“资产 = 负债 + 所有者权益”仍然成立。同时，经营过程中产生的收入和发生的费用相抵，形成了企业的利润，也即“收入 − 费用 = 利润”。收入、费用和利润的存在，将使得期末资产、期末负债和期末所有者权益与期初相比发生了变化。

第三，对外投资活动。企业投资活动可以划分为对内和对外两种。对内投资活动通常表现形式为上文提到的取得工作场所、购买生产设备等活动；对外投资活动则表现为购买其他主体股票、债券等。显然，这些投资活动也不会改变“资产＝负债＋所有者权益”这一等式，因为购买股票、债券，通常表现为资产的具体形式的转变（例如，现金转化为股票或债券），或资产与负债的同时增加。

为此，“资产＝负债＋所有者权益”属于会计的恒等式。在一定期间内，融资活动、经营活动、投资活动等行为，并不会破坏这一恒等式的平衡，但资产、负债和所有者权益的具体表现形式、期初期末金额等可能发生变化。那么，作为企业的债权人和所有者，自然而然需要关心他们投入企业的经济资源总量以及具体形式发生了哪些变化。为此，财务会计通过提供资产负债表来达到这一目的。资产负债表，也称为财务状况表，是反映企业在某一特定日期财务状况的报表，其主要作用在于提供企业在某一时点关于资产、负债、所有者权益及其相互关系的静态信息。

企业进行的融资活动、经营活动、投资活动，必将使得企业资产、负债、所有者权益的期末金额相对于期初金额发生变化。这个变化过程中，主要原因是企业产生了收入和费用，两者相抵形成利润。“收入－费用＝利润”构成了会计的第二个恒等式。

企业所有者和债权人通过资产负债表了解其资产、负债和所有者权益在特定时点的金额；他们通过比较两个特定时点的变化可以获取资产、负债和所有者权益的变化情况，但是所有者和债权人同样需要明确其投入的经济资源通过一段时期的经营管理活动，是否产生了盈利，为此，根据“收入－费用＝利润”会计恒等式，财务会计通过提供利润表满足这类信息需要。所谓的利润表，就是反映企业在一定时期经营活动绩效（业绩）的一种报表。

现代社会的经济活动过程中，由于信用机制的存在，商业信用得到普遍应用。在企业商品买卖和劳务提供过程中，传统的“一手交钱一手交货”已经不能满足经济活动的需要，企业通常会发生赊销、赊购等行为，这些行为导致企业发生收入、费用的时间与现金流入或流出的时间不可避免地发生脱节。例如，企业已经将产品提供给客户，但约定 3 个月后收回现金；或企业预先交付未来 3 个月的房租，未来 3 个月内享受房东提供的租房而无须再支付现金。所有这些行为，可能导致企业赚取一定收入，并不一定在当期伴随着等额现金流入；或发生一些费用，但并不一定在当期伴随着等额现金流出。这类结果的净影响，导致企业当期的盈利或亏损并不一定伴随着等额净现金流入或流出。然而，作为债权人和企业所有者，同样需要关注企业现金流量信息。为此，财务会计通过提供现金流量表满足这类信息需要，它反映企业在特定报告时期的现金流量。

如上，我们知道了两个重要知识点：其一，两个会计恒等式，“资产＝负债＋所有者权益”“收入－费用＝利润”；其二，财务会计三大报表，“资产负债表”“利润表”“现金流量表”。以两个会计恒等式为基础构建了资产负债表和利润表，并间接产生了现金流量表（本书在现金流量表章节简要说明根据资产负债表和利润表如何间接产生现金流量表），那么，围绕着资产负债表和利润表的产生过程，实际上就是会计循环的过程。掌握了这一过程，也就基本上完成了 MBA 会计学学习所需要的“快速入门”。

3）资产负债表和利润表的简单产生过程

如上可以发现，企业的融资活动、经营活动和投资活动等构成了企业的全部活动，在会计上，它们又具体归结为对“资产＝负债＋所有者权益”和“收入－费用＝利润”这样两个基本会计恒等式的影响，形成了资产负债表和利润表。那么，资产、负债、所有者权益、收入、费用、利润等就构成了财务会计的六大会计要素。会计要素是企业交易或事项的具体化，是会计报表的基本要素。六大会计要素，实际上就是会计的处理对象。企业的经济活动如果影响了这六大会计要素的至少一个要素，并且这种影响能够满足会计处理的要求，则应该予以处理并最终影响资产负债表或利润表，或兼而有之。为了更好说明这个过程，我们列举如下简单例子。

例 1.1　ABC企业在20×2年1月发生了如下经济活动：

（1）1月1日，企业创立，从股东获得人民币1 000万元资金投入，投入方式全部为现金。公司将这些资金全部存入银行，年利率3.6%。

（2）1月2日，用银行存款购买了生产产品所需的原材料100吨，购买成本（包括价格、运输费用和入库前整理费用）合计100万元。

（3）截至1月31日，企业将这些材料投入生产过程，为此共需要支付员工工资10万元，且于2月10日支付。

（4）1月20日，公司销售一批产品给客户，售价50万元，款项尚未收回。该批产品成本30万元。

（5）公司在1月15日向银行借款100万元，期限半年，年利率6%。

（6）公司在1月30日签订了一项采购意向合同，标的价格200万元。

（7）公司在1月30日签订了一项销售意向合同，标的价格300万元。

（8）公司每天都会发生利息收入或利息支出，虽然未必每天都付出现金。

（9）公司的固定资产每天都在磨损，虽然未必每天都使用固定资产。

以上这些经济活动，是否需要通过财务会计程序进入资产负债表和利润表呢？判断的关键是，这些经济活动是否已经或正在影响资产、负债、所有者权益、收入、费用、利润这六个会计要素的一个或者多个要素。只有影响了其中一个或多个要素，才会进入资产负债表或利润表，或兼而有之。

逐一分析这些经济活动如下：

（1）影响方式：1月1日，企业资产（表现为现金或银行存款）增加了1 000万元，股东因此享有企业的权益也增加了1 000万元；由于资金存入银行，每天都会发生利息，企业的资产和股东享有的权益也在逐日变化。

（2）影响方式：1月2日，企业的资产总量没有发生变化，但是资产的具体表现形式发生了变化，其中，银行存款减少了100万元，但原材料增加了100万元。

（3）影响方式：1月31日，企业需要向员工支付的工资增加了10万元，由于1月31日尚未支付，因此，企业的负债增加了10万元。但与此同时，公司为员工支付工资是因为员工的劳动将企业的原材料转变为在产品、半成品或产成品，其价值相对于原材料也增加了 10 万元。

（4）影响方式：1 月 20 日，公司由于销售而增加了 50 万元收入，为此虽然还没有收到现金，但企业获取了未来取得 50 万元款项的权利，应收账款相应增加了 50 万元，即收入和资产同时增加了 50 万元。另外，为了取得 50 万元收入，企业交付给顾客 30 万元产品，取得收入相应发生了成本、费用①，企业的成本增加了 30 万元，而企业库存的产品也减少了 30 万元，即成本、费用增加了 30 万元，存货减少了 30 万元。

（5）影响方式：1 月 15 日，公司资产（银行存款）增加 100 万元，负债（短期借款）增加 100 万元。

（6）影响方式：由于公司只是签订采购意向合同，其对公司资产影响只能在未来真正完成采购时才发生。

（7）影响方式：同理（6），由于公司只是签订了销售意向合同，其对公司资产、收入等影响只能在未来真正完成销售时才发生。

（8）影响方式：每天都会发生利息收入或利息支出，因此，每天都会影响收入和资产或费用和负债。

（9）影响方式：固定资产每天都在磨损，为此，其价值每天都在减少，且由于固定资产的使用，其价值也转移到相应的对象中（如固定资产所生产的产品中）。

根据以上分析，除了经济活动（6）和（7）之外，都至少影响了六大会计要素的一个，因此，需要进入资产负债表或利润表，或兼而有之。会计上将这些影响了六大会计要素的经济活动，称为交易或事项。

根据发生主体的关系，交易或事项可以划分为两大类：第一，企业与企业外部产生的价值转移，称为交易或外部事项。例如，企业从其他企业购买或销售商品。第二，企业内部各个部门之间的资源的转移，称为内部事项。例如，企业从仓库领用原材料投入 A 产品的生产。以上这些交易或事项对六大会计要素的影响，不外乎如下几种形式：

① 资产内不同项目一增一减；

② 资产与负债同增或同减；

③ 资产与所有者权益同增或同减；

④ 负债与所有者权益一增一减；

⑤ 收入增加必然伴随着资产增加或负债减少；

⑥ 费用增加必然伴随着资产减少或负债增加；

⑦ 收入和费用变动必定最终影响所有者权益。

为此，再次印证了“资产 = 负债 + 所有者权益”“收入 − 费用 = 利润”两大会计恒等式。

这些交易或事项影响了资产、负债、所有者权益、收入、费用、利润的至少一个方面，

---

① 读者此时可以忽略成本与费用的差异，并不影响本章的学习，在利润表章节，本书会对成本与费用差异进行解释。

从而需要进入财务报表。在这个过程中，需要采用一定的金额，将交易或事项对具体受影响项目的影响程度，按照会计一定程序进入财务报表表内。会计上将交易或事项进入财务报表表内的过程称为“确认”，在这个确认过程中，需要采用一定的金额，即会计上所指的“计量”问题。

同时，我们注意到，经济活动（6）和（7）虽然不属于交易或事项，但由于合同标的价格比较大，相对于企业规模而言可能是重要的信息，作为报表阅读者，能否获悉这些信息，可能会对其分析公司前景、评价管理当局经营管理责任等产生重要影响，为此，会计如果提供这类信息也将是有益且必要的。会计上，对这类信息通常采用“表外披露”的方式进行处理，在财务报表附注或其他财务报告中进行反映。

为此，我们可以发现，会计上对企业发生的经济活动，采用两种重要方式处理：其一，财务报表表内确认；其二，财务报表附注或其他财务报告中披露。

【阅读材料】

1. 确认

确认的定义：“确认是将某一项目，作为一项资产、负债、收入、费用之类正式地记录或计入某一主体财务报表的程序（过程），它包括同时用文字和数字描述某一项目，其金额则包括在报表总计之中。对于一项资产或负债，确认不仅要记录该项目的取得和发生，还要记录其后发生的变动，包括从财务报表中予以取消的变动。”一个会计要素要在财务报表中进行确认，必须在成本效益和重大性等两个惯例的制约下，符合以下四项基本条件：

（1）符合要素的定义；

（2）符合可计量性；

（3）符合相关性；

（4）符合可靠性。

2. 计量

会计上的计量问题，主要涉及计量单位和计量属性两个方面。其中，计量单位也就是企业反映资产、负债、所有者权益、收入、费用、利润等要素通常采用的单位，计量单位通常是货币。企业选择的计量货币通常采用本位币，即企业日常生产经营过程中主要采用的币种，在我国开展经营活动的企业，通常采用人民币作为计量单位。至于计量属性，是指所计量的某一要素的特性，如桌子的长度、铁矿的重量、楼房的面积等。从会计角度，计量属性反映的是会计要素金额的确定基础。根据《企业会计准则——基本准则》，会计计量属性主要包括：

（1）历史成本。在历史成本计量下，资产按照购买时支付的现金或者现金等价物的金额，或者按照购买资产时所付出的对价的公允价值计量。负债按照因承担现时义务而实际收到的款项或者资产的金额，或者承担现时义务的合同金额，或者按照日常活动中为偿还负债预期需要支付的现金或者现金等价物的金额计量。

（2）重置成本。在重置成本计量下，资产按照现在购买相同或者相似资产所需支付的现金或者现金等价物的金额计量。负债按照现在偿付该项债务所需支付的现金或者现金等价物的金额计量。

（3）可变现净值。在可变现净值计量下，资产按照其正常对外销售所能收到现金或者现金等价物的金额扣减该资产至完工时估计将要发生的成本、估计的销售费用以及相关税费后的金额计量。

（4）现值[①]。在现值计量下，资产按照预计从其持续使用和最终处置中所产生的未来净现金流入量的折现金额计量。负债按照预计期限内需要偿还的未来净现金流出量的折现金额计量。

（5）公允价值。公允价值，是指市场参与者在计量日发生的有序交易中，出售一项资产所能收到或者转移一项负债所需支付的价格。在公允价值计量下，资产和负债按照在公平交易中，熟悉情况的交易双方自愿进行资产交换或者债务清偿的金额计量。通常来讲，公允价值的取得有三种途径：如果欲反映的资产或负债存在活跃市场的，直接按照活跃市场的市场价格确定公允价值；不存在活跃市场，但是类似的资产或负债存在活跃的市场，参照类似资产或负债的市场价格确定公允价值；采用现值技术搜寻公允价值。

值得注意的，我国《企业会计准则——基本准则》指出：“企业在对会计要素进行计量时，一般应当采用历史成本，采用重置成本、可变现净值、现值、公允价值计量的，应当保证所确定的会计要素金额能够取得并可靠计量。”

3. 表外披露

在财务会计中，有几个术语非常容易混淆：披露、表述、确认。

财务报告所传递的全部信息都可称之为“披露”（disclosure）。财务报表所披露的全部信息则称之为“表述”（presentation），而表内所表述的信息称之为“确认”（recognition）。为了区分，我们通常将表外表述的信息称为表外披露。就我国而言，表内确认是在符合我国制定的有关会计规范的基础上，尤其是遵循《企业会计准则》的基础上，同时用文字和数字（金额）进行描述报表各个项目的信息（但“旁注”除外）。文字指的是应归入的报表要素及所属项目，如资产负债表的“货币资金”“应收账款”“应付票据”等都是“文字”；“金额”则应加入报表的有关合计与总计。财务报表表内的信息，都是财务会计对企业发生的交易和事项，在遵循会计规范的前提下，经过确认、计量和记录之后，按照一定方法进行分类、汇总、排序等加工整理得出的信息，这种信息基本上满足相关性和可靠性的信息要求。

附注表述既可以用文字表述，也可以只用数字描述，或两者兼用（定性与定量相结合）。附注提供的信息应当与表内列示的项目相互参照，可以补充表内确认之不足，并解释表内有关项目的细节，但不能用来纠正表内的错误。

---

① 美国的FASB认为，现值并非一种计量属性，只不过是一种寻求公允价值的计量技术而已。

1.1.3 财务会计常用术语的简单推理过程

1）会计科目、账户、账簿、复式记账、借贷记账规则

既然所有交易或事项必定归结为六大会计要素，而经济活动又非常繁杂，那就不能单纯依赖六大要素进行简单归类，为此，各个要素都要再进行内部细分。例如，资产划分为库存现金、银行存款、其他货币资金、应收账款、固定资产、原材料、产成品等。负债划分为短期借款、应付账款、应付职工薪酬、应付票据、长期借款等。会计要素的这些细分项目，在会计上称为会计科目，承载会计科目的结构，称为会计账户。

每一项交易或事项的影响都是至少两个项目，即影响至少两个会计科目。会计上，对这些交易或事项的处理采用复式记账法。例如，例1.1中，1月1日，企业创立，从股东处获得人民币1 000万元资金投入，投入方式全部为现金。公司将这些资金全部存入银行，年利率3.6%。那么，1月1日，企业资产（表现为现金或银行存款）增加了1 000万元，股东享有企业的权益也增加了1 000万元。因此，交易同时影响了资产（通过会计科目“银行存款”反映）和所有者权益（通过会计科目“股本”或“实收资本”反映）两个要素，必须对这两个要素都予以反映，顾名思义“复式”。

国际上通行的复式记账法采用借贷记账符号，又称为“借贷记账法”，可以追溯到十四、十五世纪的意大利，由会计学家帕乔利所介绍的威尼斯复式记账法逐步演变而来。这种记账法以符号“借、贷”表示，遵循“有借必有贷、借贷必相等”的记账规则。初学者理解这一记账规则很重要。正确把握借贷记账法必须明确如下几点：

第一，借贷两边必定是相等的。从上文例子中，我们很容易理解这点。例1.1中，1月1日股东投入1 000万元至企业，则资产和所有者权益必定同时增加1 000万元。稍微对例题中其他业务进行分析，也可以得出同样的结论。那么，银行存款和股本（或实收资本）如何通过借贷符号进行反映呢？下文做出推论。

第二，借和贷只是符号，并不是普遍意义上的借钱和贷款。由于企业发生的经济业务不仅仅是借款和贷款，因此，“借”“贷”不能单纯反映字面意思，而仅仅是符号而已。为此，如果想通过其他两个符号进行反映，理论上也可达到相同目的，现在普遍采用“借”“贷”符号，是因为初始状态采用了这两个符号，使用者已经习惯并普遍认可。为此，我们可以得出第三点。

第三，“借”“贷”只有与具体项目相结合，才具有特定经济意义。

那么，如何结合呢？一项交易，如果是资产的增加，它肯定是由减少另一项资产、或增加收入、或增加负债、或增加所有者权益引起的。为此，资产的增加所采用的符号必定与收入、负债、所有者权益增加的符号相反。

同样，费用的增加，所采用的符号必定与收入增加符号相反。所以，费用的增加与资产的增加，符号一致。

根据如上分析，要确定六大会计要素增加或减少所分别采用的借贷符号，只需要确定某一个要素的增加或减少所采用的借贷符号，然后据此推导，可以确定其他所有

要素的借贷符号。

会计上，统一设定资产的增加在借方记录。为此，得出如下借贷记账规则：

① 资产的增加在借方记录，资产的减少在贷方记录，且正常余额一般在借方。

② 负债的增加在贷方记录，负债的减少在借方记录，且正常余额一般在贷方。

③ 所有者权益的增加在贷方记录，所有者权益的减少在借方记录，且正常余额一般在贷方。

④ 收入的增加在贷方记录，收入的减少在借方记录，且结账前正常余额一般在贷方。

⑤ 费用的增加在借方记录，费用的减少在贷方记录，且结账前正常余额一般在借方。

⑥ 收入和费用相抵，余额为贷方，则表明收入超过费用，产生盈利；余额在借方，则表明收入不足以弥补费用，产生亏损。

第四，会计分录写作方式。具体会计账户和借贷记账规则结合起来，可以通过会计分录形式表示。具体而言，对于账户来说，借贷分别代表账户的两个部位，左方和右方，即左方为借方，右方为贷方，这一规定适用于所有类型账户。

例 1.2 沿用例 1.1，结合具体业务，典型的会计分录说明如下。

（1）1 月 1 日，企业创立，从股东处获得人民币 1 000 万元资金投入，投入方式全部为现金。公司将这些资金全部存入银行，年利率 3.6%。

1 月 1 日：

借：银行存款　1 000

　　贷：实收资本　1 000

（2）1 月 2 日，用银行存款购买了生产产品所需的原材料 100 吨，购买成本（包括价格、运输费用和入库前整理费用）合计 100 万元。

1 月 2 日：

借：原材料　100

　　贷：银行存款　100

（3）截至 1 月 31 日，企业将这些材料投入生产过程中，共为此需要支付员工工资 10 万元，工资于 2 月 10 日支付。

1 月 31 日：

借：生产成本　10

　　贷：应付职工薪酬　10

（4）1 月 20 日，公司销售一批产品给客户，售价 50 万元，款项尚未收回。该产品成本 30 万元。假设不考虑增值税。

1 月 20 日：

借：应收账款　50

　　贷：主营业务收入　50

借：主营业务成本　30

　　贷：库存商品　30

（5）公司在1月15日向银行借款100万元，期限半年，年利率6%。

1月15日：

借：银行存款　　100

　　贷：短期借款　100

（6）公司在1月30日签订了一项采购意向合同，标的价格200万元。

不需要进行账务处理。

（7）公司在1月30日签订了一项销售意向合同，标的价格300万元。

不需要进行账务处理。

2）原始凭证和记账凭证

上述经济业务发生之后，企业一般都能够且应该取得一些凭证作为记账依据。会计上，这项作为记账依据的凭证，属于原始凭证，会计人员在获得交易或事项的原始凭证之后，才开始记录工作。原始凭证是交易或事项发生或完成时取得或填制的用于证明交易或事项发生的、明确经济责任并作为记账依据的最初书面证明。会计部门根据已经审核的原始凭证，借助借贷记账法编制的、载有会计分录的、可直接据以登记账簿的书面文件，就是会计上的记账凭证。

3）权责发生制和收付实现制

上述经济业务（1）（2）（5）现金流时间与做账时间相同；经济业务（3）（4）做账时间与现金流时间并不一致。会计上记账有两个时间基础，其一是收付实现制；其二是权责发生制。收付实现制是以收到现金或付出现金作为标准记录收入的实现或费用的发生。它最大特点是，现金收支行为在其发生的期间全部记作收入或费用，而不考虑与现金收支相关联的经济业务实际上是否发生。例如，企业在20×2年3月租用一个办公室，租金在同年9月支付。按照收付实现制要求，企业只需要在9月将所有现金支出记录为9月费用，而真正享受了办公室的3—8月，却没有产生任何费用。显然，收付实现制不能客观完整地反映会计主体各个会计期间的经营成果。与此相对应，权责发生制则能够更为客观地反映会计主体各个会计期间的经营成果。它与收付实现制最大区别在于：它是以权利或责任的发生与否作为确认收入或费用的标准。凡是收取一项收入的权利已经具备，不论企业是否取得这项收入的现金，都应该确认为收入；同样，只要会计主体已经承担某项费用的义务，即使该项义务的现金支出尚未发生，会计主体也应该在义务发生的期间确认该项费用。由于权责发生制的应用，会计上产生了“应收账款、应付账款、预收账款（2018年以来，不同类型的企业，预收账款陆续改为合同负债）、预付账款、其他应收款、其他应付款、累计折旧”等项目。

为了更好地说明收付实现制和权责发生制的区别，下面举例进行说明。

例1.3　假设ABC公司20×2年5月发生如下的经济业务：

（1）销售产品8 000元，款项已经存入银行；

（2）销售产品20 000元，收到货款16 000元；

（3）预付20×2年下半年办公室租金12 000元；

（4）本月应计银行利息 2 000 元；

（5）收到上月客户所欠的购货款 8 000 元；

（6）收到客户交来的预付货款 16 000 元，ABC 公司计划于下个月交付商品。

按照权责发生制和收付实现制，确认的收入与费用见表 1.1：

表 1.1　权责发生制和收付实现制差异比较

单位：元

业务序号	权责发生制		收付实现制	
	收入	费用	收入	费用
1	8 000		8 000	
2	20 000		16 000	
3				12 000
4		2 000		
5			8 000	
6			16 000	
合计	28 000	2 000	48 000	12 000

4）期末调整分录

如上几个经济业务在发生时随即进行会计处理，但是对于经济业务（8）“公司每天都会发生利息收入或利息支出，虽然未必每天都付出现金”和经济业务（9）“公司的固定资产每天都在磨损，虽然未必每天都使用固定资产”，每天都在针对同一个标的物重复发生，不可能时时刻刻重复做这些账务处理，因此，一般于会计期间结束日期，即报表截止日期，做这一段时间累计的会计分录。这类会计分录，在会计上称为期末调整分录，它是企业在期末对部分会计事项予以账项调整而产生的会计分录。通常的账项调整包括四大类。第一，应计收入的记录。例如，存入银行款项所产生的利息收入，如例 1.1 的经济业务（1）在 1 月 31 日就需要确认一项利息收入和相应的应收利息。第二，应计费用的记录。例如，20×2 年 3 月租用办公室，那么 3 月底就应该记录相应的租金费用和应付账款。第三，预收收入的分配。例如，房东在年初预先收到了当年全部租金 12 000 元，则每个会计期间结束时（如 1 月 31 日），就应该确认归属于 1 月的租金收入，将预收收入分配计入租金收入。第四，预付费用的摊销。例如，租客在年初预付了当年全部租金 12 000 元，则每个会计期间结束时（如 1 月 31 日），就应该确认归属于 1 月的租金费用，将预付账款摊销计入租金费用。

为此，例 1.1 的经济业务中，需要编制期末调整分录的包括：

（1）月底，确认利息收入（元）：

借：应收利息　　30 000

　　贷：财务费用　　30 000

（2）月底，确认利息费用（元）：

借：财务费用　2 500

　　贷：应付利息　2 500

（3）公司每天都会发生利息收入或利息支出，虽然未必每天都付出现金。

期末会计分录模式如上。

（4）公司的固定资产每天都在磨损，虽然未必每天都使用固定资产。

假设固定资产属于管理层办公室使用，期末确认折旧费用：

借：管理费用　　×××

　　贷：累计折旧　　×××

5）过账、账簿

企业将所有这些影响了资产、负债、所有者权益、收入、费用和利润的交易和事项，按照各个会计科目编制会计分录之后，并不能立即编制报表。因为企业日常活动繁杂多样，例如，一个月内会计分录中涉及银行存款增加和减少的，分别有成千上万笔；影响应收账款增加或减少的，也分别有成千上万笔。单纯根据会计分录并不能确切知道期末各个会计科目的累计余额，为此，需要在做完会计分录之后，根据会计科目进行重新汇总每个会计科目的累计发生额。

例如，在编制如下会计分录之前，企业银行存款累计剩余假定为500万元，短期借款假定为20万元。会计分录：

借：银行存款　1 000 000

　　贷：短期借款　1 000 000

做完这笔分录之后，银行存款累计600万元，短期借款累计120万元。

会计上，将记账凭证借贷双方记录的内容分别传递至相应分类账中有关账户的过程，称为过账，以取得每个会计账户借方发生总额、贷方发生总额、期末余额等重要数据。承载过账后内容的是账簿，如短期借款账簿、应收账款账簿、银行存款账簿。一般而言，企业需要对经济业务涉及的所有会计账户分别设置账簿。

每一个账簿，通常都需要区分总账账簿（或称为一级账簿）和明细账账簿。例如，企业在中国银行、建设银行分别存有人民币和港币两种不同币种的银行存款，那么，信息使用者除了获取银行存款总账之外，他可能还需要了解各个开户银行的银行存款、各种币种的银行存款。为此，企业通常会设置银行存款总账和“银行存款—中国银行—人民币”“银行存款—建设银行—人民币”“银行存款—中国银行—港币”“银行存款—建设银行—港币”四个明细账簿。当然，企业可能认为币种区分比开户行区分更重要，从而将明细账顺序设置为“银行存款—人民币—中国银行”等。二级及二级以下的账簿，都称为明细账簿。在我国，总账账簿名称统一根据财政部发布的一级会计科目、一级会计账户名称确定，企业可以根据经营管理需要和业务特点自行设置明细账簿的级次、顺序和名称。

企业正确编制了会计分录，并将记账凭证正确过账至账簿之后，也就取得了每个账簿（包括总账和明细账）的本期借方发生额、贷方发生额和期末余额，为此，企业会计人员就可以据此编制资产负债表、利润表。当然，从账簿至财务报表，还需要进行一定的分类、汇总等整理过程，例如，会计账簿“库存现金”“银行存款”和“其他货币资金”三个项目形成了资产负债表的“货币资金”项目。

6）结账、实账户、虚账户

编制完资产负债表和利润表，企业在会计期末还需要一个程序，结账（俗称“关账”）。它是会计期末对账簿记录的总结工作，以完成当期会计处理，并为下一个期间会计处理做好准备。为什么需要结账呢？如何结账呢？常识告诉我们，企业在1月31日拥有300万元银行存款，则该银行存款自动延续至2月1日，即2月份这一会计期间的期初，银行存款账簿的期初余额为300万元，2月份发生的相关业务在此基础上继续影响银行存款余额。然而，如果企业在1月份共发生100万元主营业务收入（从1月31日结账前主营业务收入账簿的期末余额获取该金额），而该金额不能自动延续至2月初，因为100万元收入归属于1月份，2月初尚未发生销售等业务时，企业不能也不应该拥有100万元收入。为此，对于资产类、负债类、所有者权益类账簿的余额，可以从上一个会计期末自动延续至下一个会计期初，上一个会计期末余额通常就是下一个会计期间的期初余额；收入、费用类账簿上一个会计期末余额不能自动延续至下一个会计期间的期初，需要在下一个会计期间开始之前，将余额“清零”。因此，这些资产类、负债类和所有者权益类账户，称为实账户；收入、费用类账户称为虚账户。为此，虚账户需要编制结账分录，将收入类和费用类账户的余额，在有关账户之间进行结转，编制的会计分录同样需要通过过账程序；对于各账户的本期发生额合计和期末余额，画双线以结束本期记录，然后将期末余额结转下期，作为下一个会计期间的期初余额。

如上，本书以一个简单例题，根据逻辑关系，将企业发生经济业务之后，如何根据原始凭证编制记账凭证，并最终完成财务报表编制的流程予以简要说明。这个过程，通常称为一个会计循环，总结如下。

第一，识别经济活动是否属于交易或事项，载体是原始凭证；

第二，针对每一项交易或事项，按照复式记账、借贷记账符号编制会计分录，载体是记账凭证；

第三，将记账凭证重新归类整理，传递进入总账账簿和明细账账簿，即过账过程；

第四，根据总账账簿和明细账账簿余额，编制财务报表；

第五，对虚账户进行“清零”，即“结平”，是会计的结账过程。

作为MBA学员，应该通过本章学习，完成“会计快速入门”，掌握财务报表简单产生过程（不需要熟练编制会计分录和财务报表），并理解权责发生制、借贷记账法、会计要素、会计科目、会计账户、结账等会计概念。

从企业创立至采购、生产、销售、纳税、利润分配等各个阶段，常见会计分录归纳如下。

（1）股东投资：

借：银行存款

　　贷：实收资本（股本）

　　　　资本公积

（2）购买材料、固定资产等：

借：原材料

　　固定资产

　　应交税费——应交增值税（进项税额）

　　贷：银行存款

　　　　应付账款

（3）生产过程：

借：生产成本

　　制造费用

　　贷：原材料

　　　　应付职工薪酬

　　　　累计折旧

借：库存商品

　　贷：生产成本

（4）销售过程：

借：应收账款

　　银行存款

　　贷：主营业务收入

　　　　应交税费——应交增值税（销项税额）

借：主营业务成本

　　贷：库存商品

借：销售费用

　　贷：银行存款

（5）对外投资：

借：交易性金融资产

　　债权投资

　　其他权益工具投资

　　长期股权投资

　　贷：银行存款

（6）对外借款：

借：银行存款

　　贷：短期借款

长期借款

（7）结账：

借：主营业务收入

其他业务收入

营业外收入

投资收益

资产处置损益

其他收益

贷：本年利润

借：本年利润

贷：主营业务成本

其他业务成本

管理费用

销售费用

财务费用

资产减值损失

信用减值损失

营业外支出

借：所得税费用

贷：应交税费——应交所得税

借：本年利润

贷：所得税费用

（8）利润分配：

借：本年利润

贷：利润分配——未分配利润

借：利润分配——提取法定盈余公积

——提取任意盈余公积

贷：盈余公积——法定盈余公积

——任意盈余公积

借：利润分配——未分配利润

贷：利润分配——提取法定盈余公积

——提取任意盈余公积

借：利润分配——未分配利润

贷：应付股利

1.2　我国会计规范的现状

1.2.1　我国会计规范体系

会计是提供企业财务状况、经营成果和现金流量信息的经济信息系统，这一系统必将对信息使用者产生影响，具有经济后果。同时，由于信息是由企业管理者提供的，企业管理者与外部信息使用者具有信息不对称、目标不一致等特点，为此，需要一定的会计规范，促使信息提供者提供如实和充分的信息，促使需要相互沟通和交流的人们能够理解对方意欲表达的内容。

与美国由民间团体负责会计准则的制定不同，在我国，由财政部主导会计规范体系的制定。2006 年我国财政部发布了会计准则体系之后，就形成了如图 1.2 所示的会计规范体系。

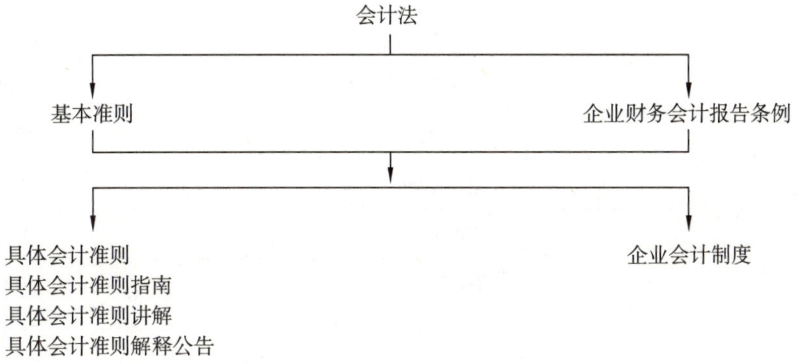

图 1.2　我国会计规范体系

如上的会计规范体系中，《会计法》居于第一层次，法律地位最高，居于会计规范体系的统帅地位；基本准则和企业财务会计报告条例并列为第二层次，具有承前启后的作用[①]；具体会计准则(包括指南、讲解和解释公告)与企业会计制度并列为第三层次，它们是规范会计处理的核心与主体。2007 年之后，企业会计制度陆续退出了历史舞台。

新的会计准则体系可以划分为两大类，一类为基本准则，另一类为具体会计准则。其中具体会计准则大致又可以分为三小类：第一，确认与计量的准则；第二，列报与披露的准则；第三，特殊行业的准则。2007 年以来，截至 2021 年 8 月，我国陆续修订或新发布了一些会计准则，针对企业会计准则发布了 14 个解释公告。表 1.2 列示了我国企业会计准则的基本内容（只列示其中的基本准则和具体准则）。

① 基本准则属于部门规章，由财政部部长签署；企业财务会计报告条例则属于行政法规，以国务院总理令的形式颁布。

表 1.2　中国企业会计准则一览表

序号	准则名称	备注
	企业会计准则——基本准则	
1	存货	2006 年制定
2	长期股权投资	2014 年修订
3	投资性房地产	2006 年制定
4	固定资产	2006 年制定
5	生物资产	2006 年制定
6	无形资产	2006 年制定
7	非货币性资产交换	2019 年修订
8	资产减值	2006 年制定
9	职工薪酬	2014 年修订
10	企业年金基金	2006 年制定
11	股份支付	2006 年制定
12	债务重组	2019 年修订
13	或有事项	2006 年制定
14	收入	2017 年修订
15	建造合同	（已取消）
16	政府补助	2017 年修订
17	借款费用	2006 年制定
18	所得税	2006 年制定
19	外币折算	2006 年制定
20	企业合并	2006 年制定
21	租赁	2018 年修订
22	金融工具的确认和计量	2017 年修订
23	金融资产转移	2017 年修订
24	套期会计	2017 年修订
25	原保险合同	2006 年制定
26	再保险合同	2006 年制定
27	石油天然气开采	2006 年制定
28	会计政策、会计估计变更和差错更正	2006 年制定
29	资产负债表日后事项	2006 年制定

续表

序号	准则名称	备注
30	财务报表列报	2006 年制定
31	现金流量表	2006 年制定
32	中期财务报告	2006 年制定
33	合并财务报表	2006 年制定
34	每股收益	2006 年制定
35	分部报告	2006 年制定
36	关联方披露	2006 年制定
37	金融工具列报	2017 年修订
38	首次执行企业会计准则	2006 年制定
39	公允价值计量	2015 年制定
40	合营安排	2015 年制定
41	在其他主体中权益的披露	2015 年制定
42	持有待售的非流动资产、处置组和终止经营	2017 年制定

1.2.2　我国企业会计准则与国际会计准则的实质性持续趋同

在国际上，国际会计准则理事会（IASB）是制定国际会计准则的权威机构，其制定的会计准则已经得到了世界各国的普遍重视，各国大多形成了直接采用国际财务报告准则或向国际会计准则趋同的局面，虽然具体进度和策略有所差异。2005 年 11 月 8 日，财政部与国际会计准则理事会签署联合声明，确认了中国企业会计准则（CAS）与国际财务报告准则（IFRS）实现了实质性的趋同，并强调了如下三点①：

第一，中国将趋同作为会计准则制定工作的目标之一，旨在使企业按照中国会计准则编制的财务报表与按照国际财务报告准则编制的财务报表相同，且趋同的方式由中国确定；

第二，中国会计准则与国际财务报告准则只在“关联方披露②”“资产减值是否允许转回”等少数方面存在差异，其余方面则实现了趋同；

第三，国际会计准则理事会确认了中国特殊的资本市场和环境下产生的会计问题，诸如“同一控制下的企业合并”“公允价值”“关联方披露”，可以为国际会计准则理事会寻求高质量的国际财务报告准则提供非常有用的帮助。

可见，经过了艰苦的努力，我国企业会计准则已经基本上实现了与国际财务报告

① 刘玉廷《关于企业会计准则体系几个具体问题的说明》，载《企业会计准则讲解》，北京：人民出版社，2007。

② 目前，国际会计准则理事会已经接受我国关于关联方认定的建议，并据此修改了国际会计准则（关联方披露）。

准则的实质性趋同，大部分会计准则，其准则的名称和准则的内容（表 1.3）都与国际财务报告准则实现了趋同。但是，财政部同时指出，趋同是一个过程，由于资本市场和环境因素的制约，允许差异存在，一味追求会计准则的简单趋同，则难以实现真正的趋同；趋同是一种互动，它需要会计准则制定机构之间相互沟通、相互借鉴、相互认可。

表 1.3　中国企业会计准则与国际财务报告准则的趋同情况

中国企业会计准则	国际财务报告准则
CAS1：存货	IAS2：存货
CAS2：长期股权投资	IAS27：合并财务报表和单独财务报表 IAS28：联营中的投资 IAS31：合营中的权益
CAS3：投资性房地产	IAS40：投资性房地产
CAS4：固定资产	IAS16：不动产、厂房及设备 IFRS5：持有待售的非流动资产和终止经营
CAS5：生物资产	IAS41：农业
CAS6：无形资产	IAS38：无形资产
CAS7：非货币性资产交换	IAS16：不动产、厂房及设备 IAS38：无形资产 IAS40：投资性房地产
CAS8：资产减值	IAS36：资产减值
CAS9：职工薪酬	IAS19：雇员福利
CAS10：企业年金基金	IAS26：退休福利计划的会计和报告
CAS11：股份支付	IFRS2：以股份为基础的支付
CAS12：债务重组	IAS39：金融工具：确认与计量
CAS13：或有事项	IAS37：准备、或有负债和或有资产
CAS14：收入	IAS18：收入
CAS15：建造合同	IAS11：建造合同
CAS16：政府补助	IAS20：政府补助的会计和政府援助的披露
CAS17：借款费用	IAS23：借款费用
CAS18：所得税	IAS12：所得税
CAS19：外币折算	IAS21：汇率变动的影响 IAS29：恶性通货膨胀经济中的财务报告
CAS20：企业合并	IFRS3：企业合并
CAS21：租赁	IAS17：租赁

续表

中国企业会计准则	国际财务报告准则
CAS22：金融工具的确认和计量	IAS39：金融工具：确认与计量
CAS23：金融资产转移	IAS39：金融工具：确认与计量
CAS24：套期会计	IAS39：金融工具：确认与计量
CAS25：原保险合同	IFRS4：保险合同
CAS26：再保险合同	IFRS4：保险合同
CAS27：石油天然气开采	IFRS6：矿产资源的勘探和评价
CAS28：会计政策、会计估计变更和差错更正	IAS8：会计政策、会计估计变更和差错
CAS29：资产负债表日后事项	IAS10：资产负债表日后事项
CAS30：财务报表列报	IAS1：财务报表的列报 IFRS5：持有待售的非流动资产和终止经营
CAS31：现金流量表	IAS7：现金流量表
CAS32：中期财务报告	IAS34：中期财务报告
CAS33：合并财务报表	IAS27：合并财务报表和单独财务报表
CAS34：每股收益	IAS33：每股收益
CAS35：分部报告	IFRS8：分部报告
CAS36：关联方披露	IAS24：关联方披露
CAS37：金融工具列报	IFRS7：金融工具：披露 IAS32：金融工具：列报
CAS38：首次执行企业会计准则	IFRS1：首次采用国际财务报告准则
CAS39：公允价值计量	IFRS13：公允价值计量
CAS40：合营安排	IFRS11：合营安排
CAS41：在其他主体中权益的披露	IFRS13：公允价值计量
CAS42：持有待售的非流动资产、处置组和终止经营	IFRS5：持有待售非流动资产和终止经营

2008年金融危机爆发后，国际会计准则理事会陆续对公允价值、财务报表列报、金融工具、收入、租赁等准则展开了修改工作，并取得了重要进展。有关我国会计准则最新动态和国际会计准则最新动态，还可以登录我国财政部会计司网站和国际会计准则理事会网站查询。针对这种情况，我国财政部在2010年发布了我国会计准则持续趋同国际会计准则的路线图，根据国际会计准则修订进程修订我国相应的会计准则，并在2014年和2017年后陆续对我国一些会计准则进行修订，或发布一些新的具体会

计准则。

1.2.3 我国会计准则国际趋同的意义

我国会计准则与国际会计准则趋同具有什么意义呢？其积极意义有很多，但作为MBA学员，应该特别关注的是，会计准则的趋同使得我国企业走出国门，包括海外上市融资等行为，更加方便。目前，由于我国会计准则质量得到显著提高，与国际会计准则实质性趋同，我国会计准则国际等效工作也已经取得显著进展。例如，中国内地与香港特区会计准则持续等效成果明显，内地与香港于2007年签署两地会计准则持续等效联合声明；欧盟高度赞赏2005年以来中国会计准则建设与实施所取得的成就，于2007年宣布，在2008年至2010年的过渡期内认可中国会计准则与欧盟采纳的国际财务报告准则等效。会计准则如果彻底完成等效工作，意味着我国企业赴这些地方进行海外上市融资时，根据我国会计准则编制的财务报表，将被视同遵循国际会计准则，无须按照当地会计准则或国际会计准则重新调整财务报表，从而节约了大量成本。

第 2 章　资产负债表

【学习目的】

1. 资产负债表的含义、作用和局限性。
2. 资产负债表各个报表项目具体经济内涵。
3. 资产负债表各个报表项目主要计量属性及其内涵。

【案例导入】

资料一

品牌观察、品牌观察研究院、品牌观察商学院联合中国品牌价值 500 强评审委员会发布了 2019 中国品牌价值 500 强，该榜单主要依据品牌价值评估最核心的几个重要考评指标，包括年营业收入、营业利润、行业属性、行业地位、品牌历史等。具体十强名单见表 2.1。

表 2.1　2019 年中国品牌价值十强

序号	品牌名称	2019 年品牌价值 / 亿元	行业	总部
1	华为	7 296.08	IT	广东
2	腾讯	7 078.23	互联网	广东
3	阿里巴巴	6 882.55	互联网	浙江
4	工商银行	3 970.59	金融	北京
5	中国移动	3 412.33	通信服务	北京
6	中国平安	3 396.3	金融	广东
7	茅台	3 321.97	酿酒	贵州
8	建设银行	3 300.81	金融	北京
9	中国石化	3 187.4	石化	北京
10	中国石油	2 943.99	石化	北京

资料来源：南方财富网。

资料二

根据 2020 年 12 月 14 日股票交易数据整理，部分公司的市净率摘选见表 2.2：

表 2.2　部分公司市净率

板块名称	股票简称	市净率	股票简称	市净率
银行板块	工商银行	0.70	招商银行	1.81
汽车板块	长安汽车	2.34	东风汽车	1.63
医疗板块	康泰医学	35.02	华通医药	3.95
农业板块	新五丰	4.13	福成股份	2.73
白酒板块	贵州茅台	15.41	老白干酒	6.60
水泥板块	海螺水泥	1.81	塔牌集团	1.52
互联网板块	众应互联	45.75	盛天网络	3.35
半导体板块	斯达半导	42.74	长电科技	4.90

根据如上两个资料，并查阅相关公司资产负债表，思考下列问题：

（1）为什么缺乏关于品牌这类价值不菲的资产？

（2）为什么公司市值与净资产账面价值差异如此明显，且公司间、行业间差异较大？

（3）什么是资产负债表，它反映了公司哪些资产，哪些负债？

2.1　资产、负债、所有者权益三要素概述

掌握资产负债表，应该首先掌握资产、负债、所有者权益三大要素的定义、特征及其确认条件。各国或地区会计准则制定机构对这些要素的定义具有一定差异，同一个机构在不同时间也有差异。下文将以我国 2006 年发布的企业会计准则及讲解为基础，并结合 2006 年之后陆续修订或新发布的会计准则，介绍与分析资产、负债和所有者权益 3 个要素。

2.1.1　资产的定义及其确认条件

1）资产的定义

资产是指企业过去的交易或者事项形成的、由企业拥有或者控制的、预期会给企业带来经济利益的资源。根据资产的定义，资产具有以下特征：

（1）资产应为企业拥有或者控制的资源。

资产作为一项资源，应当由企业拥有或者控制，具体是指企业享有某项资源的所有权，或者虽然不享有某项资源的所有权，但该资源能被企业所控制。

企业享有资产的所有权，通常表明企业能够排他性地从资产中获取经济利益。一般而言，在判断资产是否存在时，所有权是考虑的首要因素。有些情况下，资产虽然不为企业所拥有，即企业并不享有其所有权，但企业控制了这些资产，同样表明企业

能够从资产中获取经济利益，符合会计上对资产的定义。例如，某企业以租赁方式租入一项固定资产，尽管企业并不拥有其所有权，但是如果租赁合同规定的租赁期超过一个会计年度，表明企业控制了该资产一段时间的使用权及其所能带来的经济利益，应当将其作为企业的一项使用权资产予以确认、计量和报告。

（2）资产预期会给企业带来经济利益。

资产预期会给企业带来经济利益，是指资产直接或者间接导致现金或者现金等价物流入企业的潜力。这种潜力可以来自企业日常的生产经营活动，也可以是非日常活动；带来经济利益的形式可以是现金或者现金等价物形式，也可以是能转化为现金或者现金等价物的形式，或者是可以减少现金或者现金等价物流出的形式。

资产预期能否会为企业带来经济利益是资产的重要特征。例如，企业采购的原材料、购置的固定资产等可以用于生产经营过程，制造商品或者提供劳务，对外出售后收回货款，货款即为企业所获得的经济利益。如果某一项目预期不能给企业带来经济利益，那么就不能将其确认为企业的资产。前期已经确认为资产的项目，如果不能再为企业带来经济利益，也不能再确认为企业的资产。例如，待处理财产损失、估计不能回收的应收账款等，由于不符合资产定义，均不应当继续确认为资产。

（3）资产是由企业过去的交易或者事项形成的。

资产应当由企业过去的交易或者事项所形成，过去的交易或者事项包括购买、生产、建造行为或者其他交易或事项。换句话说，只有过去的交易或者事项才能产生资产，企业预期在未来发生的交易或者事项不形成资产。例如，企业有购买某存货的意愿或者计划，但是购买行为尚未发生，就不符合资产的定义，不能因此而确认存货资产。

2）资产的确认条件

将一项资源确认为资产，需要符合资产的定义，还应同时满足以下两个条件。

（1）与该资源有关的经济利益很可能流入企业。

从资产的定义来看，能否带来经济利益是资产的一个本质特征，但在现实生活中，由于经济环境瞬息万变，与资源有关的经济利益能否流入企业或者能够流入多少实际上带有不确定性。因此，资产的确认还应与经济利益流入的不确定性程度的判断结合起来。如果根据编制财务报表时所取得的证据，与资源有关的经济利益很可能流入企业，那么就应当将其作为资产予以确认；反之，不能确认为资产。

（2）该资源的成本或者价值能够可靠地计量。

财务会计系统是一个确认、计量和报告的系统，其中可计量性是所有会计要素确认的重要前提，资产的确认也是如此。只有当有关资源的成本或者价值能够可靠地计量时，资产才能予以确认。在实务中，企业取得的许多资产都是发生了实际成本的，例如企业购买或者生产的存货，企业购置的厂房或者设备等，对于这些资产，只要实际发生的购买成本或者生产成本能够可靠计量，就视为符合了资产确认的可计量条件。在某些情况下，企业取得的资产没有发生实际成本或者发生的实际成本很小，例如企业持有的某些衍生金融工具形成的资产，对于这些资产，尽管它们没有实际成本或者发生的实际成本很小，但是如果其公允价值能够可靠计量的话，也被认为符合了资产可计量性的确认条件。

【案例思考】

微软公司无疑是迄今为止最成功的软件公司。1994—2000 年，公司的收入从 28 亿美元增长到 230 亿美元，其中盈余从 7.08 亿美元增长到 94 亿美元。在 1998 年到 2000 年初的两年间，它的股票价格从每股 36 美元到接近 120 美元，市盈率是 66，市场总值在股票市场泡沫的最高峰达到了 5 000 亿美元。2003 年初，微软公司的股价是每股 50 美元，市场总值是 2 750 亿美元，市盈率是 31。

微软的成功归功于它强势的产品、准确的市场定位、创新性的研发和市场活动。用现在的时髦话来讲，微软是知识资本和占统治地位的市场定位和网络资源的结合。这些无形资产都没有在资产负债表中得到反映，相应地，2000 年的市净率超过了 12。但是为了保持和发展它的知识基础，微软需要用股票期权来吸引世界顶尖的技术专家的参与，这当然会给股东带来成本。不幸的是，公认会计原则并没有报告这部分为得到知识而付出的成本，也没有报告为得到知识而造成显著的表外负债。知识型负债和知识型资产一样都未能在资产负债表中得到反映。

思考：为什么微软公司很多资产无法在资产负债表中得到反映？您所在单位是否存在具有价值的资产或经济资源无法在资产负债表中得到反映？

资料来源：斯蒂芬·H. 佩因曼 . 财务报表分析与证券定价 [M] . 刘力，陆正飞，译 .2 版 . 北京：中国财政经济出版社，2005：257.

2.1.2 负债的定义及其确认条件

1）负债的定义

负债是指企业过去的交易或者事项形成的，预期会导致经济利益流出企业的现时义务。根据负债的定义，负债具有以下特征：

（1）负债是企业承担的现时义务。

负债必须是企业承担的现时义务，这是负债的一个基本特征。其中，现时义务是指企业在现行条件下已承担的义务。未来发生的交易或者事项形成的义务，不属于现时义务，不应当确认为负债。这里所指的义务可以是法定义务，也可以是推定义务。其中法定义务是指具有约束力的合同或者法律法规规定的义务，通常必须依法执行。例如，企业购买原材料形成应付账款，企业向银行借入款项形成借款，企业按照税法规定应当交纳的税款等，均属于企业承担的法定义务，需要依法予以偿还。推定义务是指根据企业多年来的习惯做法、公开的承诺或者公开宣布的政策而导致企业将承担的责任，这些责任也使有关各方形成了企业将履行义务解脱责任的合理预期。

（2）负债预期会导致经济利益流出企业。

预期会导致经济利益流出企业也是负债的一个本质特征，只有企业在履行义务时会导致经济利益流出企业的，才符合负债的定义，如果不会导致企业经济利益流出，就不符合负债的定义。在履行现时义务清偿负债时，导致经济利益流出企业的形式多种多样，例如用现金偿还或以实物资产形式偿还；以提供劳务形式偿还；以部分转移资产、部分提供劳务形式偿还；将负债转为资本等。

（3）负债是由企业过去的交易或者事项形成的。

负债应当由企业过去的交易或者事项所形成。换句话说，只有过去的交易或者事项才形成负债，企业将在未来发生的承诺、签订的合同等交易或者事项，不形成负债。

2）负债的确认条件

将一项现时义务确认为负债，需要符合负债的定义，还应当同时满足以下两个条件。

（1）与该义务有关的经济利益很可能流出企业。

从负债的定义来看，负债预期会导致经济利益流出企业，但是履行义务所需流出的经济利益带有不确定性，尤其是与推定义务相关的经济利益通常需要依赖于大量的估计。因此，负债的确认应当与经济利益流出的不确定性程度的判断结合起来。如果有确凿证据表明，与现时义务有关的经济利益很可能流出企业，就应当将其作为负债予以确认；反之，如果企业承担了现时义务，但是，导致经济利益流出企业的可能性若已不复存在，就不符合负债的确认条件，不应将其作为负债予以确认。

（2）未来流出的经济利益的金额能够可靠地计量。

负债的确认在考虑经济利益流出企业的同时，对于未来流出的经济利益的金额应当能够可靠计量。对于与法定义务有关的经济利益流出金额，通常可以根据合同或者法律规定的金额予以确定，考虑到经济利益流出的金额通常在未来期间，有时未来期间较长，有关金额的计量需要考虑货币时间价值等因素的影响。对于与推定义务有关的经济利益流出金额，企业应当根据履行相关义务所需支出的最佳估计数进行估计，并综合考虑有关货币时间价值、风险等因素的影响。

2.1.3　所有者权益的定义及其确认条件

1）所有者权益的定义

所有者权益是指企业资产扣除负债后由所有者享有的剩余权益。公司的所有者权益又称为股东权益。所有者权益是所有者对企业资产的剩余索取权，它是企业资产中扣除债权人权益后应由所有者享有的部分，既可反映所有者投入资本的保值增值情况，又体现了保护债权人权益的理念。

2）所有者权益的来源构成

所有者权益的来源包括所有者投入的资本、直接计入所有者权益的利得和损失、留存收益等，通常由实收资本（或股本）、资本公积（包含资本溢价或股本溢价、其他资本公积）、其他综合收益、盈余公积和未分配利润构成，商业银行等金融企业按照规定在税后利润中提取的一般风险准备，也构成所有者权益。

所有者投入的资本，既包括构成企业注册资本或者股本部分的金额，也包括投入资本超过注册资本或者股本部分的金额，即资本溢价或者股本溢价，这部分投入资本在我国企业会计准则体系中被计入了资本公积，并在资产负债表中的资本公积项目下反映。

直接计入所有者权益的利得和损失，是指不应计入当期损益、会导致所有者权益发生增减变动的、与所有者投入资本或者向所有者分配利润无关的利得或者损失。其中，利得是指由企业非日常活动所形成的、会导致所有者权益增加的、与所有者投入资本无关的经济利益的流入，利得包括直接计入所有者权益的利得和直接计入当期利润的利得。损失是指由企业非日常活动所发生的、会导致所有者权益减少的、与向所有者分配利润无关的经济利益的流出，损失包括直接计入所有者权益的损失和直接计入当期利润的损失。直接计入所有者权益的利得和损失主要包括其他债权投资和其他权益工具投资的公允价值变动额、现金流量套期中套期工具公允价值变动额（有效套期部分）等。

留存收益是指企业历年实现的净利润留存于企业的部分，主要包括累计计提的盈余公积和未分配利润。

3）所有者权益的确认条件

所有者权益的确认、计量主要取决于资产、负债、收入、费用等其他会计要素的确认和计量。所有者权益即为企业的净资产，是企业资产总额中扣除债权人权益后的净额，反映所有者（股东）财富的净增加额。通常企业收入增加时，会导致资产的增加，相应地会增加所有者权益；企业发生费用时，会导致负债增加，相应地会减少所有者权益。因此，企业日常经营的好坏和资产负债的质量直接决定着企业所有者权益的增减变化和资本的保值增值。

所有者权益反映的是企业所有者对企业资产的索取权，负债反映的是企业债权人对企业资产的索取权，而且通常债权人对企业资产的索取权要优先于所有者对企业资产的索取权，因此，所有者享有的是企业资产的剩余索取权。两者在性质上有本质区别，企业在会计确认、计量和报告中应当严格区分负债和所有者权益，以如实反映企业的财务状况，尤其是企业的偿债能力和产权比率等。在实务中，企业某些交易或者事项可能同时具有负债和所有者权益的特征，在这种情况下，企业应当将属于负债和所有者权益的部分分开核算和列报。例如，企业发行的可转换公司债券，企业应当将其中的负债部分和权益性工具部分进行分拆，分别确认负债和所有者权益。

4）负债与所有者权益的区别

企业的全部资产来源于两条渠道：一是负债，二是投资者的投资及其增值。因此，债权人和投资者对企业的资产均拥有要求权，在资产负债表上都反映在右方，负债和所有者权益的合计总额等于资产总额。但是，负债和所有者权益又存在明显的区别，主要有以下四点。

（1）对象不同。负债是企业对债权人承担的偿付责任，而所有者权益是企业对投资者承担的经济责任。

（2）性质不同。负债是在经营或其他事项中发生的债务，是债权人要求企业清偿的权利；所有者权益是投资者享有的对投入资本及其运用所产生盈余（或亏损）的权利。

（3）偿还期限不同。负债必须于一定时期（特定日期或确定的日期）偿还；所有者权益一般只有在企业解散清算时（除按法律程序减资外），或在破产清算时才可能还给投资者。为了保证债权人的利益不受侵害，法律规定债权人对企业资产的要求权优先于投资者，故债权又称为第一要求权；投资者具有对剩余财产的要求权，又称为剩余权益。

（4）享受的权利不同。债权人无权过问企业的重大生产经营政策，也无权分享企业的盈利，只享有到期收回债权本金及利息的权利；而投资者则通过股东大会或董事会，对企业的生产经营及盈利分配等政策施加影响。

2.2 资产负债表概述

资产负债表、利润表和现金流量表可谓现今财务报告中必不可少的三大财务报表①，而资产负债表目前已成为第一大财务报表，其重中之重的角色显而易见。

2.2.1 资产负债表的性质

资产负债表（balance sheet）是列示某一会计主体在特定日期资产、负债、所有者权益三要素的所属项目及金额的财务报表。它是揭示企业在某一时点上的财务状况的静态报表。资产负债表也反映了企业以往的经营活动对资产、负债和所有者权益的累积影响，因而它是一张历史性的报表。该报表遵循“资产 = 负债 + 所有者权益”这一基本会计恒等式，其主要任务是反映企业在特定时点的财务状况，即特定时点的资产、负债、所有者权益的构成及其相互关系。资产负债表的左列即资产部分反映了企业的经济资源及其结构，右列即负债和所有者权益部分则反映了企业的经济来源及其构成情况。由于为报表使用者提供对决策有用的关于企业财务状况的信息是财务会计的目标之一，故资产负债表又称财务状况表。

如何理解资产负债表属于时点报表呢？例如，A 公司 2020 年底资产负债表货币资金持有 3 000 万元人民币，仅表明公司在 2020 年 12 月 31 日当天持有 3 000 万元货币资金，其他时间将有所变化。为此，假如你与 A 公司在 2021 年 11 月 1 日准备进行一项重大交易，交易前调查时获取了该公司 2020 年 12 月 31 日的资产负债表，以了解其资产和偿债能力，则必须注意 2020 年 12 月 31 日至 2021 年 11 月 1 日期间公司资产负债等发生的变化。同样道理，明确资产负债表时点概念，有助于理解商务活动过程中发生的验资纠纷等事宜。

---

① 我国企业会计准则还规定了所有者权益变动表，但相对于这三张报表，其地位和重要性要低一些。

2.2.2 资产负债表的演进

资产负债表诞生于15世纪的意大利，但其编制目的主要是适应资产报税和终止合伙关系时的需求，是报告应税财产和合伙企业清算的依据。当时企业的组织形式主要是独资企业和合伙企业，业主或合伙人只要查阅损益类账户就可以获知有关收益状况的信息，因此企业一般不编制收益和费用表。17世纪的法国商人必须每两年进行一次存货盘点并提供盘存报告，这是国家为避免欺诈性破产而制定的法律要求，该盘存报告即资产负债表。19世纪的德国对资产负债表的重视源于资产负债表所提供的信息有助于政府立法意图的实现。这个历史阶段，由于利润表还未问世，资产负债表理所当然成为了第一报表。

随着企业经营的规模化发展，银行的信贷资金为其提供了新鲜血液。同时，银行作为债权人尤其关注企业资产的偿债能力，而真实可靠的资产负债表信息正是银行判断企业偿债能力的有力依据。

20世纪30年代以来，随着公司组织形式的发展，财务信息的使用者范围迅速扩大，资产负债表不足以展现企业经营活动的全貌。企业所有权和经营权的分离要求企业能提供评价管理当局履行受托责任的有用信息，人们对损益表倾注了更多的热情，对损益表的关注远远超过了资产负债表[①]。第二次世界大战后迎来了又一个经济发展的黄金时代以及企业规模的迅速膨胀时期，所有者的多元化和分散性使财务会计目标由“受托责任观”向“决策有用观”转变，人们对收益信息的重视更是达到了无以复加的地步。

20世纪80年代后，通货膨胀、衍生金融工具和知识经济的兴起大大影响了财务会计、财务报告理论和实务的发展。传统的资产负债表和收益信息已经难以反映企业真实的经营成果。由于受到历史成本计量属性、确认标准以及实现原则的影响，巨大的未实现利得和损失绕开了损益表而进入了资产负债表的权益方，使得损益表对投资者决策的有用性大为降低，这个时候，出现了第四张报表——综合收益表。也就是在这个历史阶段，准则制定机构开始寻求从资产负债观视角确认会计收益，资产负债表作为第一报表的地位又“重现了”。这一重现并不是简单地重现，它是在利润表又无法适应经济环境变化的需要的情况下出现的。

2.2.3 资产负债表的作用

资产负债表曾经是第一报表，现在又成为第一报表，这与资产负债表具有下列几个作用密切相关。

1）有助于分析、评价和预测企业的短期偿债能力

债权人，尤其是提供短期资金的银行家对企业的短期偿债能力是非常关注的。偿债能力是指企业以资产偿付债务的能力，一般分为短期偿债能力和长期偿债能力。短

① 本书《利润表》章节还将进行详细说明。

期偿债能力主要体现为资产和负债的流动性。资产的流动性反映企业资产的变现能力，即资产转换为现金的能力；负债的流动性则反映债务迫近到期日的数量和程度。企业是否有足够的资产及时转换为现金以清偿短期债务，这对债权人是非常重要的。短期偿债能力越低，企业到期越无法偿还本息，债权人发出的贷款及其回报就越没有可靠的保障。短期偿债能力对评价企业的财务状况是非常重要的。一般而言，企业可采用流动比率、速动比率、现金比率等来初步评价企业的财务状况，而这些比率的计算均是立足于资产负债表（主要是流动项目）。在资产负债表中，资产一般按其流动性排列，负债则按到期日长短排列。这种排列方式有助于评估不同类别资产的变现能力，预测未来现金流入的金额、时间安排及其不确定性；还可以评估不同类别负债的偿还顺序，预测未来现金流出的金额、时间安排及其不确定性，这两个目标正是财务会计准则委员会（FASB）在第1号财务会计概念框架《企业编制财务报告的目的》当中提出的财务报告重要目标之一。

2）有助于分析、评价和预测企业的长期偿债能力

长期偿债能力主要指企业以全部资产清偿全部负债的能力。长期偿债能力的大小主要取决于企业的获利能力和它的资本结构。由于资产负债表是按照资产、负债及所有者权益三部分分项列示，所以企业的资本结构，即负债与所有者权益、负债中流动负债与长期负债、所有者权益中投入资本与留存收益或普通股与优先股的相对比例显而易见。负债和所有者权益的比例，与债权人和所有者的相对风险及企业的长期偿债能力密切相关。我们通常采用资产负债率、净资产报酬率、资产报酬率和已获利息倍数等指标来反映企业的长期偿债能力。这些指标的计算都是立足于资产负债表和损益表的。因此，我们可以通过资产负债表分析、评价和预测企业的长期偿债能力和资本结构。

3）有助于分析、评价和预测企业的财务弹性

企业的财务弹性（financial flexibility）又称财务适应性，是指企业能够迅速有效地应对突发性现金需求的能力。财务适应性较强的企业，不仅能够在获利机会出现时拿出足够的资金抓住稍纵即逝的商机，而且能够在由于主观或者客观环境造成的暂时经营困境发生时调度资金以应对财务危机。一般地，企业的财务弹性越强，企业经营失败的风险就越低。在当今经济环境瞬息万变的形势下，新的投资机会不断出现，又极具实效性，财务弹性对处于竞争大潮中的企业就更加重要。

财务弹性的决定因素有三个：第一，从经营活动中产生现金流入的能力，比如从当期销售收入中取得现金流入的能力；第二，对外筹集和调度资金的能力，如短期内出售债券或股票的能力；第三，在不影响正常经营的前提下变卖资产以获取现金的能力。

资产负债表本身并不能直接提供有关企业财务弹性的信息，但是在评价财务弹性时，我们可以借助于资产负债表所列示的资产分布和对这些资产的要求权的信息，以及企业资产、负债的流动性，资本结构等信息，尤其是资产变现能力的信息，并结合利润表和财务报表附注等信息进行分析和评价。

4）有助于分析、评价、预测企业的经营业绩

企业的利益相关者，无论是经营者、投资者还是债权人，都密切关注企业的经营业绩，因为企业的经营业绩直接关系到他们的切身利益。不仅如此，企业的经营业绩还决定着企业自身的生死存亡。我们可以通过一系列指标来衡量企业的获利能力即经营业绩。从利润表得出的年利润是判断企业期间损益的绝对指标；而将利润表与资产负债表相结合，则可以得出总资产报酬率、净资产报酬率等衡量企业经营业绩的相对指标。显而易见，这些相对指标更能深层次地全面地反映企业的获利能力，对投资者和经营者的决策更有帮助。

2.2.4 资产负债表的局限性

在认识到资产负债表重要性的同时，我们也应当清醒地看到，资产负债表也并不是万能的，它的各个项目本身就存在诸多的缺陷。首先，资产负债表的很多资产项目都以历史成本计价，这与企业资产在资产负债表日的真实价值可能相去甚远；其次，由于受到会计确认与计量的客观和可靠原则的约束，部分资产和负债遭到忽略，被排斥在资产负债表之外，如部分无形资产、金融工具和衍生金融工具、管理人员的报酬合约以及信用担保等；最后，很大一部分本应进入损益表的业绩信息，限于收益确认规则无从得以确认，因而绕过损益表、直接进入资产负债表的权益部分，使资产负债表的权益部分背上了“垃圾桶”的恶名，权益部分的资本公积成为了混乱无序的“收容所”。

从这个意义上说，目前的资产负债表并没有彻底完成揭示企业在特定时点的财务状况的任务。

2.3 资产负债表结构布局及各个项目经济内涵

2.3.1 资产负债表的结构布局

1）资产负债表的格式

会计恒等式在财务会计的发展史中占据非常重要的地位，其中，会计恒等式对资产负债表的意义就非常重要。其一，会计恒等式保证了资产负债表的平衡关系；其二，会计恒等式的表达形式也影响了资产负债表的列报格式。具体而言，会计恒等式的表达形式有：

资产＝负债＋所有者权益；资产－负债＝所有者权益

（1）在“资产＝负债＋所有者权益”这一恒等式下，产生了账户式资产负债表格式。在账户式格式下，资产负债表的左方列示资产类的全部项目，右方列示负债类的全部项目和所有者权益类的全部项目，这也是最流行的资产负债表格式。这种格式简单明了，

左方列示全部的资产，右方则列示资产的来源——负债和所有者权益，非常直观地揭示了资产与负债和所有者权益的勾稽关系。我国《企业会计准则——财务报表列报》应用指南就推荐采用这种格式，见表 2.3。

表 2.3　资产负债表

会企 01 表
编制单位：　　　　　　　　　　　年　　月　　日　　　　　　　　　　　单位：元

资产	期末余额	年初余额	负债和所有者权益（或股东权益）	期末余额	年初余额
流动资产：			流动负债：		
货币资金			短期借款		
交易性金融资产			交易性金融负债		
衍生金融资产			衍生金融负债		
应收票据			应付票据		
应收账款			应付账款		
应收款项融资			预收款项		
预付款项			合同负债		
应收利息			应付职工薪酬		
应收股利			应交税费		
其他应收款			应付利息		
持有待售资产			其他应付款		
存货			应付股利		
合同资产			持有待售负债		
一年内到期的非流动资产			一年内到期的非流动负债		
其他流动资产			其他流动负债		
流动资产合计			流动负债合计		
非流动资产：			非流动负债：		
债权投资			长期借款		
其他债权投资			应付债券		
长期应收款			其中：优先股		
长期股权投资			永续债		
其他权益工具投资			租赁负债		
其他非流动金融资产			长期应付款		

续表

资产	期末余额	年初余额	负债和所有者权益（或股东权益）	期末余额	年初余额
投资性房地产			预计负债		
固定资产			递延收益		
在建工程			递延所得税负债		
生产性生物资产			其他非流动负债		
油气资产			非流动负债合计		
使用权资产			负债合计		
无形资产			所有者权益（或股东权益）：		
开发支出			实收资本（或股本）		
商誉			其他权益工具		
长期待摊费用			其中：优先股		
递延所得税资产			永续债		
其他非流动资产			资本公积		
非流动资产合计			减：库存股		
			其他综合收益		
			盈余公积		
			专项储备		
			未分配利润		
			归属于母公司所有者权益合计		
			少数股东权益		
			所有者权益（或股东权益）合计		
资产总计			负债和所有者权益（或股东权益）总计		

（2）在“资产－负债＝所有者权益”这一恒等式下，产生了财务状况式资产负债表。这种格式首先列示资产类全部项目，然后扣除负债类全部项目，在最底部列示出所有者权益类各个项目。资产、负债和所有者权益都列示在同一边，而不像账户式报表结构那样区分左右两边。这种格式还存在一种变通形式，首先列示营运资本（流动资产－流动负债），然后再列示长期资产、长期负债，最后列示所有者权益。这种变通形式，明显突出了营运资本的重要作用。财务状况式资产负债表存在一个比较大的缺点，当资产、负债和所有者权益各个要素的具体列报项目较多时，难免使得报表过于冗长，可能影响报表阅读效果。

这种格式的简要形式见表 2.4。

表 2.4　资产负债表

编制单位：　　　　20×1 年 12 月 31 日　　　　单位：元

项目	金额
流动资产：	
×××	
×××	
减：流动负债	
×××	
×××	
营运资本净额	
长期资产：	
×××	
×××	
合计	
减：长期负债	
×××	
×××	
所有者权益	
×××	
×××	
所有者权益合计	

虽然表 2.4 不是准则制定机构推荐采用的资产负债表格式，但它所反映的信息也非常重要。特别是表 2.4 的“营运资本净额”至少反映了两个信息：第一，企业流动资产在多大程度上覆盖了流动负债，这对分析公司短期偿债能力至关重要；第二，在满足流动负债偿债需求之后，企业能够自由运用的流动资产规模。

2）资产负债表格式的说明

（1）名称。资产负债表，又称财务状况表、平衡表、财务情况表。目前国际上比较流行的是“资产负债表”，国际会计准则采用的即是资产负债表名称，美国财务会计准则发布的很多文件或公告却经常并提资产负债表和财务状况表。我国企业会计准则采纳了与原有《企业会计制度》一样的名称，都称为资产负债表。

（2）表首。表首标识“× × 企业资产负债表”，并另起一行说明报表涵盖会计期间的期末（例如，2020 年 12 月 31 日）、采用的货币计量单位以及报表编号。注意如下知识点。

第一，作为一家上市公司，经常拥有一家或多家下属子公司，在这种情况下，其提供的资产负债表包括合并资产负债表、母公司资产负债表。报表阅读者应该注意两种报表的差异（本书第 5 章专门介绍合并报表）；如果条件许可，报表阅读者还可以另外获取下属子公司的资产负债表，以更完整地理解上市公司合并资产负债表、母公司资产负债表和子公司资产负债表的关系。这里先列举一个简单例子。

例如，A 上市公司年末持有货币资金人民币 3 000 万元，其持股 80%（控股）子公司甲货币资金人民币 1 000 万元，持股 60%（控股）子公司乙货币资金人民币 500 万元。那么，A 上市公司合并资产负债表货币资金的金额反映的是 A、甲和乙三家公司货币资金总额，它们都属于 A 上市公司拥有或控制的货币资金，合计 4 500 万元（注意是全部加总，不论 A 对控股子公司持股比例是否达到 100%）；A 母公司资产负债表货币资金则仅仅反映属于 A 拥有的货币资金。

第二，报表所属会计期间。在我国，财务报表采用的会计期间包括月、季度、半年和年度，相对应的财务报表分别称为月度财务报表、季度财务报表、半年度财务报表和年度财务报表。但有些国家并不一定采用这种做法。在美国，企业选择会计期间的自由度较大，以年度财务报表为例，其涵盖期间可能是公历 1 月 1 日—12 月 31 日，也可能是其他时间段，例如，上年度 10 月 1 日至本年度 9 月 30 日，上年度 8 月 1 日至本年度 7 月 31 日等。报表阅读者要注意，会计报表要具有可比性，会计期间涵盖时间段一致是重要前提。例如，不能直接将结束日为 12 月 31 日的资产负债表与结束日为 6 月 30 日的资产负债表进行比较。

（3）分类与专门名词。我国对资产负债表的格式与分类进行了标准化规定，同时，不同行业有所差异。分类与专门名词应该简明扼要，并一贯使用统一确切的含义。由于我国对资产、负债和所有者权益的分类都进行了统一规定，这个要求比较容易达到。

（4）比较。与其他报表一样，资产负债表应该提供比较报表。我国企业会计准则规定，企业至少应该提供两年的资产负债表比较报表。如果上期期末的项目分类和内容与本期不一致时，企业应该将上期期末数字按照本期项目的内容进行调整，使各期项目口径可比。提供两年期的资产负债表的重要作用之一是方便阅读者进行报表分析。通常情况下，分析资产负债表最少需要两年期以供对比，三年期甚至五年期效果更好。

（5）持续经营。企业财务报表列报应该以持续经营为基础，除非有相关证据表明企业不能持续经营。因此，资产负债表的编制也应该以持续经营为基础。正因为以持续经营为基础，企业购入的资产才需要进入资产负债表以存货、固定资产、无形资产等具体项目进行反映，而不是在购买的当期直接全部计入费用。

（6）不确定性。以会计分期人为地分割企业的“历史长河”以编制资产负债表等财务报表，不可避免地需要对许多跨越多个会计期间的资产负债项目在本期列报的金额做出估计，例如，因为诉讼事项而确认的预计负债，就是根据诉讼事实、历史经验以及法规等进行估计的结果。

2.3.2 资产负债表项目分类

资产负债表又称为财务状况表，它可以反映企业财务状况的变动，因此，资产负债表项目的分类方法，应该有助于会计信息使用者理解企业的财务状况变动。根据国际会计准则理事会《编制财务报表的框架》，资产代表的是未来经济利益流入的资源；负债代表的是企业未来流出经济利益的金额。因此，从财务状况变动来说，资产最贴切的分类应该是未来经济利益流入的速度；负债最贴切的分类应该是未来经济利益流出的速度。

1）资产的分类

资产的分类存在着不同的标准，可以按照变现能力分为流动资产和非流动资产，这种分类方法也称为流动性分类法，还可以按照是否能够以固定或可确定的货币金额收回、或者是否具有实物形态进行分类。第一种分类是最为流行的，也与上述理论最为吻合，它将变现能力最强的资产放在最前面，变现能力稍弱的次之，依此类推，放在最后的资产是变现能力最差的。当然，变现能力的判断具有一定的主观性，与企业实际对资产的变现情况可能并不一致。

从我国资产负债表的格式可以看出，我国企业会计准则采用的是流动性分类法，将资产划分为流动资产和非流动资产，这是国际通行的报表项目分类方法。我国《企业会计准则——财务报表列报》规定，资产满足下列条件之一的，应当归类为流动资产：

第一，预计在一个正常营业周期中变现、出售或耗用。

第二，主要为交易目的而持有。

第三，预计在资产负债表日起一年内（含一年，下同）变现。

第四，自资产负债表日起一年内，交换其他资产或清偿负债的能力不受限制的现金或现金等价物。

以工业企业为例，满足这些条件，并且按照变现能力排列，资产负债表当中，流动资产一般包括：货币资金、交易性金融资产、应收票据、应收账款、预付款项、应收利息、应收股利、其他应收款、存货、一年内到期的非流动资产、其他流动资产。

流动资产以外的资产应当归类为非流动资产，并应按其性质分类列示。这类项目一般包括：债权投资、其他债权投资、其他权益工具投资、长期应收款、长期股权投资、投资性房地产、固定资产、在建工程、工程物资、固定资产清理、生产性生物资产、油气资产、无形资产、开发支出、商誉、长期待摊费用、递延所得税资产、其他非流动资产等。

2）负债的分类

负债一般按照到期日的远近进行排列，并且区分为流动负债和非流动负债两大类。这种分类方法也与资产负债表作为财务状况变动表最为贴切。根据《企业会计准则——

财务报表列报》规定，负债满足下列条件之一的，应当归类为流动负债：

第一，预计在一个正常营业周期中清偿。

第二，主要为交易目的而持有。

第三，自资产负债表日起一年内到期应予以清偿。

第四，企业无权自主地将清偿推迟至资产负债表日后一年以上。

以工业企业为例，满足上述条件的流动负债，并按照到期日远近排列，主要包括：短期借款、交易性金融负债、应付票据、应付账款、合同负债、应付职工薪酬、应交税费、应付利息、应付股利、其他应付款、一年内到期的非流动负债、其他流动负债等。

流动负债以外的负债应当归类为非流动负债，并应按其性质分类列示。这类项目主要包括：长期借款、应付债券、长期应付款、专项应付款、预计负债、递延所得税负债、其他非流动负债等。

对于在资产负债表日起一年内到期的负债，企业预计能够自主地将清偿义务展期至资产负债表日后一年以上的，应当归类为非流动负债；不能自主地将清偿义务展期的，即使在资产负债表日后、财务报告批准报出日之前签订了重新安排清偿计划协议，该项负债仍应归类为流动负债。同样，企业在资产负债表日或之前违反了长期借款协议，导致贷款人可随时要求清偿的负债，应当归类为流动负债。贷款人在资产负债表日或之前同意提供在资产负债表日后一年以上的宽限期，企业能够在此限期内改正违规行为，且贷款人不能要求随时清偿，该项负债应当归类为非流动负债。

2.3.3 资产负债表各个具体项目的含义

1）资产项目的经济含义说明

（1）“货币资金”项目，反映企业库存现金、银行结算户存款、外埠存款、银行汇票存款、银行本票存款、信用卡存款、信用证保证金存款等的合计数。本项目应根据“库存现金”“银行存款”“其他货币资金”科目期末余额的合计数填列。作为报表阅读者，货币资金需要关注如下知识点。

第一，合并资产负债表、母公司资产负债表和子公司资产负债表货币资金的不同含义（此知识点，上文已经举例说明）。

第二，此处列示的货币资金应该是企业可以随时支取动用的货币资金，其流动性最强，如果公司由于各种原因货币资金被司法冻结使用，则不应该纳入该项目，或至少应该在报表附注中做出专门说明。

第三，会计期间内期初和期末货币资金变化额度。

第四，期初期末货币资金变化额度主要原因，通常可以区分为经营活动现金流量净变动额、投资活动现金流量净变动额和筹资活动现金流量净变动额。[①]这三个组成部分对货币资金变化的贡献程度不同，对企业依靠自己创造现金流量的能力是具有显著

---

① 注意，现金流量表所谓现金并不等同于货币资金，前者还包括现金等价物，现金流量表章节会展开说明。

影响的。读者学习这部分内容时应该注意与现金流量表相结合。如果是企业经营管理者，通常还会关注货币资金的内部控制制度及执行情况，关注企业货币资金的最佳持有金额和利用效率等。

【案例思考】

万科企业股份有限公司（股票代码：000002）2019 年度财务报告有关信息摘录见表 2.5。

表 2.5　万科企业股份有限公司报表表内货币资金有关信息

单位：元

项目	合并资产负债表		母公司资产负债表	
	2019 年 12 月 31 日	2018 年 12 月 31 日	2019 年 12 月 31 日	2018 年 12 月 31 日
货币资金	166 194 595 726.42	188 417 446 836.14	73 411 485 591.42	77 677 228 103.71
项目	合并现金流量表		母公司现金流量表	
	2019 年 1—12 月	2018 年 1—12 月	2019 年 1—12 月	2018 年 1—12 月
经营活动产生的现金流量净额	45 686 809 515.08	33 618 183 388.52	(13 363 415 421.45)	(38 905 354 239.11)
投资活动产生的现金流量净额	(28 626 734 553.85)	(67 364 436 029.86)	2 076 920 177.57	(7 234 007 945.72)
筹资活动产生的现金流量净额	(33 338 210 446.40)	44 797 648 094.08	6 794 491 880.24	39 381 176 988.51
现金及现金等价物净增加额	(15 929 512 066.69)	11 342 156 167.35	(4 265 742 512.29)	(6 761 027 830.69)

* 注：表格中出现（ ）的数字，表示该数字为负数，会计学含义是现金流出。

进一步地，万科在财务报表附注中详细说明了货币资金的组成部分（表 2.6），读者应该注意货币资金的流动性问题。

表 2.6　万科企业股份有限公司货币资金附注信息

单位：元

项目	2019 年 12 月 31 日				2018 年 12 月 31 日			
		原币	折算汇率	折合人民币		原币	折算汇率	折合人民币
现金	人民币	5 153 478.56	1.000 0	5 153 478.56	人民币	6 628 363.72	1.000 0	6 628 363.72
小计				1 993 017.32				1 465 332.81

续表

项目		2019 年 12 月 31 日				2018 年 12 月 31 日		
		原币	折算汇率	折合人民币		原币	折算汇率	折合人民币
银行存款	人民币	161 134 111 177.91	1.000 0	161 134 111 177.91	人民币	182 512 057 502.34	1.000 0	182 512 057 502.34
	美元	211 213 914.92	6.962 2	1 470 513 518.46	美元	159 206 350.13	6.870 6	1 093 843 149.22
	港币	3 089 339 534.89	0.892 6	2 757 600 227.52	港币	4 823 885 651.18	0.877 2	4 231 478 641.38
	新加坡币	5 598.23	5.177 5	28 984.84	新加坡币	—	—	—
	英镑	24 358 704.95	9.244 7	225 188 919.65	英镑	19 857 011.71	8.762 2	173 991 108.01
	马来西亚币	46 943 423.25	1.702 1	79 902 400.71	马来西亚币	5 005 736.54	1.661 8	8 318 532.98
	俄罗斯卢布	374 457 538.07	0.112 0	41 939 244.26	俄罗斯卢布	250 903 000.00	0.099 0	24 839 397.00
	欧元	24 334.34	7.818 2	190 250.74	欧元	1 000.00	7.878 5	7 878.50
小计				165 709 474 724.09				188 044 536 209.43
其他货币资金*	人民币	479 967 523.77	1.000 0	479 967 523.77	人民币	366 282 262.99	1.000 0	366 282 262.99
合计				166 194 595 726.42				188 417 446 836.14

*注：其他货币资金为物业管理项目代管基金。于 2019 年 12 月 31 日银行存款中含有受限使用资金为人民币 6 455 944 254.46 元（2018 年 12 月 31 日：人民币 12 749 283 297.49 元），其中因质押对使用有限制的资金为人民币 3 841 600 000.00 元（2018 年 12 月 31 日：人民币 8 095 340 000.00 元）。无因抵押等对使用有限制的款项（2018 年 12 月 31 日：无）。于 2019 年 12 月 31 日存放境外货币资金共计折合人民币 5 689 787 565.68 元（2018 年 12 月 31 日：人民币 6 560 303 487.14 元）。本集团年末存于联营公司徽商银行的存款为人民币 417 750 251.72 元（2018 年 12 月 31 日：人民币 1 094 129 958.33 元）。

思考：万科货币资金变动的主要原因是什么？公司可以自由支取的货币资金有多少？

【案例思考】

美的集团股份有限公司（股票代码：000333）2015—2019 年度财务报告有关信息摘录见表 2.7。

表 2.7 美的集团货币资金信息

单位：万元

年份	合并报表	母公司报表	备注
2015 年 12 月 31 日	1 186 197.7	1 421 374.7	*2017 年年报的可比数据中，2016 年合并报表货币资金数据为 2 716 911.8，与 2016 年年报的数据 1 719 607.0 差异明显，是因为 2017 年年报“货币资金”将 2016 年年报单列的“存放中央银行款项”和“存放同业款项”汇总列示
2016 年 12 月 31 日	1 719 607.0*	1 713 548.0	
2017 年 12 月 31 日	4 827 420.0	2 934 992.6	
2018 年 12 月 31 日	2 788 828.0	1 536 162.6	
2019 年 12 月 31 日	7 091 684.1	5 229 105.6	

其中，2019 年财务报表对货币资金的附注（表 2.8）解释如下。

表 2.8 美的集团货币资金附注

	期末数 / 万元	期初数 / 万元
库存现金	312.8	380.3
银行存款 (a)	4 901 267.7	1 585 741.3
其他货币资金 (b)	15 302.2	12 319.7
存放中央银行法定准备金 (c)	43 314.9	112 617.2
存放中央银行超额存款准备金	35 547.1	20 407.3
存放同业款项 (d)	2 056 216.0	1 057 362.2
应计利息	39 723.4	—
合计	7 091 684.1	2 788 828.0

（a）于 2019 年 12 月 31 日，银行存款包括三个月以上定期存款 39 491 676 000 元 (2018 年 12 月 31 日：5 686 629 000 元)。

（b）其他货币资金主要为保函保证金、银行承兑汇票保证金及信用证保证金。

（c）存放中央银行法定准备金为金融企业按规定缴存中国人民银行的法定存款准备金，按人民币吸收存款之 6% 及外币吸收存款之 5% 缴存的款项，该等款项不能用于日常业务运作。

（d）于 2019 年 12 月 31 日，存放同业款项中无三个月以上定期存款 (2018 年 12 月 31 日：3 000 000 000 元)。

思考：不同年份合并报表和母公司报表货币资金差异的幅度发生了变化说明了什么？为什么作为家电企业的美的集团，货币资金包括了存放中央银行法定准备金、存放中央银行超额存款准备金和存放同业款项？

（2）金融资产类别。《企业会计准则第 22 号——金融工具确认和计量》（2017 年）规定，金融资产应当在初始确认时划分为下列三类：以公允价值计量且其变动计入当期损益的金融资产，包括交易性金融资产和指定为以公允价值计量且其变动计入当期损益的金融资产；债权投资；其他债权投资和其他权益工具投资。

这几种金融资产的区分及会计处理差异都比较复杂，下面用一些通俗易懂的例子进行阐释。假定某企业发生如下几种不同情形的金融资产投资。

情形 1：2019 年 11 月 1 日，40 万元价格购入某水泥债券，票面利率 5%，三年期，打算近期择机出售；2019 年 12 月 31 日，该债券报价 40.5 万元，企业未出售，差价 0.5 万元如何处理？

情形 2：2019 年 11 月 1 日，40 万元价格购入某水泥债券，票面利率 5%，三年期，打算持有三年；2019 年 12 月 31 日，该债券报价 40.5 万元，企业未出售，差价 0.5 万元如何处理？

情形 3：2019 年 11 月 1 日，40 万元价格购入某水泥债券，票面利率 5%，三年期，打算持有赚取利息，但如果价格理想，也可以出售；2019 年 12 月 31 日，该债券报价 40.5 万元，企业未出售，差价 0.5 万元如何处理？

情形 4：2019 年 11 月 1 日，40 元价格购入某水泥普通股股票 1 万股，打算近期择机出售；2019 年 12 月 31 日，该股票每股报价 48 元，企业未出售，每股产生的差价 8 元如何处理？

情形 5：2019 年 11 月 1 日，40 元价格购入某水泥普通股股票 1 万股，作为价值投资，打算长期持有；2019 年 12 月 31 日，该股票每股报价 48 元，企业未出售，每股产生的差价 8 元如何处理？

显然，情形 1—3 都属于购买债券，且该债券有固定到期日；情形 4—5 属于购买股票，股票没有到期日。对于情形 1 和情形 4，由于企业随时准备择机出售持有的股票或债券，市场价格波动对企业非常重要，用期末市场价格反映企业持有的这些金融资产的价值能够更贴切反映企业对这些金融资产的业务管理模式、提供更有用的信息；同时，期末市场价格与之前购买价格形成的价差，作为持有期间产生的未实现损益，尽管由于没有正式出售这些金融资产而未形成已实现投资收益，但由于随时准备出售，所以这些未实现损益转变为已实现损益的可能性比其他几种情形都要大。为此，企业会计准则将这类金融资产划分为“以公允价值计量且其变动计入当期损益的金融资产”，一级会计科目和报表项目都用“交易性金融资产”予以记录和列报。交易性金融资产反映企业持有的以公允价值计量且其变动计入当期损益的为交易目的所持有的债券投资、股票投资、基金投资、权证投资、衍生金融工具等金融资产。企业持有这类金融资产（或金融负债）的特征：第一，取得相关金融资产或承担相关金融负债的目的，主要是为了近期出售或回购；第二，相关金融资产或金融负债在初始确认时属于集中管理的可辨认金融工具组合的一部分，且有客观证据表明近期实际存在短期获利模式；第三，相关金融资产或金融负债属于衍生工具。本项目应根据“交易性金融资产”科目的期末余额填列。因此，对于情形 1 和情形 4，企业初始取得这些金融资产时，以公允价值（一般也是其购买价格）为基础进行入账，期末再根据期末时点的公允价值进行重新调整资产入账价值，差价（情形1公允价值变动产生的0.5万元、情形4公允价值变动产生的8万元）计入利润表的“公允价值变动收益”项目。

情形2：企业持有债券的目的是获取债券未来三年有效期间内的利息，并希望如期收回本金，企业持有该债券的目的并非在债券到期前提前售出。因此，债券持有人对债券持有期间的公允价值及公允价值波动的关注度将低于情形1和情形4。企业会计准则将这类金融资产作为“以摊余成本计量的金融资产”，一级会计科目和报表项目都采用“债权投资”进行反映，企业持有的这类金融资产的特征：第一，企业管理该金融资产的业务模式是以收取合同现金流量为目标；第二，该金融资产的合同条款规定，在特定日期产生的现金流量，仅为对本金和以未偿付本金金额为基础的利息的支付。本项目应根据“债权投资”科目的期末余额填列，不对债券的公允价值正常波动进行会计反映。其中，摊余成本是类似于历史成本的计量属性，在计量上，某一时点的摊余成本是指企业为获取某项资产而投入的成本中，在该时点预计未来能够收回且尚未收回的金额（如果货币时间价值重要，还需要考虑货币时间价值，对该金额的现值进行计量）。例如，情形2中，企业购买的债券，假定市场利率也是5%，在购买时点，企业投入40万元，此时，企业预计能够收到且尚未收回的金额就是40万元，故摊余成本为40万元；第二年之后，由于企业已经收回了部分本金和利息，则需要对摊余成本重新计量，下调对应的金额。情形2的例子中，该笔经济活动当期只有利息收入对利润表产生影响，利息收入计入利润表的“投资收益”项目。

情形3：企业对该持有的债券的管理模式，不仅看重利息，也比较关注价格波动（但关注频率不如情形1）。因此，期末采用市场价格反映企业持有的这些金融资产的价值，同时，将公允价值波动产生的未实现损益纳入其他综合收益，暂时不影响利润表的净利润。这种处理方式，介于情形1和情形2之间，以反映企业对这些金融资产的业务管理模式。未来，当企业出售这些债券时，原先计入其他综合收益的未实现损益已经转换为已实现损益，再将这些其他综合收益转入归属于净利润的已实现的“投资收益”。为此，企业会计准则将这类金融资产划分为“以公允价值计量且其变动计入其他综合收益的金融资产”，一级会计科目和报表项目都用“其他债权投资”予以记录和列报。这类金融资产的特征：第一，企业管理该金融资产的业务模式既以收取合同现金流量为目标又以出售该金融资产为目标；第二，该金融资产的合同条款规定，在特定日期产生的现金流量，仅为对本金和以未偿付本金金额为基础的利息的支付。情形3的例子中，当期只有利息收入对企业的利润表净利润产生影响，利息收入计入利润表“投资收益”项目；公允价值波动产生的0.5万元计入利润表“其他综合收益”，不影响净利润。

情形5比较复杂。在该情形中，企业持有该股票的业务管理模式为准备长期持有，企业作为一个长期投资者，最终还是会通过出售股票实现收益，因此也比较关心股票价格波动。但是，与企业持有交易性金融资产的目的是准备随时出售的管理模式不同，企业持有这类股票，并不是为了短期出售。因此，企业持有该股票的业务模式与情形3的债券有类似之处。但是，企业会计准则为了约束企业管理者在将持有的不具有重大影响、共同控制或控制权的股票投资（关于重大影响、共同控制和控制权，下文将专门说明）在“交易性金融资产”和“以公允价值计量且其变动计入其他综合收益的金融资产”之间的随意划分，企业对划分为“以公允价值计量且其变动计入其他综合收益的金融资产”的股票投资进行了严格限制。准则规定，划分为以公允价值计量且其变动计入其他综合收益的金融资产”的股票投资通过一级会计科目和报表项目“其他权益工具投资”进行记录与列报，期末也采用公允价值进行记录，公允价值与之前账面价值的差异也计入“其他综合收益”；当企业出售这些股票投资后，之前已经计入“其他综合收益”的未实现损益，并不能转入利润表的已实现损益“投资收益”项目，而是需要绕过利润表直接计入所有者权益的“盈余公积”和“未分配利润”项目。一言以蔽之，一旦企业将这类不具有重大影响、共同控制或控制权的股票投资划分为“以公允价值计量且其变动计入其他综合收益的金融资产”，处置这些股票投资，不论处置盈利还是亏损，都不会对利润表的净利润产生影响。

【阅读材料】

通过阅读2006年版本会计准则有关“不具有重大影响、共同控制或控制权的股票投资的会计处理”及相关案例资料，理解金融工具会计处理的前世今生及缘由。

2006年发布的《企业会计准则第22号——金融工具确认与计量》将企业持有的不具有重大影响、共同控制或控制权的股票投资，作为交易性金融资产或可供出售金融资产进行处理，具体则通常根据企业管理当局最初取得这些金融资产时点的持有意图在交易性金融资产或可供出售金融资产之间进行划分。前者属于持有准备近期内出售，通过短期价格波动获利，属于流动资产，在资产负债表中于应收票据和货币资金之间列示。后者属于管理当局持有可供出售的金融资产，管理当局取得该资产时意图并不是短期内出售，或者短期内不能出售，因此属于非流动资产，通常作为非流动资产第一个项目列示。短期内不能出售而被划分为可供出售金融资产的，主要是限售股股票，由于这类股票限售期通常高于一年，作为非流动资产的可供出售金融资产是适合的。

在初始确认方面，交易性金融资产和可供出售金融资产差异较小。两种资产的初始确认都采用公允价值计量，该公允价值一般取自活跃市场价格，也就是购买该金融资产的交易价格，构成金融资产初始计量金额的最主要组成部分。交易过程中通常需要发生手续费，交易性金融资产将购买产生的手续费等直接计入买入当期的损益，而可供出售金融资产将购买产生的手续费等计入购买成本，由于手续费一般金额较低，该差异不构成两者资产的主要差异。例如，企业3月1日购买一手股票，每股价格10元，手续费合计30元，则交易性金融资产初始确认金额是1 000元，30元手续费计入当期损益；可供出售金融资产初始确认金额则是1 030元。

在后续确认方面，交易性金融资产和可供出售金融资产的差异非常明显，主要体现在公允价值波动的处理方法不同。交易性金融资产将其作为公允价值变动损益，计入利润表的“公允价值变动损益”项目，属于营业利润组成部分。可供出售金融资产的会计处理则更加复杂，但管理层的操控权也更大。可供出售金融资产的后续确认，也是采用公允价值，但公允价值变动的处理方法与交易性金融资产不同。如果可供出售金融资产的公允价值变动属于正常价格波动，则将公允价值变动计入会计科目“其他综合收益”，并在利润表“其他综合收益”反映，不影响营业利润；如果可供出售金融资产公允价值变动不属于正常价格波动，而是价格严重下跌（会计准则并未对严重下跌具体对应的比例进行规定）或非暂时性（会计准则也未对非暂时性具体指持续多长时间进行规定）下跌，则属于资产减值损失，应该将公允价值变动计入“资产减值损失”项目，之前直接计入所有者权益的因公允价值下降形成的累计损失也应当予以转出，计入当期损益（资产减值损失）。对于已确认减值损失的可供出售金融资产中的债务工具，在随后的会计期间公允价值已上升且客观上与原减值损失确认后发生的事项有关的，原确认的减值损失应当予以转回，计入当期损益。可供出售权益工具投资发生的减值损失，不得通过损益转回。例如，2012年5月1日，公司15元每股的价格购买了股票10万股，并将该股票作为可供出售金融资产处理，5月31日，股票价格变为13元，且这种价格下跌是暂时性的，则20万元的价格变动将计入“其他综合收益”（暂不考虑税收影响）；6月30日，股票价格下跌至6元，被企业视为重大下跌，则6月30日与5月31日的差价70万元将作为“资产减值损失”处理，同时，5月产生的20万元价格变动也将转入“资产减值损失”；7月份之后，即使股票价格重新上涨，也只能通过“其他综合收益”处理价格变动。

2006年版本会计准则还有一种金融资产，持有至到期投资。顾名思义，持有至到期投资，则该投资是指到期日固定、回收金额固定或可确定，且企业有明确意图和能力持有至到期的非衍生金融资产。显然，在我国，债券是其主要形式之一。该金融资产初始计量也采用公允价值为基础，将公允价值和相关交易费用之和作为初始入账金额。由于持有至到期，持有期间公允价值变动除非被认为发生了减值而应该确认资产减值损失之外，否则，持有期间的公允价值波动不应该影响该金融资产在资产负债表的列报价值。为此，资产负债表的“持有至到期投资”项目，反映企业持有的以摊余成本计量的持有至到期投资。本项目应根据“持有至到期投资”科目的期末余额，减去“持有至到期投资减值准备”科目期末余额后的金额填列。

【案例分析①】

假设某金融机构于2007年1月1日以每股38.54元的价格购入100万股中信证券，并将其划分为交易性金融资产，该金融机构除该项股票投资外，前三季度的利润总额均为2 000万元，2007年四季度该金融机构以155.8元的价格出售全部中信证券股票。

① 张金若，连竑彬，胡梦云.金融危机“浪尖”上的公允价值思考[J].重庆大学学报（社会科学版），2010（1）：65-71.

该金融机构在不同计量属性下各季度的利润总额和波动情况见表 2.9。

表 2.9　利润总额和波动情况表

期间	中信证券季度末收盘价 / 元	利润总额 / 万元		逐季波动幅度 %	
		公允价值计量	历史成本计量	公允价值	历史成本
2007 年一季度	58.41	3 987	2 000	—	0
2007 年二季度	72.1	3 369	2 000	-20	0
2007 年三季度	131.2	7 910	2 000	192	0
2007 年四季度	155.8	4 460	13 726	-43	586

由表 2.9 可见，若按公允价值计量并将其变动计入当期损益，该金融机构在买入至卖出中信证券股票期间的业绩波动介于 -20% ~ 192%，而如果按历史成本计量，表面上看前三季度的业绩虽然十分平稳，但第四季度的波动幅度却达到了 586%！这说明，公允价值导致上市公司经营业绩波动是相对的。在交易性金融资产出售前，按公允价值计量的经营业绩波动大于历史成本，但在出售当期，按历史成本计量的经营业绩波动则显著高于公允价值（图 2.1）。

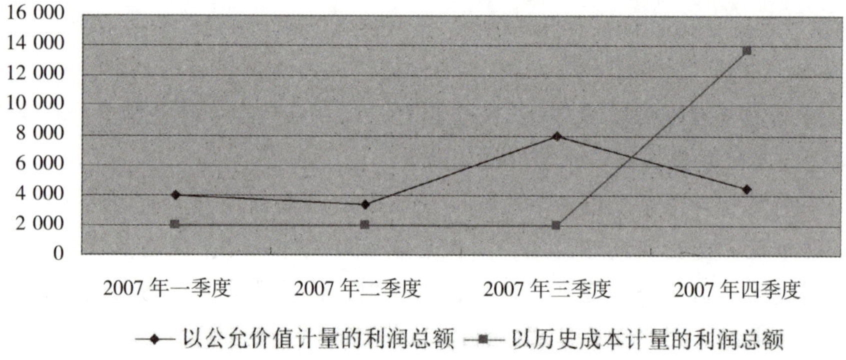

图 2.1　不同计量属性下的利润波动比较图

与上相对应地，如果金融资产价格属于下降通道，则公允价值计量会产生大量的潜在损失。以金融危机爆发之后股票价格走势较差的 2008 年为例，2008 年第三季度，中国银行、中国平安、中信证券和海通证券公允价值变动损益信息见表 2.10。

表 2.10　公允价值变动损益信息表

股票代码	股票简称	公允价值变动损益 / 万元	2008 年前三季度净利润 / 万元	比例 /%
601988	中国银行	12 958	80 313	16.13
601318	中国平安	-19 925	-534	3 731
600030	中信证券	-3 412	6 425	-53.11
600837	海通证券	-1 033	2 728	-37.86

由上可知，报表阅读者应该通过公司交易性金融资产价格历史走势，分析公司管理当局选择购买时点、出售时点的能力，从而综合评价公司进行股票、债券等金融资产投资的能力。

【案例分析】

阅读如下材料，对两家券商的金融资产减值“艺术”做出评价。

在对可供出售金融资产浮亏的处理上，宏源证券(股票代码：000562)与中信证券(股票代码：600030)采取了不同的做法，减值准备计提上专业判断的主观性与艺术性得到了充分演绎。

同样是可供出售金融资产上的浮亏，宏源证券未计提减值准备，从而避免了2008年度净利润更大幅度的下滑；而中信证券则计提了减值准备，使得2009年一季度净利润同比下滑幅度缩窄。在此，减值准备计提上专业判断的主观性与艺术性得到了充分演绎。可喜的是，未来很可能将在利润表中引入综合收益指标，使得投资者能够获得更充分、更直接的信息。

在2008年A股市场大幅下挫的过程中，与龙头券商相比，中小券商业绩下滑幅度更大。其中，宏源证券2008年实现营业收入15.98亿元，同比下降64%，实现利润总额7.35亿元，同比下降77%，净利润5.42亿元，同比下降73%。

若考虑到宏源证券在可供出售金融资产上的浮亏，则其净利润下降幅度更大。2008年末，宏源证券资本公积中，“可供出售金融资产公允价值变动”一项为−2.90亿元，而年初为6.71亿元。可见，2008年度宏源证券未计入损益的证券投资浮亏数额巨大，剔除所得税因素后也占到2008年度净利润的40%。

根据宏源证券所采用的会计政策，对于可供出售金融资产，如果其公允价值出现持续大幅度下降，且预期该下降为非暂时性的，则根据其初始投资成本扣除已收回本金和已摊销金额及当期公允价值后的差额计算确认减值损失；在计提减值损失时将原直接计入所有者权益的公允价值下降形成的累计损失一并转出，计入“资产减值损失”。

可见，宏源证券主观上很可能判断上述浮亏属于“暂时性”，亦即认为相关证券价格被市场严重低估。

据报表附注介绍，对于期末单项可供出售金融资产公允价值的下降幅度超过其持有成本的50%，宏源证券认为不是“非暂时性”下跌的可供出售金融资产，未实现损失为3.17亿元。具体情况是，持有西飞国际(股票代码：000768)限售股股票，成本6.30亿元，公允价值3.12亿元，虽然期末市值下跌，但宏源证券认为发行人正常经营情况较好，还有恢复的可能，故未计提减值准备。

2009年一季度末，宏源证券可供出售金融资产8.79亿元，比年初增加3.45亿元，增幅64.49%，据介绍，主要是可供出售金融资产市值上升所致。可见，似乎这种市值的上升验证了宏源证券前述证券价格“暂时性”下跌的判断。不过，宏源证券2008年年报是2009年4月18日发布，显然此时其一季报情况也已经确定，一季报的验证很可能只是一种会计游戏。

中信证券亦遭遇同样的减值判断问题，但其会计处理却与宏源证券相反。

2009年1月8日，中信证券董事会会议通过了《关于修改公司会计政策的议案》，对公司现行会计政策中可供出售金融资产减值准备的计提政策进行完善，对公允价值跌幅超过持仓成本50%的单项可供出售金融资产计提减值准备。据此，中信证券2008年共计提可供出售金融资产减值准备7.14亿元。其实，整体来计算，中信证券可供出售权益工具上并未有较多减值。2008年末，中信证券可供出售权益工具34.84亿元，而初始投资成本为35.89亿元，总体浮亏仅为1.05亿元，与计提的7.14亿元相去甚远。这种差异产生的原因系上述会计政策中，减值准备的计提是按单项可供出售金融资产而非整体来计算，这样的结果必然是增加减值准备数额，进而减少当期利润。

值得强调的是，中信证券2008年年报与2009年一季度季报都是4月底发布。在年初A股反弹过程中，中信证券2008年末在可供出售金融资产上的浮亏其实在2009年一季度末已减少很多，本来无须提取减值后再予转回。2009年一季度，中信证券归属于母公司股东净利润15.04亿元，同比减少40.34%。其中，资产减值损失为−2.87亿元，系可供出售金融资产出售，减值准备转回。

中信证券上述减值准备处理有更多的谨慎性考虑，可以借此平滑2008年度与2009年一季度业绩，从而减少波动性。这也符合其长期以来所秉承的“稳健经营、勇于创新”的原则。其实，中信证券的这种稳健经营于自营业务配置、应付职工薪酬计提等方面也表现明显，此处不作详述。

对于投资者而言，上述这些会计游戏很可能通过更详细的信息披露而不复存在。

根据2009年5月14日财政部发布的企业会计准则解释第3号（征求意见稿），企业应当在利润表“六、每股收益”项下增列“七、其他综合收益”项目和“八、综合收益”项目；“其他综合收益”项目，反映企业根据会计准则规定直接计入所有者权益的各项利得和损失扣除所得税影响后的净额；“综合收益”项目，反映企业净利润与其他综合收益的合计金额。

据此，将来未计入当期损益的可供出售金融资产上的浮盈浮亏很可能需要计入“综合收益”，从而更有助于投资者判断与决策。

若要探讨未来更加久远的情况，很可能这种可供出售金融资产的分类本身也需要进行调整。根据财政部发布的企业会计准则解释第3号介绍，全面修改《国际会计准则第39号——金融工具：确认和计量》已经成为国际会计界关注的焦点，国际会计准则理事会根据G20伦敦峰会倡议，提出简化现行准则的建议，拟将金融资产的四分类改为两分类，一类是以公允价值计量且变动计入当期损益的金融资产，一类是以摊余成本或成本计量的金融资产。

交易性金融资产和可供出售金融资产的终止确认。一旦金融资产出售，就产生终止确认问题，两种资产都应该将处置产生的损益确认为投资收益，列示于利润表。金融资产出售之后，出售价格与出售前资产账面价值差异形成的出售利得或损失通过“投资收益”反映，同时，持有金融资产期间由于价格波动形成的未实现利得或损失“公允价值变动损益”“其他综合收益”都将转入“投资收益”，因为投资收益属于已实现利得或损失。

（资料来源：和讯网与《证券市场周刊》，2009年6月1日。）

【案例思考】

雅戈尔集团股份有限公司2010—2011年合并利润表见表2.11。

表2.11 雅戈尔集团股份有限公司2010—2011年合并利润表

项目	2011年金额/元	2010年金额/元
一、营业总收入	11 539 440 070.34	14 513 590 505.84
其中：营业收入	11 539 440 070.34	14 513 590 505.84
二、营业总成本	10 540 533 381.39	13 139 046 394.53
其中：营业成本	6 969 521 829.87	9 634 579 845.66
营业税金及附加	359 620 136.63	971 053 947.10
销售费用	1 453 829 679.44	1 139 286 518.75
管理费用	1 013 823 449.75	1 004 004 951.88
财务费用	745 253 805.36	420 632 282.73
资产减值损失	-1 515 519.66	-30 511 151.59
加：公允价值变动收益（损失以“-”号填列）	-2 993 150.00	-31 822 477.85
投资收益（损失以“-”号填列）	1 442 506 171.07	2 057 854 203.72
其中：对联营企业和合营企业的投资收益	133 744 802.39	50 638 664.96
三、营业利润（亏损以“-”号填列）	2 438 419 710.02	3 400 575 837.18
加：营业外收入	198 327 109.08	306 479 966.20
减：营业外支出	15 621 913.06	46 332 485.63
其中：非流动资产处置损失	5 452 833.86	3 232 857.90
四、利润总额（亏损总额以“-”号填列）	2 621 124 906.04	3 660 723 317.75
减：所得税费用	562 623 374.30	726 402 800.11
五、净利润（净亏损以“-”号填列）	2 058 501 531.74	2 934 320 517.64
其中：被合并方在合并前实现的净利润		
归属于母公司所有者的净利润	1 762 708 183.64	2 672 171 883.12
少数股东损益	295 793 348.10	262 148 634.52
六、每股收益：		

续表

项目	2011 年金额 / 元	2010 年金额 / 元
（一）基本每股收益	0.79	1.20
（二）稀释每股收益	0.79	1.20
七、其他综合收益	–2 571 733 422.60	–1 873 361 598.77
八、综合收益总额	–513 231 890.86	1 060 958 918.87
归属于母公司所有者的综合收益总额	–809 025 238.96	798 810 284.35
归属于少数股东的综合收益总额	295 793 348.10	262 148 634.52

思考：查阅雅戈尔 2011 年年报，分析公允价值变动损益、投资收益、资产减值损失和其他综合收益等分别源自哪些资产？

（3）“长期股权投资”项目，反映企业持有的对子公司、联营企业和合营企业的长期股权投资。本项目应根据“长期股权投资”科目的期末余额，减去“长期股权投资减值准备”科目期末余额后的金额填列。

长期股权投资是财务会计中非常复杂的知识点，MBA 学员应该掌握如下知识点。

第一，长期股权投资的特点和分类。长期股权投资的投资目的不会意图通过被投资单位股票价格的短期波动而在股票的转手过程中获利，也不是仅仅为了获取被投资单位支付的股利。长期股权投资具有如下四个特点：其一，投资是企业以让渡一项或多项资产而换取享有对被投资单位的股权，这种股权也满足资产的定义，预期能够为企业带来经济利益。其二，投资是一种以权利为表现形式的资产，它能够带来经济利益是因为企业拥有被投资单位股份而享有该股份代表的权利，它是依托其他单位的经营成果而间接为企业带来经济利益的，这与其他资产为企业带来经济利益的方式有所不同，企业拥有的其他资产一般能够直接为企业带来经济利益。其三，企业拥有了长期股权投资这项资产，从而享有了被投资单位一定份额的所有者权益，但是投资方一般不直接对被投资单位的财务和生产经营活动进行决策经营。不过，投资方可能通过享有的股份对被投资单位施加一定程度的影响，包括控制、共同控制和重大影响。其四，正因为投资为企业带来经济利益的方式依托于被投资单位的经营状况，它是一种具有一定财务风险的资产。如果被投资单位出现亏损，甚至亏损导致了所有者权益为负，那么，投资方持有的投资可能出现减值损失甚至一文不值。根据投资方对被投资单位财务和经营决策影响程度的大小，可以划分为控制、共同控制、重大影响的长期股权投资。对于控制的长期股权投资，根据被投资单位与投资方在投资之前已经存在的关系，又可以区分为同一控制和非同一控制的长期股权投资。

第二，具有重要影响力或共同控制的长期股权投资，由于投资方对被投资单位财务和经营决策具有重要影响力，被投资单位可辨认净资产公允价值变化对于投资方而言具有重要意义，因此，这类长期股权投资的账面价值紧随被投资单位可辨认净资产公允价值的变化而变化，会计处理方法相应采用权益法，这种方法与成本法差异较大。

因此，在取得投资时点，长期股权投资可能产生两种利润。兹通过例子进行讲解。假设A公司以存货作为支付手段购买了B公司股票1 000万股，取得了30%股权，存货账面价值5 000万元，市场价格6 000万元，购买时点B公司可辨认净资产公允价值2.5亿元。在这种情况下，A公司长期股权投资成本是6 000万元，作为初始投资成本，同时存货的市场价格6 000万元和账面价值5 000万元将分别形成6 000万元的营业收入和5000万元的营业成本，差异1 000万元，形成第一种利润。由于A公司以6 000万元资产取得可辨认净资产公允价值为2.5亿元的B公司30%股权，等于享有被投资单位可辨认净资产公允价值的份额是7 500万元。因此，A公司将会把长期股权投资的账面价值由6 000万元调增为7 500万元，差异1 500万元同时确认为营业外收入。也就是说，取得长期股权投资时，如果支付对价是非现金资产，则非现金资产视同销售或处置，由此将产生资产销售或处置收益或损失。然后，长期股权投资的初始成本将与投资方享有的被投资单位可辨认净资产公允价值的份额进行比较，如果前者低于后者，说明投资方“赚了”，差额产生营业外收入。值得注意的是，如果前者高于后者，则不予处理。因为，投资方愿意出价高于被投资单位可辨认净资产公允价值的份额，是认为被投资单位存在具有价值的不可辨认净资产，通常是商誉，不能说明投资企业“赚了”或“亏了”。

投资后，随着被投资单位可辨认净资产公允价值的变化，投资方也应该对长期股权投资进行调整。被投资单位可辨认净资产公允价值变化的主要原因有两种：其一，被投资单位实现盈利或亏损。例如，A企业取得1 000万股股票之后，B企业当期盈利5 000万元，由于投资方对被投资单位具有重要影响力，不需要等待B企业发放现金股利，A企业即可在会计期末根据被投资单位实现的盈利，按照其持股比例确认投资收益（企业会计准则要求对这种情况下的被投资单位的净利润进行一定的重新计算调整，再根据持股比例计算投资收益，该过程和操作都比较复杂，在此不作介绍）。被投资单位如果净利润为亏损，A企业也应该相应确认投资收益（利润表当中按照负数反映）。其二，被投资单位可能存在其他导致可辨认净资产公允价值变化的因素，例如被投资单位持有的其他债权投资、其他权益工具投资的公允价值上涨，则投资方也相应增加长期股权投资价值，并相应增加“其他综合收益”（此时并不产生投资收益）。

不同于成本法，权益法核算的长期股权投资，被投资单位实现利润时，投资方随即确认投资损益，增加长期股权投资账面价值，因此，当投资方根据被投资单位宣布的利润分配方案确认应收股利时，不能再作为投资收益处理，而应该冲减长期股权投资账面价值。

同样地，权益法核算的长期股权投资，企业处置该投资时，处置价格和处置时点的账面价值差异也将形成投资收益，而且还应该将长期股权投资可能存在的“其他综合收益”转入投资收益。

权益法核算的长期股权投资如果发生减值，也通过资产减值损失进行反映。

一言以蔽之，权益法核算的长期股权投资，体现了被投资单位对投资方的重要意义，被投资单位对投资方具有“一荣俱荣、一损俱损”的影响。

第三，具有控制权的长期股权投资，在母公司个别报表中按照成本法进行核算，在合并报表中按照权益法进行调整。成本法会计核算，顾名思义，采用成本记录反映持有的长期股权投资，只要没有发生增减持股权投资、被投资单位不分红、或长期股权投资价值不发生减值，长期股权投资账面价值保持最初的历史成本不变。相应地，被投资单位正式宣布派发现金股利，投资方则根据应该收取的现金股利确认为投资收益。这就是长期股权投资后续会计处理的成本法。

但是，这个初始成本的确定，因同一控制和非同一控制而有所差异。

例如，集团公司甲下属两家子公司丙和丁，丙和丁属于同一控制，此时丙如果购买取得丁控股权，则属于同一控制长期股权投资；如果丙丁在投资前并不存在同一控制方，则属于非同一控制长期股权投资。《企业会计准则第 2 号——长期股权投资》规定：“同一控制下的企业合并，合并方以支付现金、转让非现金资产或承担债务方式作为合并对价的，应当在合并日按照取得被合并方所有者权益账面价值的份额作为长期股权投资的初始投资成本。长期股权投资初始投资成本与支付的现金、转让的非现金资产以及所承担债务账面价值之间的差额，应当调整资本公积；资本公积不足冲减的，调整留存收益。”例如，丙、丁属于甲同一控制，丙出资 1 000 万元取得丁 80% 股权，取得控制权，丁所有者权益账面价值（而非公允价值）1 500 万元，则丙公司资产负债表长期股权投资应该按照 1 200 万元予以列示，而非 1 000 万元，差价 200 万元作为“资本公积”处理。可以理解为，由于同一控制，双方的收购行为不一定按照市场原则进行，收购价格也不一定是独立市场交易价格，因此应该保持被收购方净资产价值不变，并基于该价值确认长期股权投资的账面价值。

如果是非同一控制，则收购方通常按照市场原则收购被收购方，恰如企业用现金购买设备，应该以放弃的现金价值作为取得设备的入账价值，因此，应该基于收购方支付的价格确认长期股权投资的入账价值。例如，企业支付 1 000 万元人民币购买了非上市公司的股票，持有对方 80% 股权，对被投资单位具有控制权，该 1 000 万元作为长期股权投资的初始成本，列示于资产负债表中，一般不会发生变化，除非被投资单位由各种原因导致企业持有的长期股权投资发生减值，企业计提资产减值损失，减少了长期股权投资账面价值。购买该长期股权投资时，如果企业支付不是以现金 1 000 万元结算，而是采用非现金资产作为支付对价，例如市场价格为 1 000 万元、成本为 800 万元的商品，则商品视同销售，形成 1 000 万元收入和 800 万元成本，产生 200 万元销售利润。

投资后，如果被投资单位盈利 100 万元，投资方个别财务报表也不产生任何会计处理，除非被投资单位进行现金分红。

但是，投资方的这笔享有 80% 持股份额的长期股权投资确实因为被投资单位的盈利而发生了价值变化，投资方个别财务报表又不进行一定会计处理以反映长期股权投资价值变化，那财务报表使用者如何洞悉这笔长期股权投资价值变化呢，这就涉及合并报表问题了。当投资方控制了被投资单位，投资方除了编制个别财务报表，还需要编制合并财务报表。后续章节将专门说明合并财务报表问题。

思考：各种金融资产和股权投资，分别对资产负债表和利润表产生了哪些不同影响？

【阅读材料】

（一）控制

相对于共同控制和重大影响，控制是投资方对被投资单位财务和经营决策影响程度最大的一种影响力。国际财务报告准则、美国财务会计准则与我国企业会计准则对控制的定义都是比较接近的。我国2006年2月15日发布的《企业会计准则第36号——关联方披露》规定：控制，是指有权决定一个企业的财务和经营政策，并能据以从该企业的经营活动中获取利益。因此，控制的最主要标志是有权决定被控制企业的财务和经营政策，其目的是获取经济利润。

是否存在控制，存在两个判断标准：量的标准和质的标准。

量的标准，是指一方直接或间接或直接与间接的结合，对另一方享有的表决权比例达到了控制的要求，一般是持有50%以上的表决权股份。其中，直接控制是指一方直接持有另一方半数以上表决权资本的控制权。例如，A公司持有B公司70%的表决权资本，通常可以认为A公司直接控制了B公司。间接控制是指一方通过其控制的子公司间接持有另一方半数以上表决权资本的控制权。例如，A公司的子公司C公司，持有了B公司60%的股份，一般认为A公司间接持有了B公司60%表决权资本，从而间接控制了B公司。如果A公司和C公司不是母子公司关系，那么A公司便不能对C公司施加控制，从而也就不能对C公司控制的B公司施加控制。直接与间接控制是前面两种方式的结合。例如，A公司直接持有B公司15%的股份，A公司持有C公司80%的股份，同时，C公司持有B公司60%的股份，这样，可以认为A公司控制了C公司75%的股份，从而通过直接与间接相结合的方式控制了B公司。

质的标准，是指虽然一方拥有另一方表决权资本的比例不超过半数，但是通过拥有的表决权资本和其他方式达到控制。通常情况下，达到了量的标准，就能够取得控制权。但是，控制关系的确定，需要遵循实质重于形式原则，在有些情况下，即使没有达到量的标准，也完全可能取得控制权。因此，量的标准和质的标准不一致时，应该服从质的标准。这些情况主要是：

1. 通过与被投资公司的其他投资者之间的协议，持有该被投资公司半数以上的表决权。例如，甲公司拥有乙公司18%的表决权资本，丙公司拥有乙公司38%的表决权资本，虽然甲公司持有的表决权资本不满足量的标准，但是甲丙达成协议，丙公司授权由甲公司全权负责履行其享有的乙公司的全部表决权资本，由此，甲公司也就拥有了乙公司56%的表决权资本，从而控制了乙公司。

2. 根据公司章程或协议，有权控制另一方的财务和经营政策。例如，甲公司持有乙公司25%的表决权资本，不满足量的标准，但是，甲公司与乙公司签订协议，由甲公司控制乙公司的财务和经营决策，甲公司也就控制了乙公司。

3. 有权任免公司董事会等类似权力机构的多数成员，或在公司董事会或类似权力机构会议上有半数以上投票权。这两种情况下，投资公司实际上也就控制了公司的决策机构，从而能够控制其财务和经营决策，并最终控制了该公司。

思考：企业的股东包括甲、乙、丙、丁、戊和其他众多散户投资者，分别持有股权38%、15%、10%、9%、5%、23%。企业是否存在控股股东？

（二）共同控制

一般而言，共同控制是指两方或多方共同决定企业的财务和经营决策，其潜在的意思是，没有任何一方享有控制权。在没有得到任何一方的同意时，其他方不能单独决定被投资单位的财务和经营决策。因此，我国最新《企业会计准则第36号——关联方披露》指出，“共同控制，是指按照合同约定对某项经济活动所共有的控制，仅在与该项经济活动相关的重要财务和经营决策需要分享控制权的投资方一致同意时存在。”也就是说，如果分享控制权的各个投资方对重要的财务和经营决策的意见不一致，那么，即使分享控制权的各个投资者持有的表决权资本是一样的，也不能是共同控制。新准则对共同控制的定义突出强调了实质重于形式原则。共同控制包括共同控制实体、共同控制经营和共同控制财产三类，有关其含义将在本书的合并财务报表阐述，这里只探讨与长期股权投资最为密切的共同控制实体。

是否存在共同控制关系，同样存在量的标准和质的标准，这与前面是类似的，量的标准应该服从质的标准。量的标准是投资各方拥有的表决权股份的比例是一样的。如果只有两个投资方，一般是指它们分别持有50%的表决权资本。质的标准是指虽然拥有的表决权股份的比例不同，但是通过上面阐述的三种手段或其他手段实质上共同控制被投资单位。

思考：企业有三个股东，甲、乙、丙，甲持有企业40%股份，乙持有企业38%股份，丙持有企业22%股份。公司章程规定，重要决策需要75%及以上股份表决同意才予以通过。甲、乙是共同控制方吗？

（三）重大影响

重大影响是指投资方对被投资单位的财务和经营决策能够施加重大影响，但是并没有达到控制或共同控制的程度，不能单独决定被投资单位的财务和经营决策，也不能阻止被投资单位的控制方施加控制的能力。

重大影响的判断，同样包括量的标准和质的标准，同样要服从实质重于形式原则。量的标准一般是指投资方持有被投资单位20%以上（含20%），50%以下（不含50%）表决权资本的股份。质的标准是指符合下列情况之一的，也认为是具有重大影响：

（1）在被投资单位的董事会或类似权力机构中派有代表；（2）参与企业财务和经营决策的政策制定过程；（3）互相交换管理人员；（4）依赖投资方的技术资料，对被投资单位具有重大的影响能力。

在以表决权比例确定是否控制、共同控制和重大影响被投资单位时，应当考虑企业和其他企业持有的被投资单位的当期可转换的可转换公司债券、当期可执行的认股权证等潜在表决权因素。这里必须强调三点：其一，考虑的是处于可以转换或可以行权的潜在表决权因素，而不是将来可转换或行权的工具；其二，不仅仅要考虑本企业在被投资单位的潜在表决权因素，还要同时考虑其他企业或个人在被投资单位的潜在表决权因素；其三，不仅仅要考虑可能会提高本企业在被投资单位持股比例的潜在表决权，也要考虑可能降低本企业在被投资单位持股比例的潜在表决权因素。例如，A企业持有B企业5%的股份，但A企业同时持有B企业发行的可转换债券，该可转换债券的转换期为2年，目前，正处于转换期，如果A企业将此债券转换为股票，它持有的股份将上升到30%。当然，潜在表决权因素，不会影响当期母公司股东和少数股东之间的分配比例。

（四）同一控制和非同一控制

国际财务报告准则《企业合并》将控制区分为同一控制和非同一控制。在我国，控制性投资关系同样必须结合我国实际国情进行一定的区分。一是，我国是以公有制经济占主导地位的社会主义市场经济，这也就决定了我国有相当一部分经济主体是国有控制的股份有限公司或有限责任公司。二是，即使是非国有控制的股份有限公司，复杂的投资关系的存在，也都有可能影响到合并与被合并方在合并前后的关系对合并行为、合并价格及其支付方式、合并之后财务和经营模式等商业条款的确定方面的独立性，这种影响力甚至是决定性的。因此，有必要区分合并前后不同类型的关系。

《企业会计准则第20号——企业合并》指出：参与合并的企业在合并前后均受同一方或相同的多方最终控制且该控制并非暂时性的，为同一控制下的企业合并。

其中，同一方是指对参与合并的企业在合并前后均是最终控制的投资者。例如，母公司拥有5个子公司，母公司将其拥有的A子公司的权益转移至B子公司，使得B子公司成为A子公司的母公司，合并前后，A和B都受到同一母公司的控制。这种情况下，最终控制方通常是指企业集团的母公司。

相同的多方是指根据投资者之间的协议约定，在对被投资单位的生产经营决策行使表决权时发表一致意见的两个或两个以上的投资者。这种情况是指，参与合并的企业在合并前后同时受到多方的共同控制，多方之间在行使表决权时应该发表一致意见，这将使得“多方控制”等同“一方控制”，否则，它们的冲突意见使得这种合并与一方控制具有本质的不同，成为市场行为或接近市场行为的合并。

控制并非暂时性，是指参与合并的各方在合并前后较长的时间内受同一方或相同的多方最终控制。较长的时间通常是指一年及一年以上，也就是合并前和合并后都必须受同一控制一年及一年以上。暂时性控制与非暂时性控制，控制方对被控制单位的投资战略是完全不一样的，短期的控制并不是为了真正控制企业的财务和经营决策，而只是从股票价格短期波动中获利。非暂时性的控制决定了它（它们）将对其控制的子公司之间的合并行为施加影响。

非同一控制下的企业合并是指除同一控制下的企业合并之外的企业合并。《企业会计准则第 20 号——企业合并》指出：参与合并的各方在合并前后不受同一方或相同的多方最终控制的，为非同一控制下的企业合并。

【案例思考】

根据表 2.12、表 2.13 提供的长安汽车 2020 年半年报信息，并查阅长安汽车财务报表其他相关资料，解读长安汽车合并财务报表长期股权投资期初期末变动缘由；解读长安汽车合并财务报表与母公司财务报表长期股权投资列报差异缘由。

表 2.12　长安汽车 2020 年半年报长期股权投资相关项目

单位：元

项目	2020 年 6 月 30 日	2019 年 12 月 31 日
母公司资产负债表——长期股权投资	15 927 040 641.38	16 052 319 271.82
合并报表资产负债表——长期股权投资	12 808 010 205.56	11 008 336 989.09

表 2.13　长安汽车 2020 年半年报合并报表长期股权投资明细

单位：万元

被投资单位	年初余额	增减变动	权益法下投资损益	宣告现金股利	其他减少	期末余额
一、合营企业						
长安福特汽车有限公司	178 282.33		-57 000.65			12 1281.68
长安马自达汽车有限公司	217 701.09		32 320.26			250 021.35
长安马自达发动机有限公司	83 027.23		1 159.75	-3 700.00		80 486.98
长安标致雪铁龙汽车有限公司	34 603.90		-11 423.50		-23 180.40	
长安蔚来新能源汽车科技有限公司	-1 287.17		-1 866.66		3 153.83	
南昌市江铃投资有限公司	208 181.52		3 484.88			211 666.40
二、联营企业						
重庆长安跨越车辆有限公司	19 200.53		2 795.72			21 996.25
长安汽车金融有限公司	219 504.07		12 349.40			231 853.46

续表

被投资单位	年初余额	增减变动	权益法下投资损益	宣告现金股利	其他减少	期末余额
海南省安心行信息科技有限公司	356.04		-79.50			276.53
南京车来出行科技有限责任公司	147.49		-14.30			133.19
湖南国芯半导体科技有限公司	2 515.24		-12.66			2 502.58
南京领行股权投资合伙企业	93 521.83		0.0032			93 521.83
南京领行股权投资管理有限公司	144.54		-9.36			135.18
江铃控股有限公司	39 899.30		-9 404.91			30 494.38
重庆长安新能源汽车科技有限公司		256 522.10	-23 281.73			233 240.37
安和（重庆）股权投资基金管理有限公司	193.96		-41.92			152.04
杭州车厘子智能科技有限公司	752.76		175.33			928.09
北京梧桐车联科技有限责任公司	409.45		-1 718.33			-1 308.89
巴基斯坦玛斯特汽车有限公司	3 679.59		-260.02			3 419.57
合计	1 100 833.70	256 522.10	-52 828.22	-3 700.00	-20 026.57	1 280 801.02

【案例思考】

股权转让收益的确认问题

A、B、C 公司及股权转让有关信息如下。

（1）A 公司 20×8 年上半年实现净利润约 30 万元，相比上期实现的 2 000 万元利润而言，表现非常糟糕。但是，第三季度 A 公司将其持有的 B 公司 20% 的股权全部转让给 C 公司，实现投资收益 15 000 万元，为此，公司 20×8 年前三季度实现了 10 800 万元净利润。

（2）A 公司和 B 公司同时属于 C 公司控股，转让股权之前，A 公司和 C 公司分别持有 B 公司 20% 和 80% 股权，三家公司的法定代表人都由张三担任，A 公司的现任总经理是 B 公司的前任副总经理，且目前仍然属于 B 公司董事会成员。

（3）A 公司 20×5 年初始取得 B 公司 20% 股权时，初始投资成本为 1 300 万元，由于没有分红和计提减值准备，截至 20×7 年底之前，该股权一直保持账面价值 1 300 万元不变。20×7 年 A 公司对该项股权投资计提了 700 万元减值准备。该年度，B 公司盈利能力较好，可辨认净资产账面价值为 9 000 万元、公允价值 70 000 万元。20×6 年底，B 公司可辨认净资产账面价值 8 000 万元、公允价值 69 000 万元。

（4）A 公司 20×8 年转让 B 公司股权时，资产评估公司评估 B 公司可辨认净资产公允价值为 78 000 万元。相应地，A 公司转让股权的价格为 15 600 万元。

（5）20×8 年 12 月，A 公司出资 78 000 万元向 C 公司购买了 B 公司 100% 股权。

（6）A、B、C 公司所得税税率都是 25%。

思考：

（1）基于我国 2006 年发布的会计准则，准确分析该案例 A 公司股权转让会计处理，至少需要涉及哪些会计准则及会计政策。

（2）运用这些会计准则，分析 A 公司股权有关会计处理是否合理、合法，请说明理由。如果不合理、不合法，那么，股权有关会计处理对 20×8 年前三季度的业绩又会产生什么影响？（答题时，可以用语言表述而不写出会计分录，只要讲述清楚即可）

（3）《企业会计准则第 14 号——收入》对售后回购有关收入确认进行了严格的会计处理规定，请问有没有股权售后回购是否确认转让收益的专门会计处理规定？如果没有，请谈谈你对股权售后回购是否确认转让收益的看法。

（4）“应收票据”项目，反映企业因销售商品、提供劳务等而收到的商业汇票，包括银行承兑汇票和商业承兑汇票。本项目应根据“应收票据”科目的期末余额，减去“坏账准备”科目中有关应收票据计提的坏账准备期末余额后的金额填列。

（5）“应收账款”项目，反映企业因销售商品、提供劳务等经营活动应收取的款项。本项目应根据“应收账款”和“合同负债”科目所属各明细科目的期末借方余额合计数，减去“坏账准备”科目中有关应收账款计提的坏账准备期末余额后的金额填列。如“应收账款”科目所属明细科目期末有贷方余额的，应在资产负债表“合同负债”项目内填列，这在会计上称为“重分类”。注意如下知识点。

第一，通常情况下，与应收账款相比，企业通常更有希望足额如期收回应收票据所代表的债权，因为汇票具有法律保障的约定到期期限，而应收账款只有交易双方约定的期限，甚至没有约定期限。但是，应收票据也不一定能够如期足额收回款项，例如，债务人企业银行存款余额不足，此时，企业在会计处理上应该将应收票据转为应收账款。

第二，报表阅读者除了应该关注应收票据、应收账款的期初期末增减变化，还需进行账龄、坏账准备和重要债务人债务比重分析。以应收账款为例，通常需要分析账龄和金额排名前五或前十债务人所欠应收账款金额，以分析企业应收账款的质量，包括发生坏账风险及坏账比例。一般来说，前五或前十债务人所欠应收账款金额和比重越大，表明企业对特定客户依赖程度越高，潜在风险越大。

第三，报表阅读者还可以透过企业不同会计期间应收账款变化情况，分析企业信用政策可能发生的变化。例如，当年新增的应收账款占销售收入的比重显著增加，则表明企业可能以放宽信用政策为代价取得销售收入，此时应关注应收账款的安全性。

第四，坏账准备。应收款项是商业信用的产物，它具有因为各种原因不能足额按时收回的风险。会计上出于谨慎考虑，将企业预期无法收回或收回可能性极小的应收款项确认为坏账，由此发生的损失确认为坏账损失。然而，在会计上，并非等到企业债务人明确通知不能按时足额偿还债务时才确认坏账和坏账损失。会计上采用备抵法对坏账进行会计处理，它是指企业的各项应收款按期估计坏账损失并记入期间费用，形成坏账准备。当企业发生坏账损失时，相应地通过“坏账准备”科目减少资产负债表的应收款项金额，通过利润表“信用减值损失”项目减少企业营业利润。但是，具体什么情况下计提并确认坏账准备呢？2017年我国财政部修改了《金融工具确认与计量》会计准则，将原先对金融资产（含应收账款）减值准备的会计处理由已发生信用减值观念转变为预期信用损失。预期信用损失，是指以发生违约的风险为权重的金融工具信用损失的加权平均值。信用损失为企业根据合同应收取的现金流量与预期能收到的现金流量之间的差额（现金流缺口）的现值。根据现值的定义，即使企业能够全额收回合同约定的金额，但如果收款时间晚于合同规定的时间，也会产生信用损失。

对于应收账款坏账准备的金额，实际执行中，企业通常以应收账款余额百分比法或销售收入百分比法等，对应收账款整体，或对某些比较重要的单项应收账款单独计算确认信用减值损失。由于具体坏账准备计提比例是由企业根据历史经验和债务单位实际财务状况、信用等级等综合做出的判断，报表阅读者要注意企业坏账准备计提比例、计提依据及其变化和影响。

【案例思考】

以北京东方园林环境股份有限公司（简称“东方园林”，股票代码：002310）2019年年报为例，应收账款信息披露见表2.14—表2.16（部分）。

（1）按照账龄披露的应收账款。

表2.14 东方园林2019年应收账款账龄

账龄	账面余额/元
1年以内（含1年）	3 327 044 044.13
1～2年	4 077 015 260.96
2～3年	2 328 750 940.93
3年以上	1 583 308 055.97
3～4年	642 220 828.52
4～5年	549 381 950.35
5年以上	391 705 277.10
合计	11 316 118 301.99

（2）按欠款方归集的期末余额前五名的应收账款情况。

表 2.15　东方园林 2019 年应收账款前五名

单位名称	应收账款期末余额 / 元	占应收账款期末余额合计数的比例 /%	坏账准备期末余额 / 元
巴彦淖尔市某建设发展有限公司	891 952 098.45	7.88	67 875 920.90
阳江市某建设投资管理有限公司	399 441 796.04	3.53	25 519 289.80
十堰市某管理委员会	387 980 116.22	3.43	40 522 046.94
滨州某管理委员会	358 439 280.35	3.17	143 689 781.74
乌兰察布某建设运营有限公司	326 146 392.40	2.88	16 307 319.62
合计	2 363 959 683.46	20.89	293 914 359.00

（3）应收账款及坏账准备分类披露情况。

表 2.16　应收账款及坏账准备分类披露（部分）

类别	期末账面余额		期末坏账准备		期末账面价值 / 元
	金额 / 元	比例 /%	金额 / 元	计提比例 /%	
按单项计提坏账准备的应收账款	63 514 953.78	0.56	63 514 953.78	100.00	0
其中： 单项计提预期信用损失的应收账款	63 514 953.78	0.56	63 514 953.78	100.00	0
按组合计提坏账准备的应收账款	11 252 603 348.21	99.44	1 602 476 369.57	14.24	9 650 126 978.64
其中： 按组合计提坏账准备的应收账款	11 252 603 348.21	99.44	1 602 476 369.57	14.24	9 650 126 978.64

思考：继续查找东方园林 2018—2020 年年报其他信息，尝试结合损益信息和现金流信息分析应收账款变化及其风险。

【案例思考】

（1）夏新电子（上市公司）2009 年年报中指出，关于会计估计变更的描述是：鉴于目前的经营状况，应收款项（包括应收账款和其他应收款）的原计提比例已不符合本公司的实际情况，为了更加客观公正地反映本公司的财务状况和经营成果，经本公司管理人批准，决定自 2009 年 10 月 1 日开始变更坏账计提比例，并采用未来适用法进行会计处理。具体变更情况见表 2.17。

表 2.17　坏账准备计提比例变更表

账龄	原计提比例 /%	变更后计提比例 /%
1 年以内	5	80
1 ~ 2 年	10	100
2 ~ 3 年	30	100
3 ~ 4 年	50	100
4 ~ 5 年	80	100
5 年以上	100	100

（2）山西神州煤电焦化股份有限公司 2001 年年度报告披露，由于关闭小煤窑等因素影响，煤焦供不应求，公司应收账款首次呈下降趋势，公司 2001 年收回以前年度货款 4 614 万元，应收款期末比期初下降 8.29%。为了更好反映公司应收款实际情况，公司决议 2002 年 3 月 19 日变更坏账准备政策（3 月 22 日公布年报）。相关政策见表 2.18。

表 2.18　坏账准备变更计提比例表

账龄	变更前计提比例 /%	变更后计提比例 /%
1 年以内	5	2
1 ~ 2 年	10	5
2 ~ 3 年	30	10
3 ~ 5 年	50	20
5 年以上	100	30

思考：查阅有关资料，分析上述两家公司计提坏账准备比例的合理性。

（6）“预付款项”项目，反映企业按照购货合同规定预付给供应单位的款项等，包括预付的购货定金、货款等。与应收账款将带来现金流入不同，预付账款将减少未来企业购买商品或接受劳务时将支付的现金。在报表中，本项目应根据“预付账款”和“应付账款”科目所属各明细科目的期末借方余额合计数，减去“坏账准备”科目中有关预付款项计提的坏账准备期末余额后的金额填列。如“预付账款”科目所属各明细科目期末有贷方余额的，应在资产负债表“应付账款”项目内填列。预付账款需要计提坏账准备是考虑到对方由于各种原因没有执行合同约定进行供货或提供劳务等，从而可能给企业带来损失。但是，通常情况下，预付账款不会产生坏账准备。

报表阅读者可以通过预付款项的各个期间期末余额的变化情况，分析公司与供应商之间的地位关系。因为公司预付款项相当于无息给对方占用资金，如果公司预付款突然增加很多，可能表明，相对于公司的供应商，公司的博弈地位下降。当然，预付款项突然增加也可能表明公司未来有较好的销售预期，从而需要采购较多的原材料。

还需特别留意，预付账款的增加是否因为关联交易而产生的，企业是否提前超过正常商业行为的时间预付了大笔款项给关联方。

与合同负债相类似，通过对比预付款项和合同负债的相对变化，可以分析公司在上下游产业链中的博弈地位及变化。

（7）“应收利息”项目，反映企业应收取的债权投资、其他债权投资等产生的利息。公司将资金提供给关联企业、非关联企业等可能产生的利息，也通过“应收利息”反映。本项目应根据“应收利息”科目的期末余额，减去“坏账准备”科目中有关应收利息计提的坏账准备期末余额后的金额填列。如果公司不能按照合同约定如期收回利息，则可能产生坏账准备。

（8）“应收股利”项目，反映企业应收取的现金股利和应收取其他单位分配的利润。本项目应根据“应收股利”科目的期末余额，减去“坏账准备”科目中有关应收股利计提的坏账准备期末余额后的金额填列。通常情况下，被投资单位宣布分配股利之后就产生了向股东支付现金股利的法律义务，而且宣布分红与真正分红的时间间隔期通常较短，因此，应收股利通常不会产生“坏账准备”。报表阅读者应该注意：是否能够取得股利，是分析公司对外股权投资是否成功的一个重要方面；同时，应将应收股利与后续章节利润表的投资收益项目区分开，两种虽有密切联系，但也存在明显差别。

（9）“其他应收款”项目，反映企业除应收票据、应收账款、预付账款、应收股利、应收利息等经营活动以外的其他各种应收、暂付给其他单位和个人的款项。本项目应根据“其他应收款”科目的期末余额，减去“坏账准备”科目中有关其他应收款计提的坏账准备期末余额后的金额填列。

关于其他应收款，除了类似于应收账款需要进行账龄分析和前五或前十债务人分析之外，还需要特别关注其他应收款的特殊性质。其他应收款可能反映的是企业资金被高级管理人员、重要股东、重要关联企业所占用。如果一家企业被重要的股东、高级管理人员、重要关联企业占用了资金，特别是无偿占用资金或低于市场利率水平占用资金，对企业股东的利益实际上会造成侵害。因为投资者和债权人将资金投给企业是为了获取经济利益而非无偿提供，企业将资金无偿或低息提供给其他单位或个人，显然会损坏企业获取经济利益的能力，从而损害企业投资者利益，也可能危及债权人利益。在其中，企业的中小股东更可能成为利益受损群体。

【阅读材料】

2003年8月，中国证券监督管理委员会、国务院国有资产监督管理委员会发布了《关于规范上市公司与关联方资金往来及上市公司对外担保若干问题的通知》，以进一步规范上市公司与控股股东及其他关联方的资金往来，有效控制上市公司对外担保风险，保护投资者合法权益。文件规定，上市公司与控股股东及其他关联方的资金往来，应当遵守以下规定：(一)控股股东及其他关联方与上市公司发生的经营性资金往来中，应当严格限制占用上市公司资金。控股股东及其他关联方不得要求上市公司为其垫支工资、福利、保险、广告等期间费用，也不得互相代为承担成本和其他支出。（二）上市公司不得以下列方式将资金直接或间接地提供给控股股东及其他关联方使用：1. 有偿或无偿地拆借公司的资金给控股股东及其他关联方使用；2. 通过银行或非银行金融机构向关联方提供委托贷款；3. 委托控股股东及其他关联方进行投资活动；4. 为控股股东及其他关联方开具没有真实交易背景的商业承兑汇票；5. 代控股股东及其他关联方偿还债务；6. 中国证监会认定的其他方式。（三）注册会计师在为上市公司年度财务会计报告进行审计工作中，应当根据上述规定事项，对上市公司存在控股股东及其他关联方占用资金的情况出具专项说明，公司应当就专项说明作出公告。

2019 年，证监会制定发布了《会计监管风险提示第 9 号——上市公司控股股东资金占用及其审计》，进一步加强对该问题的监管。

【阅读材料】

深市公司违规占用资金及对外担保情况分析①

2018 年以来，部分上市公司控股股东、实际控制人出现经营困难、资金紧张的局面，控股股东、实际控制人及其关联方占用上市公司资金、上市公司违规对外提供担保等行为有所抬头。这些行为直接损害上市公司和投资者合法权益，影响上市公司正常经营，引发较大风险。截至 2019 年 7 月 31 日，深市发生 96 单控股股东、实际控制人及其关联方占用上市公司资金和上市公司违规对外担保事项，涉及上市公司 72 家，占深市公司总家数的 3.31%。从违规性质来看，50 家公司涉及资金占用，报告期内发生额约 325.86 亿元；46 家公司涉及违规担保，报告期内发生额约 519.1 亿元。其中，有 24 家公司同时涉及资金占用和违规担保。分板块看，涉嫌违规的公司中，存在资金占用的主板、中小板、创业板公司分别为 8 家、25 家和 17 家；存在违规担保的主板、中小板、创业板公司分别为 9 家、26 家和 11 家。分行业看，按照所属证监会行业划分，制造业企业有 40 家，为违规占用资金和对外担保的高发区，信息传输、软件和信息技术服务业有 6 家，电力、热力、燃气及水生产和供应业有 5 家，文化、体育与娱乐业有 4 家。分区域看，涉嫌违规的公司涉及 23 个辖区，浙江、广东、北京、江苏等辖区违规情形较多，分别有 11 家、8 家、8 家和 6 家。与以往相比，2018 年以来深市资金占用和违规担保行为高发。2017 年深市对资金占用和违规担保的处分数量合计仅 6 单，而 2018 年合计为 15 单，2019 年 1—7 月则为 24 单，分别是 2017 年的 2.5 倍和 4 倍。2017 年深市处分案例涉及金额合计仅 30 亿元，而 2018 年合计为 50 亿元，2019 年 1—7 月则为 114 亿元，分别是 2017 年的 1.67 倍和 3.8 倍。由于处分相对于违规事项发生具有滞后性，2019 年的处分情况集中反映了 2018 年违规行为呈集聚爆发态势。

资料来源：覃舜宜 . 深市公司违规占用资金及对外担保情况分析 [J]. 证券市场导报，2019（11）：69-78.

---

① 该论文内容较多，本书仅摘录部分内容。建议读者查阅原文全文。

【案例分析】

延安必康收《行政处罚决定书》，资金违规占用被处罚

2020 年 10 月 16 日，延安必康（股票代码：002411）公告收到中国证券监督管理委员会陕西监管局《行政处罚决定书》。

一、相关年度报告存在重大遗漏，未披露控股股东及其关联方非经营性占用资金情况

根据公告，2015 年 2 月 11 日和 2016 年 1 月 15 日，新沂必康分别向上市公司实际控制人李宗松提交《关于为新沂必康解决短期资金需求的申请》和《关于解决陕西必康向新沂必康调拨资金解决短期资金需求的报告》，称为加快和推动与公司产业链配套的新沂必康项目建设，做好以商业连锁为核心的项目并购储备，申请延安必康全资子公司陕西必康向新沂必康进行资金调拨和拆借，以解决短期资需求，李宗松在上述申请和报告上分别签字。2015—2018 年，陕西必康按照李宗松指示，向陕西天佑连锁药店管理有限公司（以下简称“陕西天佑”）和陕西松嘉医药有限公司（以下简称“陕西松嘉”）累计转出 43.40 亿元，扣除用于向有关方支付陕西必康销售费用的 10.95 亿元，剩余 32.45 亿元中 8.17 亿元用于支付相关收购款，由陕西松嘉根据新沂必康授权在指定区域内搜集符合条件的标的企业，约定达到并购条件后由上市公司予以收购，但截至调查结束，约定的收购事项并未实施，且相应转出的款项亦未返还上市公司，其余资金主要用于新沂必康投资建设的新医药产业综合体项目。此外，2017 年 4 月 12 日至 4 月 20 日，陕西必康以预付工程款方式向新沂市远大建筑安装工程有限公司（以下简称“新沂远大”）转款 12.52 亿元，由新沂远大以提供借款形式通过中间方最终转给关联方江苏北松。

上述行为违反了《关于规范上市公司与关联方资金往来及上市公司对外担保若干问题的通知》（证监会公告〔2017〕16 号），实质构成控股股东及其关联方非经营性占用上市公司资金。经测算，2015—2018 年延安必康的控股股东及其关联方非经营性占用上市公司资金累计 44.97 亿元，其中，2015 年发生额为 7.05 亿元，占当期披露净资产的 13.42%，期末余额为 6.71 亿元；2016 年发生额为 13.72 亿元，占当期披露净资产的 16.21%，期末余额为 18.85 亿元；2017 年发生额为 16.48 亿元，占当期披露净资产的 17.70%，期末余额为 20.73 亿元；2018 年发生额为 7.72 亿元，占当期披露净资产的 8.06%，期末余额为 27.46 亿元。

根据《公开发行证券的公司信息披露内容与格式准则第 2 号——年度报告的内容与格式》（证监会公告〔2015〕24 号、证监会公告〔2016〕31 号、证监会公告〔2017〕17 号）第三十一条的规定，延安必康应当在相关年度报告中披露控股股东及其关联方非经营性占用资金的相关决策程序，以及占用资金的期初余额、发生额、期末余额、占用原因、预计偿还方式及清偿时间等。延安必康《2015 年年度报告》《2016 年年度报告》《2017 年年度报告》《2018 年年度报告》未进行披露，存在重大遗漏。

二、相关年度报告存在虚假记载，虚增货币资金

延安必康通过虚假财务记账、伪造银行对账单等方式，掩盖上述关联方非经营性占用上市公司资金情况，导致上市公司相关年度报告披露的货币资金账实不符，存在虚增货币资金情形。通过上述方式，延安必康《2015年年度报告》虚增货币资金794 326 924.96元，占当期披露的经审计总资产的8.99%和净资产的15.18%；《2016年年度报告》虚增货币资金2 057 005 338.69元，占当期披露的经审计总资产的11.40%和净资产的24.31%；《2018年年度报告》虚增货币资金811 866 582.26元，占当期披露的经审计总资产的3.94%和净资产的8.47%。

三、相关临时报告信息披露内容不准确、不完整，存在误导性陈述

2020年2月5日，延安必康披露《关于收到加快口罩等疫控防护品生产紧急通知的公告》，称将尽快完成医护级口罩和防护服生产线的改造，提前做好上游原材料采购、运输等生产保障工作等。2月5日收盘后，延安必康披露补充公告，称目前尚无口罩生产业务，尚未取得口罩生产许可资质，并提示存在不能及时获取生产许可资质等相关风险。2020年2月7日，延安必康披露《关于签署战略合作协议公告》，称拟与深圳市图微安创科技开发有限公司（以下简称“图微安创”）“建立紧密的战略合作伙伴关系”，称肺纤维化是新型冠状病毒疾病的重要特点，是重要临床表现之一等，还称图微安创已经开发出对肺纤维化具有良好治疗逆转作用的多肽药物，并表示其药物治疗“相关的生物指标逆转在80%以上，属于全球首创”，“未来有望成为治疗肺纤维化领域的明星药物”，图微安创设计并研发的多肽药物“在应对当下新型冠状病毒肺炎患者的治疗以及未来出院病人进一步的康复治疗具有重要临床价值。”2月10日收盘后，延安必康披露补充公告，称该项目属于新药研发，目前处于临床前研究阶段，预计2021年完成临床前开发工作，2022年一季度申报临床，2025年完成临床Ⅱ试验，绿色通道申请生产上市，并提示存在实现商业利润需要较长时间、本次合作的具体实施尚存在不确定性因素等风险。延安必康披露接到加快口罩生产的通知及开展肺纤维化治疗等战略合作后，上市公司股价于2月5日、6日连续涨停，2月7日最高涨幅9.62%；在深圳证券交易所2月7日问询关注及公司补充披露相关内容后，上市公司股价由涨转跌，2月7日涨幅1.53%，2月10日、11日跌幅达9.98%、5.65%（2月8日和9日为周末），反映延安必康披露的上述相关信息对股价产生较大影响。延安必康2月5日、2月7日披露的相关临时公告不准确、不完整，对上市公司股价产生较大影响，构成误导性陈述。

上述违法事实，有相关公告、情况说明、合同协议、账务资料、银行资料、相关当事人询问笔录等证据证明，足以认定。

思考：请问上述违法事实，影响财务报表哪些报表项目？

（10）“存货”项目。存货，是指企业在日常活动中持有以备出售的产成品或商品、处在生产过程中的在产品、在生产过程或提供劳务过程中耗用的材料和物料等。

对于实现零存货的公司，已不需要关注该项目，但目前我国乃至全球的大多数企业，存货仍然是重要的资产项目。在资产负债表中，存货项目是以企业期末在库、在途和在加工中的各种存货的可变现净值或成本的较低者进行列示的。本项目应根据“材料采购”“原材料”“低值易耗品”“库存商品”“周转材料”“委托加工物资”“委托代销商品”“生产成本”等科目的期末余额合计，减去“受托代销商品款”“存货跌价准备”科目期末余额后的金额填列。如果材料采用计划成本法进行会计核算，以及库存商品采用计划成本核算或售价核算的企业，还应按照加或减材料成本差异、商品进销差价后的金额填列。注意如下知识点。

第一，关于存货的范围，应注意如下四点。其一，持有存货的目的是销售或进一步生产加工为产品以出售，因此工业企业为了自行进行工程建造而储备的工程用料，就不能作为工业企业的存货看待，因为工程建造不属于企业的日常经营活动。其二，企业的特种储备以及按照国家指令专项储备的资产也不符合存货的定义，不能作为存货核算。其三，同样一项资产是否属于企业存货会因资产在企业的使用目的不同而有所差异。例如，建筑物对一般企业来说是固定资产，但对房地产企业来说，其持有目的就是为了销售，属于日常的经营活动持有的存货。其四，消耗性生物资产是指为了出售而持有的、或在将来收获为农产品的生物资源，包括经济林、蔬菜、用材林以及存栏代售的牲畜等，从其定义来看，也应归属于存货。

思考：房地产企业万科股份有限公司开发的商品房，是否属于存货？

第二，存货入账成本。企业存货的取得，主要是通过外购和自制两个途径。理论上，企业无论从何种途径取得的存货，凡与取得存货有关的支出，或者说是使存货达到目前场所和状态所发生的一切必要支出，均应计入存货的历史成本或实际成本之中。《企业会计准则第 1 号——存货》规定：“存货成本包括采购成本、加工成本和其他成本”。采购成本一般包括购买价款、相关税费、运输费、装卸费、保险费以及其他可直接归属于存货采购成本的费用。加工成本包括直接人工以及按照一定的方法分配的制造费用，制造费用是指企业为生产产品和提供劳务而发生的各项间接费用。其他成本是指除采购成本、加工成本以外的，使存货达到目前场所和状态所发生的其他支出，包括借款费用。企业发生的借款费用，可直接归属于符合资本化条件的资产（包括存货的购建或者生产的），应当予以资本化，计入存货成本；其他借款费用，应当在发生时根据其发生额确认为费用，计入当期损益。符合资本化条件的资产，是指需要经过相当长时间（通常是一年以上）构建或生产活动才能达到预定可使用状态或可销售状态且单位价值较大的固定资产、投资性房地产和存货等资产。

思考：房地产企业万科在开发商品房过程中，借款用于商品房开发的资金，所产生的借款利息，是否应该计入商品房成本？

第三，存货发出计价方法。存货是企业中最活跃的因素，在持续经营的企业中，存货通常处于不断地收入、发出的变动状态。从物理形态上看，存货的收入或发出表明存货的实体进入或离开企业，这是存货的实物流动。从价值形态上看，存货的收入或发出表明存货的成本流入或流出库存，这被称为存货的成本流动。会计人员关心的是存货的成本流，但是要使存货的成本流动与实物流动完全一致几乎是不可能的，因此需要对存货的成本流动做出合理的假设，采用一定的方法将存货成本在期末存货和发出存货之间进行分配，这就是所谓的存货的成本流转假设。根据这些不同的假设，就产生了不同的计价方法。《企业会计准则第 1 号——存货》规定的可以采用的存货计价方法包括：个别计价法、先进先出法、月末一次加权平均法和移动加权平均法。

个别计价法，是指按照各种存货，逐一辨认各批发出存货和期末存货所属的购进批次，分别按其购进或生产时所确定的单位成本作为计算各批发出存货和期末存货成本的方法。例如，公司本月生产过程中领用 A 材料 3 000 千克，经确认其中 1 500 千克属第一批入库，单位成本 25 元；900 千克属第二批入库，单位成本 26 元；600 千克属第三批入库，单位成本为 28 元。本月发出 A 材料的成本计算为：1 500 × 25+900 × 26+600 × 28=77 700（元）。显然，个别计价法对发出存货成本计价最为准确，但记账成本高，适合于单位价值高、容易识别与区分的产品。

先进先出法，则假设企业首先进入仓库的产品首先用于出售或先耗用，因此，期末存货是最近入库的存货。例如，公司上一期留存产成品 1 000 件，单位成本 10 元，本期 1 日新入库单位成本 12 元的产成品 500 件，2 日销售了 600 件产品，销售单位价格 15 元，根据先进先出法，结转作为主营业务成本的是单位成本为 10 元的 600 件产品，共计 6 000 元。

月末一次加权平均法，是指以本月全部收货数量加月初存货数量作为权数，去除本月全部进货成本加期初存货成本，计算出存货的平均单位成本，从而确定存货的发出和库存成本。类似地，移动加权平均法，是指本次收货的成本加原有库存的成本，除以本次收货数量加原有收货数量，据以计算加权单位成本，并对发出存货进行计价，每次进货都需要重新计算单位成本。

显而易见，当物价属于上涨通道时，先进先出法会使得期末存货账面价值较高，且本期销售产品结转的成本属于较早入库的产品成本，使得本期利润比其他计价法高。物价属于上涨通道时，加权平均法则能够更好平衡期末存货账面价值和本期利润的关系。

第四，存货跌价准备不同计提方法。资产负债表日存货应按照成本与可变现净值孰低计量。当成本低于可变现净值时，存货按成本计量；反之，存货则按可变现净值计量。存货成本高于其可变现净值的，应当计提存货跌价准备，计入当期损益。这里的成本是指实际成本；可变现净值，是指在日常活动中，存货的估计售价减去至完工时估计将要发生的成本、估计的销售费用以及相关税费后的金额。

存货存在下列情形之一的，通常表明存货的可变现净值低于成本：

①该存货的市场价格持续下跌，并且在可预见的未来无回升的希望。

②企业使用该项原材料生产的产品的成本大于产品的销售价格。

③企业因产品更新换代，原有库存原材料已不适合新产品的需要，而该原材料的市场价格又低于其账面成本。

④因企业所提供的商品或劳务过时或消费偏好改变而使市场的要求发生变化，导致市场价格逐渐下跌。

⑤其他足以证明该项存货实质上已经发生减值的情形。

存货存在下列情形之一的，通常表明存货的可变现净值为零：

①已霉烂变质的存货。

②已过期且无转让价值的存货。

③生产中已不再需要，并且已无使用价值和转让价值的存货。

④其他足以证明已无使用价值和转让价值的存货。

例如，20×5 年 12 月 31 日，甲公司 C 材料的账面价值为 145 000 元，市场上用 C 材料生产的丙产品的售价也相应下降为 400 000 元，从 C 材料变为丙产品尚需投入人工成本 210 000 元，估计销售费用及税金为 52 500 元。C 材料期末可变现净值为 = 400 000–210 000–52 500=137 500（元）。可见，C 材料可变现净值低于成本 145 000 元，因此期末按可变现净值进行计量。为此，资产负债表中 C 材料将以 137 500 元列示，而利润表中将会产生资产减值损失，金额为 7 500（145 000–137 500）元。

另外，存货跌价准备应当注意两点。

①企业通常应当按照单个存货项目计提存货跌价准备。但是对于数量繁多、单价较低的存货，也可以按照存货类别计提存货跌价准备。对于与在同一地区生产和销售的产品系列相关、具有相同或类似最终用途或目的，且难以与其他项目分开计量的存货，亦可以合并计提存货跌价准备。这将会产生不同的跌价准备结果和不同的利润表影响。

例如，20×1 年 12 月 31 日，ABC 公司有甲、乙两类存货，甲类存货包括 A、B 两种产品，乙类存货包括 C、D 两种产品，有关资料及存货按逐项、分类、总额比较法确定的存货价值见表 2.19：

表 2.19　存货不同跌价准备计提结果比较

单位：元

存货种类	成本	可变现净值	计价基础的选择		
			逐项比较	分类比较	总额比较
甲类存货					
A	100 000	110 000	100 000		
B	120 000	105 000	105 000		
合计	220 000	215 000		215 000	
乙类存货					
C	410 000	400 000	400 000		
D	520 000	540 000	520 000		
合计	930 000	940 000		930 000	
总计	1 150 000	1 155 000	1 125 000	1 145 000	1 150 000

从以上结果可以看出，按逐项比较计量的存货价值最低，总额法计量的存货价值最高，分类比较法介于两者之间。在逐项比较法下，每一项存货都按成本和可变现净值较低者计价，跌价损失都得到确认，因而更符合谨慎性原则，但核算工作量较大。分类比较法和总额比较法操作简便，但由于各存货项目成本与可变现净值的差异可能相互抵消，因而计价结果不够稳健。

②跌价准备计提之后，如果存货价格回升导致可变现净值回升，那么在原来计提的跌价准备范围内，可以转回存货跌价准备。转回存货跌价准备的结果是增加了转回当期利润表营业利润。例如，下一个会计期间，同样的C材料生产的产品（假设该期仍未出售）价格上涨了10 000元，导致可变现净值变为147 500元，超过了145 000元，那么，原来计提的7 500元的存货跌价准备以及由此产生的资产减值损失将在该会计期间转回，该期营业利润将由此增加7 500元。为此，报表阅读者需要注意企业各个期间计提的存货跌价准备是否合理、充分，是否计提太高或太低，以方便企业在后续会计期间释放利润。

【案例思考】

绿大地：关于存货损失处理及计提资产减值准备的议案（2009年）

云南绿大地生物科技股份有限公司关于存货损失处理及计提资产减值准备的议案：

近年来，全球气候呈现逐渐恶化的趋势，出现极端天气的年份逐渐增加。云南也是如此，特别是2009年入秋以来，发生了百年一遇的严重干旱天气，降雨量打破了云南省有气象观测记录以来同期降水量的最少记录。公司作为一家主营业务为绿化苗木种植与销售的农业企业，经营情况在很大程度上依赖于气候因素，2009年，由于异常天气因素，公司各基地苗木的生长受到了较大影响，部分苗木出现死亡，给公司造成了较大的损失，公司自2月份以来即开始对各基地苗木损失情况进行全面的清查，各基地苗木损失情况如下：

（一）马鸣基地死亡苗木235 195株，价值24 994 659.19元；思茅基地死亡苗木334 306株，价值60 521 167.74元；

（二）销售给客户的苗木因死亡严重，客户退回，导致苗木销售收入减少83 781 440.00元，退回死亡苗木造成损失69 566 816.32元，其中：思茅基地153 261株，价值9 521 907.76元；马鸣基地92 198株，价值16 707 043.79元；旧县基地151 609株，价值10 484 539.11元；月望基地225 140株，价值32 853 325.66元。

以上受严重干旱天气的影响，造成公司基地苗木因干枯、病虫等因素死亡带来的直接经济损失达155 082 643.25元。

对此，担任该公司年度财务报表审计的中审亚太会计师事务所有限公司的注册会计师指出："绿大地管理层只能根据企业内部的信息确认2009年苗木销售退回158 310 200.00元和2008年苗木销售退回23 485 195.00元，确认苗木损失155 082 643.25元，无法向我们提供更充分的、可靠的资料，包括第三方提供的外部证据，以使我们判断该事项的金额是否合理。虽然我们认为目前没有证据表明绿大地对该事项的账务处理违反了《企业会计准则》的有关规定，但是根据《中国注册会计师审计准则第 1502 号——非标准审计报告》，我们的审计范围仍受到了客观条件的限制，除了向管理层尽可能了解的苗木损失和销货退回情况外，我们还采取了通过向对方客户函证程序，但回函的情况无法进一步提供审计依据，我们无法采取其他适当的审计程序，以判断苗木损失和销售退回的会计处理是否正确。”

思考：

（1）企业当年计提的存货跌价准备较高，根据企业会计准则对存货跌价准备计提的规定，是否合理？

（2）结合存货金额变化与企业当期和未来利润变化的关系，分析注册会计师的不同意见。

资料来源：张新民，钱爱民．财务报表分析 [M].2 版．北京：中国人民大学出版社，2011.

【案例思考】

康美药业股份有限公司存货之疑①

康美药业股份有限公司（股票代码：600518），2001 年 2 月 6 日公司采用上网定价方式成功发行境内上市人民币普通股 (A 股) 股票，并在上海证券交易所上市交易。

2018 年 12 月 28 日晚间康美药业公告，公司收到中国证监会《调查通知书》。2019 年 1 月 2 日，康美药业跌停开盘。截至 2 日 10 时，报 8.29 元，跌停板封单超过 40 万手，成交额超过 6 000 万元。2019 年 4 月 30 日，康美药业发布了高达近 300 亿元的“会计差错”。5 月 1 日，发股东信致歉。2019 年 5 月 17 日，证监会通报康美药业财务报告造假，涉嫌虚假陈述等违法违规。2019 年 5 月 21 日，康美药业股份有限公司，主动戴帽变“ST 康美”。

2019 年 8 月 16 日，证监会对康美药业等作出处罚及负责人禁入市场告知，实锤造假行为。证监会拟决定对 ST 康美责令改正，给予警告，并处以 60 万元的罚款；对马兴田、许冬瑾给予警告，分别处以 90 万元的罚款；对邱锡伟、庄义清等 19 人给予警告并处以 10 万元至 30 万元不等的罚款。

2020 年 5 月 14 日，证监会发布对康美药业的处罚及禁入决定，决定对康美药业责令改正，给予警告，并处以 60 万元罚款，对 21 名责任人员处以 10 万元至 90 万元不等罚款，对 6 名主要责任人采取 10 年至终身证券市场禁入措施。

---

① 感兴趣的读者可以进一步查阅叶凡、叶钦华、黄世忠三位作者的论文“存货舞弊的识别与应对——基于康美药业的案例分析”，财务与会计，2021 年第 13 期。

表 2.20 康美药业相关报表数据

单位：万元

项目	2020 年底	2019 年底	2018 年底	2017 年底	2016 年底
存货	904 016.29	3 140 823.67	3420 962.11	1 570 018.84	1 261 937.50
流动资产	2 190 203.38	4 701 307.34	5 424 097.46	5 647 907.77	4 446 154.43
资产总计	3 621 298.00	6 458 622.88	7 462 793.76	6 872 202.06	5 482 389.66

思考：查阅康美药业2016—2020年年报相关信息（表2.20），特别是存货明细信息、存货跌价准备及资产减值损失相关附注信息，分析康美药业存货规模显著变化的原因。

（11）“一年内到期的非流动资产”项目，反映企业将于一年内到期的非流动资产项目金额，主要包括长期债券投资等，由于其有明确的到期日，通常变现能力较强，资产质量较高。本项目应根据有关科目的期末余额填列。

（12）“其他流动资产”项目，反映企业除货币资金、交易性金融资产、应收票据、应收账款、存货等流动资产以外的其他流动资产。本项目应根据有关科目的期末余额填列。

（13）“长期应收款”项目，反映企业融资租赁产生的应收款项、采用递延方式具有融资性质的销售商品和提供劳务等产生的长期应收款项等。本项目应根据“长期应收款”科目的期末余额，减去相应的“未实现融资收益”科目和“坏账准备”科目所属相关明细科目期末余额后的金额填列。

（14）“投资性房地产”项目，反映企业持有的投资性房地产。企业取得投资性房地产后，后续计量包括成本和公允价值两种模式。企业采用成本模式计量投资性房地产的，本项目应根据“投资性房地产”科目的期末余额，减去“投资性房地产累计折旧（摊销）”和“投资性房地产减值准备”科目期末余额后的金额填列；企业采用公允价值模式计量投资性房地产的，本项目应根据“投资性房地产”科目的期末余额填列。注意如下知识点。

第一，投资性房地产的含义和表现形式。投资性房地产是指为赚取租金或资本增值，或者两者兼而有之而持有的房地产，它应当能够单独计量和出售。投资性房地产的主要形式是持有用于出租的建筑物、出租的土地使用权、持有并准备增值后转让的土地使用权（不包括国家有关规定认定为闲置的土地）。因此，投资性房地产并不是房地产开发企业特有的资产，相当一部分上市公司持有投资性房地产。例如，以2018年半年报为例，根据证券时报·数据宝统计显示，2018年上半年持有投资性房地产的A股上市公司数量及合计持有金额双双创历史新高，1 680家上市公司（仅统计报告期前已经上市的企业），合计持有投资性房地产首破万亿元，达到104 77.12亿元，这是A股公司持有投资性房地产连续第9个季度环比增长。在这些企业中，某些企业的投资性房地产属于日常经营性活动，形成的租金收入或转让增值收益确认为企业的主营业务收入，但对于大部分企业而言，属于与经常性活动相关的其他活动，形成的租金收入或转让增值收益构成企业的其他业务收入，重要性低于主营业务收入，但这两种收入都作为利润表第一个项目“营业收入”的组成部分进行列示。也就是说，报表阅读者不能单纯从利润表表内信息区分投资性房地产带来的租金收入或转让增值收益属于主营业务还是其他业务，必须同时借助于利润表项目“营业收入”和资产负债表“投资性房地产”在报表附注当中的说明进行分析。

第二，资产负债表表中投资性房地产期末价值列示方法。会计准则规定，投资性房地产应当按照成本进行初始确认和计量，后续计量时通常应当采用成本模式，但满足特定条件的情况下也可以采用公允价值模式（特定条件是指投资性房地产能够取得可靠的公允价值，例如，所在地有活跃的房地产交易市场，且企业能够从房地产交易市场上取得同类或类似房地产的市场价格及其他相关信息），同一企业只能采用一种模式对所有投资性房地产进行后续计量，不能同时采用两种模式进行计量。也就是说，资产负债表列示的投资性房地产的金额，可能以历史成本为基础，也可能以公允价值为基础，但只能是其中之一。历史成本为基础的投资性房地产，会计处理类似于固定资产。两种模式下，投资性房地产对资产负债表、利润表具有不同的影响，见表 2.21。

表 2.21　投资性房地产的成本模式与公允价值模式比较

模式	成本模式		公允价值模式	
	资产负债表	利润表	资产负债表	利润表
期末价值列示基础及对利润表影响	期末列示的价值，以历史成本为基础，扣除累计折旧和资产减值损失	计提的折旧费用通常通过利润表“营业成本”反映；资产减值通过“资产减值损失”反映	期末以资产负债表日的公允价值列示，不需要计提折旧或进行资产减值损失处理	不会产生折旧费用或资产减值损失，本期末与上期末公允价值差价计入利润表“公允价值变动损益”项目
租金或增值转让收益	取得的租金或增值转让收益通过银行存款或其他应收账款等反映	租金或增值转让收益通过“营业收入”反映	取得的租金或增值转让收益通过银行存款或其他应收账款等反映	租金或增值转让收益通过“营业收入”反映
投资性房地产的处置	终止确认该投资性房地产，不再列示于资产负债表	处置收入和成本分别通过“营业收入”和“营业成本”反映	终止确认该投资性房地产，不再列示于资产负债表	处置收入和成本分别通过“营业收入”和“营业成本”反映，以前各期累积的未实现利得或损失“公允价值变动损益”也应转入已实现损益

简而言之，如果持有的投资性房地产能够可靠取得公允价值，只要公允价值下降速度低于折旧进度，则采用公允价值模式计量相对于成本模式计量，资产负债表列示的投资性房地产账面价值更高，利润表营业利润更高，投资性房地产公允价值处于上升趋势时表现更加突出。这是因为：①资产负债表中，公允价值模式不会产生累计折

旧或资产减值准备以降低投资性房地产账面价值，投资性房地产以资产负债表日的公允价值反映；②利润表中，公允价值模式不会产生折旧费用或资产减值损失，且投资性房地产本期末公允价值超出上期末公允价值的部分，通过“公允价值变动损益”反映，增加了企业营业利润。例如，某企业20×0年1月1日以1 000万元现金购买并用于出租的投资性房地产一栋，年租金收入80万元。采用成本模式后续计量时，投资性房地产可使用年限预计40年，直线法折旧，假定残值不予考虑，则该投资性房地产产生收入80万元，成本为计提的折旧金额25万元，税前利润55万元。采用公允价值模式后续计量时，假定该房地产年底公允价值1 100万元，则该投资性房地产产生收益为180万元，包括80万元租金收入和100万元公允价值变动收益。

但是，从2007年执行新企业会计准则以来，对投资性房地产采用公允价值模式计量的上市公司屈指可数，绝大多数采用成本模式。以财政部发布的《我国上市公司2010年执行企业会计准则情况分析报告》为例，我国2009年底的2 129家上市公司中，833家存在投资性房地产的上市公司均在报表中披露了投资性房地产信息，806家上市公司对投资性房地产采用了成本计量模式，占存在投资性房地产的上市公司总数的96.76%；仅深发展A（000001）等27家上市公司采用了公允价值模式对投资性房地产进行后续计量，占存在投资性房地产的上市公司总数的3.24%。投资性房地产公允价值计量产生的公允价值变动净收益为36.24亿元，仅占采用公允价值模式对投资性房地产进行后续计量的27家上市公司净利润的1.90%。这说明我国上市公司能够按照企业会计准则的要求，谨慎选择投资性房地产的后续计量模式，投资性房地产采用公允价值计量对上市公司影响不大。

不可否认，公允价值信息获取难度和获取成本是影响上市公司选择公允价值模式计量投资性房地产的一个重要原因。近年来，我国房地产市场虽取得了长足发展，新商品房价格比较容易获取，但是投资性房地产所涉及的房屋、建筑物、土地使用权等通常不属于全新资产，取得可靠的公允价值信息可能具有一定难度，且需要较高的成本。根据《我国上市公司2010年执行企业会计准则情况分析报告》，我国采用公允价值模式计量投资性房地产的上市公司，确定公允价值的方法主要有三类：一是房地产评估价格（15家上市公司），二是参考同类同条件房地产的市场价格（9家上市公司），三是实地调查取得的价格（1家上市公司）。

但是，企业可能通过会计政策变更将成本模式计量的投资性房地产改为公允价值计量(根据现行会计准则，企业不能反向变更)，此时，在投资性房地产公允价值总体处于上升趋势的情况下，将会改善利润表的盈利数据，报表分析时应有清晰认识，正确评价投资性房地产的会计处理变化所产生的影响，尽管账面业绩改善，但经济业务本身没有发生变化。有些企业甚至首先将固定资产改变用途划分为投资性房地产，再采用公允价值后续计量，予以改善财务报表业绩。

【案例思考】

★ST 中富：关于对投资性房地产采用公允价值模式计量的公告

根据公司（证券代码：000659)2018 年 3 月 22 日公告（公告编号 2018—016)，公司将相关资产转换为投资性房地产，为了更准确地反映公司持有的投资性房地产的价值，增强公司财务信息的准确性，便于公司管理层及投资者及时了解公司真实财务状况及经营成果，本公司第九届董事会 2018 年第一次会议（2017 年度）审议通过了《关于对公司投资性房地产采用公允价值模式进行后续计量的议案》，自相关房屋建筑物于 2017 年度签订对外出租的租赁协议时起，决定采用公允价值计量模式进行后续计量。具体是，公司下属子公司与承租人签订经营性租赁协议，主要自 2017 年度起出租若干房屋建筑物及土地，涉及账面价值 3 203.55 万元的房屋建筑物和土地使用权。公司聘请了评估机构对已出租的房地产市场交易情况进行了调查，对公司截至 2017 年 12 月 31 日的投资性房地产公允价值涉及的相关资产提供价值咨询意见，并出具了相关评估报告，以其评估报告确定的相关投资性房地产的市场价值作为投资性房地产的公允价值。上述投资性房地产由独立专业合格评估师按收益法进行评估。评估值按预计投资性房地产未来的正常净收益，将其折现累加后获得。上述投资性房地产原账面价值与评估价值之差 91 648 600.46 元的税后金额 68 736 450.36 元于这些房产自固定资产及在建工程转入投资性房地产时确认为其他综合收益。

本次会计政策选择后，公司每个会计年度末均须通过市场调研报告或评估报告对投资性房地产公允价值进行估价，若项目所在地的房地产市场出现大幅变动会导致公允价值的变动，可能会增加公司未来年度业绩波动的风险。

思考：查阅案例公司其他财务资料，思考公司改变会计政策的动机及影响。

（15）“固定资产”项目。固定资产是指同时具备以下特征的有形资产：①为生产产品、提供劳务、出租或经营管理而持有的；②使用寿命超过一个会计年度。例如，生产经营用的房屋、建筑物、机器、设备、器具、工具和不直接服务于企业生产经营过程中的各种固定资产，如职工食堂、浴室等职工福利设施和有关的设备器具等，都属于固定资产的常见种类。固定资产获取方式可以是外购、自建、租赁、投资者投入等。在资产负债表中，本项目应根据“固定资产”科目的期末余额，减去“累计折旧”和“固定资产减值准备”科目期末余额后的金额填列。注意如下知识点。

第一，固定资产应当按照成本进行初始计量，这里的成本通常是指历史成本，即固定资产应以历史成本入账，这里的历史成本是指为使某项固定资产达到预定可使用状态之前发生的一切合理、必要的支出，如购买价格、运输费用、相关税金、安装费用等。固定资产以历史成本作为计价基础的另一层含义是，固定资产一经确定登记入账后，除企业重组、解散等情况外，一般不应调整固定资产原价，固定资产的折旧应按历史成本计算。这可能使得资产负债表中反映的固定资产，账面价值与资产负债表日的真实市场价值相差较大。

例如，A企业2000年于厦门购买了一栋2 000平方米的建筑物作为办公楼使用，购买价格为每平方米2 500元，不考虑其他手续费、税费等，该建筑物的成本即为5 000 000元，以后各年，该建筑物周围房地产市场价格上涨巨大，2020年5月，该地段同类建筑物市场价格是每平方米55 000元。但是，在A企业各年的资产负债表中都将以5 000 000元扣除累计折旧和可能的资产减值准备后的余额列示，不考虑市场可能的升值。显然，历史成本原则下，对资产价格上涨和下跌采取了不对称处理方法，可能低估资产实际价值。资产价格下跌，公司可能因此计提资产减值准备和资产减值损失，资产价格上涨，公司不能通过资产负债表和利润表反映资产价值上涨和持有的未实现利得。

第二，固定资产需要计提折旧。固定资产是一种长期资产，其在使用过程中物质形态不会发生改变，因此固定资产的成本是在对其不断使用过程中逐渐消耗或转移的。为了保持收入与费用的恰当配比，应把固定资产的投入成本在其使用期间内进行分摊。因此，折旧是指在固定资产的使用寿命内，按照确定的方法对应计折旧额进行系统分摊。应计折旧额，是指应当计提折旧的固定资产的原价扣除其预计净残值后的金额。已计提减值准备的固定资产，还应当扣除已计提的固定资产减值准备累计金额。所谓系统分摊是指分配的数额应是根据客观事实确定的计算方法得出而不是主观臆断。

固定资产计提折旧之后，将会降低固定资产账面价值，产生的折旧费用将相应计入“制造费用”“销售费用”“管理费用”等，具体计入的项目要根据固定资产的使用用途确定。一般来说，办公部门使用的固定资产产生的折旧费用通过“管理费用”反映；销售部门使用的固定资产产生的折旧费用通过“销售费用”反映；生产部门使用的固定资产产生的折旧费用通过“制造费用”反映。通过制造费用反映的折旧费用，会根据一定的分配程序计入生产的产品成本，并最终随着产品销售而进入利润表的“营业成本”项目。

【案例思考】

暂时闲置的固定资产需要计提折旧吗？

例如，广西柳工股份有限公司2018年年报附注信息列示，公司存在一些暂时闲置的固定资产，具体情况见表2.22。

表2.22　广西柳工2018年闲置固定资产

单位：元

项目	账面原值	累计折旧	减值准备	账面价值
房屋及建筑物	4 057 778.16	1 739 108.48	—	2 318 669.68
机器设备	87 346 005.32	63 051 980.70	704 010.23	23 590 014.39
运输设备	6 134 941.24	5 769 309.86	—	365 631.38

续表

项目	账面原值	累计折旧	减值准备	账面价值
办公设备	6 100 891.03	5 933 113.63	—	167 777.40
其他设备	6 534 085.86	6 328 130.50	—	205 955.36
合 计	110 173 701.61	82 821 643.17	704 010.23	26 648 048.21

思考：这些固定资产应该计提折旧吗？

我国《企业会计准则第 4 号——固定资产》规定：“企业应当对所有固定资产计提折旧。但是，已提足折旧仍继续使用的固定资产和单独计价入账的土地除外。”根据该准则的规定，企业对未使用、不需用的固定资产也需要计提折旧，这主要是考虑到固定资产受到技术进步、无形损耗等的影响。折旧具有重要的经济性质，即折旧实际上反映了固定资产的服务潜能随着它的不断使用而逐渐降低的经济事实。固定资产服务潜能的降低包括有形损耗和无形损耗。有形损耗是指固定资产由于使用和自然力的影响而引起的服务潜能的降低。可分为机械损耗和自然损耗，前者如机器设备因使用逐渐磨损以及外部事故破坏而造成的影响，后者如房屋建筑物受风吹、日晒等的侵蚀而逐渐陈旧。无形损耗是指固定资产在实物状态保持良好的条件下，由于科学技术进步、消费者爱好的变化或经济上的原因而不得不提前进行处置的情况。无形损耗也包括两种情况，陈旧过时和不合用，陈旧过时包括产品过时和技术过时，例如市场上出现可以替代原有产品的性能更好的新产品，老产品在市场上没有销路，则生产该产品的机器设备只得停止使用进行处置。不合用是指因企业环境的变化（如企业规模的扩大、企业转产等因素），原有的固定资产不能适应需要，只能购置新资产。固定资产折旧除了要考虑有形损耗外，还要考虑无形损耗。有形损耗决定固定资产的自然寿命，无形损耗决定固定资产的经济寿命。在当前知识经济条件下，研究和技术革新的步伐日趋加快，无形损耗在固定资产折旧中显得越来越重要。

第三，影响固定资产折旧的因素。在确定每年需要计提的折旧费用时，需要考虑以下 4 个因素：

①固定资产原值。固定资产折旧应以固定资产原值，即取得固定资产的原始成本作为计提的基数，它包括为取得固定资产所发生的一切必要而合理的支出。

②固定资产预计使用寿命。它是指固定资产预期使用的年限。有些固定资产的使用寿命也可以用该资产所能生产的产品和提供服务的数量来表示。除了土地以外，固定资产一般都存在一定的使用寿命。企业在确定固定资产的使用寿命时，应当考虑：其一是该资产的预计生产能力和实物数量；其二是该资产的有形损耗；其三是该资产的无形损耗；其四是有关资产使用的法律或类似的限制。如融资租赁合同对融资租入固定资产租赁期的规定可能对折旧期产生影响。具体到某一固定资产的预计使用寿命时，企业应当在上述因素的基础上，结合不同固定资产的性质、消耗方式、所处环境等因素，作出判断。

③预计净残值。它是指假定固定资产预计使用寿命已满并处于使用寿命终了时的预期状态，企业目前从该项资产处置中获得的扣除预计处置费用后的金额。残值的预计需要考虑企业对固定资产的退废政策、市场条件和其他一些因素。例如，有些企业可能使用设备直到其实物形态发生损坏，这时其预计净残值可能相当小。固定资产的使用寿命和预计净残值一经确定，不得随意变更。理论上，在计算折旧额时应从固定资产原值中扣除预计净残值。但由于净残值通常较小且难以预计，实务中在计算折旧时常常忽略净残值因素。

④使用方式。为了保持收入与费用的恰当配比，各期的折旧费用应该尽可能地反映固定资产的使用方式。如果固定资产在各期给企业带来的经济利益比较均衡，则各期折旧费用也应该比较均衡。如果固定资产在各期给企业带来的经济利益不均衡，则各期折旧费用也不应均衡。

第四，固定资产折旧的计提方法。企业应当根据与固定资产有关的经济利益的预期实现方式，合理选择固定资产折旧方法。可选用的折旧方法包括年限平均法、工作量法、双倍余额递减法和年数总和法等。固定资产的折旧方法一经确定，不得随意变更。下面用例子来说明各种折旧方法如何使用。

20×2 年 1 月 1 日，ABC 公司购买一台机器设备，该设备原价为 480 000 元，预计使用年限为 5 年（或预计工作时间为 20 000 小时；或预计产量为 10 000 件），预计净残值为 19 200 元。

①年限平均法，又称直线法，是将固定资产的折旧在其可使用年限内均衡地分摊的一种方法。在该方法下，各期计提的折旧额相等。由于年限平均法会计核算较为简单，因此它是目前会计实务界最常用的方法。其计算公式如下：

$$\text{年折旧额} = \frac{\text{固定资产原值} - \text{预计净残值}}{\text{预计使用年限}}$$

$$\text{年折旧率} = \frac{\text{年折旧额}}{\text{固定资产原值}} \times 100\%$$

$$\text{月折旧率} = \frac{\text{年折旧率}}{12}$$

$$\text{月折旧额} = \text{固定资产原值} \times \text{月折旧率}$$

在上例中，ABC 公司购买的机器设备预计使用 5 年，则：

$$\text{年折旧额} = \frac{480\ 000-19\ 200}{5} = 92\ 160（\text{元}）$$

$$\text{年折旧率} = \frac{92\ 160}{480\ 000} = 19.2\%$$

$$\text{月折旧率} = \frac{19.2\%}{12} = 1.6\%$$

$$\text{月折旧额} = 480\ 000 \times 1.6\% = 7\ 680（\text{元}）$$

年限平均法的最大优点是简单易懂和易于操作，适合于不受季节影响，各期使用程度大致相同的固定资产。但它也存在明显的局限性。首先，固定资产在不同使用年限提供的经济利益是不同的。一般来讲，固定资产在其使用前期工作效率相对较高，所带来的经济利益也就多；而在其使用后期，工作效率一般呈下降趋势，因而所带来的经济利益也就逐渐减少。但是年限平均法并没有考虑到这一事实。其次，固定资产在不同的使用年限发生的维修费用也不一样。固定资产通常在前期的修理和维护费用较少，在后期的修理和维护费用较多，按照年限平均法，固定资产后期的使用成本将大于前期，这使固定资产在整个寿命期间内使用成本不均衡，不符合收入和费用的配比原则。

②工作量法，又称变动费用法，是根据固定资产在生产过程中实际完成的工作总量（如总产量、总小时数、总吨千米数等）为基础计提折旧的一种方法。工作量法在某种程度上可以弥补直线法的不足，直线法计提折旧时只考虑使用时间，而不考虑固定资产实际的使用程度。若折旧的发生主要是因实物磨损而引起的，则用工作量作为计算折旧的基础是合适的。工作量法又分为工作时间法和产量法，前者以工作时间作为计算折旧的基础；后者以产量作为计算折旧的基础。在工作量法下，计算公式为：

$$单位工作量（工作小时或产量）折旧额=\frac{固定资产原值-预计净残值}{预计总工作量}$$

年折旧额 = 固定资产当年工作量 × 单位工作量折旧额

在上例中，若 ABC 公司采用工作时间法计提折旧，20×2 年该机器设备的工作小时为 5 000 小时，则：

$$单位工作小时折旧额=\frac{480\ 000-19\ 200}{20\ 000}=23.04（元/小时）$$

$$20\times 2 年应计提折旧额=5\ 000\times 23.04=115\ 200（元）$$

若 ABC 公司采用产量法计提折旧，20×2 年该机器设备的产量为 3 000 件，则：

$$单位产量折旧额=\frac{480\ 000-19\ 200}{10\ 000}=46.08（元/件）$$

$$20\times 2 年应计提折旧额=3\ 000\times 46.08=138\ 240（元）$$

工作时间法与产量法相比，存在一个根本性缺陷，即每一工作小时分摊的折旧相等，其经济效益却不一定相等。按照收入与费用相配比原则，新资产的效益高，应多负担折旧；旧资产效益低，应少计提折旧。工作时间法却不能满足这项要求。从这点看，产量法比工作时间法合理，因为产量法把机器的工作效率考虑进去，按资产对企业所作贡献作为分摊折旧的基础。

工作量法的主要优点是考虑了固定资产的使用强度，所提折旧额与资产的使用程度成正比，反映了收益与费用配比原则，适合于在使用年限内各期工作量不均衡的固定资产，如季节性生产。但工作量法的缺点：其一，它只关心固定资产的使用程度，强调其物质损耗，忽视了停用期间的自然腐蚀，更没考虑到固定资产的无形损耗；其二，由于维护和修理费用的递增，单位工作量负担的成本并不均衡；其三，固定资产的总工作量较难进行估计，而且计量每个期间的工作量也会耗费成本。

③加速折旧法，是指固定资产在使用年限内折旧费用逐渐递减的方法。加速折旧法的理论依据：其一，固定资产在前期服务潜能下降得较快，在后期服务潜能下降得较慢，折旧额的计提应反映这一经济事实。如，有研究表明，在固定资产使用年限的前三分之一期间，其服务价值的减少幅度约为一半，在前二分之一的期间内，减少幅度约为三分之二。其二，加速折旧法使固定资产各期服务成本比较均衡。其三，由于无形损耗的不确定性，固定资产越到后期，服务效能的正常发挥越具有不确定性，因此在前期多提折旧符合稳健性原则的要求，在一定程度上有利于企业资本保全。

从理论上说，加速折旧法比年限平均法更具有合理性。但加速折旧法的主要缺点在于计算方法比较复杂，在企业固定资产种类较多的情况下，可操作性存在一定问题。另外，加速折旧法还会使报告的收益率迅速递增，可能造成财务报告使用者的误解。实际中常用的加速折旧法有双倍余额递减法和年数总和法。

双倍余额递减法是指在先不考虑固定资产残值的情况下，根据每期期初固定资产账面余额乘以双倍直线折旧率来计算折旧的一种方法。计算公式如下：

$$\text{年折旧率} = \frac{2}{\text{预计使用年限}} \times 100\%$$

由于双倍余额递减法不考虑固定资产的净残值，因此，在应用这一方法时要注意不能使固定资产的账面折余价值降低到它的预计净残值以下。我国现行会计准则规定，在固定资产使用的后期，计算折旧时，应当在固定资产折旧年限到期前两年内，将固定资产净值扣除预计净残值后的余额平均摊销。

在上例中，若 ABC 公司采用双倍余额递减法，则折旧情况计算见表 2.23。

表 2.23　ABC 公司双倍余额递减法计提折旧

年度	年初账面净值 / 元	折旧率 /%	折旧费用 / 元	累计折旧 / 元	年末账面净值 / 元
20×2	480 000	40	192 000	192 000	288 000
20×3	288 000	40	115 200	307 200	172 800
20×4	172 800	40	69 120	376 320	103 680
20×5	103 680	—	42 240	418 560	61 440
20×6	61 440	—	42 240	460 800	19 200
合计			460 800		

年数总和法，是以固定资产原值减去预计净残值后的余额乘以一个逐年递减的分数计提折旧额的一种方法。该分数的分子是固定资产尚可使用年限，分母是估计使用年限中各年尚可使用年限的年数总和。计算公式如下：

$$\text{年折旧率} = \frac{\text{尚可使用年限}}{\text{预计使用年限的年数总和}}$$

年折旧额 =（固定资产原值 – 预计净残值）× 年折旧率

在上例中，若 ABC 公司采用年数总和法计提折旧，则折旧情况计算见表 2.24。

表 2.24　ABC 公司年数总和法计提折旧

年度	账面原值 / 元	折旧基础 / 元	折旧率 /%	折旧费用 / 元	累计折旧 / 元	年末账面净值 / 元
20×2	480 000	460 800	5/15	153 600	153 600	326 400
20×3	480 000	460 800	4/15	122 880	276 480	203 520
20×4	480 000	460 800	3/15	92 160	368 640	111 360
20×5	480 000	460 800	2/15	61 440	430 080	49 920
20×6	480 000	460 800	1/15	30 720	460 800	19 200
合计	480 000			460 800		

由表 2.23 与表 2.24 可以看出，双倍余额递减法与年数总和法的区别在于：前者折旧率不变，折旧基础逐年减少；后者折旧基础不变，折旧率逐年减少。

相对于加速折旧法，年限平均法通常会导致固定资产使用初期计提较少的折旧费用，从而具有较高的固定资产期末余额和较高的营业利润；后期计提较多的折旧费用，具有较低的固定资产期末余额和较低的营业利润。在我国上市公司中，固定资产折旧计提方法普遍采用年限平均法，较少采用加速折旧法。其中可能的原因是，我国企业所得税税法对采用加速折旧法规定了严格的条件，大部分企业应该采用年限平均法。虽然税法与会计准则不同，税法不能要求企业采用何种会计处理方法，但是企业需要依据税法规定对会计利润进行纳税申报调整，如果企业利润表采用加速折旧法计提固定资产折旧，则企业纳税申报时可能需要按照年限平均法进行调整应税利润。上市公司较少通过折旧方法影响折旧金额和固定资产期末余额，但是要关注上市公司可能通过折旧年限的选择和改变，影响折旧金额和固定资产期末余额。

【案例思考】

中国国际航空股份有限公司（以下简称“国航”）、中国南方航空股份有限公司（以下简称“南航”）、中国东方航空股份有限公司（以下简称“东航”）2020 年年报对固定资产折旧方法的披露信息如下。

（1）国航除发动机替换件按飞行小时数以工作量法计提折旧外，其他固定资产的折旧采用年限平均法计提，各类固定资产的预计使用寿命 / 预计飞行小时、预计净残值率及折旧率见表 2.25：

表 2.25 国航固定资产折旧信息

类别	预计使用寿命 / 预计飞行小时	预计净残值率	年折旧率 / 千小时折旧率
飞机及发动机核心件与发动机辅助动力装置	15 ~ 30 年	5%	3.17% ~ 6.33%
飞机替换件	5 ~ 12 年	—	8.33% ~ 20.00%
发动机替换件	9 ~ 43 千小时	—	2.33% ~ 11.11%
房屋及建筑物	5 ~ 50 年	3% ~ 5%	1.90% ~ 19.40%
高价周转件	3 ~ 15 年	—	6.67% ~ 33.33%
其他设备	3 ~ 20 年	0% ~ 5%	4.75% ~ 33.33%

（2）南航物业、厂房及设备的折旧是根据预计使用年限，在扣除预计残值后（如有），以直线法计提并冲销其成本，详情见表 2.26。

表 2.26 南航固定资产折旧信息

类别	预计使用寿命 / 年
建筑物	5 ~ 35
自置飞机	15 ~ 20
其他飞行设备	
飞机发动机	15 ~ 20
其他（包括周转件）	3 ~ 15
机器及设备	4 ~ 10

如果物业、厂房及设备项目的组成部分有不同的使用年限，其折旧会按其成本以合理的基准独立计算。集团每年对每项资产的使用年限及残值（如有）进行复核。

（3）东航除与发动机大修相关的部分组件按飞行小时以工作量法计提折旧外，其他固定资产折旧采用年限平均法计提，各类固定资产的使用寿命、预计净残值率及年折旧率见表 2.27。

表 2.27 东航固定资产折旧信息

类别	预计使用寿命 / 预计飞行小时	预计净残值率	年折旧率 / 千小时折旧率
飞机及发动机核心件	20 年	0% 或 5%	4.75% ~ 5.00%
与飞机及发动机大修相关的替换件			
年限平均法部分	5 ~ 7.5 年	0%	13.33% ~ 20.00%
工作量法部分	9 ~ 32 千小时	0%	3.13% ~ 11.11%
高价周转件	10 年	0%	10.00%
房屋及建筑物	8 ~ 36 年	3% ~ 5%	2.71% ~ 11.88%
其他设备	3 ~ 20 年	3% ~ 5%	4.85% ~ 31.67%

集团至少于每年年度终了，对固定资产的使用寿命、预计净残值和折旧方法进行复核，必要时进行调整。

如果物业、厂房及设备项目的组成部分有不同的使用年限，其折旧会按其成本以合理的基准独立计算。集团每年对每项资产的使用年限及残值（如有）进行复核。

思考：三家航空公司固定资产折旧会计政策的差异体现在什么地方？如何看待这种差异？

第五，固定资产的后续支出。它是指固定资产在使用过程中，为了适应新技术发展的需要或为了维护或提高固定资产的使用效能而发生的更新改造支出、修理费用等。后续支出的处理原则：与固定资产有关的更新改造等后续支出，符合固定资产确认条件的，应当计入固定资产成本，同时将被替换部分的账面价值扣除；与固定资产有关的修理费用等后续支出，不符合固定资产确认条件的，应当计入当期损益。符合固定资产确认条件的后续支出，是指这项支出增强了固定资产获取未来经济利益的能力，提高了固定资产的性能，如延长了固定资产的使用寿命、增强了固定资产的生产能力、提高了产品质量或降低了产品成本等。

计入当期损益的支出，属于收益性支出；计入固定资产成本的支出属于资本性支出。资本性支出能够为现在和未来数个期间带来经济利益，该支出也将在现在和未来数个期间内通过折旧等方式影响利润表。收益性支出是指这项支出仅仅维护了固定资产的服务能力，并未增强固定资产获取未来经济利益的能力或提高固定资产的性能。收益性支出仅能为当期提供经济利益。固定资产的日常修理费用、大修理费用等支出只是确保固定资产的正常工作状况，一般不产生未来的经济利益，因此，通常不符合固定资产的确认条件，在发生时应直接计入当期损益。

报表使用者应该关注企业发生的固定资产后续支出会计处理的合理性，因为收益性支出比资本性支出更显著地降低了公司当年利润表的利润总额，但却避免了未来若干年受到影响。

【案例思考】

广西柳工股份有限公司 2020 年年报附注相关信息整理见表 2.28。

表 2.28　广西柳工 2020 年固定资产维修明细

单位：元

项目	2020 年	2019 年	备注
固定资产——其他增加	1 513 704.83	109 814 566.73	公司未披露“其他增加”的具体指向
管理费用——办公与修理费	106 933 273.84	107 207 182.90	未分别披露“办公与修理费”
研发费用——办公与修理费	10 086 153.59	23 983 698.37	

思考：固定资产的修理费用计入了哪些项目，为什么固定资产修理费用不计入产品成本?

第六，固定资产减值准备。根据我国《企业会计准则第4号——固定资产》规定：“资产减值，是指资产的可收回金额低于其账面价值。”固定资产减值与固定资产折旧具有不同的含义。固定资产减值表明，固定资产作为一项资产，其为企业创造经济利益的能力已经下降，对固定资产确认相应的减值损失是对这种能力下降的合理反映。固定资产折旧反映的是固定资产的价值随着其使用而逐步地转移到企业的产品成本或费用中去。折旧虽然能够在某种程度上反映固定资产为企业创造经济利益能力的下降，但折旧主要是一种成本分摊程序，而不是一种资产计价手段，折旧的提取主要是为了保持收入和费用的恰当配比，并没有改变固定资产历史成本的计量属性，也不试图反映固定资产的真实价值。固定资产减值损失的确认表明，当固定资产价值降低时，固定资产减值试图发现固定资产的真实价值，从这个角度看，固定资产减值已经偏离了历史成本原则。我国企业会计准则规定，如果固定资产经过减值测试发生了减值，应该计提固定资产减值准备，将减少资产负债表固定资产账面价值，并通过利润表的“资产减值损失”减少企业营业利润。资产存在减值迹象的，应当进行减值测试，估计资产的可收回金额。可收回金额应当根据资产的公允价值减去处置费用后的净额与资产预计未来现金流量的现值两者之间较高者确定。较高者低于固定资产账面价值的部分，作为资产减值处理。应当注意，固定资产减值准备一旦计提之后，不能再转回（与存货、应收账款等不同）。但由于计提减值准备之后降低了固定资产账面价值，也就降低了未来期间固定资产的折旧金额，降低了未来期间利润表的成本费用项目的金额，这有利于企业未来处置固定资产时产生较少的资产处置损失，甚至形成资产处置收益。

【案例思考】

根据珠海中福股份有限公司2016年年报附注，固定资产及其减值准备相关信息见表2.29、表2.30。

表2.29 珠海中福2016年固定资产及其减值准备信息表

单位：元

类别	房屋及建筑物	机器设备	运输设备	其他设备	合计
账面原值——期末余额	684 724 330.41	4 734 121 241.98	38 008 763.58	234 109 617.25	5 690 963 953.22
累计折旧——期末余额	311 667 681.84	2 719 503 441.46	28 072 332.74	141 119 858.12	3 200 363 314.16
减值准备——期初	100 883 356.74	640 707 327.91	2 813 170.42	30 452 399.36	774 856 254.43
减值准备——本期增加	3 040 974.04	240 989 010.27	6 654 042.20	2 669 164.24	253 353 190.75
减值准备——期末	103 884 865.68	843 809 161.63	9 382 469.14	31 318 689.29	988 395 185.74

表 2.30　珠海中福 2016 年固定资产等减值损失信息表

项目	本期发生额 / 元	上期发生额 / 元
一、坏账损失	8 416 278.67	6 351 670.33
二、存货跌价损失	23 205 927.05	6 471 495.93
七、固定资产减值损失	252 694 704.25	10 519 479.40
九、在建工程减值损失	120 927.34	
十三、商誉减值损失	1 377 616.18	
十四、其他	2 082 317.11	
减值损失合计	287 897 770.60	23 342 645.66
营业利润	–549 660 915.68	–51 070 950.02

思考：请查阅并结合公司其他年度财务报表，分析评价公司固定资产减值会计处理。

第七，固定资产处置。企业出售、报废固定资产或发生固定资产毁损，应当将处置取得价款与固定资产账面价值和发生的相关清理费用之间的差额，计入当期损益。其中，出售固定资产产生的损益计入“资产处置损益”。资产处置损益反映企业出售划分为持有待售的非流动资产（金融工具、长期股权投资和投资性房地产除外）或处置组（子公司和业务除外）时确认的处置利得或损失，以及处置未划分为持有待售的固定资产、在建工程、无形资产、生产性生物资产而产生的处置利得或损失。固定资产报废或毁损产生的固定资产处置损失，通过“营业外支出”项目反映，固定资产盘亏发生的损失也计入“营业外支出”。

例如，公司于 20×1 年 1 月 1 日因火灾损失一幢生产用厂房，该厂房系 10 年前建造完工并投入使用，历史成本为 1 540 000 元，预计使用年限为 15 年，预计净残值为 40 000 元，直线法计提折旧。该厂房曾向保险公司投保，应向保险公司收取保险赔偿款 400 000 元，厂房清理过程中发生清理费用 5 000 元（以银行存款支付），残料变价收入为 50 000 元。

在这个例子中，固定资产已经计提折旧 10 年，每年折旧金额 100 000 元，10 年合计 1 000 000 元。相应地，20×1 年 1 月 1 日火灾前固定资产账面价值是 540 000 元，残料变价收入 50 000 元，保险公司赔偿 400 000 元，清理费用 5 000 元，因此，营业外支出 85 000 元。

（16）“在建工程”项目。反映企业期末各项未完工程的实际支出，包括交付安装的设备价值、未完建筑安装工程已经耗用的材料、工资和费用支出、预付出包工程的价款等的可收回金额。本项目应根据“在建工程”科目的期末余额，减去“在建工程减值准备”科目期末余额后的金额填列。通常情况下，在建工程完工之后会转入固定资产，属于企业自己使用的资产。开发并用于出售的工程项目，例如商品房楼盘、制造用以出售的船舶等，并不能作为在建工程核算，而应该作为这些企业的在产品或半成品。

在建项目，其用途尚未开始显现，其价值还没有开始体现，因此，在建工程竣工决算转为固定资产之前并不需要计提折旧；在建工程通常也不应该发生减值准备。

在建工程报表列示金额的期末相对于期初的增加，通常有三种原因：①企业通过在建工程方式自我更新固定资产；②企业现有经营活动未来发展前景看好，企业正在对未来可能的产能扩张做准备；③企业正在为未来转型发展做准备。但是，“在建工程”入账成本的验证比较困难，也需要警惕企业借助“在建工程”进行财务造假。

【案例思考】

万福生科的在建工程信息披露

万福生科公司是一家集粮食收储、大米和油脂加工、大米淀粉糖和蛋白粉系列产品生产销售及科研开发为一体的公司，曾于2011年在深圳证券交易所上市（股票代码：300268）。2012年9月17日，湖南省证监局开始对万福生科进行立案稽查，万福生科隐蔽的“一条龙”造假手法开始浮出水面，成为创业板造假第一股。其中，在建工程即是公司造假的重要途径。万福生科在建工程进度情况见表2.31。

表2.31 万福生科在建工程进度表

项目	2011年12月31日		2012年6月30日	
	账面价值/万元	工程进度/%	账面价值/万元	工程进度/%
淀粉糖扩张工程	208.40	90	2 809.33	30
锅炉改造工程	257.23	100	261.23	85
四期扩张下水道工程	1 207.17	100	1 207.17	80
新城区围墙	120.78	100	120.78	80
厂区绿化工程	335.93	100	409.61	85
精油生产线工程	33.96	50	22.96	5
污水处理工程	201.20	50	4 201.20	50

（17）“工程物资”项目。反映企业尚未使用的各项工程物资的实际成本。本项目应根据“工程物资”科目的期末余额填列。工程物资的实物表现形式与原材料通常是一样的，购买的材料用于生产产成品则归类为“原材料”，用于工程建造则归类于“工程物资”。

（18）“生物资产”项目。生物资产是指与农业生产相关的有生命的（即活的）动物和植物。对于农业企业而言，生物资产通常是其资产的重要组成部分。根据生物资产准则规定及其讲解的说明，生物资产通常分为消耗性生物资产、生产性生物资产和公益性生物资产三大类。

消耗性生物资产，是指为出售而持有的、或在将来收获为农产品的生物资产。消耗性生物资产在一定程度上具有存货的特征，通常在一个会计年度内使用完毕，在资产负债表中作为存货列报，其会计处理也与其他存货相似。

生产性生物资产在一定程度上具有固定资产的特征，带来经济利益的时间超过一年，例如，果树每年产出水果、奶牛每年产奶等。与消耗性生物资产相比，生产性生物资产的最大不同在于它能够在生产经营中长期、反复使用。但是，在计量方面，与投资性房地产一样，生产性生物资产也有公允价值和历史成本两种计量模式，前者的处理方法类似于投资性房地产的公允价值计量模式（如公允价值变动的处理）；后者的处理方法类似于固定资产的历史成本计量模式（如需要计提折旧、考虑减值准备）。在我国，持有生物资产的公司普遍采用历史成本进行计量。

公益性生物资产，是指以防护、环境保护为主要目的的生物资产，包括防风固沙林、水土保持林和水源涵养林等。公益性生物资产与消耗性生物资产和生产性生物资产有本质不同。后两者的目的是直接给企业带来经济利益，而公益性生物资产主要是出于防护、环境保护等目的，尽管其不能直接给企业带来经济利益，但具有服务潜能，有助于企业从相关资产获得经济利益，如防风固沙林和水土保持林能带来防风固沙、保持水土的效能，风景林具有美化环境、休息游览的效能等，因此应当确认为生物资产，并且单独核算。

在报表中，消耗性生物资产类似于存货，作为流动资产的组成部分列示；生产性生物资产类似于固定资产，作为非流动资产的组成部分列示；公益性生物资产也通常作为非流动资产的组成部分列示。

值得注意的是，天然起源的生物资产，由于企业取得该资产时并没有发生直接支出，通常以公允价值计量，如果公允价值无法可靠地取得，应按名义金额1元人民币确定生物资产的成本，同时计入当期损益，借记“消耗性生物资产”“生产性生物资产”或“公益性生物资产”科目，贷记“营业外收入”科目。这种计量方法不可避免导致资产的真实价值超过账面价值。

【案例思考】

福建金森林业股份有限公司（股票代码：002679）是一家主营业务为森林培育营造、森林保有管护、木材生产销售的公司。根据公司2020年年报，公司现有林地总面积80.7万亩，蓄积650.23万立方米，公司完成木材销售41 465.14立方米，公司2020年营业收入148 031 923.45元，其中95.71%来自主营业务。公司的主要盈利资产为消耗性生物资产（用材林）见表2.32。

表 2.32 福建金森生物资产相关信息

单位：元

项目	2020 年底	2019 年底
存货	1 422 927 083.52	1 307 663 237.52
其中：消耗性生物资产	1 417 987 728.68	1 307 613 371.52
生产性生物资产——历史成本（主要是竹林和果树林）	8 578 104.88	7 926 106.76
总资产	1 673 114 251.58	1 773 271 020.80
营业收入	148 031 923.45	128 552 232.82
营业成本	59 611 305.75	45 959 215.40

思考：生物资产公允价值信息的获取途径可能包括哪些？

（19）油气资产。从事油气开采的企业所拥有或控制的井及相关设施和矿区权益统称油气资产。油气资产是一种递耗资产，反映了企业在油气开采活动中取得的油气储量以及利用这些储量生产原油或天然气的设施的价值。油气资产的会计处理类似于固定资产，在报表中，“油气资产”项目，反映企业持有的矿区权益和油气井及相关设施的原价减去累计折耗和累计减值准备后的净额。本项目应根据“油气资产”科目的期末余额，减去“累计折耗”科目期末余额和相应减值准备后的金额填列。

（20）使用权资产。使用权资产与租赁业务相关，是指承租人可在租赁期内使用租赁资产的权利。在租赁期开始日，承租人应当按照成本对使用权资产进行计量，该成本是承租人获取使用权资产的必要支出，主要由承租人租赁发生的初始直接费用、租赁期内各个期间预期将支付的租金的现值和、承租人拆卸及移除租赁资产和复原租赁资产所在场地等预计发生的成本等组成。在资产负债表中，反映资产负债表日承租人企业持有的使用权资产的期末账面价值，应根据“使用权资产”科目的期末余额，减去“使用权资产累计折旧”和“使用权资产减值准备”科目的期末余额填列。

使用权资产与报表项目租赁负债相对应，租赁负债是资产负债表日承租人企业尚未支付的租赁付款额的期末账面价值，因此，使用权资产与租赁负债的入账金额都主要受到承租人租期内需要支付的租金的影响。使用权资产与租赁负债的具体会计处理皆由 2018 年 12 月修订的《企业会计准则第 21 号——租赁》予以规范。该准则分两步实施，在境内外同时上市以及部分境外上市的企业自 2019 年 1 月 1 日起开始实施新租赁准则，其他企业自 2021 年 1 月 1 日起实施。以 18 家同时在 A 股和 H 股上市以及对新租赁准则披露较为详细的企业为例，2019 年执行新的租赁会计准则之后，使用权资产和租赁负债对资产负债表的影响见表 2.33。

表 2.33 2019 年 1 月 1 日资产负债表相关项目汇总

金额单位：万元

项目	使用权资产	固定资产	资产总额	租赁负债	负债总额	使用权资产 / 固定资产	使用权资产 / 资产	租赁负债 / 负债
海尔智家	304 227.9	3 016 040.1	17 118 361.8	315 337.1	11 543 709.5	10.09%	1.78%	2.73%
百联股份	707 918.1	1 491 521.1	5 280 939.4	735 116.9	3 286 874.8	47.46%	13.41%	22.37%
美凯龙	274 175.3	19 241.8	11 359 457.1	311 729.7	6 858 136.3	1 424.89%	2.41%	4.55%
海信家电	4 636.0	326 393.2	2 186 905.1	4 114.6	137 964.4	1.42%	0.21%	0.29%
药明康德	72 132.5	349 117.7	2 337 446.5	79 097.8	523 876.7	20.66%	3.09%	15.10%
泰格医药	13 369.2	21 417.1	467 798.5	10 652.4	140 584.0	62.42%	2.86%	7.58%
复星医药	41 386.8	741 036.6	7 094 101.2	41 018.8	3 734 830.0	5.58%	0.58%	1.10%
白云山	84 676.3	295 058.1	5 211 378.2	60 049.1	2 907 823.4	28.70%	1.62%	2.07%
中国国航	10 628 140.0	9 111 410.6	28 043 288.9	9 354 896.1	18 596 563.6	116.65%	37.90%	50.30%
南方航空	13 434 200.0	8 119 800.0	29 132 500.0	10 345 600.0	21 660 400.0	165.45%	46.11%	47.76%
东方航空	12 692 500.0	8 125 900.0	26 934 100.0	10 930 600.0	21 174 700.0	156.20%	47.12%	51.62%
潍柴动力	1 084 766.5	2 128 488.7	20 812 462.1	1 188 954.9	14 615 946.4	50.96%	5.21%	8.13%
中煤能源	47 346.5	10 570 569.1	26 485 481.8	47 820.3	15 425 611.7	0.45%	0.18%	0.31%
中国石油	24 064 200.0	68 930 600.0	260 371 500.0	16 319 600.0	119 482 400.0	34.91%	9.24%	13.66%
庄园牧场	3 836.7	92 435.0	209 655.7	3 571.7	89 941.9	4.15%	1.83%	3.97%
金风科技	82 648.6	1 963 254.1	8 185 852.9	69 749.1	5 538 340.5	4.21%	1.01%	1.26%
中国中车	77 999.5	5 722 442.9	3 5810 697.1	72 711.6	20 842 234.4	1.36%	0.22%	0.35%
万科 A	2 418 469.4	1 153 379.9	155 276 405.0	2 263 005.8	131 714 332.0	209.69%	1.56%	1.72%

思考：哪类公司受到影响最大？如何评价使用权资产和租赁负债对报表结构的影响？

（21）无形资产。会计上的无形资产，是指企业拥有或者控制的没有实物形态的可辨认的非货币性资产，通常包括专利权、非专利技术、商标权、著作权、特许权、土地使用权等。在报表中，“无形资产”项目，应根据“无形资产”科目的期末余额，减去“累计摊销”和“无形资产减值准备”科目期末余额后的金额填列。

无形资产具有 3 个特征。①没有实物形态。无形资产通常表现为某种权利、某项技术或某种获取超额利润的综合能力，它们不具有实物形态，比如，土地使用权、软件、专利、非专利技术、商标、特许经营权、著作权等。在我国，上市公司持有的无形资产，土地使用权最为普遍，其次软件也比较普遍。②具有辨认性。它是指能够从企业中分离或者划分出来，并能单独用于出售或转让。如果无形资产产生于合同性权利或其他法定权利，也认为它符合可辨认性特点，无论这些权利是否可以从企业或其他权利和义务中转移或分离，如企业与他方签订的特许经营权合同而获取的特许使用权、企业通过法律程序申请获得的商标权、专利权等。③属于非货币性资产。非货币性资产是指企业持有的货币资金和将以固定或可确定的金额收取的资产以外的其他资产。注意如下知识点。

第一，无形资产的范围。无形资产仅限于企业拥有或控制的可辨认的经济资源，因此，客户关系、人力资源等虽然能够为企业带来经济利益，但并不属于无形资产；产生的品牌、报刊名、刊头、客户名单等，由于不能与整个业务开发成本区分开来，也不应确认为无形资产。由此可以看出，企业很多具有经济价值的资源并不能反映在资产负债表中，资产负债表在一定程度上低估了企业的价值，尤其是一些高科技企业、严重依赖于人力资源的企业（如律师事务所、会计师事务所）。

第二，无形资产的初始计量区分外购和自行开发，两者差异明显。外购的无形资产，其成本包括购买价款、相关税费以及直接归属于使该项资产达到预定用途所发生的其他支出。但是，自行开发的无形资产，其确认方法却非常稳健，通常情况下会低估该资产的实际经济价值。关于自行开发无形资产的确认，详见“开发支出”项目。

第三，无形资产的摊销划分有限寿命和不确定性寿命。在企业享受无形资产带来经济利益的同时，企业也需要采用一定方法将无形资产的入账价值摊销计入相应的成本费用。摊销需要首先明确无形资产的使用寿命。无形资产的使用寿命包括经济寿命和法定寿命两种，并以两种寿命的较低者作为无形资产的摊销期限。但是，并不是所有的无形资产都规定了法定寿命，也不是所有无形资产都能够确定经济寿命。如果一项无形资产没有法定寿命，也难以确定经济寿命，则它将被划分为不确定性寿命无形资产。有限寿命无形资产需要采用类似于固定资产折旧的方法，在有效寿命期内将无形资产成本分期摊销计入相应成本费用，但使用寿命不确定的无形资产，则没办法确定各期应该分摊的成本费用，故不进行摊销。无论是寿命确定还是寿命不确定无形资产，企业应该至少每年年度终了，重新复核无形资产使用寿命，调整摊销年限（原为寿命确定的无形资产）或开始进行摊销（原为寿命不确定的无形资产）。

由于无形资产所具有的不确定性，报表阅读者可以通过比较行业内相似资产或企业不同时期相似资产的会计处理，确定分析对象的会计处理的合理性。

第四，无形资产价值充满不确定性，与固定资产类似，需要考虑减值准备，且减值准备一旦计提，同样不能再转回。由于价值的不确定性较强，其用途有时会受到限制。例如，企业借款时，债权人通常不会同意以无形资产作为担保资产；报表分析时，通常会将无形资产从资产中剔除，以进行更为稳健的比率分析。

需要注意，划分为寿命不确定的无形资产，如果没有发生减值，则该无形资产并不会对利润表产生直接影响。也就是说，企业享有了该无形资产带来的经济利益，却没有通过利润表反映享受该经济利益所可能需要的成本费用。

第五，出租无形资产带来的收入和发生的成本，一般会影响利润表的营业收入和营业成本。但是，处置无形资产时处置收入与无形资产残值的差异，扣除相关税费之后，形成营业外收入或营业外支出，并不影响利润表的营业收入和营业成本。

（22）“开发支出”项目，反映企业开发无形资产过程中能够资本化形成无形资产成本的支出部分。本项目应根据“研发支出”科目中所属的“资本化支出”明细科目的期末余额填列。

开发支出属于企业自行进行的研究开发项目所产生的。企业自己进行的研究开发项目，是否最终能够成功为企业带来合理的经济利益，充满不确定性。企业可能耗资巨大进行了无数次实验，但最终并没有成功。为此，会计准则将研究开发区分为研究阶段与开发阶段分别进行处理。其中，研究是指为获取新的技术和知识等进行的有计划的调查。研究活动的例子包括：欲获取知识而进行的活动；研究成果或其他知识的应用研究、评价和最终选择；材料、设备、产品、工序、系统或服务替代品的研究；新的或经改进的材料、设备、产品、工序、系统或服务的可能替代品的配制、设计、评价和最终选择。开发是指在进行商业性生产或使用前，将研究成果或其他知识应用于某项计划或设计，以生产出新的或具有实质性改进的材料、装置、产品等。开发活动的例子包括：生产前或使用前的原型和模型的设计、建造和测试；含新技术的工具、夹具、模具和冲模的设计；不具有商业性生产经济规模的试生产设施的设计、建造和运营；新的或改造的材料、设备、产品、工序、系统或服务所选定的替代品的设计、建造和测试等。

显然，研究阶段所发生的支出是否真正给企业带来成功的回报，不确定程度高于开发阶段。为此，基于稳健性原则，企业应该将研究阶段所发生的支出直接计入当期损益，反映在当期的利润表“管理费用”项目。开发阶段的支出，如果同时满足如下条件应该资本化，计入开发支出，列示于资产负债表：①完成该无形资产以使其能够使用或出售在技术上具有可行性；②具有完成该无形资产并使用或出售的意图；③无形资产产生经济利益的方式，包括能够证明运用该无形资产生产的产品；④有足够的技术、财务资源和其他资源支持，以完成该无形资产的开发，并有能力使用或出售该无形资产；⑤归属于该无形资产开发阶段的支出能够可靠计量。

显然，报表阅读者应该注意，尽可能从报表附注或其他信息的分析中判断企业研发活动会计处理的合理性，即对研究阶段和开发阶段以及开发阶段能否资本化的判断，是否合理。因为一旦作为研究支出，该支出将一次性降低企业当期的利润；作为开发支出，该支出在受益各期内通过摊销（甚至不摊销，如寿命不确定）或减值（甚至不减值）影响利润表。然而，信息披露的质量会影响报表分析者正确作出判断。多数上市公司在披露研究阶段和开发阶段时，只是引用了企业会计准则的相关规定，并没有结合公司的实际情况进行个性化披露，没有反映出公司的实际生产、经营及研发情况，这增加了报表阅读者的分析难度。

【案例思考】

长安汽车、上汽集团、广汽集团2019年研发支出的会计处理见表2.34。

表 2.34　三大汽车公司研发支出信息表

单位：元

项目	年初余额	本年增加—开发	本年减少—确认无形资产	本年减少—计入当期损益	年末余额
长安汽车					
开发支出	789 597 615.60	1 309 371 552.15	1 191 538 130.67	92 685 572.88	814 745 464.20
上汽集团					
研究支出	0	3 350 509 845.20	0	3 350 509 845.20	0
开发支出	538 649 981.13	11 417 489 810.14	265 796 846.64	10 043 640 432.03	1 646 702 512.60
广汽集团					
研究支出	0	959 361 669	0	959 361 669	0
开发支出 *	3 780 217 706	4 081 542 585	3 365 248 736	0	4 471 257 417

* 广汽集团 2019 年开发支出减少方式还包括了出售 25 254 138 元。

思考：解读并分析上述会计处理对报表产生的差异影响。

（23）“商誉”项目。关于商誉，比较普遍的、有代表性的观点有四种：①商誉是可以为企业带来超额盈利的一切有利的要素和情形；②商誉是预期未来超额盈利(能力)的贴现值；③商誉是企业总体价值与单个可辨认净资产价值的差额；④核心商誉的观点。这些不同的观点，必定影响商誉的计量方法。

由于商誉并不能单独辨认，也不能单独出售，因此，商誉经济价值的不确定性强于无形资产。正因为如此，对商誉的计价是很谨慎、很严格的。会计准则对商誉进行计量时，采用的是第三种商誉观点。根据我国会计准则规定，财务报表所指的商誉，仅仅是企业合并过程中形成的商誉，它等于合并方支付的合并成本超过它获取的被合并方可辨认净资产公允价值的部分。例如，A 公司支付 1 000 万元获取了 B 公司 80% 的股权，B 公司可辨认净资产公允价值仅 800 万元，那么，A 公司享有的 B 公司可辨认净资产公允价值应当是 640 万元，此时，超过的 360 万元属于商誉。其潜在意思是，A 企业认为 B 企业的盈利能力或价值超过了可辨认净资产所体现出来的 640 万元（800 万元的 80%），A 企业愿意为此支付 360 万元的溢价。

在财务报表中列示时，“商誉”反映企业合并中形成的商誉的价值。本项目应根据“商誉”科目的期末余额，减去相应减值准备后的金额填列。

值得注意的是，会计准则规定，商誉除非发生了减值，否则一直按照初始确认金额列示于资产负债表，不需要摊销，也不会影响利润表。为此，报表阅读者应该特别关注企业对商誉的减值处理。理论上，商誉如果不能带来预期超额利润，也就发生了减值。我国《企业会计准则第 8 号——资产减值》规定，公司应当在资产负债表日判断是否存在可能发生资产减值的迹象；对企业合并所形成的商誉，公司应当至少在每年年度终了进行减值测试。中国证监会 2018 年发布的《会计监管风险提示第 8 号——商誉减值》指出，与商誉减值相关的前述特定减值迹象包括但不限于：①现金流或经营利润持续恶化或明显低于形成商誉时的预期，特别是被收购方未实现承诺的业绩；②所处行业产能过剩，相关产业政策、产品与服务的市场状况或市场竞争程度发生明显不利变化；③相关业务技术壁垒较低或技术快速进步，产品与服务易被模仿或已升级换代，盈利现状难以维持；④核心团队发生明显不利变化，且短期内难以恢复；⑤与特定行政许可、特许经营资格、特定合同项目等资质存在密切关联的商誉，相关资质的市场惯例已发生变化，如放开经营资质的行政许可、特许经营或特定合同到期无法接续等；⑥客观环境的变化导致市场投资报酬率在当期已经明显提高，且没有证据表明短期内会下降；⑦经营所处国家或地区的风险突出，如面临外汇管制、恶性通货膨胀、宏观经济恶化等。

【案例思考】

高伟达（股票代码：300465）2020 年商誉巨额减值事件

高伟达软件股份有限公司 2021 年 1 月 18 日发布 2020 年度业绩预告（公告编号：2021—004）。公告主要内容如下：

报告期内，受疫情、移动营销行业发展趋势及宏观市场经济等因素的影响，公司全资子公司上海睿民互联网科技有限公司（以下简称“上海睿民”）、海南坚果创娱信息技术有限公司（以下简称“坚果技术”）、深圳市快读科技有限公司（以下简称“快读科技”）与公司原全资子公司喀什尚河信息科技有限公司（以下简称“尚河科技”），所在的资产组的经营发展受到不同程度的影响，业绩普遍下滑。综合客观因素和未来业务发展判断，公司拟对以上子公司所在的资产组的商誉计提减值准备。在本次计提商誉减值准备之前，公司账面商誉合计为 91 902.22 万元。2020 年预计计提商誉减值准备为 64 500 万 ~ 79 400 万元，本次计提商誉减值准备之后，商誉余额为 12 502.22 万 ~ 27 402.22 万元。

本报告期内，公司归属于母公司所有者的净利润预计为 −68 750 万 ~ −53 150 万元，比 2020 年同期下降了 497.41% ~ 614.05%。公司扣除上述商誉减值准备影响和业绩补偿款影响后归属于母公司股东的净利润较同期有所降低，预计为 8 100 万 ~ 8 800 万元，比 2020 年下降 34.20% ~ 39.44%。

思考：请查询该上市公司财务报表相关资料，评价高伟达 2020 年度的商誉减值会计处理。

（24）“长期待摊费用”项目，反映企业已经发生但应由本期和以后各期负担的分摊期限在一年以上的各项费用，主要包括租入固定资产的改良支出以及摊销期在 1

年以上的固定资产大修理支出、股票发行费用、向金融机构一次性支付的债券发行费用等。本项目应根据“长期待摊费用”科目的期末余额减去将于一年内(含一年)摊销的数额后的金额填列。长期待摊费用中在一年内(含一年)摊销的部分,在资产负债表“一年内到期的非流动资产”项目列示。如果企业已经发生但应该在一个会计年度内分摊完毕的各项费用,则应该通过“预付账款”项目进行反映。

例如,企业预付了3年期限的办公室租金300 000元,则属于长期待摊费用,是资产项目,将在未来3年使用办公室的期间内分期摊销计入各个期间的损益。如果企业预付了1年期限的办公室租金,则应归属于预付账款,在一年内分期摊销计入各个期间的损益。

（25）“递延所得税资产和递延所得税负债”项目,反映企业确认的可抵扣暂时性差异和应纳税暂时性差异分别产生的递延所得税资产和递延所得税负债。在资产负债表中分别根据“递延所得税资产”和“递延所得税负债”科目的期末余额填列,分别属于非流动资产和非流动负债。

递延所得税资产和递延所得税负债是财务会计中非常复杂的知识点,这主要是因为会计准则与企业所得税法对收入、费用、利润等计算口径不一致造成的。总体上,企业会计处理遵循企业会计准则规定,目的在于真实完整反映企业财务状况、经营成果和现金流量等信息,为投资者和债权人等信息使用者提供决策有用信息;而税法则是以课税为目的,根据国家有关税收法规规定确定一定时期纳税人应缴纳的税额。兹列举如下部分常见例子。

①对于发生的分期付款销售,会计准则规定在满足收入确认的前提下,一般是销售时点即可全部确认收入;税法则根据合同约定的收款期分期确认收入,这将导致销售当期的会计收入超过税法收入。②会计准则对投资性房地产采用账面价值或公允价值进行后续计量;但税法规定只能采用账面价值进行后续会计处理,这将导致会计上采用公允价值计量的投资性房地产与税法要求存在差异。③对于交易性金融资产、其他债权投资、其他权益工具投资等这类项目,会计准则要求持有期间的会计期末采用公允价值进行后续计量,并确认公允价值变动对利润表的影响;但税法并不允许将资产持有期间的公允价值变动计入利润表应纳税所得额予以反映。④会计准则要求对大多数资产进行减值测试,并可能据此计提减值准备,通过利润表的资产减值损失/信用减值损失予以反映;但税法通常不承认资产持有期间确认的减值损失,除非符合税法规定的极其严格的条件。⑤会计上对发生的广告费用和业务宣传费用等,一次性作为发生当期的损益计入利润表;但税法对可以计入应纳税所得额范围的广告费金额进行了非常严格的限制,当年确认为费用的广告费和业务宣传费支出不能超过当年营业收入的15%。⑥与广告费和业务宣传费的限制相似,企业发生的与生产经营活动有关的业务招待费支出,也只能按照发生额的60%在税前扣除,且最高不能超过当年营业收入的0.5%;企业发生的职工福利费支出,不超过工资薪金总额14%的部分,准予税前扣除;企业拨缴的工会经费,不超过工资薪金总额2%的部分,准予税前扣除;企业发生的职工教育经费支出,不超过工资薪金总额2.5%的部分,准予在税前扣除。⑦企业

使用寿命不确定的无形资产，在会计上不需要逐个会计期间摊销费用，但税法规定任何无形资产的摊销年限都不得低于10年，如果法律或合同约定年限的，可按照规定或者约定的使用年限分期摊销。①

为此，企业对所得税进行会计核算时，需要从资产负债表出发，通过比较资产负债表上列示的资产、负债按照会计准则规定确定的账面价值与按照税法规定确定的计税基础，对于两者之间的差异分别以应纳税暂时性差异与可抵扣暂时性差异，确认相关的递延所得税负债与递延所得税资产，并在此基础上确定每一会计期间利润表中的所得税费用。

应纳税暂时性差异和可抵扣暂时性差异都属于暂时性差异。暂时性差异是指资产、负债的账面价值与其计税基础不同产生的差额。由于资产、负债的账面价值与其计税基础不同，产生了在未来收回资产或清偿负债的期间，应纳税所得额增加或减少并导致未来期间应交所得税增加或减少的情况，形成企业的递延所得税资产和递延所得税负债。应纳税暂时性差异，是指在确定未来收回资产或清偿负债期间的应纳税所得额时，将导致产生应税金额的暂时性差异，该差异在未来期间转回时，会增加转回期间的应纳税所得额，即在未来期间不考虑该事项影响的应纳税所得额的基础上，由于该暂时性差异的转回，会进一步增加转回期间的应纳税所得额和应交所得税金额。在应纳税暂时性差异产生当期，应当确认相关的递延所得税负债。可抵扣暂时性差异，是指在确定未来收回资产或清偿负债期间的应纳税所得额时，将导致产生可抵扣金额的暂时性差异。该差异在未来期间转回时会减少转回期间的应纳税所得额，减少未来期间的应交所得税。在可抵扣暂时性差异产生当期，符合确认条件的情况下，应当确认相关的递延所得税资产。兹列举如下例子进行说明。

【案例分析②】

20×2年某公司利润表除了所得税费用之外，只有如下其他项目：营业收入1 000万元，营业成本600万元，税金及附加100万元，管理费用、销售费用和财务费用合计100万元，本年购买的交易性金融资产产生了公允价值变动损益100万元。所得税税率25%。假定除了交易性金融资产之外，会计准则与税法对其他项目的处理没有差异。该金融资产年初购买成本200万元，年末公允价值300万元。20×3年，该公司利润表除了所得税费用及交易性金融资产处理产生的影响之外，只有如下其他项目：营业收入1 000万元，营业成本600万元，税金及附加100万元，管理费用、销售费用和财务费用合计100万元。

分析过程：根据会计准则规定，持有的交易性金融资产需要采用公允价值核算，

---

① 会计准则与税法关于所得税方面的差异，涉及的种类非常多，有兴趣的读者可以在掌握会计准则与税法的基础上进行详细分析。

② 利润表章节还将补充一个关于递延所得税资产与递延所得税负债的案例。

资产持有期间的公允价值波动计入“公允价值变动损益”，属于企业营业利润，增加企业会计利润总额。但是，根据税法规定，企业购买的交易性金融资产，只有两种情况产生收益：（1）收到股息或利息；（2）出售收入与购买成本的差额。也就是说，税法并没有将交易性金融资产持有期间的价格波动计入应纳税所得额，不论是持有损失还是持有收益。为此，这个例子中，企业在利润表反映的“利润总额”（即会计利润）应该是300万元；但由于其中的交易性金融资产公允价值变动损益100万元不属于应税利润，因此，根据税法规定公司当年需要作为纳税计算依据的应纳税所得额应该是200万元。

处理方法：由于会计利润是300万元，利润表的“所得税费用”是以会计利润为基础进行确定的，“所得税费用”是75万元（税率25%），但是它并不是企业当年真正需要向税务局缴纳的所得税额，当年需要向税务局缴纳的所得税额应是50万元（200万元×25%），在实际支付之前将通过资产负债表的“应交税费”这个负债项目进行反映。根据借贷记账规则，借方“所得税费用”75万元与贷方“应交税费”50万元并不平衡，这个差异形成了“递延所得税负债”。如何理解这个项目呢？企业20×2年交易性金融资产持有收益100万元，相应贡献了利润表“所得税费用”的25万元，但是，它并不真正增加20×2年需要向税务局缴纳的所得税金额。未来，假设是20×3年，公司按照300万元出售了该交易性金融资产，在会计上该笔交易并不增加20×3年会计利润，当然也就不再增加20×3年会计利润表的“所得税费用”。但是，根据税法规定该100万元收益应该作为20×3年应纳税所得额组成部分，将会增加公司20×3年需要缴纳的所得税金额25万元。

简而言之，交易性金融资产持有期间100万元公允价值变动损益，20×2年影响了利润表“所得税费用”，但是不影响“应交税费”，因此产生了“递延所得税负债”。既然是负债，表明未来会有经济利益流出。20×3年，出售该资产，不影响20×3年利润表的“所得税费用”，但是增加了需要缴纳的“应交税费”，即20×2年“递延所得税负债”所代表的“未来会有经济利益流出”在20×3年得以体现。

如果上述案例中产生了交易性金融资产持有损失100万元，则形成的是25万元“递延所得税资产”，与“递延所得税负债”相反，它将导致公司将来需要向税务局缴纳的所得税金额减少。①

为了便于理解，以简要表格表示，见表2.35。

① 通常情况下，可抵扣暂时性差异产生递延所得税资产；应纳税暂时性差异产生递延所得税负债。但是，会计准则对可抵扣暂时性差异是否可以确认相应的递延所得税资产，比确认递延所得税负债规定了更严格的条件。这主要是因为，资产代表未来经济利益流入，需要企业未来有产生足够的应纳税利润，才能够实现递延所得税资产带来的减少缴税的利益。另外，会计准则规定，有些特殊的暂时性差异不能确认递延所得税资产和递延所得税负债。学有余力的学生可以阅读企业会计准则《所得税》以加深认识。

表 2.35　递延所得税资产与递延所得税负债产生过程分析表

项目	第一种情况		第二种情况	
	20×2 年	20×3 年金融资产出售（售价 300 万元）	20×2 年	20×3 年金融资产出售（售价 100 万元）
会计利润	300 万元	200 万元	100 万元	200 万元
其中，公允价值变动损益	增加 100 万元	减少 100 万元	减少 100 万元	增加 100 万元
从公允价值变动损益转入的投资收益		增加 100 万元		减少 100 万元
应纳税所得额	200 万元	300 万元	200 万元	100 万元
利润表（所得税费用）	75 万元	50 万元	25 万元	50 万元
资产负债表（应交税费——应交所得税）	50 万元	75 万元	50 万元	25 万元
资产负债表"递延所得税负债"	增加 25 万元	减少 25 万元		
资产负债表"递延所得税资产"			增加 25 万元	减少 25 万元

案例总结：

通过这个案例，我们应该认识到，由于税法与会计准则差异，利润表"所得税费用"主要是依据会计利润（利润表"利润总额"）确定，企业当年需要向税务局缴纳的所得税是根据税法计算的应纳税所得额计算确定，"递延所得税资产"和"递延所得税负债"主要是用于处理两者之间差异，它们分别意味着企业未来需要向税务局缴纳的所得税的减少与增加。因此，当企业计提资产减值准备、公允价值变动产生未实现损失，通常会产生递延所得税资产；公允价值变动产生未实现收益，通常会产生递延所得税负债。更加深刻地理解该项目，需要在充分掌握会计准则与税法基础上，掌握资产与负债的计税基础和账面价值差异。

【阅读材料】

广西柳工机械股份有限公司（2020 年年报）递延所得税资产和递延所得税负债的信息披露比较规范，信息量大，现摘录见表 2.36—表 2.38。

表 2.36　未经抵消的递延所得税资产和递延所得税负债

单位：元

年份	2020 年 12 月 31 日		2019 年 12 月 31 日	
项目	可抵扣 / 应纳税暂时性差异	递延所得税资产 / 负债	可抵扣 / 应纳税暂时性差异	递延所得税资产 / 负债
递延所得税资产：				
资产减值准备	1 116 403 527.96	219 408 649.62	1 043 557 999.42	203 838 033.42
预提费用	950 245 704.84	145 362 953.80	668 760 449.81	101 926 726.16

续表

年份	2020 年 12 月 31 日		2019 年 12 月 31 日	
应付职工薪酬	248 439 556.15	37 983 060.01	237 783 904.80	36 516 352.50
递延收益	194 539 976.78	29 634 253.50	203 152 351.49	30 472 852.72
无形资产	2 039 346.84	509 836.71	2 748 330.76	687 082.69
可抵扣 / 未弥补亏损	108 920 758.89	22 193 612.89	118 680 213.38	26 487 834.87
预计负债	839 544 521.01	128 106 932.95	689 889 227.36	103 699 262.21
其他权益工具投资减值	13 829 500.00	2 074 425.00	13 829 500.00	2 074 425.00
因抵消未实现内部利润产生的暂时性差异等其他	329 240 740.30	48 968 650.24	231 915 348.34	28 890 312.69
小计	3 803 203 632.77	634 242 374.72	3 210 317 325.36	534 592 882.26
递延所得税负债：				
合并收购子公司资产评估增值	17 039 715.21	2 993 625.18	16 333 982.00	4 311 590.73
其他	3 565 091.93	534 763.79	—	—
小计	20 604 807.14	3 528 388.97	16 333 982.00	4 311 590.73

表 2.37　未确认递延所得税资产的可抵扣暂时性差异及可抵扣亏损明细

单位：元

项目	2020 年 12 月 31 日	2019 年 12 月 31 日
可抵扣暂时性差异	546 194 548.63	290 800 484.03
可抵扣亏损	1 366 083 414.40	1 010 721 238.59
合计	1 912 277 963.03	1 301 521 722.62

未确认递延所得税资产的可抵扣亏损将于以下年度到期。

表 2.38　可抵扣亏损的到期信息表

单位：元

年份	2020 年 12 月 31 日	2019 年 12 月 31 日
2021 年	28 461 647.14	14 555 011.69
2022 年	34 379 669.83	13 493 949.58
2023 年	150 741 461.78	126 322 170.01
2024 年	255 997 810.48	254 752 063.21
2025 年以后	896 502 825.17	572 856 036.62
合计	1 366 083 414.40	1 010 721 238.59

（26）“其他非流动资产”项目，反映企业除长期股权投资、固定资产、在建工程、工程物资、无形资产等资产以外的其他非流动资产。本项目应根据有关科目的期末余额填列。

2）负债项目的经济含义说明

（1）“短期借款”项目，反映企业向银行或其他金融机构等借入的期限在一年以下(含一年)的各种借款。这类借款通常需要按照月份或季度支付利息。在资产负债表中，本项目应根据“短期借款”科目的期末余额填列。

需要注意，企业向其他企业或个人借入资金并不通过“短期借款”核算，而是通过“其他应付款”核算。对于短期借款，报表阅读者可以关注短期借款来源、是否需要担保或抵押、是否逾期未偿付、是否存在借新债还旧债现象、借款资金用途、短期借款和长期借款结构、借款利率与央行同期最低利率差异等信息。以广西柳工机械股份有限公司 2020 年年报为例，公司短期借款附注信息披露见表 2.39。

表 2.39　广西柳工短期借款附注信息

单位：元

项目	2020 年 12 月 31 日	2019 年 12 月 31 日
保证借款	4 254 306 680.94	2 914 045 939.27
信用借款	1 410 128 585.20	1 023 289 469.43
保理借款	393 764 361.48	—
未到期票据贴现	641 000 000.00	1 083 284 071.40
合计	6 699 199 627.62	5 020 619 480.10

注：年末担保借款均系子公司借款，由本集团向银行提供担保。

除此之外，报表阅读者还应该特别关注企业是否为其他单位或个人的借款提供担保或抵押。有关该部分内容将在“预计负债”项目讲解。

（2）“交易性金融负债”项目。该项目与交易性金融资产相对应，反映企业承担的以公允价值计量且其变动计入当期损益的为交易目的所持有的金融负债，例如，企业持有的利率互换契约。本项目应根据“交易性金融负债”科目的期末余额填列。与交易性金融资产相似，交易性金融负债持有期间公允价值发生的波动，通过利润表的“公允价值变动损益”进行核算，并相应调整资产负债表“交易性金融负债”入账价值。

《企业会计准则第 22 号——金融工具确认和计量》指出：金融资产或金融负债满足下列条件之一的，表明企业持有该金融资产或承担该金融负债的目的是交易性的：

①取得相关金融资产或承担相关金融负债的目的，主要是为了近期出售或回购。

②相关金融资产或金融负债在初始确认时属于集中管理的可辨认金融工具组合的一部分，且有客观证据表明近期实际存在短期获利模式。

③相关金融资产或金融负债属于衍生工具，但符合财务担保合同定义的衍生工具以及被指定为有效套期工具的衍生工具除外。

除此之外，在初始确认时，为了提供更相关的会计信息，企业可以将金融负债指定为以公允价值计量且其变动计入当期损益的金融负债。这种指定应该满足如下两个条件之一：①能够消除或显著减少会计错配。②根据正式书面文件载明的企业风险管理或投资策略，以公允价值为基础对金融负债组合或金融资产和金融负债组合进行管理和业绩评价，并在企业内部以此为基础向关键管理人员报告。企业一旦将这类金融负债指定为以公允价值计量且其变动计入当期损益的金融负债，就不得撤销，避免企业通过调整操控报表损益。

与交易性金融资产不同，如果企业信用等级等下降导致企业偿债能力受到影响，公允价值计量的交易性金融负债的公允价值可能下降，由此企业将会产生一项公允价值变动形成的未实现利得。也就是说，企业因为信用等级下降而产生负债持有利得。反之，信用等级上升之后，该持有利得可能因此消失。以中信证券股份有限公司为例，2020 年年报交易性金融负债附注信息披露见表 2.40。

表 2.40　中信证券 2020 年底交易性金融负债信息

单位：元

项目	为交易目的而持有的金融负债	指定以公允价值计量且其变动计入当期损益的金融负债	公允价值合计
债券	5 675 783 392.27		5 675 783 392.27
股票	1 678 510 228.15		1 678 510 228.15
收益凭证		40 404 592 606.14	40 404 592 606.14
结构化主体其他份额持有人投资份额及其他	28 478 064.62	10 621 379 504.73	10 649 857 569.35
合计	7 382 771 685.04	51 025 972 110.87	58 408 743 795.91

注：截至 2020 年 12 月 31 日及 2019 年 12 月 31 日，本集团指定为以公允价值计量且其变动计入当期损益的金融负债的公允价值并未发生由于本集团自身信用风险变化导致的重大变动。

其中，股票作为交易性金融负债，主要是因证券公司开展融资融券业务产生，融券卖出股票形成负债，并在未来通过买入股票进行平仓结清负债。收益凭证指证券公司以自身信用发行的，约定本金和收益的偿付与特定标的相关联的有价证券。特定标的包括但不限于货币利率，基础商品、证券的价格，或者指数。一种是按照合同约定支付固定收益的“固定收益凭证”；另一种是按照合同约定支付与特定标的资产表现挂钩的浮动收益的“浮动收益凭证”。结构化主体是指在确定其控制方时没有将表决权或类似权利作为决定因素而设计的主体。在结构化主体的组织架构中打破了按照所投资金比例同股同权确定表决权的原则，结构化主体中的权利划分为多个不同的层次，各出资人即使出资额相同，但由于所处层次不同，在结构化主体中所拥有的权利、回报和风险也可能不同。

（3）“应付票据”和“应付账款”项目。

应付票据和应付账款都是企业在赊购材料、商品和接受劳务供应过程中因为商业信用的存在而形成的流动负债，但是两者存在着一定的区别。应付票据是由出票人出票，委托付款人在指定日期无条件支付确定的金额给收款人或者持票人的票据，它也是委托付款人允诺在一定时期内支付一定款额的书面证明。在我国，该期间通常不超过6个月。应付票据是购销业务形成的重要标志，是购销双方互相承认债权债务关系的证明。应付账款同样也是商业购销形成的商业信用，但是它的法律约束力明显弱于应付票据，因此流动性顺序也低于应付票据。同应付票据一样，企业也是在债权债务关系确认时入账。

因此，应付票据和应付账款的重要区别：一是应付票据代表的债务人偿还债务的法律约束力和迫切性通常强于应付账款；二是应付票据代表的债务人通常还需要支付一定的利息，该利息一般通过利润表的“财务费用”予以反映。

在报表中，“应付票据”项目，反映企业购买材料、商品和接受劳务供应等而开出、承兑的商业汇票，包括银行承兑汇票和商业承兑汇票，应根据“应付票据”科目的期末余额填列；“应付账款”项目，反映企业因购买材料、商品和接受劳务供应等经营活动应支付的款项，应根据“应付账款”和“预付账款”科目所属各明细科目的期末贷方余额合计数填列；如“应付账款”科目所属明细科目期末有借方余额的，应在资产负债表“预付款项”项目内填列。注意如下知识点。

第一，应付票据和应付账款的相对比重的变化情况。这可以在一定程度上反映出企业采购原材料或接受劳务时，面对供应商的博弈地位的变化。

第二，应付票据与应收票据、应付账款与应收账款的相对比重变化情况。这可以在一定程度上反映企业占用供应商资金与被购买方占用资金的情况。例如，企业有应付账款100万元，同时有100万元应收账款，则表明企业被无偿占用资金的同时也无偿占用了供应商资金；如果企业只有50万元应收账款，则两者相比较，企业无偿占用了50万元资金，在一定意义上是有利地位的体现。当然，占用太多的供应商资金也意味着可能会有偿债压力，并不一定是占用资金越多越好。

第三，如果企业应付款项（包括应付账款和应付票据）远远大于预付款项，表明面临的原材料市场是一个典型的买方市场；如果应付款项远远小于预付款项，表明材料市场是一个典型的卖方市场。

【案例分析】

万科企业股份有限公司的商业信用

万科企业股份有限公司2019—2020年财务报表应收账款、应付账款和应付票据信息见表2.41。

表 2.41 万科企业 2019—2020 年应收账款、应付账款和应付票据信息表

单位：元

项目	2020 年 12 月 31 日	2019 年 12 月 31 日	2018 年 12 月 31 日
应收账款	2 992 423 302.26	1 988 075 737.67	1 586 180 764.10
应收票据	9 662 433.79	28 970 047.83	2 558 430.72
应付票据	607 112 827.28	941 279 690.68	1 651 453 937.28
应付账款	295 684 502 351.66	267 280 865 500.05	227 945 928 165.35

如上信息可以初步说明，万科股份有限公司无偿占用供应商的资金，远远超过了被购买方无偿占用的资金，节约了大量的资金成本。进一步地，有兴趣的读者还可以结合报表其他信息，分析巨额应付账款是否具有偿还风险。

第四，应付票据和应收票据分别转换为应付账款和应收账款的情况。票据法律约束力更强，不需要采用票据方式结算，可能是客户关系稳定的表现，也可能是交易双方博弈地位变化的结果。

第五，应付账款和应收账款的账龄分析。账龄分析是债权安全性、债务偿还迫切性的重要手段。

第六，有些企业应付账款、应付票据的金额相对于流动负债而言非常大，表面上给企业带来了较大的偿债压力，但这可能是公司强势地位的体现，是公司正确运用 OPM（Other People’s Money）战略的体现。有关 OPM 战略的讨论，本书将在财务报表分析章节予以说明。

（4）“预收款项”“合同负债”项目。这两个项目都与企业商品销售、提供劳务有关，但略有差异。根据注册会计师考试教材《会计》的解释，企业在向客户转让商品之前，如果客户已经支付了合同对价或企业已经取得了无条件收取合同对价的权利，则企业应当在客户实际支付款项与到期应支付款项孰早时点，将该已收或应收的款项列示为合同负债，该项目实际上代表了企业已收或应收客户对价而应向客户转让商品的义务。预收款项则是指企业向购货方预收的购货订金或部分货款。企业预收的货款待实际出售商品、产品或者提供劳务时再行冲减。平时进行账务处理时，预收款项采用“预收账款”会计科目；合同负债的会计科目就是“合同负债”。注意如下知识点。

第一，预收账款、合同负债与其他负债的偿还方式不同，它是通过企业提供商品或劳务的方式予以偿还。所以以流动比率衡量企业短期偿债能力时，建议对预收账款、合同负债予以特别考虑，因为它并不需要动用流动资产当中的货币资金偿还。

【阅读材料】

财务报表的使用者通常检查流动负债以评估公司的流动性与偿债的财务弹性。公司必须偿还大量的流动负债，诸如应付账款、应付工资与应付税金，并且越早越好。这类债务实质上的增加，应该会使公司的财务状况亮起红灯。

但并不是所有的流动负债都是如此。例如，微软公司（Microsoft）有一项名为“预收收入”的流动负债，它实际上在年复一年地增长。预收收入是一项从微软公司的产品，诸如视窗软件（Windows）和办公软件（Office）的销售中产生的负债。在销售的时候，顾客不仅为现在的软件版本进行支付，还要支付未来的升级费用。微软公司将从现在版本软件的销售中取得的收入确认为销售收入，并且将其“欠”顾客的未来软件升级的价值（预收收入）记录为负债。

市场分析师认为预收收入的这一增长是微软公司销售与利润良好的信号。当微软公司的销售收入增长时，它的预收收入账户金额也会增加。因此，负债的增加对于微软公司的销售来说，是一则好消息。同时，预收收入的减少对于销售来说则是一则坏消息。正如一位分析师所指出的那样，微软公司预收收入的增长在减慢或者出现了反转，这对于投资者来说是一则坏消息。因此，流动负债的增加有时也能够被视为是好的信号，而不是坏的信号。

资料来源：Adapted from David Bank，Some Fans Cool to Microsoft，Citing Drop in Old Indicator，Wall Street Journal (October 28)，转载自杜兴强教授主编，高等教育出版社，中级财务会计学，2007 年。

第二，由于销售之前预先收到款项，企业预收账款、合同负债的规模通常是企业销售前景的指标，在某种程度上相当于企业提前锁定了未来一定期间内的销售业绩。因此，企业预收账款、合同负债期初期末金额的变动，可以作为销售前景变动的风向标之一。

第三，如果企业应收账款远远大于预收账款、合同负债，则表明企业提供的产品的市场是一个典型的买方市场；如果应收款项远远小于预收款项、合同负债，表明产品市场是一个典型的卖方市场。

第四，预收账款、合同负债，有些情况下还成为企业收入操控的工具。理论上，如果企业已经收到款项，但由于尚未提供商品或商品所有权有关的重要风险和利益并不完全转移，企业并不能确认一项收入，则企业应该将收到的款项作为预收账款处理。在这种情况下，如果企业将该笔款项确认为收入，则属于提前确认收入。反之，如果企业已经收到款项，并且已经符合收入确认条件，但却将该笔款项确认为预收账款，则属于典型的推迟确认收入。

【案例思考】

深圳键桥通讯技术股份有限公司预收账款会计处理

深圳键桥通讯技术股份有限公司是专业从事能源交通领域通信技术解决方案业务的服务商。公司于 2009 年向中国证监会申请首次公开发行股票。根据中国证监会要求，申请首次公开发行股票的公司应该提供招股说明书，并在招股说明书中提供三年来公司的财务报表。该案例信息摘自该公司首次公开发行股票的招股说明书，表2.42是从合并报表中摘录的部分财务信息。

表2.42 深圳键桥通讯技术股份有限公司合并报表部分财务信息

单位：元

项目	2009年6月30日	2008年12月31日	2007年12月31日	2006年12月31日
应收票据	37 528 070.00	51 467 213.42	14 685 295.82	1 579 391.35
应收账款	154 128 451.91	133 663 720.70	100 786 756.82	89 058 535.26
预收款项	28 027.15	120 086.29	2 920 784.42	1 678 611.30
营业收入	74 992 340.50	160 876 393.05	174 846 367.76	155 163 459.38
销售商品、提供劳务收到的现金	77 908 304.48	116 891 553.54	173 803 226.99	168 186 033.49

根据表2.42可以发现，公司三年来的营业收入表现比较稳定，但是相对于营业收入而言，2008年“销售商品、提供劳务收到的现金”相对于其他年份要低很多。有学者以“夏草”为笔名指出：通信行业惯例是初验合格才确认收入，但键桥通讯在客户初验之前就确认收入，这种收入确认极为冒进，导致该公司应收账款畸高、预收账款畸少。为便于分析公司预收账款和应收账款是否构成了提前确认收入的迹象，本书从招股说明书中继续摘录如下信息。

根据招股说明书介绍，公司是专业从事专网通信技术解决方案业务的服务商，主要为能源交通等行业提供通信技术解决方案，提供的是一揽子、系统化的服务，包括方案设计、设备供应、软件设计、现场安装调试、系统试运行以及系统维护等。目前，公司专网通信技术解决方案业务已形成了较为成熟的业务模式，其业务流程及款项结算方式对公司整体财务状况和经营成果的影响较大。公司专网通信技术解决方案技术含量较高、专业性较强，需根据项目需求组织方案设计和设备采购，并且对安装、调试、验收交货及售后服务的要求较高。该业务流程及款项结算方式如下：

1. 承接业务及设计方案

在投标前，根据标的项目的具体情况，公司一般需根据投标金额的3% ~ 5%交纳投标保证金。

2. 发货及现场安装

在此过程中，公司发生的采购和生产成本形成存货，收到的部分款项形成预收款项。在发货前，为确保产品质量，确保系统的稳定运行，公司严格按照质量控制流程进行出厂前的联测和质检，只有当各项运行指标合格后才准予发货。同时，为了确保系统符合开通条件，在发货安装前，公司工程技术人员必须对工程现场进行详细的勘测并与用户举行技术联络会，向用户提出使系统符合安装及达到开通条件的各项要求。通过采取以上严格的质量保障措施，公司系统安装完成后因出现质量问题而导致退货的可能性非常小。专网通信技术解决方案业务属于既有商品销售又有劳务提供的混合销售业务，结合业务特点和收入确认原则，在系统安装、调试并符合开通条件后，公司已将商品所有权上的重要风险和报酬转移给买方，不再对该商品实施继续管理权和实际控制权，且发生的成本能够可靠计量，因此，公司确认销售收入的实现并结转成本。此阶段周期一般为1～3个月。

公司认为在系统符合开通条件后确认收入是符合谨慎性原则的，且历史上从未发生过系统安装完成后因出现质量问题而导致退货的情况。

3. 系统验收

系统安装完毕经初步验收投入试运行，待系统运行稳定后，项目即可终验。终验合格后，根据合同约定，客户一般支付90%的合同款项，体现为应收账款的收回。此阶段周期一般为3～6个月。

4. 质保期及售后服务

项目终验合格后进入质保期，质保期一般为一年，合同金额剩余的10%作为质保金在质保期结束后支付。在质保期内，公司提供售后服务和全过程的贴身技术支持，及时解决客户的疑问和困难。

思考：根据如上材料，思考深圳键桥通讯技术股份有限公司是否存在提前确认收入的嫌疑。

【案例思考】 美的集团与格力电器两家上市公司财务报表应收账款、应收票据、预付账款、应付账款、应付票据、预收款项、合同负债等信息的相对变化情况见表2.43—表2.44。

表2.43　美的集团2017—2020年相关信息

单位：万元

项目	2017年底	2018年底	2019年底	2020年底
应收票据	1 085 422.6	1 255 629.4	476 852.0	530 451.0
应收账款	1 752 871.7	1 939 017.4	1 866 381.9	2 297 836.3
应收款项融资			756 577.6	1 390 185.6
预付账款	167 224.8	221 588.8	224 617.7	276 371.0
应付票据	2 520 778.5	2 332 511.5	2 389 160.0	2 824 993.9
应付账款	3 514 477.7	3 690 162.6	4 253 577.7	5 393 026.1
预收款项	1 740 906.3	1 678 166.6	1 623 185.4	
合同负债				1 840 092.2

表 2.44 格力电器 2017—2020 年相关信息

单位：万元

项目	2017 年底	2018 年底	2019 年底	2020 年底
应收票据	3 225 641.354	3 591 156.788		
应收账款	581 449.164	769 965.899	851 333.455	873 823.091
应收款项融资			2 822 624.900	2 097 340.460
预付账款	371 787.464	216 187.601	239 561.056	312 920.200
应付票据			2 528 520.784	2 142 707.195
应付账款			4 165 681.575	3 160 465.917
应付票据及应付账款	4 431 981.587	4 982 279.975		
预收款项	1 414 303.824	979 204.142	822 570.766	
合同负债				1 167 818.042

（5）“应付职工薪酬”项目。根据《企业会计准则第 9 号——职工薪酬》，职工薪酬是指企业为获得职工提供的服务而给予各种形式的报酬以及其他相关支出。这里所称的“职工”比较宽泛，包括三类人员：一是与企业订立合同的所有人员，含全职、兼职和临时职工；二是未与企业订立劳动合同，但由企业正式任命的企业治理层和管理人员，如董事会成员、监事会成员等；三是在企业的计划和控制下，虽未与企业订立合同或未由其正式任命，但为其提供与职工类似服务的人员。职工薪酬一般包括短期薪酬、离职后福利、辞退福利和其他长期职工福利。其中，短期薪酬主要包括：

①职工工资、奖金、津贴和补贴。

②职工福利费。

③医疗保险费、养老保险费、失业保险费、工伤保险费和生育保险费等社会保险费。

④住房公积金。

⑤工会经费和职工教育经费。

⑥短期带薪休假，是企业支付工资或提供补偿的职工缺勤，包括年休假、病假、短期伤残、婚假、产假、丧假、探亲假等。

⑦短期利润分享计划，是企业因职工提供服务而与职工达成的基于利润或其他经营成果提供薪酬的协议。长期利润分享计划则属于其他长期职工福利。

⑧非货币性福利，指企业以自己的产品或外购商品发放给职工作为福利。企业提供给职工无偿使用自己拥有的资产或租赁资产供职工无偿使用，比如提供给企业高级管理人员使用的住房，免费为职工提供诸如医疗保健的服务，或向职工提供企业支付了一定补贴的商品或服务等，比如以低于成本的价格向职工出售住房等。

⑨其他短期薪酬。除上述以外的其他为获得职工服务而给予的短期薪酬。

离职后福利主要是企业为获得职工提供的服务而在职工退休或与企业解除劳动关系后提供的各种形式的报酬和福利，但不包括短期薪酬和辞退福利。离职后福利一般包括设定提存计划和设定受益计划。前者是指向独立的基金缴存固定费用后，企业不再承担进一步支付义务的离职后福利计划；后者则指设定提存计划以外的离职后福利计划。辞退福利是企业在职工劳动合同到期前解除与职工的劳动合同关系，或为鼓励职工自愿接受裁减而给予职工的补偿。其他长期职工福利则是上述各种薪酬之后的所有职工薪酬，包括长期带薪缺勤、长期残疾福利、长期利润分享计划等。

【阅读材料】

以格力电器（股票代码：000651）2020年年度报告财务报表附注应付职工薪酬的披露信息为例。

1. 应付职工薪酬

（1）应付职工薪酬见表2.45。

表2.45 格力电器应付职工薪酬

项目	期初余额 / 元	本期增加 / 元	本期减少 / 元	期末余额 / 元
一、短期薪酬	3 426 832 941.73	8 865 617 233.70	8 929 940 986.30	3 362 509 189.13
二、离职后福利——设定提存计划	4 136 022.60	381 449 179.90	382 738 922.94	2 846 279.56
合计	3 430 968 964.33	9 247 066 413.60	9 312 679 909.24	3 365 355 468.69

（2）短期薪酬见表2.46。

表2.46 格力电器短期薪酬

项目	期初余额 / 元	本期增加 / 元	本期减少 / 元	期末余额 / 元
1. 工资、奖金、津贴和补贴	2 623 347 333.68	7 558 804 647.71	7 727 285 036.63	2 454 866 944.76
2. 职工福利费		704 506 039.05	704 506 039.05	
3. 社会保险费	561 320.59	180 980 466.26	180 781 452.17	760 334.68
其中：医疗保险费	528 018.34	155 807 507.65	155 610 323.87	725 202.12
工伤保险费	26 100.66	9 579 284.15	9 591 162.94	14 221.87
生育保险费	7 201.59	15 593 674.46	15 579 965.36	20 910.69
4. 住房公积金	1 370 053.91	176 725 233.33	176 592 223.55	1 503 063.69
5. 工会经费和职工教育经费	801 554 233.55	244 600 847.35	140 776 234.90	905 378 846.00
合计	3 426 832 941.73	8 865 617 233.70	8 929 940 986.30	3 362 509 189.13

（3）离职后福利——设定提存计划见表2.47。

表2.47 格力电器离职后福利

项目	期初余额/元	本期增加/元	本期减少/元	期末余额/元
1. 基本养老保险	3 206 972.39	367 156 819.14	367 847 968.66	2 515 822.87
2. 失业保险费	929 050.21	14 292 360.76	14 890 954.28	330 456.69
合计	4 136 022.60	381 449 179.90	382 738 922.94	2 846 279.56

2. 长期应付职工薪酬

（1）长期应付职工薪酬情况见表2.48。

表2.48 格力电器长期应付职工薪酬表

项目	期末余额/元	期初余额/元
离职后福利——设定受益计划净负债	149 859 788.00	141 021 228.00
合计	149 859 788.00	141 021 228.00

（2）设定受益计划变动情况见表2.49—表2.50。

表2.49 格力电器设定受益计划义务现值

项目	本期发生额/元	上期发生额/元
一、期初余额	141 021 228.00	130 840 170.00
二、计入当期损益的设定受益成本	7 441 863.00	7 311 017.00
1. 当期服务成本	2 312 128.00	2 123 433.00
2. 利息净额	4 837 059.00	4 487 322.00
3. 新增人员的影响	292 676.00	700 262.00
三、计入其他综合收益的设定受益成本	6 851 653.00	8 029 478.00
其中：精算利得（损失以“–”表示）	6 851 653.00	8 029 478.00
四、其他变动	–5 454 956.00	–5 159 437.00
其中：已支付的福利	–5 454 956.00	–5 159 437.00
五、期末余额	149 859 788.00	141 021 228.00

表 2.50　格力电器设定受益计划净负债

项目	本期发生额 / 元	上期发生额 / 元
一、期初余额	141 021 228.00	130 840 170.00
二、计入当期损益的设定受益成本	7 441 863.00	7 311 017.00
三、计入其他综合收益的设定受益成本	6 851 653.00	8 029 478.00
四、其他变动	–5 454 956.00	–5 159 437.00
五、期末余额	149 859 788.00	141 021 228.00

应付职工薪酬对应的科目如何确定呢？企业应该按照权责发生制，根据职工提供服务的受益对象，选择相应的会计处理。管理部门、销售部门等员工发生的职工薪酬，通常计入“管理费用”和“销售费用”；生产部门或提供劳务发生的职工薪酬通常计入产品成本；长期资产建造或形成无形资产发生的职工薪酬通常计入所建造资产的成本；总部管理人员、董事会成员、监事会成员等人员相关的职工薪酬，因难以确定直接对应的受益对象，均应当在发生时计入当期损益。在计量金额上，如果有明确计提标准的货币性薪酬，则以计提的货币薪酬作为入账金额，例如企业当月需要承担员工货币薪酬 100 万元，则 100 万元就是入账金额。如果是非货币性薪酬，则通常依据非货币性薪酬的公允价值予以计量。例如，企业以其生产的产品作为非货币性福利提供给职工的，应当按照该产品的公允价值和相关费用计量应计入成本费用的职工薪酬，并确认为主营业务收入，其销售成本的结转和相关费用的处理与正常商品销售相同。以外购商品作为非货币性福利提供给职工的，应当按照该商品的公允价值和相关税费计量应计入成本费用的职工薪酬。

【案例分析】

XYZ 公司是一家生产冰箱的企业，共有职工 100 名，其中，生产部门职工 80 人，管理部门员工 20 人。20×9 年 2 月，公司以 100 台冰箱和 100 台彩电作为福利发放给 100 个职工。其中，冰箱系自产，每台成本 2 000 元，市场售价 3 000 元；彩电为外购，每台不含税价格为 2 000 元。XYZ 公司适用的增值税税率为 13%。XYZ 公司以银行存款支付了购买彩电的价款和增值税进项税额，并取得了增值税专用发票，增值税税率为 13%。

在这个例子中，企业以自己生产的产品作为福利发放给职工，应计入成本费用的职工薪酬金额以公允价值计量，计入主营业务收入，产品按照成本结转，但要根据相关税法规定，视同销售计算增值税销项税额。外购商品发放给职工作为福利，应当缴纳的增值税进项税额计入成本费用。

（1）冰箱的影响。

冰箱的售价总额 =3 000×100=300 000（元）

冰箱的增值税销项税额 =3 000×100×13% =39 000（元）

显然，该交易对财务报表的影响是：①当期增加了应付职工薪酬 339 000 元，且同时通过冰箱予以偿还，因此，不影响资产负债表中应付职工薪酬期末余额；②由于生产部门职工 80 人，管理部门职工 20 人，因此，生产成本增加 271 200 元（计入资产负债表存货项目），管理费用增加 67 800 元；③冰箱视同销售，计入主营业务收入 300 000 元，同时形成应交税费（增值税销项税额）39 000 元。为便于清晰理解，会计分录如下。

公司决定发放非货币性福利时，应做如下账务处理：

借：生产成本　　271 200

　　管理费用　　67 800

　　贷：应付职工薪酬——非货币性福利　　339 000

借：应付职工薪酬——非货币性福利　　339 000

贷：主营业务收入　　300 000

　　应交税费——应交增值税（销项税额）　　39 000

（2）彩电的影响。

彩电的外购价格总额 =2 000×100=200 000（元）

彩电的进项税额 =2 000×100×13% =26 000（元）

同样地，该交易对财务报表的影响是：①当期增加了应付职工薪酬 226 000 元，且同时通过彩电予以偿还，因此，不影响资产负债表中应付职工薪酬期末余额；②由于生产部门职工 80 人，管理部门职工 20 人，因此，生产成本增加 180 800 元（计入资产负债表存货项目），管理费用增加 45 200 元。为便于清晰理解，会计分录如下。

公司决定发放非货币性福利时，应做如下账务处理：

借：生产成本　　180 800

　　管理费用　　45 200

　　贷：应付职工薪酬——非货币性福利　　226 000

买入彩电时，公司应做如下账务处理：

借：应付职工薪酬——非货币性福利　　226 000

　　贷：银行存款　　226 000

（6）“应交税费”项目。根据税法的有关规定，企业在生产经营过程中通常会发生一些税费，资产负债表中“应交税费”项目反映的就是企业按照税法规定计算应交纳但是尚未交纳的各种税费，包括增值税、消费税、所得税、资源税、土地增值税、城市维护建设税、房产税、土地使用税、车船使用税、教育费附加、矿产资源补偿费等。企业代扣代交的个人所得税，也通过本项目列示。企业所交纳的税金不需要预计应交数的，如印花税、耕地占用税等，不在本项目列示。本项目应根据“应交税费”科目的期末贷方余额填列，如“应交税费”科目期末为借方余额，应以“-”填列。

报表阅读者应该将资产负债表的“应交税费”与利润表的“税金及附加”“所得

税费用”、现金流量表的“支付的各项税费”等结合分析。有关税费方面的分析，后续章节将进一步展开说明。

（7）“应付利息”项目。占用债权人资金通常需要支付一定成本，“应付利息”就用于反映企业按照规定应当支付的利息，包括分期付息到期还本的长期借款应支付的利息、企业发行的企业债券应支付的利息等。本项目应当根据“应付利息”科目的期末余额填列。

那么，企业由于借款等原因发生的利息费用，应该如何进行处理呢？企业发生的利息通常有两种处理方法，一种是作为发生当期的财务费用，另一种是资本化计入有关资产的成本。根据《企业会计准则第 17 号——借款费用》的规定，借款费用确认的基本原则是：企业发生的借款费用，可直接归属于符合资本化条件的资产的购建或者生产的，应当予以资本化，计入相关资产成本；其他借款费用，应当在发生时根据其发生额确认为费用，计入当期损益，其中符合资本化条件的资产是指需要经过相当长时间（通常是指一年或一年以上）购建或者生产活动才能达到预定可使用或者可销售状态的固定资产、投资性房地产和存货等资产。例如，轮船或飞机制造企业生产的轮船或飞机，不论是自己使用或者作为销售产品，只要建造过程中耗费了借款资金并相应产生了借款费用，则应该按照一定的程序将建造期间实际占用的借款资金的借款费用计入该资产的成本。

同种资产，其生产建造所需资金的来源渠道不同，资产的入账价值可能会存在差异。例如，自有资金建造的轮船，相对于借款资金建造的轮船，入账价值通常会更低。但是，资金来源不同，并不意味着资产能够给企业带来的未来经济利益就会存在差异。事实上，资金来源渠道应该不影响资产的使用功能。

（8）“应付股利”项目，反映企业分配的现金股利或利润。企业正式通过股利分配方案之后，通常需要在未来一年内支付给股东股利。企业分配的股票股利，不通过本项目列示。本项目应根据“应付股利”科目的期末余额填列。

“应付股利”代表的是企业向股东支付股利的法定义务，但该法定义务只有在企业股东大会或类似机构正式通过利润分配方案之后才会产生。因为，根据《公司法》的规定，投资者将资金投入企业之后，企业并没有强制分红的法定义务。需要注意的是，企业宣布分配现金股利之后，如果企业以扣除了“应付股利”的净资产为基础计算净资产报酬率，将会抬高净资产报酬率。

（9）“其他应付款”项目，反映企业除应付票据、应付账款、合同负债、应付职工薪酬、应付股利、应付利息、应交税费等经营活动以外的其他各项应付、暂收的款项，该款项通常需要在一年内予以偿还。本项目应根据“其他应付款”科目的期末余额填列。在经济生活中，正常情况下，“其他应付款”主要用以核算一些杂项欠款，诸如向购买方收取的包装物押金、应当付给别人的固定资产租金、包装物租金等。

以万科企业股份有限公司 2020 年年报为例，其他应付款的财务报表附注信息披露见表 2.51。

表 2.51 万科其他应付款附注信息

单位：元

项目	备注	2020 年 12 月 31 日	2019 年 12 月 31 日
应付合营 / 联营企业款		77 023 966 118.51	82 212 618 540.53
应付股权款与合作公司往来及其他	（i）	78 343 016 829.70	121 575 194 093.93
土地增值税清算准备金	（ii）	46 378 875 896.08	36 788 804 130.44
押金及保证金		4 009 608 891.71	3 627 282 865.54
代收款		2 263 185 419.50	2 130 218 503.18
购房意向金		4 420 662 672.36	3 984 994 746.46
合 计		212 439 315 827.86	250 319 112 880.08

注：(i) 应付股权款与合作公司往来及其他包括少数股东及其他合作方向项目公司垫付款 / 借款。

(ii) 虽然根据国税发〔2006〕187 号文《国家税务总局关于房地产开发企业土地增值税清算管理有关问题的通知》(简称“187 号文”) 有关规定，本集团部分项目仍未达到清算条件，但本集团仍然根据企业会计准则的相关要求并按照“187 号文”的计算基础计提了土地增值税清算准备金合计人民币 46 378 875 896.08 元（2019 年 12 月 31 日：人民币 36 788 804 130.44 元），以合理反映公司的利润情况。本集团已对该部分土地增值税清算准备金对所得税的影响确认了递延所得税资产。土地增值税清算准备金是根据企业会计准则的要求、根据配比原则和谨慎性原则，对未来可能缴纳的土地增值税进行的合理估计。该预提为企业会计处理程序，与本集团现时纳税义务无关。

（10）“一年内到期的非流动负债”项目，反映企业非流动负债中将于资产负债表日后一年内到期部分的金额，如将于一年内偿还的长期借款、应付债券。本项目应根据有关科目的期末余额填列。

（11）“其他流动负债”项目，反映企业除短期借款、交易性金融负债、应付票据、应付账款、合同负债、应付职工薪酬、应交税费等流动负债以外的其他流动负债。本项目应根据有关科目的期末余额填列。

（12）“长期借款”项目，反映企业向银行或其他金融机构借入的期限在一年以上(不含一年)的各项借款。本项目应根据“长期借款”科目的期末余额填列。相对于短期借款，长期借款的借款期限更长、资金利息也更高。正常情况下，银行等金融机构授信给企业借款时，长期借款的授信要求更加严格、更加谨慎。

在资金用途方面，短期借款通常会用于满足企业的流动资金需要，债权人通常不会特别指定用途方向，而长期借款资金则通常用于满足企业的长期资金需求，债权人通常会特别指定资金用途。

（13）“应付债券”项目，反映企业为筹集长期资金而发行的债券本金和利息。本项目应根据“应付债券”科目的期末余额填列。

债券，指发行企业约定于一定日期支付一定的本金，并按期支付一定的利息给持有人的书面承诺。发行债券是企业筹措长期资金的主要方法之一，通过发行债券，企业将巨额债务分为若干等份，以公开募集的方式向社会举借，以吸收大量长期资金。债券可以自由转让，它是有价证券的一种。根据我国企业债券的期限划分，债券可分为短期债券，中期债券和长期债券。①短期债券，指期限在1年以内的债券；②中期债券，指期限在1年以上5年以下的债券；③长期债券，指期限在5年以上的债券。按照担保情况进行划分，债券可分为担保债券和信用债券。①担保债券，指以特定的资产作为担保品，以保证其还本付息的债券。若以不动产，如房地产作为担保品，称为不动产抵押债券；以动产，如各种机器设备等作为担保品，称为动产质押债券；以证券，如股票和债券等作为担保品，称为证券信托债券。一旦债券发行人违约，信托企业就可将担保品变卖以支付积欠债券持有的款项。②信用债券，指没有任何特定的资产作为担保品，仅凭债券发行人的信誉而发行的债券。这种债券的利率主要取决于发行企业的信誉情况，由于没有担保，信用债券的风险和利率通常高于担保债券。

不同类别的债券，都需要详细载明该债券的重要事项，包括债券总额、每张债券面值、发行价格、债券利率、付息时间、偿还方式以及其他各项规定项目。若为可转换债券，还应载明具体的转换方法。

在我国，并不是每个企业都有权利发行债券，且发行债券取得的资金通常有严格的资金用途限制。根据《中华人民共和国证券法》（2019年），公开发行公司债券应当符合下列条件：①具体健全且运行良好的组织机构；②最近三年平均可分配利润足以支付公司债券一年的利息；③国务院规定的其他条件。公开发行公司债券筹集的资金，必须按照公司债券募集办法所列资金用途使用；改变资金用途，必须经债券持有人会议作出决议。公开发行公司债券筹集的资金，不得用于弥补亏损和非生产性支出。上市公司发行可转换为股票的公司债券，除应当符合第一款规定的条件外，还应当符合本法关于公开发行股票的条件。

（14）“租赁负债”项目①，反映企业资产负债表日承租人企业尚未支付的租赁付款额的期末账面价值。其中，自资产负债表日起一年内到期应予以清偿的租赁负债的期末账面价值，在“一年内到期的非流动负债”项目反映。

（15）“长期应付款”项目，反映企业除长期借款和应付债券以外的其他各种长期应付款项。工业企业资产负债表中的长期应付款主要有两项内容：一是采用补偿贸易方式而发生的应付引进设备款；二是融资租入固定资产应付款。在资产负债表中，本项目应根据“长期应付款”科目的期末余额，减去相应的“未确认融资费用”科目期末余额后的金额填列。

（16）“预计负债”项目。企业对外提供担保、发生未决诉讼、产品质量保证、重组义务、亏损性合同等，都可能据此需要承担并确认预计负债。本项目应根据“预计负债”科目的期末余额填列。

相对于其他负债类项目，资产负债表中“预计负债”的账面金额估计和判断的成分更多，其他负债的入账金额通常是比较容易确定的，且同一笔债务，如果尚未偿还，在不同会计期间的报表列示金额通常是固定的，不会发生变化（交易性金融负债是一

① 相关内容参见“使用权资产”。

个例外，拥有此项负债的企业并不常见）。预计负债金额的估计成分较大，是与预计负债的产生密切相关的。预计负债是由或有事项而产生的项目。

第一，或有事项的含义。

企业在经营活动中有时会面临诉讼、仲裁、重组等具有较大不确定性的经济事项，有的企业还会为其他单位提供债务担保，对消费者提供产品质量保证等，担保和保证也都给企业带来较大的不确定性。这些不确定性事项对企业的财务状况和经营成果可能会产生较大的影响，在会计上被称为或有事项。根据会计准则的规定，或有事项是指过去的交易或者事项形成的，其结果须由某些未来事项的发生或不发生才能决定的不确定事项。常见的或有事项主要包括：未决诉讼或未决仲裁、债务担保、产品质量保证（含产品安全保证）、亏损合同、重组义务、环境污染整治、承诺等。其中，亏损合同和重组义务这两个知识点比较难以理解，说明如下：

亏损合同，是指履行合同义务不可避免会发生的成本超过预期经济利益的合同。应该注意，亏损合同并不是我们日常经济生活中认为的，企业履行一项合同完毕之后，核算收入和成本，发现亏损，然后再界定为亏损合同。会计上的亏损合同，它是一个“预期”的概念。事实上，或有事项以及预计负债，强调的就是“预期”对企业的影响。例如，甲公司签订一项合同，需要按照每件产品100元价格在未来3个月后一次性向A公司交付产品1万件。在签订合同时，甲公司显然是根据当时情况预计100元能够盈利，假设一个月之后，甲公司发现原材料价格或人工成本突然上升，预计生产每件产品的成本已经超过100元，达到120元，则甲公司如果履行合同（假设不履行合同的违约成本更高），将不可避免发生损失，则该合同此时（签约一个月后）就成为了会计上的亏损合同。

重组义务，应该首先掌握重组的含义，它与经济生活中经常提到的重组略有不同，应该与企业合并、债务重组区分开。此处的“重组”是指企业制定和控制的，将显著改变企业组织形式、经营范围或经营方式的计划实施行为。属于重组的事项主要包括：①出售或终止企业的部分业务；②对企业的组织结构进行较大调整；③关闭企业的部分营业场所，或将营业活动由一个国家或地区迁移到其他国家或地区。企业因为重组可能会承担重组义务，例如，关闭某一个业务部分，将会发生对现有员工的补偿支出。

第二，或有事项的财务影响分析。

企业是否存在或有事项，对企业财务状况和经营成果可能会产生较大影响。例如，20×0年5月，甲公司从银行贷款人民币100万元，期限2年，由乙公司提供全额担保。20×1年12月31日，甲公司由于受政策影响和内部管理不善等，经营效益不如以往，可能不能偿还到期债务。在这个例子中，乙公司由于为甲公司提供了担保，并且甲公司偿债能力出现问题，则乙公司可能需要履行连带责任，从而可能对乙公司财务状况和经营成果产生影响。

但是，不同或有事项，对企业的财务状况和经营成果发生影响的概率和影响程度是不一样的。或有事项的结果可能会产生预计负债、或有负债或者或有资产等，其中，预计负债属于负债的范畴，需要在财务报表表内确认。

企业会计准则规定，与或有事项相关的义务同时满足下列条件的，应当确认为预计负债：该义务是企业承担的现时义务；履行该义务很可能导致经济利益流出企业；该义务的金额能够可靠地计量。相应地，潜在义务可能导致经济利益流出但金额不能可靠计量，这些因素，都会导致或有事项形成的是或有负债，而不是预计负债。随着某些未来事项的发生或者不发生，或有负债可能转化为企业的预计负债，或者消失；或有资产也有可能形成企业的资产或者消失。关于概率的分类，根据企业会计准则规定，（0%，5%）属于极小可能；(5%，50%）属于可能；（50%，95%）属于很可能；（95%，100%）属于基本确定。

或有事项也可能产生或有资产、资产。例如，诉讼双方，一方很可能败诉，且败诉赔偿金额能够可靠计量，则败诉一方产生的是预计负债；很可能胜诉的一方，则很可能因此获得赔偿。在会计上，基于稳健性考虑，对资产的确认要更加严格，企业并不能将很可能胜诉所产生的或有资产在表内确认，只能表外附注披露。或有事项，除非基本确定（95%，100%）带来未来经济利益，否则不确认资产和相应的营业外收入。

在上例中，20×1 年 12 月 31 日，乙公司根据掌握的甲公司的情况（含应该掌握的甲公司的情况），分析认为乙公司很可能需要承担 100 万元的还款责任，则乙公司应该根据权责发生制确认 100 万元的预计负债，并相应形成 100 万元的“营业外支出”，列示于利润表；如果乙公司合理判断认为需要承担还款责任的概率属于可能，则形成或有负债，不需要在财务报表表内确认。不论是形成预计负债还是形成或有负债，乙公司都应该在财务报表附注中披露说明或有事项的基本事实、影响。

第三，报表阅读者应该充分关注企业对或有事项的表外披露信息。

根据上述论述，我们可以发现，企业是否确认预计负债及其金额，都需要企业管理者及其会计人员做出职业判断。一方面，不同会计人员由于专业技能、知识背景、风险态度等差异，即使客观作出判断，也可能会有显著差异。例如，有些或有事项很可能导致经济利益流出，但很难估计影响的金额，如新推产品的产品质量保证服务、航空公司的里程累积计划。另一方面，企业也可能借“判断”操纵或有事项会计处理。企业可能基于各种目的，利用信息不对称的优势，故意不确认或者高估、低估预计负债的金额，粉饰资产负债表和利润表，而会计师事务所对这类或有事项的审计，难度又通常高于其他正常业务。由于预计负债和或有负债都需要表外披露该或有事项的基本事实，报表阅读者可以充分利用这一信息，尽可能更加准确地分析或有事项对企业的真实影响。

【案例分析】

阳光电器——操控估计金额①

进入 20 世纪 80 年代后，美国制造业逐步陷入衰退。面对激烈的市场竞争，众多制造业企业摒弃了传统的内部积累模式，纷纷通过银行借款或发行股票、债券等方式

① 本案例选自黄世忠主编，《会计数字游戏：美国十大财务舞弊案例剖析》，中国财政经济出版社，2003 年。

扩大生产经营，追求规模效应，结果导致产能过剩、产品积压，毛利率日趋萎缩。成立于1887年的美国老牌小家电制造商阳光电器公司也在这一背景下陷入了一片混乱的局面。进入90年代，阳光公司并未时来运转，经营仍未起色。1996年上半年公司股价比1994年同期下降了50%，利润更是下降了83%。在这一背景下，1996年被华尔街誉为“重组高手”的Dunlap成为阳光公司的首席执行官(CEO)，着手重组公司的经营和管理。

Dunlap果然不负众望，在重组后14个月，即1998年1月28日，阳光公司宣布重组成功：1997年销售收入增长19%，1997年毛利率达到17%（1996年只有8.5%），季度每股收益达到华尔街预测。

然而，阳光公司的成功仅仅是昙花一现。随着1998年阳光公司第一季度季度报告收入增长停滞不前，华尔街一些敏感的分析师对阳光公司一年多来的神来之笔表示怀疑。他们怀疑过去一年多阳光公司通过种种手段操纵利润，其中一个重要的手法是通过转回重组准备来虚增利润。

阳光公司在1996年共发生了3.376亿美元的重组费用，其中的20%属于预提的重组准备，拟用于重组计划中预期需支付的和业务重组有关的费用。据SEC后来的调查，这些巧立名目计提的重组准备很大一部分存在高估的嫌疑，而且至少有两方面不符合公认会计原则的规定：

（1）计提了1 900万美元与未来经营活动有关的重组准备。根据公认会计原则的规定，重组准备只能就重组发生的直接支出计提，而诸如再培训和安置留用员工费用、摊销产品费用和投资新系统或销售网络费用等支出，都与企业未来经营活动有关，在资产负债表日不是一项与重组有关的现实义务，因此不能作为重组准备计提。

（2）重组准备中包括一项“有害废物”诉讼准备，金额为1 200万美元。按照公认会计原则的规定，在计提诉讼准备前，高管人员必须采取必要的步骤（包括征询律师的意见），合理估计在该项诉讼上可能发生的损失金额。然而根据SEC的调查，这1 200万美元的诉讼损失准备纯粹是阳光公司高管人员的主观臆断，如果进行合理的估计和测算，该项准备金不超过600万美元。

此外，根据SEC发布的首席会计师办公室文告（SAB）第67号的相关要求，上市公司在某一会计期间发生企业重组，必须在“管理当局讨论和分析”（MD&A）中披露重组费用的内容、性质及其对未来会计期间经营损益的影响。如果计提重组准备，除了在附注中对该项业务的性质进行简要的描述外，还必须对最终留存的经济利益的金额和时间进行预计，并就该预计的不确定性进行说明；如果预计的信息不够充分，管理当局还应当披露形成该估计金额的主要假设和依据。

阳光公司非但对上述要求置若罔闻，而且从1997年第一季度起，就在公司高管人员的授意下，大胆地将通过计提重组准备隐藏的利润拿出来。表2.52列示了重组准备（包括不符合公认会计原则规定而计提的重组准备）在1997年转回增加利润的情形。

表 2.52 重组准备转回对利润的影响

时间	转回金额 / 百万美元	对当期利润的贡献 /%
1997 年第一季度	4.3	13.0
1997 年第二季度	8.2	20.0
1997 年第三季度	2.9	6.0
1997 年第四季度	7.5	22.0
1997 年全年合计	22.9	26.8

注：前三个季度转回金额均为不符合公认会计原则规定计提的各项准备转回。1997 年第四季度转回总额为 1 390 万美元，其中有 750 万美元为不符合公认会计原则的准备转回。同时，上述转回准备均未在附注中作为重要“非常事项”披露。

【案例分析】

福建三农“沙溪河死鱼事件”——不予确认预计负债①

福建三农集团有限公司（以下简称“福建三农”）是一家以磷氯配套、生产有机磷农药和精细化工为主的国家大型企业（集团），是国家定点和福建省最大农药生产企业及全国最大农药出口企业之一。福建三农的前身是福建省三明农药厂，1992 年经福建省体改委批准改制为股份制企业。1997 年 7 月在深交所挂牌上市。上市后，该公司每年的经营业绩保持比较平稳的态势，实现的净利润都稳定在 4 000 万元左右，每股收益基本达到 0.3 元以上。然而，到了 2000 年，这一稳定的发展态势因为一起环境污染事件发生了重大变化。

2000 年 1 月 28 日，福建省三明市环保局 110 环保投诉中心接到群众投诉，闽江上游沙溪河出现大量死鱼。随着时间的推移，死鱼现象沿沙溪河顺流蔓延。2 月 5 日（大年初一），沙县青州河湾 100 多亩养殖水面出现近 10 万尾草鱼、鲤鱼等鱼类大面积死亡事件，并一直延续到 2 月 12 日。这期间正值春节，也是鱼苗集中投放期，由于政府未及时发布污染信息，沿河养殖户依然大量投苗，鱼苗几乎全军覆没。2 月 19 日，福建省环保局、水产厅一同赴现场调查。2 月 25 日，两厅局分别向福建省政府提交书面报告。省领导批示，“此事非同小可”。次日晚，福建省政府调查组赶赴三明。2 月 27 日，三明市长主持召开专题会议。2 月 28 日，市政府下发“关于依法暂停福建三农集团股份有限公司乐果车间和三唑磷车间生产线的通知”。

这一突发事件给福建三农带来的影响无疑是巨大的，前三年稳定盈利的形势被打破。2000 年上半年出现亏损 751.8 万元，2000 年度实现的净利润只有 740 万元，比前一年度的近 4 000 万元下跌了 80%。根据三明市政府的通知，关闭了乐果、三唑磷两条生产线的生产和四个中试产品的中试，造成福建三农公共设施费用增大，配套生产中

① 本案例选自黄世忠主编，《财务报表分析：理论、框架、分析与案例》（国家会计学院会计硕士专业学位 MPAcc 系列教材），中国财政经济出版社，2008 年。

间体车间也随之处于停滞状态，固定资产大量闲置，生产成本大幅度提高，职工大量待岗，人心浮动，而且“死鱼事件”造成的心理压力甚重，严重制约了企业的发展。同时为了以后的发展，福建三农的管理层提出了迁厂的决定，这对于该公司来说，无疑是一个沉重的负担。2002 年 5 月 14 日，福建省渔政处就沙溪河死鱼事件起诉福建三农，要求该公司赔偿财产损失。福建省渔政处的起诉书请求：（1）判令被告赔偿国家渔业资源损失 4 544 万元及利息。（2）判令被告赔偿调查费用 48 万元。（3）判令被告承担本案有关的诉讼费用。

反观福建三农上市后的财务报表，从 1997 年上市至 2000 年初“死鱼事件”发生之时，其财务报表对潜在的环境负债和潜在的环境清理费用支付只字未提，更从未计提应对性的预计负债。若把潜在环境清理费用 4 592 万元（按福建省渔政处的起诉书赔偿请求计算）分摊计入 1998 年和 1999 年，福建三农年均 4 000 万元左右的净利润将降至 1 704 万元，降幅达 57.4%，换言之，环境负债和环境清理费用将侵蚀掉一半以上的净利润。相应地，福建三农的每股收益也将从 0.3 元以上降至 0.128 元左右。可见，如何调整类似福建三农之类（如石化、烟草、造纸、化妆品等行业）的高环境污染企业的潜在环境清理费用，将极大地影响对此类企业真实收益和投资价值的判断。

【案例分析】

江苏琼花高科技有限公司——转回预计负债

（1）2008 年度计提预计负债的基本情况。

根据琼花股份 2008 年年报的相关披露以及江苏天衡会计师事务所有限公司于 2009 年 4 月 28 日出具的《关于对江苏琼花高科技股份有限公司 2008 年度财务报表出具无法表示意见审计报告的专项说明》中的相关说明：截至 2008 年 12 月 31 日，根据有关关联方的确认，琼花股份及威亨公司为其控股股东江苏琼花集团有限公司、实际控制人于在青及其他关联方的民间借贷提供违规担保金额共计 16 035 万元（人民币，下同）。截至 2008 年 12 月 31 日，民间借贷的债权人已诉讼借贷款项金额达 9 348.5 万元（含债权人要求公司承担的利息、诉讼费等 1 614.5 万元）。

琼花股份及威亨公司根据被担保关联单位财务状况，本着谨慎性原则，在 2008 年度会计报表中，选择诉讼金额和合同金额高者的二分之一计提了相应的预计负债，金额合计为 8 869.75 万元。

（2）北京市金洋律师事务所对琼花股份 2009 年度上述违规担保及涉诉事项的相关法律意见。

根据琼花股份法律顾问北京市金洋律师事务所执业律师于 2009 年 12 月 31 日对琼花股份已公开披露的 16 035 万元违规担保所发表的法律意见：至该法律意见书出具之日，琼花股份公开披露的 16 035 万元违规担保已彻底解除，因 16 035 万元违规担保产生的或可能产生的给付或赔偿责任亦不复存在。

根据上述情况，截至 2009 年 12 月 31 日，琼花股份及威亨公司于 2008 年度为上述

16 035 万元违规担保所计提的 8 869.75 万元预计负债的相关给付或赔偿义务已全部解除，故将 2008 年度计提的预计负债 8 869.75 万元全部转回，计入 2009 年度营业外收入 8 869.75 万元。

【案例分析】

浙江广厦——对外担保被出具强调事项的审计意见

浙江广厦股份有限公司（股票代码：600052）2020 年年度财务报告的审计事务所是天健会计师事务所（特殊普通合伙制），事务所对公司 2020 年财务报告出具了带强调事项的无保留意见审计报告。

将审计报告的强调事项信息摘录如下。

截至 2020 年 12 月 31 日，浙江广厦公司对外担保对应的融资余额为 318 096.64 万元，其中逾期担保对应的融资余额为 44 226.64 万元。截至本报告出具日（2021 年 4 月 28 日），浙江广厦公司对外担保融资余额为 265 312.14 万元，其中逾期担保对应的融资余额为 36 272.14 万元。对外担保金额重大，且部分担保事项涉诉，我们提醒财务报表使用者关注，如财务报表附注十（四）所述，根据 2020 年 9 月东阳市金融控股集团有限公司（以下简称“东阳金控公司”）与广厦控股集团有限公司（以下简称“广厦控股公司”）签订的《关于广厦集团纾困帮扶的备忘录》，“东阳金控公司拟通过收购广厦控股公司持有的资产等方式向广厦控股公司提供纾困资金，纾困资金优先用于解决浙江广厦公司的对外担保债务以及广厦控股公司和浙江广厦公司合作子公司的清算。”本段内容不影响已发表的审计意见。

根据浙江广厦 2020 年财务报告附注，本应于 2020 年到期的由浙江广厦提供担保的多笔借款已经到期，但由于债务人并未及时还款，浙江广厦作为担保人已经被债权人起诉。具体包括如下：（1）公司以持有的 2 375.96 万股浙商股权提供质押担保的两笔借款（金额分别是 8 380.01 万元和 2 183.36 万元）分别于 2020 年 12 月 10 日与 2020 年 12 月 11 日到期，（债务人）广厦控股公司未及时还款，同时本公司作为担保方被债权人起诉。（2）公司以持有的 5 449.60 万股浙商股权提供质押担保，借款金额 24 228.77 万元，该笔借款于 2020 年 11 月 27 日到期，广厦控股公司未及时还款，同时本公司作为担保方被债权人起诉。

值得注意的是，浙江广厦 2020 年年报并未确认预计负债。

（17）“递延所得税负债”项目，反映企业确认的应纳税暂时性差异产生的所得税负债。本项目应根据“递延所得税负债”科目的期末余额填列。有关该项目的分析，可以参考“递延所得税资产”知识点。

（18）“其他非流动负债”项目，反映企业除长期借款、应付债券等负债以外的其他非流动负债。本项目应根据有关科目的期末余额减去将于一年内（含一年）到期偿还数后的余额填列。非流动负债各项目中将于一年内（含一年）到期的非流动负债，应在“一年内到期的非流动负债”项目内单独反映。

企业会计准则及其讲解都没有对“其他非流动负债”具体包括的项目进行列举说明。为了便于读者理解，我们从万科企业股份有限公司 2020 年年报附注中摘录了其他非流动负债信息（表 2.53）。

表 2.53 万科 2020 年其他非流动负债

单位：元

项目	2020 年 12 月 31 日	2019 年 12 月 31 日
待转销项税	53 986 260 461.07	47 354 227 137.67
短期融资券	—	500 000 000.00
合　计	53 986 260 461.07	47 854 227 137.67

注：待转销项税主要为本集团房地产销售中随预收房款收取的增值税销项税。

【案例分析】

万科企业股份有限公司与恒大集团都是很有影响力的房地产公司，表 2.54 摘录了两家公司资产负债表的部分财务数据，请比较两家公司债务结构的差异。

表 2.54 万科和恒大集团 2019—2020 年底部分财务数据

单位：万元

项目	万科		恒大集团	
	2020 年	2019 年	2020 年	2019 年
资产总额	186 917 709	172 992 945	230 115 900	220 657 700
流动资产总额	154 738 706	143 898 935	190 493 400	184 681 400
流动负债总额	131 749 269	127 261 028	150 725 300	135 003 500
负债合计	151 933 262	145 935 034	195 072 800	184 804 000
短期借款	2 511 154	153 652 318		
借款			33 547 700	37 216 900
衍生金融负债	33 615			
应付票据	60 711	94 128		
应付账款	29 568 450	26 728 087		
应付贸易账款及其他应付款项			82 917 400	71 761 800
预收款项	91 223	77 078		
合同负债	63 074 721	57 704 723	18 574 600	12 970 500
即期所得税负债			15 685 600	13 054 300
应付职工薪酬	785 094	689 826		
应交税费	2 903 652	2 510 973		

续表

项目	万科		恒大集团	
	2020 年	2019 年	2020 年	2019 年
其他应付款	21 275 835	25 109 731		
一年内到期的非流动负债	6 046 186	8 064 622		
其他流动负债	5 398 626	4 785 423		
流动负债合计	131 749 269	127 261 028	15 685 600	13 054 300
长期借款	13 203 678	11 431 978		
借款			38 105 500	42 772 600
衍生金融负债				466 600
应付债券	4 357 622	4 964 551		
租赁负债	2 458 995	2 127 737		
预计负债	21 533	14 963		
其他非流动负债	119 018	106 544		
递延所得税负债	23 147	28 233	5 314 200	6 076 600
非流动负债合计	20 183 993	18 674 005	44 347 500	49 800 500

注：1. 恒大集团在香港上市，财务报表列报格式与万科企业股份有限公司略有差异；

2. 恒大集团年度报告的货币单位以“人民币百万元”列示，本表换算为“人民币万元”，所以恒大集团的相关数据后两位数字都为“0”，这与该公司的实际数据可能有略微偏差。

3）所有者权益项目的经济含义说明

所有者权益是净资产，在金额上等于资产总额扣除负债总额，代表的是企业的所有者享有的企业净权益。所有者权益在组成上通常包括两大类别，其一是代表所有者投入的资本，通过“股本”或“实收资本”与“资本公积”进行核算（资本公积核算范围还不限于所有者投入的资本）；其二是代表所有者享有的尚未分配给所有者（保留在企业）的利润，通过“盈余公积”和“未分配利润”两个报表项目反映，这两个项目统称为留存收益。由于所有者权益是一个剩余项目，无法单独计量，需要结合资产负债表和利润表的相关项目确定所有者权益金额。例如，未分配利润和盈余公积，取决于企业实现的净利润的金额以及资产负债表期初余额。

（1）“实收资本（或股本）”项目，反映企业各投资者实际投入的资本（或股本）总额。本项目应根据“实收资本”（或“股本”）科目的期末余额填列。其中，股份有限公司采用“股本”会计科目和报表项目名称；有限责任公司采用“实收资本”会计科目和报表项目名称。

在我国，股份有限公司将全部资本划分为等额股份，以发行股票的方式筹集资金。为此，企业通过“股本”核算股东投入企业的股本，并根据股本的相对比例确定每个股东在公司的持有比例。此外，还可设置股本备查簿，详细记录企业核定的股本总额、股份总数及每股面值等情况。我国股票都是有面值的，通常是人民币 1 元，股票发行收入通常与股本总额并不相等。公司发行股票取得的收入大于股本总额的，称为溢价发行；小于股本总额的，称为折价发行；等于股本总额的称为面值发行。按照有关规定，我国不允许企业折价发行股票。在采用溢价发行股票的情况下，股票发行价格超过面值部分，企业通过“资本公积”进行核算。例如，企业按照1股10元价格发行1 000万股股票，每股票面值1元，则1 000万元通过“股本”核算，9 000万元通过“资本公积”核算。投资者在遵循《公司法》前提下，可以选择现金和非现金资产进行出资。一般情况下，股东的出资，除发起人可能以实物、工业产权、非专利技术或土地使用权抵作股款之外，其他多以现金方式认购股份。对于非现金资产的出资，非现金资产的计价以投资双方约定的价格为准，如果约定价格不公允的，则以非现金资产的公允价值为准。

对于有限责任公司，股东一般也根据投入额度确定对公司的持股比例，但有些情况下公司章程会另有约定。由于没有等额股票或股票面值的概念，公司成立之初，股东的全部投入都通过“实收资本”核算，并反映在资产负债表中。例如，甲、乙、丙、丁四个股东共同发起成立长江有限责任公司，分别以现金25万元出资，通常情况下，四个股东分别享有25%股权。企业经过一段时间的生产经营之后，可能会盈利，也可能会亏损，在任何一种状况下，此时的企业与刚成立的企业在诸多方面都具有显著差异，如经验、市场前景、关系等。为此，如果有一个潜在投资者希望加入该企业，则为了维护原来投资者的权益以保证公平原则，新加入的投资者的出资如果是25万元，则他出资之后分享的权益非常可能不是20%。后进入的投资者没有为创业过程付出努力，相同数量的投资并不能享受与先进入投资者一样的表决权。新加入的投资者要付出大于原有投资者的出资额，才能够取得与原来投资者相同的投资比例。而且，新加入者享有了企业的留存收益，也应该付出大于原有投资者的出资额，才能取得与原有投资者相同的投资比例。投资者投入的资本中按其投资比例计算的出资额部分，应该计入“实收资本”科目，超过部分应该计入“资本公积——资本溢价”科目。例如，甲、乙、丙、丁四位股东各自出资100万元共同组建了长江有限责任公司，三年后企业的留存收益已经达到了600万元。此时，投资者A与甲、乙、丙、丁四个股东协商，决定出资250万元，享有企业股份的20%。在会计核算上，应该将A投入资金的100万元计入“实收资本”科目，同时将其余的150万元计入“资本公积——资本溢价”科目。

（2）“资本公积”项目，反映企业资本公积的期末余额。本项目应根据“资本公积”科目的期末余额填列。

资本公积，用于核算企业收到投资者出资超出其在注册资本或股本中所占的份额以及直接计入所有者权益的利得和损失等。与股本或实收资本对应每个股东对公司权益的享有份额不同，资本公积由全部投资者共同享有。资本公积有两大来源。第一，所有者投入产生的资本公积（见前文对“实收资本（或股本）”的论述）；第二，直接计入所有者权益的利得和损失等，根据我国企业会计准则的规定，这类利得或损失主要包括如下项目：

①记录可转换债券时的“资本公积——其他资本公积”以及可转换债券转为股本时形成的“资本公积——股本溢价”。

②债务重组时债务转资本形成的“资本公积——股本溢价”。

③同一控制下企业合并时，记录长期股权投资可能形成或冲减的资本公积。

④长期股权投资采用权益法核算时，持股比例不变的情况下，被投资单位除净损益以外的所有者权益的其他变动，企业按照持股比例计算应享有的份额，借记或贷记的“长期股权投资——其他权益变动”科目，贷记或借记“资本公积——其他资本公积”科目形成或冲减的资本公积。

⑤权益结算的股份支付形成的“资本公积——其他资本公积”和“资本公积——股本溢价”或“资本公积——资本溢价”。

⑥股份有限公司采用收购本企业股票方式减资的，购回股票支付的价款超过回购股票的面值的部分，应当依次冲减资本公积和留存收益。如果购回价款低于面值的，则形成资本公积。

⑦资产负债表日，满足运用套期会计方法条件的现金流量套期和境外经营净投资套期产生的利得或损失，属于有效套期的，贷记或借记“资本公积——其他资本公积”而形成或冲减的资本公积。

⑧外币资本折算差额，反映企业外币财务报表折算时，形成的外币财务报表折算差额。企业处置境外经营时，应该将原来计入所有者权益的外币财务报表折算差额，转入处置境外经营的当期损益。如果是部分处置境外经营企业，则按照处置比例结转外币财务报表折算差额进入当期损益。

财务报表外币折算时，资产负债表中的资产和负债项目，采用资产负债表日的即期汇率折算，所有者权益项目除“未分配利润”项目外，其他项目采用发生时的即期汇率折算；利润表中的收入和费用项目，采用交易发生日的即期汇率折算，也可以采用按照系统合理的方法确定的、与交易发生日即期汇率近似的汇率折算。这两个步骤完成之后，为了取得资产负债表以及利润表完整的勾稽关系，产生的折算差额，就是“外币财务报表折算差额”。

值得注意的是，资本公积可以用于转增股本或实收资本。转增时，应该按照各个股东在实收资本或股本中所占份额，分别确定转增至各个股东的投资金额。

（3）“库存股”项目。库存股，又称库藏股，是指由公司购回而没有注销、并由该公司持有的已发行股份。库存股在回购后并不注销，而由公司自己持有，在适当的时机再向市场出售或用于对员工的激励。因此，资产负债表中，“库存股”项目反映企业持有尚未转让或注销的本公司股份金额。本项目应根据“库存股”科目的期末余额填列，它是所有者权益的抵减项目，减少所有者权益。

报表阅读者需要注意，公司是否存在库存股，以及回购库存股的目的。公司可能为了用于奖励高管而回购股票，也可能是因为股票价格被低估等其他因素回购股票。

（4）“其他综合收益”项目，反映企业根据会计准则规定未在当期损益中确认的各项利得和损失，包括以后会计期间不能重分类为损益的其他综合收益和以后会计期间满足规定条件时将重分类进入损益的其他综合收益两类。以后会计期间不能重分类进入损益的其他综合收益项目，意味着这类项目的公允价值波动一直不能对净利润产生影响，主要包括：①职工薪酬中，重新计量设定受益计划净负债或净资产导致的变动，按照权益法长期股权投资核算因被投资单位重新计量设定受益计划净负债或净资产导致变动的权益变动，投资企业按照持股比例计算确认的该部分其他综合收益项目；②非交易性权益工具指定为以公允价值计量且其变动计入其他综合收益的金融资产。以后会计期间满足规定条件时将重分类进入损益的其他综合收益，通常是由于持有的资产或负债，在持有期间按照公允价值计量且变动计入其他综合收益，伴随着这类资产终止确认，持有期间累计的其他综合收益转变为已实现利得或损失，需要转入当期损益。例如，“其他债权投资”终止确认时，之前计入其他综合收益的累计利得或损失应当从其他综合收益中转出计入当期损益。

以万科企业股份有限公司为例，2020年年报附注其他综合收益信息披露见表2.55。

表2.55 万科其他综合收益附注信息

单位：元

项目	归属于母公司股东的其他综合收益年初余额	本年发生额			归属于母公司股东的其他综合收益年末余额
		本年所得税前发生额	税后归属于母公司	税后归属于少数股东	
不能重分类进损益的其他综合收益					
其中：权益法下不能转损益的其他综合收益(注1)	(620 412 936.07)	119 801 875.52	99 747 540.44	20 054 335.08	(520 665 395.63)
其他权益工具投资公允价值变动	424 694 380.11	(609 893 173.14)	(609 893 173.14)	—	(185 198 793.03)
将重分类进损益的其他综合收益					
其中：权益法下可转损益的其他综合收益(注2)	(1 500 041 064.09)	183 770 533.40	153 008 111.37	30 762 422.03	(1 347 032 952.72)
现金流量套期储备以及套期成本	92 776 580.69	294 508 976.45	294 508 976.45	—	387 285 557.14
外币财务报表折算差额	(203 443 592.26)	(177 823 428.48)	324 682 155.64	(502 505 584.12)	121 238 563.38
合　计	(1 806 426 631.62)	(189 635 216.25)	262 053 610.76	(451 688 827.01)	(1 544 373 020.86)

注：1. 权益法下不能转损益的其他综合收益为根据权益法核算的本集团联营公司的其他权益工具投资的公允价值变动。
2. 权益法下可转损益的其他综合收益主要是根据权益法核算本集团联营公司的外币财务报表折算差额。

（5）“盈余公积和未分配利润”项目。盈余公积和未分配利润都属于企业的留存收益，是企业历年实现的但尚未分配给股东的净利润的累积额。

根据我国公司法规定，公司当年实现的税后利润，应该按照下列顺序进行分配：

第一，应当提取利润的10%列入公司法定公积金。公司法定公积金累计额为公司注册资本的50%以上的，可以不再提取。

公司的法定公积金不足以弥补以前年度亏损的，在依照前款规定提取法定公积金之前，应当先用当年利润弥补亏损。

第二，公司从税后利润中提取法定公积金后，经股东会或者股东大会决议，还可以从税后利润中提取任一公积金。

法定公积金和任一公积金都通过资产负债表的“盈余公积”反映。

第三，向投资者分配股利或利润。公司弥补亏损、提取盈余公积之后剩余的净利润，可以用于分配股利或利润，当年也可以选择不分配股利或利润。

上述分配程序剩下的净利润，计入当年的“未分配利润”项目，该项目与期初未分配利润的合计数，形成企业期末未分配利润。

公司提取的盈余公积，主要用于以下两个方面。一方面，用于弥补亏损。企业发生的亏损，应该由企业自行弥补。企业弥补亏损的途径有三：一是用以后年度税前利润弥补（亏损发生之后的5年内实现的税前利润弥补）；二是用以后年度税后利润弥补（亏损发生之后，经过5年期间未弥补足额的，尚未弥补的亏损应用所得税后的利润弥补）；三是经由董事会提议，股东大会通过，盈余公积可以用于弥补亏损。另一方面，转增资本。企业盈余公积，经过股东大会决议批准，可以用于转增资本。转增资本之后留存的盈余公积的数额，不能少于注册资本的25%。

【阅读材料】

增发、定向增发、转股、送股、配股等资本市场常用术语的含义与区别。

增发与定向增发。股票增发是上市公司的一种融资手段，包括公开增发和定向增发。公开增发是面向市场的所有投资人发行新股票的行为，但是现有股东通常具有优先购买权，剩余部分再向其他投资人发行。定向增发是指上市公司向符合条件的少数特定投资者非公开发行股份的行为，原股东和普通投资者未必能够参加。在我国，定向增发通常是面向机构投资者。

转股与送股。转增股本是指公司将资本公积金转化为股本；送股是指派送红股，是将公司本年的利润留在公司，发放股票作为红利。转增股本与送股的本质区别在于，派送红股来自公司的年度税后利润，只有在公司有盈余的情况下，才能向股东送红股；而转增股本却来自资本公积，它可以不受公司本年度可分配利润的多少及时间的限制，只是将公司账面资本公积划转股本或实收资本，增加相应的注册资本金即可。因此，转增股本严格地说并不是对股东的分红回报。不论是转股还是送股，投资者并没有真正得到现金，也没有改变股东的权益，但却增加了股票数量，从而使得每股股票分享的企业股东权益账面价值下降，使得每股股票的市场价格也随之下降。例如，A公司所有者权益账面价值1 000万元，股票数量500万股，则每股股票代表的所有者权益账面价值是2元，每股股票市场价格5元；如果股票数量通过转股或送股增加为1 000万股，则所有者权益仍然是1 000万元，但是每股股票账面价值变为1元。理论上，此时每股股票市场价值变为2.5元，但由于股票价格下降，股票流通性可能增强（更多的投资者买得起该股票），可能会推高股票市场价格，这也是为什么有些公司宣布转股或送股之后，公司股票价格有所上涨。

配股。配股是上市公司依照有关法律法规和相应程序，向原股东进一步发行新股、筹集资金的行为。按照惯例，公司配股时新股的认购权按照原有股权比例在原股东之间分配，即原股东拥有优先认购权。

2.3.4 负债与所有者权益的划分

通常情况下，负债与所有者权益的划分泾渭分明。负债是指企业过去的交易或者事项形成的、预期会导致经济利益流出企业的现时义务；所有者权益是指企业资产扣除负债后由所有者享有的剩余权益。但是，伴随着一些新型的、复杂的金融工具的出现，企业通过发行金融工具而筹集的资金应该确认为负债还是所有者权益，会对企业的资本结构产生重要影响。

根据我国《企业会计准则第37号——金融工具列报》应用指南（2018年），企业发行的金融工具，在满足下列条件下应该确认为金融负债。

（1）向其他方交付现金或其他金融资产的合同义务，例如发行的承诺支付固定利息的公司债券。

（2）在潜在不利条件下，与其他方交换金融资产或金融负债的合同义务，例如签出的外汇期权。

（3）将来须用或可用企业自身权益工具进行结算的非衍生工具合同，且企业根据该合同将交付可变数量的自身权益工具。例如，企业取得一项金融资产，并承诺两个月后向卖方交付本企业发行的普通股，交付的普通股数量根据交付时的股价确定，则该项承诺是一项金融负债。

（4）将来须用或可用企业自身权益工具进行结算的衍生工具合同（以固定数量的自身权益工具交换固定金额的现金或其他金融资产的衍生工具合同除外）。例如，以普通股净额结算的股票期权。企业对全部现有同类别非衍生自身权益工具的持有方（如普通股股东）同比例发行配股权、期权或认股权证，使之有权按比例以固定金额的任何货币换取固定数量的该企业自身权益工具的，该类配股权、期权或认股权证应当分类为权益工具。其中，企业自身权益工具不包括应按照上述分类为权益工具的金融工具，也不包括本身就要求在未来收取或交付企业自身权益工具的合同。

在同时满足下列条件的情况下，企业应当将发行的金融工具分类为权益工具：①该金融工具应当不包括交付现金或其他金融资产给其他方，或在潜在不利条件下与其他方交换金融资产或金融负债的合同义务。②将来须用或可用企业自身权益工具结算该金融工具。如为非衍生工具，该金融工具应当不包括交付可变数量的自身权益工具进行结算的合同义务；如为衍生工具，企业只能通过以固定数量的自身权益工具交换固定金额的现金或其他金融资产结算该金融工具。

【案例思考】

甲公司发行了一项年利率为8%、无固定还款期限，可自主决定是否支付利息的不可累积永续债，两类合同条款分别规定如下：

合同条款一：

（1）该永续债嵌入了一项看涨期权，允许甲公司在发行第5年及之后以面值回购该永续债。

（2）如果甲公司在第5年末没有回购该永续债，则之后的票息率增加至11%(通常称为“票息递增”特征)。

（3）该永续债票息在甲公司向其普通股股东支付股利时必须支付(即“股利推动机制”)。甲公司根据相应的议事机制能够自主决定普通股股利的支付；甲公司发行该永续债之前多年来均支付普通股股利。

合同条款二：

当发行人未能清偿到期应付的其他债务融资工具、企业债或任何金融机构贷款的本金或利息时，发行人立即启动投资者保护机制(实务中有时将此类保护条款称为“交叉保护”)，即主承销商于20个工作日内召开永续债持有人会议。永续债持有人有权对如下处理方案进行表决：

（1）无条件豁免违反约定；

（2）有条件豁免违反约定，即如果发行人采取了补救方案(如增加担保)，并在30日内完成相关法律手续的，则豁免违反约定。

如上述豁免的方案经表决生效，发行人应无条件接受持有人会议作出的上述决议，并于30个工作日内完成相关法律手续。如上述方案未获表决通过，则永续债本息应在持有人会议召开日的次日立即到期应付。

假定不考虑其他因素。

思考：根据上述材料，在两种不同的合同条款下，公司发行的永续债应该视为负债还是权益？

【阅读材料】

黄世忠：评小米令人困惑的财务报告。

近日，读完小米2018年5月3日在港交所发布的招股说明书，尤其是其中晦涩难懂的财务报告，笔者情不自禁地想把著名歌手蔡琴演唱的“读你千遍也不厌倦，读你的感觉像春天”改为“读你千遍也不明白，读你的感觉像天书”。小米令人费解的财务报告所引发的热议，不禁使我们赞叹，苏轼当年写下“横看成岭侧成峰，远近高低各不同”的名句，不仅适用于庐山，居然也适用于会计。

横看成岭侧成峰——评小米令人困惑的财务报告。

最近，浏览了网络上的文章和评论，可以发现投资者对小米的财务报告充满困惑：小米到底是严重亏损还是高额盈利？到底是资不抵债还是实力雄厚？按照IFRS，小米2017年亏损439亿元，若不按IFRS计量，则盈利54亿元，两者相差高达493亿元，其中仅可转换可赎回优先股调增的利润就高达541亿元。按照IFRS编制的资产负债表，小米2017年末的股东权益为-1 272亿元，但若剔除可转换可赎回优先股的影响，其股东权益则高达343亿元，两者相差1 615亿元。孰对孰错，见仁见智，众说纷纭，莫衷一是。

本文以小米发布的招股说明书为基础，分析可转换可赎回优先股会计处理在经营业绩和财务状况方面给投资者造成的困惑，探讨国际财务报告准则（IFRS）在区分负债和权益的规定，说明现行IFRS对可转换可赎回优先股的规定，严重扭曲了上市公司的经济现实，且可能产生意想不到的经济后果，最后介绍披露非公认会计原则业绩指标的争议。

一、可转换可赎回优先股性质认定的争议

对于金融工具而言，负债与权益之间的界限，并非总是泾渭分明，有时甚至是错综复杂，相互交织。与普通股不同，优先股既可以是“像股的债”，也可以是“像债的股”（范勋、田雪彦，2016），具体是债是股，取决于合同条款的约定。小米发行的可转换可赎回优先股，到底应划分为金融负债还是权益工具？小米的可转换可赎回优先股，IFRS将之称为复合金融工具（compound financial instruments），而美国的公认会计原则（GAAP）则将其称为混合金融工具（hybrid financial instruments），意思是这类金融工具同时包含有负债和权益的成分。

招股说明书披露的信息显示，小米自2010年9月至2017年8月，通过18轮的融资，累计向投资者发行了12个系列的优先股，与此相关的对价收入约为98亿元。这些优先股具有四个特点：（1）持有者有权收取非累计股息外加按原发行价的8%计算的应计利息；（2）持有人可自2015年7月3日起，在小米公开上市或超过50%的持有者要求赎回时，按当时有效的转换价转换为普通股；（3）自2019年12月23日起，按发行价加8%应计利息及已宣派但未支付股息之和与优先股公允价值孰高者的价格，赎回全部优先股；（4）持有人有权在清算时按发行价加上应计或已宣派但未支付的股息，或发行价的110%优先收取剩余的权益，倘若可供分配的剩余权益不足以悉数支付优先股受偿金，持有人有权优先于普通股持有人分配剩余权益。

由于小米优先股的持有者具有按变动对价而不是固定对价转换为普通股的权利，且小米在2019年12月23日起行使可赎回权（callable option）的价格也不是固定的，持有者可以按“原发行价加8%应计利息及已宣派但未支付股息或公允价值孰高的价格”

行使可出售权（puttable option），不符合第32号国际会计准则（IAS 32）的“固定对固定”（fixed-for-fixed，即履行转移现金或股票的义务，所需要付出的转换对价或清算对价是固定的）认定标准，故小米将其发行的可转换可赎回优先股划分为金融负债，按公允价值计量且将其变动计入当期损益。从会计准则层面上看，小米这一做法完全符合IFRS的要求，因为小米确实存在着向优先股持有人支付现金或发行股份的不可避免义务，作为负债有其正当性。

问题是，若按GAAP的规定，小米的可转换可赎回优先股，能否划分为权益工具？与IFRS采用的“固定对固定”认定标准不同，GAAP采用“两步法”（two-step approach）将混合金融工具区分为金融负债和权益工具。第一步应考虑是否存在权变性的行权条款（contingent exerciseprovisions），若存在，这些条款只能与发行人自己的股票挂钩。第二步应考虑履行现金或股票转移义务的金额，当该金额等于所发行股份公允价值与一个固定的货币金额或所发行债务工具的一个固定金额之间的差额，可将混合金融工具视为权益而不是负债。即使预定价格（strike price）不符合上述条件，混合金融工具也有可能划分为权益，如可能影响履约金额包含了“固定对固定”的远期合约或期权。可见，GAAP对权益工具的认定标准不像IFRS那么严苛，在很多情况下，即使履行转移现金或股票的义务所需要的对价不是固定的，也可以认定为权益工具。小米发行的优先股存在权变性行权条款，符合第一步的规定，其转换对价虽然不是固定的，但赎回对价是在一个固定金额与公允价值之间抉择，看似符合第二步的规定。依据笔者的判断，按照GAAP的要求，小米发行的优先股可以划分为权益工具。

优先股是划分为金融负债还是权益工具，直接影响其后续计量，会产生完全不同的经济后果。将小米的优先股划分为金融负债，后续的资产负债表日必须按公允价值计量，并将公允价值的变动计入损益。这导致小米2017年的利润减少542亿元，年末出现1 272亿元的资不抵债。若将其划分为权益工具，后续的资产负债表日不需要重新计量，则小米2017年的利润将增加542亿元，净资产也将由−1 272亿元变为343亿元。可见，对优先股性质归属的不同认定及其后续的不同会计处理，可将小米描绘成两幅迥然不同的财务图像，一幅是经营严重亏损，资不抵债濒临倒闭的财务图像，另一幅则是获利能力超强、财务实力雄厚的财务图像。这两幅财务图像，哪幅图像更加逼近小米的真实情况呢？答案是显而易见的，第一幅财务图像与小米的真实情况背道而驰，第二幅财务图像准确地映射了小米的真实情况，否则，小米公开招股就不会受到热捧。由此可以推断，对于小米而言，IAS 32貌似严谨细致，实则扭曲事实，显然不是一个高质量的会计准则。

会计界信奉的实质重于形式原则，也支持上述结论。按照IAS 32的规定，小米尽管将优先股划分为负债，但这种负债既不是法律意义上的债务，也不是具有经济实质的债务，充其量只能算作一种纯理论的虚拟债务。首先，优先股持有者当初支付的总对价只有不到98亿元，而其2017年末的公允价值却高达1 615亿元，持有者不论以什么价格将优先股转换为普通股，都可获得丰厚的回报。基于理性人假设，持有者放弃其转股机会或行使其可出售权的概率几乎为零，这说明这些优先股并不构成小米向优先股持有者支付现金或转移其他资产的现时义务。其次，这些优先股转换为普通股时，负债便消失殆尽，且不需要小米支付现金或转移其他资产，只需小米额外发行一些股份即可。伴随着负债的减少，是小米净资产的增加，现金流量并没有因此而减少，这说明优先股并非传统意义上的债务。最后，尽管小米为履行转股义务需要增发股份，会稀释普通股股东的权益，但这属于业主之间的交易，与小米这一会计主体无关，作为独立会计主体的小米并不会因此发生利益的减损。

二、可转换可赎回优先股计量损益的争议

为了遵循IFRS，小米将其可转换可赎回优先股作为金融负债进行会计处理，并在后续的资产负债表日上将这些金融负债公允价值变动计入当期损益。这种损益不仅有悖于经营情况，而且缺乏经济实质。小米过去三年的经营情况蒸蒸日上，营业收入从2015年和2016年的668亿元和684亿元猛增至2017年的1 146亿元，经营利润也从2015年和2016年的14亿元和38亿元飙升至2017年的122亿元，因此受到资本市场的热捧，其可转换可赎回优先股的公允价值在2017年增加了541亿元。面对这种大好形势，小米却不得不在2017年的利润表上确认了高达541亿元的金融负债公允价值变动损失。对于这种利润表与实际情况严重背离的荒唐局面，郑朝晖博士评论道："这个案例说明了将优先股作为负债并按公允价值计量之缺陷，经营业绩大幅改善，股价暴涨，利润表却体现巨额亏损，经营业绩严重恶化，股价暴跌，利润表却体现巨额盈利，公允价值会计的逆周期现象令人哭笑不得"。更重要的是，小米2017年确认的这541亿元亏损，并没有导致小米的现金流出，纯粹是因会计游戏规则不合理所产生的账面损失（paper loss）。

上述情况与2008年全球金融危机如出一辙。按公允价值计量金融负债并将其变动计入当期损益的做法，早在2008年就被广为诟病。当时的IFRS和GAAP均要求金融机构确认因自身信用风险变动对其负债公允价值的影响。如果金融机构因经营改善导致信用等级的提高，其负债的公允价值将增加，必须确认为一项损失。反之，如果金融机构因经营恶化信用等级下降，其负债的公允价值将减少，则必须确认为一项利得。这种因经营好转必须确认损失，经营恶化反而可以确认利得的做法，明显有悖于商业逻辑。2009年第一季度很多金融机构的"利润"就是来自自身信用等级下降导致其负债的公允价值减少而确认的利得。花旗集团2009年第一季度报告了16亿美元的净收益，其中包含了25亿美元因其信用情况恶化而确认的负债公允价值变动利得。同样地，汇丰银行2009年第一季度报告了8.72亿美元净收益，其中高达66亿美元也是因为信用等级下降而确认的负债公允价值变动利得。与此相反，摩根士丹利却因经营改善导致信用等级提高而不得不在2009年第一季度确认了15亿美元的负债公允价值变动损失。正因为自身信用风险变动，金融负债公允价值变动计入当期损益扭曲了金融机构的经营业绩，严重误导投资者的决策，IFRS和GAAP后来修改规定，要求将这种误导性的损益计入其他综合收益（Other Comprehensive Income，OCI）。

尽管小米的管理层认为信用风险变动导致的优先股公允价值变动不大，但按公允价值计量优先股对小米经营成果造成的扭曲，其性质与确认因自身信用风险变动形成的金融负债公允价值变动损益并无两样。既然 IFRS 和 GAAP 已对后者作了修订，没有理由不允许小米等公司将划分为金融负债的优先股公允价值变动计入其他综合收益。计入其他综合收益而不是当期损益，既可从根本上纠正优先股公允价值变动对经营业绩的歪曲，避免误导投资者，还可避免其对利润分配政策的不当干扰。

诚如 Zeff 教授所言，会计准则具有严重的经济后果。优先股的性质认定和计量结果，直接影响企业的利润分配。按照 IFRS，小米将其优先股划分为金融负债，并将公允价值变动的计量结果确认为当期损益，导致 2017 年巨亏，无利可分。若小米按照 GAAP 将优先股划分为权益工具，则不存在此问题。小米若将发行的优先股认定为权益工具，初始计量按发行时收到对价的公允价值计量，不存在后续计量问题，剔除优先股的影响，2017 年其利润就可增加 541 亿元，就有利可分。事实上，公允价值变动损益，只是一种未实现的账面利得（unrealized paper gains）或未实现的账面损失（unrealized paper losses），对企业的现金流量没有丝毫影响，本不应当对企业的利润分配产生影响。但《公司法》规定只有盈利才可分配利润，而没有考虑公允价值变动损益对盈利的影响。因此在实践中，绝大多数企业在利润分配中没有剔除公允价值变动损益的影响，造成超额分配（公允价值变动为净利得时）或分配不足（公允价值变动为净损失时）的现象十分普遍。小米的财务报告显示，2017 年末其保留盈利为 −1 504 亿元，这几乎都是由优先股的公允价值变动所造成的，因为 2017 年末优先股的公允价值是 1 615 亿元，而发行优先股的对价收入只有 98 亿元，二者差额高达 1 517 亿元。−1 504 亿元的保留盈余若不处理，将严重限制小米嗣后的利润分配。小米将如何处理巨额负数的保留盈余，目前不得而知。笔者查阅了遭遇类似问题的美图秀秀 2017 年年报，其做法是由董事会通过决议，用 88 亿元的股份溢价抵消优先股公允价值变动造成的累计亏损，使其保留盈余由 2016 年末的 −103 亿元升至 2017 年的 −18 亿元。这种做法相当于用资本公积弥补以前年度亏损，我国的《公司法》过去允许这种做法，但 2005 年修订的《公司法》对此加以禁止。

三、披露非公认会计原则业绩指标的争议

既然按照 IFRS 或 GAAP 编制的财务报告所体现的经营业绩有时会严重背离企业的实际经营情况，企业只好诉诸于非公认会计原则业绩指标（Non-GAAP measures，以下简称“Non-GAAP 业绩指标”），也就是将按 IFRS 或 GAAP 编制的净利润调节为 Non-GAAP 业绩指标，并随同审计的财务报告一并披露，以正视听。引入并披露 Non-GAAP 业绩指标，剔除与经营无关影响因素的做法，近年来日趋流行，在电信、媒体、科技（TMT）行业尤为盛行。小米披露的招股说明书也不例外。小米 2017 年利润表上的净利润为 −438.89 亿元，剔除四个调整项目的影响后，Non-GAAP 的净利润为 53.62 亿元。这四个调整项目分别是：（1）可转换可赎回优先股公允价值变动损失 540.72 亿元，调增净利润；（2）以股份为基础的薪酬 9.09 亿元，调增净利润；

（3）投资公允价值增益净值57.32亿元，调减净利润；（4）收购导致的无形资产摊销0.02亿元，调增净利润。这四个调整项目有两个共同特点，一是都与小米的经营业务无关，二是都不涉及现金的流出或流入。

披露Non-GAAP业绩指标的做法，与上市公司按照中国证监会的要求，披露归属于母公司股东的扣除非经常性损益的净利润有点类似，但其范围更广，且呈上升趋势。张为国教授的课件显示，金融时报100指数公司中，81家在年度报告中披露了Non-GAAP业绩指标，标普500公司中，88%的公司披露了Non-GAAP业绩指标，道琼斯指数公司中，按照GAAP和Non-GAAP业绩指标之间的差异从2014年的12%上升到了2015年的30%。Non-GAAP业绩指标日益盛行，引发了不少争议。一方面，投资者特别是机构投资者和编制者普遍对此持欢迎和支持态度，认为Non-GAAP业绩指标在很多情况下可以纠偏，即纠正IFRS或GAAP不适时宜的规定所造成的对企业经营业绩的扭曲甚至歪曲。另一方面，准则制定者、监管部门和审计师则持谨慎态度，担心过多地披露Non-GAAP业绩指标，不仅会降低IFRS和GAAP的权威性，而且会给财务报告使用者造成混乱，带来困惑，给企业管理层操纵业绩提供机会。此外，不受IFRS或GAAP约束的Non-GAAP业绩指标，往往未经审计，质量无法保证，也缺乏可比性和一致性。

Non-GAAP业绩指标大行其道，表明资本市场对此有强烈的信息需求，这在一定程度上说明了IFRS和GAAP正在日益丧失权威性和相关性。与其对Non-GAAP业绩指标防堵打压，不如疏导规范。一是引入Non-GAAP业绩指标的审计机制，以提高这些指标的信息质量；二是修改不合时宜的规定，如放松将优先股确认为权益工具的标准，或者允许将优先股划分为金融负债的企业，将金融负债公允价值的变动计入其他综合收益，以缓解公允价值计量对经营业绩报告的影响；三是加强对Non-GAAP业绩指标的监管，只允许企业调整与经营无关且没有现金流量含义的项目，以提高Non-GAAP业绩指标的可比性和一致性；四是加强投资者教育，让他们了解基于IFRS和GAAP的业绩指标与Non-GAAP业绩指标的联系与区别，避免被少数别有用心的企业所误导。

四、结束语

小米披露的招股说明书，引发了意想不到的热议。笔者2018年5月3日晚上与几个学生就小米的优先股会计处理到底有没有问题进行了热烈讨论。兴业证券的陈玮博士认为，懂会计准则的知道这不是个问题，不懂会计准则的不知道这是个问题，所以结论是，没问题！我则认为，懂会计准则的，知道这是个问题，不懂会计准则的，不知道这是个什么问题，结论就是，是问题又不知道是什么问题。陈玮博士最后感叹道："是问题又不知道是什么问题，这真是个大问题！"

资料来源：云顶财说，转载自搜狐网。

2.3.5　资产负债表各个项目的主要计量属性

在第1章学习中，我们给出了五种常用计量属性，它们分别是历史成本、重置成本、可变现净值、现值和公允价值。表 2.56 简要归纳了五种计量属性的特点。

表 2.56　五种计量属性主要特点

计量属性	时态	投入或产出的类型	是否涉及交易的类型	计量可靠性排序	计量相关性排序
历史成本	过去	投入、取得	实际交易	最强	最弱
重置成本	现在	投入、取得	虚拟交易	↓	↓
现值	现在	产出、出售	虚拟交易	↓	↓
可变现净值	现在	产出、出售	虚拟交易	↓	↓
未来现金流量贴现值技术搜寻的公允价值	未来	产出、出售		最弱	最强

我国上市公司编制财务报表时使用最广泛的计量属性是历史成本和公允价值。历史成本是面向过去的计量属性，是以交易发生时的交换价值或实际成本作为资产或负债的入账价值。由于交换价值或实际成本只有一个且有原始凭证为依据，因此历史成本信息一经确定，通常不再发生变化，该信息具有可验证性，信息可靠性较强。但是，历史成本信息由于面向过去，可能与资产的现行价值差异较大。例如，企业 30 年前以每平方米 500 元价格在某一线城市购得 100 平方米房子，历史成本 50 000 元，该历史成本与现在市场价格必定相差甚远。一般情况下，资产取得时间越长，历史成本越有可能偏离当前价值。因此，通常情况下，相对于非流动资产，流动资产的历史成本更接近于当前价值。

公允价值是面向未来的计量属性，理论上，它是反映企业资产或负债最新价值的计量属性，因此信息最具相关性，对信息使用者决策最为相关。但是，由于它是假想中的价格，企业并非通过出售资产或者转移（包括清偿）负债取得公允价值。公允价值的取得包括三种主要方式，分别是该资产或负债活跃的市场交易价格；相似资产或负债的活跃市场交易价格；未来现金流量折现值等估计方法确定的交易价格。这三种方式取得公允价值，可靠性逐个下降。公允价值信息的可靠性严重依赖于是否具有活跃市场，这也极大限制了公允价值的应用范围，采用公允价值计量的资产或负债也经常带来争议。

【阅读材料】

美国国际集团 (AIG) 是世界保险和金融服务的领导者，也是全球首屈一指的国际性保险服务机构，业务遍及全球 130 多个国家及地区，其成员公司通过世界保险业最为庞大的财产保险及人寿保险服务网络，竭诚为各商业、机构和个人客户提供服务。2007 年美国爆发的金融危机，让 AIG 也蒙受了巨大打击，但是，该公司在金融危机过程中到底亏损额度应该是多少，各方的认定相差甚远。其中，该集团持有的金融衍生品信用违约合同（简称“CDS”）估值就是一个典型的例子。该衍生品本来具有活跃交易市场，但由于金融危机爆发，交易价格下降幅度大，交易市场不再活跃。2007年，根据AIG自己的估值模型，其持有的CDS在危机中损失约9亿美元，但摩根士丹利的分析师经过测算认为该损失为30亿～130亿美元（幅度大，相关性低）。在审计机构指出AIG对CDS财务报告的内部控制存在重大缺陷后，后者不得不在2007年度确认了110亿美元的损失。到2008年秋季，AIG在CDS确认的损失已经超过1 000亿美元。可见，就需要利用复杂的数学模型进行估值的第三层次公允价值而言，其结果往往会“难以捉摸”。

采用不同计量属性，对资产或负债的财务报表列报金额与实际价值偏离程度的影响很大，从而对企业估值影响很大。总体上，我国企业会计准则各个资产项目采用历史成本或公允价值的情况见表2.57。

表2.57 各个资产项目主要计量属性

报表项目	历史成本	公允价值	期末是否需要计提减值准备
货币资金	是		通常不需要
交易性金融资产		是	不需要
应收账款	是		可能需要
应收票据	是		不需要
预付账款	是		通常不需要
其他应收款	是		可能需要
购入存货	是		可能需要
期末存货	是		可能需要
其他债权投资		是	可能需要
其他权益工具投资		是	不需要
长期股权投资	是	是	可能需要
固定资产	是		可能需要
在建工程	是		可能需要
无形资产	是		可能需要

对于负债类项目，企业需要偿还的金额与资产负债表反映的金额通常是一致的（预计负债和递延所得税负债除外），因此，负债的计量比较简单，不予一一分析其计量属性。

综上，结合计量属性，可以将资产与负债划分为三大类别。

第一，报表反映的账面价值等于该报表项目的真实价值。

如果不考虑货币时间价值，大多数的资产都属于这种类别，例如，货币资金、应收票据、应收账款、采用公允价值计量的资产（主要是交易性金融资产、其他债权投资、其他权益工具投资、公允价值计量的投资性房地产和生物资产）。

第二，报表反映的账面价值低于该报表项目的真实价值。

除了第一种类别，大多数资产的账面价值都应该低于真实价值，否则企业未来发展前景堪忧。例如，存货未来售价应该高于存货账面价值，否则企业没有盈利空间。再如，企业的大多数固定资产账面价值高于真实价值，表明固定资产隐含的生产能力下降或企业产品的市场前景暗淡。这类资产主要包括预付账款、存货、消耗性生物资产、在建工程、固定资产、历史成本计量的投资性房地产和生物资产、债权投资、长期股权投资、开发支出、无形资产。

第三，报表反映的账面价值大于该报表项目的真实价值。

由于发生减值，有些资产的账面价值已经超过了真实价值，如不能足额收回的应收账款、其他应收款。对于一个健康发展的企业而言，减值的资产越少越好，例如，少部分减值的债权、少部分变质或保管不当的存货、少部分使用年限久远的固定资产等。对于这类资产，我们需要关注，企业是否进行了减值测试并且计提了足够的减值准备，企业是否操控了资产减值准备的计提。

第 3 章　利润表和综合收益表

【学习目的】

1. 什么是利润表？作用和局限性？
2. 利润表的各个报表项目具体经济内涵。
3. 利润表和综合收益表的区别。

【案例导入】

张明于 20×1 年 6 月 1 日正式成立了张明文印有限责任公司，经营打印复印等业务。20×3 年年终总结时，张明整理本年的成果取得了如下数据。

打印收入 500 000 元；

复印收入 300 000 元；

扫描收入 200 000 元；

消耗纸张、墨盒等合计 100 000 元；

打印机、复印机等设备折旧费 50 000 元；

租赁场地形成的使用权资产的折旧 150 000 元；

职工薪酬 100 000 元；

利息费用 10 000 元；

办公费用 50 000 元。

其他信息如下：（1）公司成立时，决定隔年开展一次小范围的广告宣传。20×3 年，公司投入 5 000 元在周边进行业务宣传与拓展。（2）兼营饮料，产生收入 100 000 元，成本 60 000 元。（3）同年，公司以自有资金在二级市场购入股票并一直持有，成本是 100 000 元，期末的市价已经是 150 000 元了。（4）公司的一个员工使用电脑时不小心弄坏了主机，使得该主机毫无价值。该电脑主机损害时的账面价值是 5 000 元，主机清理没有发生任何费用。（5）以低于账面价值 3 000 元的价格处置一台扫描设备。（6）所得税费用 50 000 元。

现在，你能否帮助张明编制利润表以正确反映公司本年利润；学习完本章后，你能否编制一张符合准则范式的利润表。

3.1 收入、费用、利得、损失、综合收益的定义

3.1.1 收入的定义和确认

1）收入的定义

会计上的收入，与日常经济生活中提到的“收入、赚钱”等概念所表示的意思是不一致的。会计上对什么是“收入”进行了严格的界定。《企业会计准则第 14 号——收入》规定，收入是指企业在日常活动中形成的、会导致所有者权益增加的、与所有者投入资本无关的经济利益的总流入。根据收入的定义，收入具有以下特征：

（1）收入是企业在日常活动中形成的。日常活动是指企业为完成其经营目标所从事的经常性活动以及与之相关的活动。例如，工业企业制造并销售产品、商业企业销售商品、保险公司签发保单、咨询公司提供咨询服务、软件企业为客户开发软件、安装公司提供安装服务、商业银行对外贷款、租赁公司出租资产等均属于企业的日常活动。界定日常活动是为了将收入与利得相区分，日常活动是确认收入的重要判断标准，凡是日常活动所形成的经济利益的流入应当确认为收入，非日常活动所形成的经济利益的流入不能确认为收入，而应当计入利得。比如，接受捐赠属于非日常活动，所形成的净利益就不应确认为收入，而应当确认为利得。再如，无形资产出租所取得的租金收入属于日常活动所形成的，应当确认为收入。

理解收入是企业在日常活动中形成的，是非常重要的。它传递了一个重要信息，这类收入的持续性是比较强的，持续性越强，收入质量越高。

（2）收入会导致所有者权益的增加。与收入相关的经济利益的流入应当会导致所有者权益的增加，不会导致所有者权益增加的经济利益的流入不符合收入的定义。例如，企业向银行借入款项，尽管也导致了企业经济利益的流入，但该流入并不导致所有者权益的增加，而是企业承担了一项现时义务，不应将其确认为收入，应当确认一项负债。

（3）收入是与所有者投入资本无关的经济利益的总流入。收入应当会导致经济利益的流入，从而导致资产的增加。例如，企业销售商品，应当在收到现金或者有权在未来收到现金时，才表明该交易符合收入的定义。但是，经济利益的流入有时是所有者投入资本的增加所致，所有者投入资本的增加不应当确认为收入，应当将其直接确认为所有者权益。

2）收入的确认

根据企业会计准则的规定，企业与客户之间的合同同时满足下列条件的，企业应当在客户取得相关商品控制权时确认收入。①合同各方已批准该合同并承诺履行各自义务；②该合同明确了合同各方与所转让的商品（或提供的劳务）相关的权利和义务；

③该合同有明确的与所转让商品相关的支付条款；④该合同具有商业实质，即履行该合同将改变企业未来现金流量的风险、时间分布或金额；⑤企业因向客户转让商品而有权取得的对价很可能收回。

我们需要特别关注 3 个问题。第一，收入采用总额法还是净额法确认；第二，收入在一个时点确认，还是在一个时间段确认；第三，合同中存在的重大融资成分的影响。

（1）总额法和净额法确认收入。

根据《企业会计准则第 14 号——收入》，企业应当根据其在向客户转让商品前是否拥有对该商品的控制权，来判断其从事交易时的身份是主要责任人还是代理人。企业在向客户转让商品前能够控制该商品的，该企业为主要责任人，应当按照已收或应收对价总额确认收入；否则，该企业为代理人，应当按照预期有权收取的佣金或手续费的金额确认收入，该金额应当按照已收或应收价总额扣除应支付给其他相关方的价款后的净额，或者按照既定的佣金金额或比例等确定。

企业向客户转让商品前能够控制该商品的情形包括：

①企业自第三方取得商品或其他资产控制权后，再转让给客户。

②企业能够主导第三方代表本企业向客户提供服务。

③企业自第三方取得商品控制权后，通过提供重大的服务将该商品与其他商品整合成某组合产出转让给客户。

在具体判断向客户转让商品前是否拥有对该商品的控制权时，企业不应仅局限于合同的法律形式，而应当综合考虑所有相关事实和情况，这些事实和情况包括：①企业承担向客户转让商品的主要责任。②企业在转让商品之前或之后承担了该商品的存货风险。③企业有权自主决定所交易商品的价格。④其他相关事实和情况。

以网约车公司滴滴为例[①]，滴滴在 2021 年 6 月 10 日递交给美国证监会的招股说明书显示，2018—2020 年，滴滴在中国国内的出行业务产生的收入，采用总额法确认，即根据乘客出行支付的价格全额确认收入。其主要原因是，根据我国对网约车平台的监管规定，在我国提供网约车出行服务，网约车平台必须获得政府监管部门颁发的营业执照并对出行服务负全责，持有营业执照的网约车平台必须确保司机和车辆符合监管规定，包括对司机的背景调查和车辆性能的检查等。因此，滴滴对网约车服务负最大和最终责任，在出行服务中担任的是主要责任人而不是代理人的角色，网约车司机代表网约车平台向乘客提供出行服务，司机和乘客均成为滴滴的客户。因此滴滴对国内出行服务采用总额法确认收入。相比之下，国外对网约车平台的监管不如我国严厉，因此滴滴对在国外提供的出行服务采用净额法确认收入。其主要理由是，根据国外大部分国家的规定，乘客可免费使用滴滴的网约车平台且滴滴不承担对乘客的履约义务。在这样的监管环境下，网约车司机通常是滴滴的客户，而乘客则不是。由于不能控制出行服务，滴滴仅扮演代理人而不是主要责任人的角色，

① 黄世忠 . 滴滴与优步的业绩评价困境 [J]. 财会月刊，2021（13）：13–17.

具体理由包括：①滴滴不能控制网约车司机向乘客提供的出行服务；②滴滴无权要求网约车司机代表滴滴提供出行服务；③滴滴并不将自己的服务与网约车司机的服务进行整合后再转让给乘客；④网约车司机有义务按照其与乘客达成的服务协议履行对乘客的出行服务承诺。

（2）时点还是时段确认收入。

例如，企业承担一个工程项目，建造时间需要3年，那么，企业是3年建设完成并验收结束时确认收入，还是伴随着工程进度分期确认收入呢？这显然会对企业财务报表产生深刻影响。

我国《企业会计准则第14号——收入》规定，满足下列条件之一的，属于在某一时段内履行履约义务；否则，属于在某一时点履行履约义务。①客户在企业履约的同时即取得并消耗企业履约所带来的经济利益。②客户能够控制企业履约过程中在建的商品。③企业履约过程中所产出的商品具有不可替代用途，且该企业在整个合同期间内有权就累计至今已完成的履约部分收取款项。对于在某一时段内履行的履约义务，企业应当在该段时间内按照履约进度，在每个会计期间分期确认收入，除非企业不能合理确定履约进度。当履约进度不能合理确定时，企业已经发生的成本预计能够得到补偿的，应当按照已经发生的成本金额确认收入，直到履约进度能够合理确定为止。

对于在某一时点履行的履约义务，企业应当在客户取得相关商品控制权的时点确认收入。在判断客户是否已取得商品控制权时，企业应当考虑下列迹象：①企业就该商品享有现时收款权利，即客户就该商品负有现时付款义务。②企业已将该商品的法定所有权转移给客户，即客户已拥有该商品的法定所有权。③企业已将该商品实物转移给客户，即客户已实物占有该商品。④企业已将该商品所有权上的主要风险和报酬转移给客户，即客户已取得该商品所有权上的主要风险和报酬。⑤客户已接受该商品。⑥其他表明客户已取得商品控制权的迹象。

【案例分析[①]】

甲公司与乙公司签订合同，为其开发一套定制化软件系统。合同约定，为确保信息安全以及软件开发完成后能够迅速与乙公司系统对接，甲公司需在乙公司办公现场通过乙公司的内部模拟系统进行软件开发，开发过程中所形成的全部电脑程序、代码等应存储于乙公司的内部模拟系统中，开发人员不得将程序代码等转存至其他电脑中，开发过程中形成的程序、文档等所有权和知识产权归乙公司所有。如果甲公司被中途更换，其他供应商无法利用甲公司已完成的工作，而需要重新执行软件定制工作。乙公司对甲公司开发过程中形成的代码和程序没有合理用途，乙公司并不能够利用开发过程中形成的程序、文档，并从中获取经济利益。乙公司将组织里程碑验收和终验，并按照合同约定分阶段付款，其中预付款比例为合同价款的5%，里程碑验收时付款比

① 财政部会计司会计准则委员会．收入准则应用案例——定制软件开发服务的收入确认。

例为合同价款的 65%，终验阶段付款比例为合同价款的 30%。如果乙公司违约，需支付合同价款 10% 的违约金。

本例中，（1）如果甲公司被中途更换，新供应商需要重新执行软件定制工作，所以乙公司在甲公司履约的同时并未取得并消耗甲公司软件开发过程中所带来的经济利益；（2）甲公司虽然在乙公司的办公场地的模拟系统中开发软件产品，乙公司也拥有软件开发过程中形成的所有程序、文档等所有权和知识产权，可以主导其使用，但上述安排主要是基于信息安全的考虑，乙公司并不能够合理利用开发过程中形成的程序、文档，并从中获得几乎全部的经济利益，所以乙公司不能够控制甲公司履约过程中在建的商品；（3）甲公司履约过程中产出的商品为定制软件，具有不可替代用途，但是，乙公司按照合同约定分阶段付款，预付款仅 5%，后续进度款仅在相关里程碑验收达到及终验时才支付，且如果乙公司违约，仅需支付合同价款 10% 的违约金，表明甲公司并不能在整个合同期内任一时点就累计至今已完成的履约部分收取能够补偿其已发生成本和合理利润的款项。因此，该定制软件开发业务不满足属于在某一时段内履行履约义务的条件，属于在某一时点履行的履约义务。

思考：房地产开发公司开发一套商品房通常需要经历较长时间，他们应该根据一段时间确认收入，还是以一个时点确认收入，请以万科企业股份有限公司（2020 年年报）为例，分析说明。

（3）合同中存在重大的融资成分。

货币具有时间价值，不同的支付时间，影响销售方的经济利益。例如，飞机制造商销售一架飞机，采用现货结算方式，还是分期收款方式，可能定价是不同的。当合同各方在合同中约定的付款时间为客户或企业就该交易提供了重大融资利益时，合同就包含了重大融资成分。在赊销交易中，如果合同存在重大融资成分的，企业应当按照假定客户在取得商品控制权时即以现金支付的应付金额确定交易价格。

例如，在我国，房地产企业通常采用预售制销售商品房，房地产销售企业在收到客户全部房款之后的一段时间后才正式将商品房交付客户使用。这种交易就应该视为含有融资成分，倘若房地产企业没有向客户预收款项，就很有可能需要向第三方融资并因此向客户收取更高昂的对价以覆盖增加的融资成本。如果这种融资成分是重大的，则应该视为合同中存在重大融资成分，房地产销售企业理论上并不能直接根据收取的客户房款金额确认收入。但是，企业在实际执行中要可靠获得“假定客户在取得商品控制权时即以现金支付的应付金额”可能是有难度的。从已经开始执行新收入准则的房地产企业首次执行日调整数观察，只有少数房地产企业在计量收入的时候考虑了重大融资成分的影响，多数企业并未考虑。[①]

① 叶丰滢．合同中重大融资成分的判断及计量问题探讨 [J]. 财会月刊，2021（7）：157-160.

3.1.2 费用的定义及其确认条件

1）费用的定义与特征

我国《企业会计准则》把费用定义为，企业在日常活动中发生的、会导致所有者权益减少的、与向所有者分配利润无关的经济利益的总流出。根据定义，一个企业的费用都具有如下的特征：第一，费用最终将会导致企业经济资源的减少或牺牲。这种牺牲可具体表现为一个企业实际的现金或非现金支出（如消耗原材料），也可以是预期的现金支出（如承担一项未来期间履行的负债）。因此，也可将费用称为企业资源的流动，但它与企业收入流动的方向相反。费用的本质就是一种现实或预期的现金流出。第二，费用最终会减少企业的所有者权益。一般而言，现金支出都会减少企业的净权益，都应该形成企业的费用。但在经营过程中，有两类支出是不能归入费用的：一类是企业偿债性支出，如以现金偿付以前期间所欠付的债务，它只是一项资产和一项负债的减少，所有者权益没有受影响，因此不形成费用；另一类是向所有者分配利润或股利，这一现金流出虽然减少了企业的所有者权益，但属于最终利润的分配，不是经营活动的结果，也不作为费用。

2）费用的确认条件

费用的确认除了应当符合定义外，也应当满足严格的条件，即费用只有在经济利益很可能流出从而导致企业资产减少或者负债增加、经济利益的流出额能够可靠计量时才能予以确认。费用的确认至少应当符合以下条件：一是与费用相关的经济利益应当很可能流出企业；二是经济利益流出企业的结果会导致资产的减少或者负债的增加；三是经济利益的流出额能够可靠计量。

3）费用、损失、支出与成本

费用、损失、支出与成本的概念在会计中，很容易混淆，下面对四者的含义进行区分。

（1）费用与损失。

损失是指企业在正常经营活动之中或之外发生的、会导致所有者权益减少的、与向所有者分配利润无关的经济利益的总流出的项目。由于这种损失与企业获取收入活动的关联性不大，因此损失通常没有恰当的收入与其相配比。损失包括与正常经营活动有关的损失、非常项目损失和未实现损失。与正常经营活动有关的损失是指那些虽与企业的正常经营活动有关，但不经常发生或与企业获取收入活动关系不是很密切的经济利益的减少。非常项目损失是指那些与企业经营活动无关且不经常发生的事项所导致的损失，其和企业管理当局的努力程度没有关系，损失的发生不是企业管理当局能够控制的。未实现损失是指没有通过交易实现的损失。

因此，相对而言，费用的可持续性更强，而损失却具有较大的偶然性。

（2）费用与支出。

支出是指企业为获取另一项资产，或为取得本期收入，或为清偿债务，或为向所有者分配利润等原因而发生的资产的减少。支出可分为四类：为取得另一项资产而发生的支出为资本性支出，如为获得固定资产而发生的支出；为取得本期收入而发生的支出为收益性支出，如为取得本期主营业务收入而发生的商品销售成本支出、销售费用支出等；为清偿债务而发生的支出为偿债性支出，如为偿还应付账款而支出银行存款；为向所有者分配利润而发生的支出为分配性支出，如企业向所有者发放现金股利。

费用与支出的区别：费用必然导致企业所有者权益减少，但并不一定会立即导致企业某项资产的减少。如以承担债务的形式发生费用，在当前情况下，这种费用导致了企业负债的增加，但并没有导致企业某项资产的减少，因而该笔费用不是支出；支出必然导致企业某项资产的减少，但并不一定会导致企业所有者权益的减少。如企业的偿债性支出和资本性支出。另外，分配性支出虽然能够导致所有者权益的减少，但并不是费用。

支出的两种类型应该引起特别重视，即资本性支出和收益性支出。这是因为一项支出如果计入资本性支出，则对支出发生当年的利润一般不会产生影响，或者仅通过折旧摊销等产生较小影响；如果计入收益性支出，则直接降低公司当年的利润。因此，企业通常比较关注资本性支出和收益性支出。理论上，其划分标准是该项支出对企业的受益期限，如果受益期限一年以内，则属于收益性支出；受益期限一年以上，则属于资本性支出。但是，有些支出受益期限不好确定。例如广告费用、研究支出、员工培训支出等，由于这些支出受益期限不易确定，当前的会计准则采用谨慎做法，将其全部费用化。

（3）费用与成本。

成本有时可以用在负债和所有者权益上，如应付债券或股票的发行价格被认为是债券或股票的成本，但一般情况下，成本是和资产相联系的。成本用在资产上，有广义和狭义之分，广义的成本是指取得资产的代价。如取得固定资产的代价就是固定资产的成本，购买原材料的代价就是原材料的成本，生产产品所花费的代价就是产品成本，如此等等。当资产在本期全部或部分被耗用时，相关的成本就转化为费用，这些已转化为费用的成本称为已耗用的成本，而未转化为费用的成本称为未耗用的成本。狭义的成本是指企业为生产产品而发生的各种耗费，即狭义的成本仅指制造业的产品制造成本，我国一般使用狭义的成本概念。

（4）支出与成本。

支出中的资本性支出将形成资产的成本，但有时资产的获得暂时没有支出，如企业以承担债务的形式而获取资产，这时虽然暂时没有发生与资产相关的支出，但资产仍然有成本，资产的成本是因此承担的负债的价值。

根据如上定义，在利润表中，“销售费用、管理费用、财务费用、研发费用”都属于费用；“营业成本、税金及附加”虽然没有体现“费用”二字，但也属于费用。但是，利润表中的“资产减值损失、信用减值损失、营业外支出”却属于损失。

3.1.3 利润的定义及其确认条件

1）利润的定义

利润是指企业在一定会计期间的经营成果。通常情况下，如果企业实现了利润，表明企业的所有者权益将增加，业绩得到了提升；反之，如果企业发生了亏损(即利润为负数)，表明企业的所有者权益将减少，业绩下降。利润是评价企业管理层业绩的指标之一，也是投资者等财务报告使用者进行决策时的重要参考。

2）利润的来源构成

利润包括收入减去费用后的净额、直接计入当期利润的利得和损失等。其中，收入减去费用后的净额反映企业日常活动的经营业绩，直接计入当期利润的利得和损失反映企业非日常活动的业绩。直接计入当期利润的利得和损失，是指应当计入当期损益、最终会引起所有者权益发生增减变动的、与所有者投入资本或者向所有者分配利润无关的利得或者损失。企业应当严格区分收入和利得、费用和损失之间的区别，以更加全面地反映企业的经营业绩。

3）利润的确认条件

利润反映收入减去费用、利得减去损失后的净额。利润的确认主要依赖于收入和费用以及利得和损失的确认，其金额的确定也主要取决于收入、费用、利得、损失金额的计量。

3.2 利润表概述

利润表，又称收益表、损益表，根据《企业会计准则第30号——财务报表列报》，利润表是指反映企业在一定会计期间的经营成果的会计报表。例如，反映某企业某年1月1日至该年12月31日经营成果的利润表，通常也称为该企业的年度利润表。利润包括收入减去费用后的净额、直接计入当期利润的利得和损失等。从这个概念可以看出，利润表与资产负债表存在着3个显著差别：其一，从基本准则的指引作用看，利润表主要是由收入和费用（在我国，利得和损失不属于会计要素，但是有些利得或损失仍然影响了利润表，也有些仅仅影响了所有者权益。）两个要素决定的，并由这两个要素确定的报表项目构成；而资产负债表则主要是由资产、负债和所有者权益这3个要素决定的，并由这3个要素确定的报表项目构成。其二，利润表是反映企业经营成果的会计报表，而资产负债表是反映企业财务状况的会计报表。其三，利润表是反映企业在某一会计期间的报表，而资产负债表是反映该企业在某一时点的报表。

时点报表和期间报表具有重要差别。时点报表表明报表中数字是针对特定时点而言的，时点变化，数值也可能跟着变化或者延续下去。期间报表，表明报表中数字是针对特定期间的，而不是针对特定时点的。时点报表和区间报表的差异，实际上也是由资产、负债、所有者权益这 3 个要素与收入、费用、利润这 3 个要素的差异决定的。例如，企业在 20×1 年 12 月 31 日拥有 100 万美元的货币资金，只要没有发生后续货币资金收入或支出，则 20×2 年 1 月 1 日企业的货币资金仍然是 100 万美元。但是，如果企业在 20×1 年取得 100 万美元收入，那么，在 20×2 年 1 月 1 日，就不能认为拥有 100 万美元的收入。这个问题与第 1 章提到的实账户、虚账户也是相关的，读者可以将两者结合起来理解。

3.2.1 利润表的发展历史——兼谈几组重要概念

1）利润表的发展简史

会计史上最具有决定意义的事件，乃是复式簿记的出现。从复式簿记开始才出现了现代会计的雏形，复式簿记的不断向前发展又诱致了会计报表的产生。会计报表发展的第一个阶段是“试算表”。卢卡·帕乔利于 1494 年出版的《数学全书》（即《算术、几何、比及比例概要》）详细论述了复式簿记的方法和程序，同时他还强调编制“财产盘目录”的重要性，推荐编制“列示所有借方余额和贷方余额总计的试算表”，为资产负债表勾画了轮廓。

会计报表的第二个阶段是以“余额账户”的面貌出现的。从 16 世纪开始复式簿记在欧洲国家传播开来。德国人对意大利复式簿记进行了改良并使用“账户余额”来代替帕乔利的“试算表”。这种余额账户不仅验证了分类账账户余额的正确性，还加上了损益计算和集中反映财务状况的内容。当然除德国以外的其他国家，如法国、荷兰也出现了类似的资产负债表雏形。

在资产负债表得到发展的同时，人们也开始意识到可以利用期末和期初资本的差额来计算利润。损益表也相应地得到了发展。如德国商人约翰·戈特利布 1546 年提出的“期末全部财产－（自由资本＋期末负债）＝纯利”的公式进行损益计算。荷兰会计学者西蒙·斯蒂文在 1605—1608 年出版的《数学惯例法》中提出同时编制“资产状况表”和“损益证明表”。损益表一开始是以验证资产负债表的角色出现的。

从资产负债表出现开始，在很长的一段历史时期，人们都认为资产负债表是最重要的，甚至是唯一的财务报表。资产负债表占据最重要地位的时间从 19 世纪中叶一直延续到 20 世纪 20 年代。在这段时间，收益表被视为联结前后两期资产负债表的纽带，其主要目的就是为了计算在此期间内的净资产增加，并加入期末的业主权益，以得出新的资产负债表。从而，利润表与资产负债表的勾稽关系体现得非常明显。直到 20 世纪 30 年代，利润表的经营数据才成为正式的对外报表。20 世纪 40 年代以来，随着对收益概念的重视，利润表逐渐成为最主要的财务报表之一，其地位甚至超过了资产负债表。美国会计学家利特尔顿在《会计理论结构》这一经典会计理论书当中多次强调了利润表（收益表）的重要性：“收益表才能反映企业经营活动是成功还是失败这个主题……所有利益集团在大部分情况下最需要的重要信息只能由系列的收益表来提供。”这段时间，利润表不再仅仅是联结前后两期资产负债表的纽带，而是具有重要的意义。它在衡量企业经营成果并满足债权人的信息需要方面起到了非常重要的作用。纵观这段历史，利润表逐渐占据主要地位的原因有二。其一，第二次工业革命的完成，企业的规模迅速扩大，这时期的生产特征是进行大批量生产，追求规模效应，长期资本的投入也迅猛增加，企业为吸引更多的投资者，必须证明它在保持资本完整性的同时，具有良好的盈利能力，投资者也需要利用利润表的信息做出决策。其二，这段时间，各国资本市场，包括美国资本市场尚处于起步阶段和发展阶段，企业扩大生产经营活动进行筹资的渠道当中，银行仍然占据着主要地位。银行最为关注的就是企业的还本付息能力，因此，利润表的信息对银行的作用尤其明显。这段时间，利润表数据主要反映的是已经实现的利得和损失，这满足了银行对利润表数据的稳健要求。

到了 20 世纪七八十年代，随着世界经济进一步发展，经济业务更加复杂多样，尤其是金融工具和衍生金融工具的发展，使得会计信息使用者对更具有预测价值的会计信息的需要与日俱增，由此导致了对可实现利得和损失以及未实现利得和损失、现金流量的信息的需求都变得更加迫切。在这种情况下，传统的主要反映已经实现利得和损失的利润表不再满足需要，迫切要求会计报表有所突破。因此，从利润表扩展到综合收益表、增加现金流量表、提高资产负债表的地位，全部在同一个历史时期出现了。美国财务会计准则委员会、国际会计准则委员会（已经更名为国际会计准则理事会）以及英国会计准则理事会等主要准则制定机构在逐步发展了综合收益表（有的称为全面收益表）之后，利润表的列报项目也得到了一定的发展，逐步包括了一些未实现的利得或损失，同时，资产负债表的地位也重新占据了第一报表的位置。

2）综合收益与综合收益表

1980 年美国财务会计准则委员会在第 3 号财务会计概念公告《财务会计要素》中首次提出了综合收益概念，定义为，“一个主体在特定期间内除去与业主进行交易之外的企业净资产的变动”。1992 年 10 月，英国会计准则委员会则首次要求企业将“全部已确认利得与损失表”作为企业对外编制的财务报表，与利润表一起共同表述企业的财务业绩。1997 年，美国财务会计准则委员会发布了 130 号会计准则《报告综合收益》，将综合收益划为净收益和其他综合收益。其他综合收益主要包括：外币折算调整项目；最低退休金负债调整；可销售证券未实现利得和损失；现金流量避险工具的利得和损失。

为了与国际会计准则趋同，我国财政部在 2009 年发布解释公告，在原有利润表基础上，增加了其他综合收益和综合收益两个主要信息。其中，其他综合收益主要包括：其他债权投资和其他权益工具投资未实现的利得与损失；长期股权投资被投资方除净利润与股东投资以外其他引起所有者权益的变化；外币折算调整；调节最低养老金债务；调节符合套期规定的某些期货合同市场价值的变化等。

综合收益引入利润表之后，对有些企业产生了比较重要的影响，特别是金融类企业或金融业务涉及较多的企业。为了直观说明综合收益的影响，我们选取了若干金融企业 2020 年合并利润表（表 3.1）和雅戈尔集团股份有限公司 2020 年年报利润表部分信息（表 3.2）予以说明。

表 3.1　上市金融企业 2020 年相关会计信息

项目	净利润 / 万元	其他综合收益 / 万元	综合收益 / 万元	其他综合收益占综合收益比重 /%
中国工商银行	31 768 500.00	−1 583 900.00	30 184 600.00	−5.25
中国建设银行	27 357 900.00	−1 691 800.00	25 666 100.00	−6.59
中国农业银行	21 640 000.00	−633 700.00	21 006 300.00	−3.02
中国银行	20 509 600.00	−2 286 200.00	18 223 400.00	−12.55
中信证券	1 551 654.11	−66 824.16	1 484 829.95	−4.50
招商证券	950 386.6	−57 588.33	892 798.37	−6.45
中国平安	15 935 900.00	−2 125 000.00	13 810 900.00	−15.39
中国人寿	5 138 500.00	2 575 000.00	7 713 500.00	33.38

表 3.2　雅戈尔集团股份有限公司 2020 年利润表部分信息

单位：元

项目	2020 年度	2019 年度
四、利润总额（亏损总额以“–”号填列）	9 399 623 474.55	4 501 007 999.61
减：所得税费用	2 193 043 980.17	549 387 739.81
五、净利润（净亏损以“–”号填列）	7 206 579 494.38	3 951 620 259.80
（一）持续经营净利润（净亏损以“–”号填列）	7 206 579 494.38	3 951 620 259.80
（二）终止经营净利润（净亏损以“–”号填列）		
1. 归属于母公司股东的净利润（净亏损以“–”号填列）	7 235 591 574.24	3 972 408 923.47
2. 少数股东损益（净亏损以“–”号填列）	−29 012 079.86	−20 788 663.67
六、其他综合收益的税后净额	−3 616 649 936.47	−348 228 613.20
（一）归属母公司所有者的其他综合收益的税后净额	−3 616 647 182.23	−348 228 737.05
1. 不能重分类进损益的其他综合收益	−2 694 152 969.23	−440 402 310.62
（1）重新计量设定受益计划变动额		
（2）权益法下不能转损益的其他综合收益	−1 873 715.64	3 539 104.33
（3）其他权益工具投资公允价值变动	−2 692 279 253.59	−443 941 414.95
（4）企业自身信用风险公允价值变动		
2. 将重分类进损益的其他综合收益	−922 494 213.00	92 173 573.57

续表

项目	2020 年度	2019 年度
（1）权益法下可转损益的其他综合收益	−131 313 356.80	60 454 250.02
（2）其他债权投资公允价值变动		
（3）金融资产重分类计入其他综合收益的金额		
（4）其他债权投资信用减值准备		
（5）现金流量套期储备		
（6）外币财务报表折算差额	−791 180 856.20	31 719 323.55
（7）其他		
（二）归属于少数股东的其他综合收益的税后净额	−2 754.24	123.85
七、综合收益总额	3 589 929 557.91	3 603 391 646.60
（一）归属于母公司所有者的综合收益总额	3 618 944 392.01	3 624 180 186.42
（二）归属于少数股东的综合收益总额	−29 014 834.10	−20 788 539.82
八、每股收益		
（一）基本每股收益（元 / 股）	1.56	0.81
（二）稀释每股收益（元 / 股）	1.56	0.81

3）兼谈几组重要概念

前面提到，在利润表的发展过程中，利润表反映的项目从已经实现的利得和损失逐渐扩展到可实现的利得和损失、未实现的利得和损失。实际上，利润表的发展历史过程中，伴随着几组重要概念的博弈。

（1）收入费用观和资产负债观。收入费用观认为，利润是企业收入和费用相互配比的结果，即把特定期间内相关联的收入和费用进行配比。因此，这种观念下，利润确定的关键在于确认收入和费用。如果没有发生相关的交易或事项导致收入或费用实现，也不应该确认相应的利润。显然，这种观点是与利润表作为第一报表的地位相对应的。因为，利润表和资产负债表之间存在着天然的勾稽关系，利润的确认只能依据已经实现的收入和费用，资产负债表确认资产和负债的增减，也主要依据收入和费用引起的资产负债变化（当然也会考虑所有者投入或抽取）。资产负债观则认为，利润是企业在某一期间内净资产的变动额，即企业在投入资本得到保全的前提下，其资源的净增加额。这种观点显然是与资产负债表作为第一报表的位置相关联的。因为，引起企业净资产变动的情况，除了所有者投入和抽取、交易和事项导致收入和费用得以实现之外，还包括企业资产和负债的价格变动（而不是交易）引起的价值增减。也就是说，诸如企业持有的资产的价值发生变动引起的未实现利得或损失，在资产负债观下，会引起净资产的变动，从而引起企业利润表的变动。现行财务会计虽然已经逐渐将资产负债表重新作为第一张报表，但资产和负债价值变动引起的未实现利得和损失的确认，并不一定能够满足合理程度的可靠性，因此，现行财务会计对利润表的确认，并不是纯粹的资产负债观，而是资产负债观和收入费用观相结合的产物。例如，现行利润表对营业收入和营业成本的确认，即是收入费用观的体现，而利润表对资产减值损失以及公允价值变动损益的确认，则是资产负债观的体现。

应该说，综合收益信息的出现，表明准则制定机构已经选择了资产负债观。

（2）货币资本保全（也称财务资本保全）观和实物资本保全观。这两种观点是资产负债观衍生出来的。资产负债观认为，利润是企业在某一期间内净资产的变动额，即企业在投入资本得到保全的前提下，其资源的净增加额。资本保全的观念包括了货币资本保全和实物资本保全。货币资本保全观认为，资本应视为企业的一种财务现象，即包括由所有者投入企业的资源的货币等值，所以货币资本保全就是要求所有者投入或再投入资本的价值保持完整，而利润就等于以货币额表示的净资产增加额。实物资本保全观则将资本视为企业的一种实物现象，它是指所有者投入或再投入资源所代表的实际“生产能力”，因此，期末净资产在保全了期初净资产相同的生产能力之后的余额，才属于会计利润，会计利润就是已经取得收入扣减按照现行成本计价的全部成本和费用后的余额。实际上，除非发生比较严重的通货膨胀现象，现行的财务会计对已经发生的成本和费用，并没有按照现行成本进行重新调整，也就是，现行财务会计对利润的确认主要还是按照货币资本保全的观念进行的。

（3）当期经营观和损益满计观。当期经营观认为，只有那些由管理当局控制并由当期决策引起的正常经营活动的结果才能包括在收益表计算中，非常项目的利得与损失则被排除在呈报的净收益之外，直接在资产负债表权益部分列报。相反，损益满计观则认为，除了业主投资和派给业主款之外，不论是否来源于当期的经营活动，当期确认的所有收入、费用、利得和损失，都应该包括在收益表中。当期经营观的最大优点在于，强调了当期经营的业绩，是当期管理当局能够控制的经营业绩，因此能够更好地对管理当局的受托责任履行情况进行评价。然而，这种观点也存在致命的缺点：其一，财务报表使用者难以准确判断管理当局能否控制某项经营活动，就难以保证管理当局能否如实提供其能够控制的经营活动产生的业绩（也就是，管理当局会不会将它们不能控制的非常项目也作为可以控制的经常项目，不得而知）。其二，即使管理当局不会随意划分正常项目和非常项目，企业前期事项和当期事项有时候也是难以截然分开的。例如，大多数资本设备，甚至劳工合同都是在以前期间就已经取得或订约的，当期经营成果不可避免或多或少包括前期因素；再如，企业以前期间购买的交易性金融资产在本期出售了，其产生的利润并不能完全归于前期或当期。因此，现行财务会计逐渐转向采用损益满计观确认利润，这也和采用资产负债观确认利润相一致。当然，现行利润表不是纯粹的资产负债观的产物，也不是纯粹的损益满计观的产物，它并没有确认所有的未实现利得和损失，即使是由利润表发展而来的全面收益表也尚没有包括所有的未实现利得和损失。

3.2.2 利润表的作用

利润表是反映企业某一会计期间经营成果情况的财务报表。其作用主要如下：

（1）反映企业收入、费用和净利润的构成，从而有助于分析、评估和预测企业的经营成果和获利能力。要分析、评估并预测一项事物的发展趋势，必将了解影响这一事物现状以及未来的各个因子的情况，同样，为了分析、评估和预测企业的经营成果和获利能力，必将了解构成企业经营成果和获利能力的影响因子的现状（即本会计期间的发生额）和未来发展趋势。财务会计由于以反映过去的交易和事项为特征，因此，这些影响因子的未来发展趋势是不可能在财务报表当中得以直接体现的。然而财务报表当中的利润表，将影响企业经营成果和获利能力的各影响因子（包括当期收入、费用和净利润的构成）在本会计期间的金额列示于利润表，并提供了两年甚至两年以上的比较数据，从而有利于分析、评估和预测企业的经营成果和获利能力。经营成果直接体现为当期的营业利润、利润总额和净利润等指标；获利能力则可以结合利润表和资产负债表的信息，通过计算资产报酬率、净资产报酬率等指标予以分析、评估和预测。

（2）反映企业资产、负债和所有者权益增减变动的部分来源，判断企业的偿债能力。利润表是企业当期生产经营成果的信息汇总。利润表反映的收入、费用发生额，是企业当期资产、负债和所有者权益增减变动的主要依据。资产负债表由于提供了流动资产、流动负债等信息，能够评估企业的短期偿债能力；由于提供了长期资产、长期负债、所有者权益等信息，能够评估企业的长期偿债能力。利润表是解释资产、负债、所有者权益增减变动的主要原因，因此，利润表虽然不能直接提供企业偿债能力的信息，但是它与资产负债表结合，显然能够间接提供企业偿债能力的信息。具体而言，如果企业的获利能力不佳，则企业资产的流动性不可能长期保持良好，同样，企业的长期资产转换为未来经济利益的能力也将受损，将影响资产负债表的结构健康性，从而损害企业的短期和长期偿债能力。

（3）分析、评价与预测企业未来的现金流量。根据美国财务会计准则委员会发布的第 1 号财务会计概念公告，会计信息使用者对有助于预测企业创造未来现金流量的能力的信息具有非常强烈的需求欲。利润表反映的收入和费用等，虽然是按照权责发生制反映的，但是有的已经影响了现金流，有的必将影响企业未来的现金流，通过分析、评估和预测这些收入、费用的未来发展趋势，必将有利于会计信息使用者对企业未来创造现金流量的能力做出合理的预测。

（4）考评企业经营管理当局的绩效。各主要会计准则制定机构在制定财务会计概念框架或具有财务会计概念框架类似作用的基本准则时，大多将会计信息的决策有用性和受托责任作为非常重要的两个会计目标。其中，受托责任是指评估管理当局对受托经济资源的经营管理履行情况。利润表提供了企业当期营业利润、利润总额和净利润等信息，在某种程度上体现了企业管理当局努力程度、个人禀性和道德品质，从而有助于评价管理当局的绩效。尤其是借助于多年的利润表数据，分析收入、费用等各个项目的增减变动趋势，能够对管理当局各年的表现做出比较科学的判断。

（5）企业经营成果分配的重要依据。世界经济发展至今，财务会计规范已经比较科学，相关法规不会再允许美国早期历史中将股东新投入资本作为股利分配给原有股东的“荒唐做法”。企业要健康发展，只能对当期以及以前各期累积实现的利润进行分配，才能维持企业的简单再生产，并寻求扩大再生产。因此，利润表的数据在一定经济政策、法律规定和企业分配制度的前提下，是决定企业经营成果分配的重要依据。

3.2.3 利润表的局限性

（1）利润表以权责发生制为基础反映收入、费用、利得与损失等项目，但是这些项目的确认时间与现金流入或流出时间可能存在差异，从而可能产生净利润与净现金流量增加脱节。极端情况下，可能出现企业盈利状况良好但是现金流量状况糟糕的局面。为此，利润表应该与现金流量表结合分析。而且，由于采用权责发生制时需要进行一些专业判断，也给予了操纵的空间。实际上，盈余管理或利润操纵都是经济生活中普遍存在的现象。

（2）利润表反映的收入、费用、利得与损失，在某种程度上体现了稳健性原则，可能会低估企业的未来盈利前景。根据稳健性原则，会计上对可能发生的费用和损失的确认更为及时，对可能发生的收入和利得却更为严格。这种会计处理的不对称受到了一些批评，认为可能会低估企业的盈利能力。因此，稳健性原则也受到了公允价值的挑战。例如，“公允价值变动损益”项目，不仅是公允价值下降产生的“损失”需要确认、公允价值上涨产生的“利得”也要确认。但是，稳健性原则仍然在利润表中得到了一定的应用。例如，企业通常在产生减值迹象并能够可靠计量时确认“资产减值损失”，却通常不确认资产增值；再如，企业对广告费用、员工培训支出、研究支出这类可能带来未来经济利益的支出，全部确认为当期费用。为此，分析利润表时，应该注意利润表的各个项目具体经济内容的差异影响。例如，一个在广告费用、研究支出和员工培训支出方面很舍得投入的企业，相对于一个不愿意投入的同类企业（如行业相似、规模相似），即使利润一样，其未来前景可能是有差异的。

（3）利润表没有考虑股东自有资金的机会成本。所谓机会成本，是指选择一种方案而丧失次优方案可能带来的收益。股东自有资金的机会成本，是指股东由于选择将资金投向企业，而放弃了次优方案（例如将资金存入银行，年利率5%），则说明股东自有资金一年的机会成本是年利率5%的利息。由于债权人资金的利息成本通过“财务费用”反映在利润表（利息也可能资本化为资产成本，但无论如何，也将随着资产的使用或初始而进入利润表），股东自有资金的机会成本却没有反映在利润表，可能导致不同资金来源的企业的利润表可比性受到影响。例如，一家完全以自有资金进行经营管理的企业，净利润与另一家主要以借款资金进行经营管理的企业相等，如果未考虑资金来源差异，可能会简单认为这两个企业盈利能力相等。

3.2.4 经济增加值（EVA）指标①

为了克服利润表的这些局限性，会计上产生了一个重要概念，经济价值增加值，它是由经济利润演变而来的。经济利润的概念最早出现在新古典经济学派马歇尔的《经济学原理》著作中，后面被 Stern Stewart & Co. 推广并命名为 EVA（Economic Value Added）。EVA 被美国《财富》杂志誉为"当前最热的评价指标"。基于 EVA 的管理体系已经广泛应用于 AT&T、Coca-Cola 等国际知名公司。EVA 以促进价值最大化为目标，计算税后经营利润和资本成本的差额进行业绩评价。在计算方法上，EVA 是指经过调整的税后净营业利润扣除投入资本的资金成本的差额。其中，税后净营业利润是以会计净利润为基础进行调整。Stern Stewart 公司最初在计算 EVA 时，确认了 160 多项调整问题。但对于特定的公司而言，一般只需调整 10 项左右。这些调整的目的在于消除会计稳健主义对业绩的影响，减少管理当局进行盈余管理的机会，减少会计计量误差影响。常见的调整项目主要包括资本化费用、营业外收支、财务费用、会计准备、经营租赁、商誉等。EVA>0，说明为企业创造了价值或财富；EVA<0，说明为企业发生了价值损失；EVA=0，则代表企业仅获得金融市场一般预期收益。具体公式如下：

$$EVA=NOPAT-WACC \times C$$

式中 NOPAT——税后净经营利润；

WACC——加权资本成本；

C——企业投入的平均资本。

作为业绩评价指标，EVA 具有以下优点：

第一，EVA 指标可以在一定程度上剔除会计失真的影响。按照现行会计制度编制的财务报告所产生的数据存在一定的失真。如前所述，在计算 EVA 指标时，使用者会对会计利润进行适当的调整，以获取相对准确的数据。递延税款、准备金等事项的调整，可以消除会计师的主观判断，使得这些经济事项引发结果的记录更依赖于可靠的现金流。EVA 的调整事项减少了管理当局进行盈余管理的机会，降低了会计准则引起的经营业绩扭曲现象。相比会计利润，EVA 是一种能够更准确地测定管理者经营业绩的指标和方法。

第二，EVA 与价值创造相关联。EVA 可以更加真实地反映企业经营业绩。EVA 从股东的角度来定义企业的利润，引入了经济利润的概念，从而弥补了会计利润中未考虑全部资本成本的缺陷。EVA 认为，只有收回资金成本之后的 EVA 才是真正的利润，公认的会计账面利润不是真正的利润。即便是会计报告有盈利，如果 EVA 为负数也被视为股东财富受到侵蚀。由此可见，EVA 显示了一种新型的企业价值观。这使得管理人员清楚地认识到，不可以盲目追求利润增长率和企业规模，而应当立足于创造真正的财富。一般而言，增加企业价值有四条途径：一是提高现有资本回报率，改善企业

---

① 黄雯君. 从价值创造的角度构建企业业绩评价体系［D］. 厦门：厦门大学，2009.

经营业绩；二是对于EVA表现良好的项目，保持投资的增长，优化资本配置；三是对不能产生正值的EVA项目，应该处理掉，抽回资本；四是保持有效的增长。

第三，EVA具有独特的激励机制。EVA管理模式的核心是将EVA与薪酬挂钩，这一理念意义重大。基于EVA建立的激励机制，强调要将股东利益和管理者薪酬紧密联系在一起，促使管理者具备同股东一样的动力，从而可以有效调动管理者的积极性。具体而言，EVA的激励和补偿方案不主张采用预算形式来制订目标奖金，而是根据一个固定比例来计算管理者的货币奖金，即把EVA增加值的部分按不同比例回报给管理者、企业员工，并且奖金不封顶。这种不设上限的激励措施，能够对管理者产生持续的激励效应。此外，将EVA与股票期权制度相结合使得期权本身成为一种可变的报酬，提高了整个激励制度的杠杆化程度。EVA增值得越多，管理者的收入也就越高。总之，EVA激励计划将管理者利益和股东利益相挂钩，激励管理者从企业角度出发，更合理地进行经营管理。

第四，EVA有助于企业管理。在以往多目标、多指标的评价体系下，企业各个部门会制订各种不同的目标。不一致的评价标准难免导致部门间的不协调，影响公司价值和股东财富的增值。在EVA制度下，所有财务营运部门都从同一基础出发，为各部门员工提供了一条相互交流的渠道，根除部门间的相互成见、互不信任的情况，有利于各个部门进行交流合作。EVA提供了资本市场对企业的评价、企业内部的资本预算以及管理者业绩评估的测定和分析工具，这使得在财务管理中管理者第一次有了共同的业绩评价语言，使企业的各种相关利益者对企业财务目标取得一致性的看法，从而有利于避免财务决策与执行之间的冲突，实现财务管理体系的协调和统一。

当然，EVA业绩评价体系并非完美无缺，在运用时，我们应该意识到EVA业绩评价体系本身存在的局限性，合理使用EVA指标。

第一，不便于不同规模的企业进行业绩的横向比较。EVA是一个绝对值，通常，一个规模大的部门或企业计算得到的EVA值大于规模小的部门或企业，这就很难判断是因为前者具有较高的效益水平还是因为具有较大的资本投入。鉴于此，笔者认为在利用EVA指标进行比较时，可以进一步分析：一是将EVA除以投资成本，计算每一单位投资成本创造的经济增加值；二是将当前EVA与上期EVA进行比较，纵向分析各个部门或企业的价值创造情况。

第二，EVA的计算困境。EVA的独特之处在于它对传统的会计报表中的数据进行了一系列的调整，这种调整对消除会计信息失真有着重要的作用。但是通过一系列的调整，可能隐藏了其他的财务信息，并且EVA指标也不能反映企业现金流量的状况。此外，对资本成本的计量也是一大瓶颈。虽然可以通过资本资产定价模型为资本成本提供理论框架，但实务中确定资本成本却十分困难。在复杂多变的环境下，企业的不同利益相关者对企业业绩的评价有不同的要求，单一的EVA评价系统不可能满足各方面的需求。

第三，EVA的适用范围有限。EVA的上述特性，意味着它不适用于周期性企业、新设立企业和小企业。周期性、新设立企业的利润波动较大，可能引起EVA值的不准确。而较为复杂的计算模式也不容易被小企业接受。这在一定程度上妨碍了EVA的广泛应用。

第四，EVA仍属于财务性指标，无法避免财务性指标事后反映的缺陷。EVA是在会计期末积累形成的指标，能够客观反映经营管理者过去的经营结果，但是缺乏对企业未来的预测能力。结合相关非财务性指标，如顾客、内部经营过程、员工的学习与成长、智力成本等要素，并对它们进行追踪和分析，能够解决这个问题。

总体而言，EVA的产生和应用，有利于提高企业财务业绩评价的真实性。它能够协调管理者和股东的利益，为股东最大限度地创造价值，它还能在公司内部管理和激励机制的设计中发挥重要作用，使一个公司的各分部门的管理者像上级管理者和所有者一样，从公司的整体利益出发进行管理。基于此，在第2章的企业价值理论论述中，笔者提出企业价值的定义应该从EVA的角度出发。当然，要在实践中充分发挥这一指标的业绩评价功能，还应当与其他财务业绩指标和非财务业绩指标相结合。

3.3 利润表的格式及各个项目经济含义

3.3.1 利润表的列报格式

1）利润表格式

以一般企业财务报表格式为例，利润表格式见表3.3。

表3.3 利润表

会企02表

编制单位：　　　　年　月　　　　单位：元

项目	本期金额	上期金额
一、营业收入		
减：营业成本		
税金及附加		
销售费用		
管理费用		
研发费用		
财务费用		
其中：利息费用		
利息收入		

续表

项目	本期金额	上期金额
加：其他收益		
投资收益（损失以“–”号填列）		
其中：对联营企业和合营企业的投资收益		
以摊余成本计量的金融资产终止确认收益（损失以“–”号填列）		
公允价值变动收益（损失以“–”号填列）		
信用减值损失（损失以“–”号填列）		
资产减值损失（损失以“–”号填列）		
资产处置收益（损失以“–”号填列）		
二、营业利润（亏损以“–”号填列）		
加：营业外收入		
减：营业外支出		
其中：非流动资产处置损失		
三、利润总额（亏损以“–”号填列）		
减：所得税费用		
四、净利润（净亏损以“–”号填列）		
（一）持续经营净利润（净亏损以“–”号填列）		
（二）终止经营净利润（净亏损以“–”号填列）		
五、其他综合收益的税后净额		
（一）不能重分类进损益的其他综合收益		
1. 重新计量设定受益计划变动额		
2. 权益法下不能转损益的其他综合收益		
3. 其他权益工具投资公允价值变动		
4. 企业自身信用风险公允价值变动		
……		
（二）将重分类进损益的其他综合收益		
1. 权益法下可转损益的其他综合收益		
2. 其他债权投资公允价值变动		
3. 金融资产重分类计入其他综合收益的金额		

续表

项目	本期金额	上期金额
4. 其他债权投资信用减值准备		
5. 现金流量套期储备		
6. 外币财务报表折算差额		
……		
六、综合收益总额		
七、每股收益		
（一）基本每股收益		
（二）稀释每股收益		

根据表 3.3，利润表主要反映以下几方面的内容。

（1）营业利润的各项要素。营业利润包括营业收入、营业成本、税金及附加、销售费用、管理费用、研发费用、财务费用、信用减值损失、资产减值损失、其他收益、公允价值变动损益、投资收益、资产处置损益。公式表示为：营业利润 = 营业收入 − 营业成本 − 税金及附加 − 销售费用 − 管理费用 − 研发费用 − 财务费用 − 信用减值损失 − 资产减值损失 + 其他收益 + 公允价值变动损益（损失用负数反映）+ 投资收益（损失用负数反映）+ 资产处置损益。

（2）利润总额的各项要素。利润总额以营业利润为基础，再加减营业外收支。公式表示为：利润总额 = 营业利润 + 营业外收入 − 营业外支出 。

（3）净利润的各项要素。净利润在利润总额的基础上扣减所得税费用确定。公式表示为：净利润 = 利润总额 − 所得税费用。

（4）每股收益。每股收益包括基本每股收益和稀释每股收益。基本每股收益的计算，分子为归属于普通股股东的当期净利润，即企业当期实现的可供普通股股东分配的净利润或应由普通股股东分担的净亏损金额。分母为当期发行在外普通股的算术加权平均数，即期初发行在外普通股股数根据当期新发行或回购的普通股股数与相应时间权数的乘积进行调整后的股数。例如，企业在 2020 年初发行在外普通股股份是 10 000 万股，当年 7 月 1 日又增发了 2 000 万股，则计算年度每股收益时，分母的发行在外普通股的算术加权平均数应该为 11 000 万股。

每股收益信息是资本市场非常关注的一项指标，通常用来反映企业的经营成果，衡量普通股的获利水平及投资风险，是投资者、债权人等信息使用者据以评价企业盈利能力、预测企业成长潜力，进而做出相关经济决策的一项重要财务指标。因此，将每股收益信息纳入利润表，反映了资本市场信息使用者的信息需求，也有利于提高利润表的重要性。

注意： 每股收益的计算，分子并不包括其他综合收益，这说明其他综合收益尽管列示于利润表，但重要性不能与净利润相提并论。

2）利润表格式的说明

（1）名称。利润表又称损益表、收益表或盈利表。目前国际上比较流行的是“收益表”，国际会计准则采用的即是收益表名称。我国新企业会计准则采纳了与原有《企业会计制度》一样的名称，都称为利润表。

（2）表首。表首标识“××企业利润表”，并另起一行说明报表涵盖的会计期间、采用的货币计量单位和报表编号。

（3）分类与专门名词。我国对利润表的格式与分类进行了标准化规定，同时，不同行业有所差异。分类与专门名词应该简明扼要，并一贯使用统一确切的含义。由于我国对收入和费用的分类都进行了统一规定，这个要求比较容易达到。

（4）比较。与其他报表一样，利润表应该提供比较报表。我国企业会计准则规定，企业至少应该提供两年的利润表比较报表。

（5）持续经营。企业财务报表列报应该以持续经营为基础，除非有相反证据表明企业不能持续经营。因此，与资产负债表一样，利润表的编制也应该以持续经营为基础。正因为以持续经营为基础，利润表的销售费用、管理费用等项目才会包括了折旧、摊销等费用。

（6）不确定性。正因为以持续经营为基础编制利润表等财务报表，以会计分期人为地分割企业的“历史长河”，不可避免地需要对许多跨越多个会计期间的收入和费用项目在本期确认的金额做出估计，例如，本期确认的折旧费用是在估计固定资产使用年限、残值、使用方式等条件的基础上估计的金额。

3.3.2 利润表各个项目的经济内涵

（1）营业收入。营业收入反映企业当期生产经营活动产生的主营业务收入和其他业务收入。营业收入应该扣除当期销售退回、销售折扣与折让等项目以净额列示。本项目根据“主营业务收入”和“其他业务收入”两个科目的发生额列示。

营业收入皆属于企业日常经营活动产生的。但是，日常经营活动产生的收入，仍然会存在发生频率、发生金额等差异，从而可能存在主要和次要的区分。例如，汽车生产商销售的汽车和销售汽车生产过程中剩下的轮胎等材料，都属于日常活动产生的收入，但是，汽车销售的重要性显然要超过轮胎销售的重要性。为此，按照企业经营业务的主次划分，企业日常经营所取得的收入可以进一步分为主营业务收入和其他业务收入。企业的主营业务收入应该构成营业收入的主要组成部分。对于不同的行业，其主营业务所包括的内容也不同。工业企业的主营业务收入包括销售商品、自制半成品、代制品、代修品、提供工业性作业等取得的收入；商业流通企业的主营业务收入包括销售商品所取得的收入；餐饮酒店企业的主营业务收入包括餐饮收入、客房收入等。其他业务收入包括转让技术、销售原材料和包装物出租等取得的收入。同一项经济业务，在不同的企业，可能划分的类别也会有所差异。例如，专业经营设备租赁的租赁公司，出租设备产生的收入属于主营业务收入，而其他企业将闲置的设备暂时出租以充分利用，产生的出租收入则应该属于其他业务收入。

一般而言，多元化经营的企业，由于从事多种经营活动，这就有必要区分主营业务收入和其他业务收入。例如，对于一家以生产并销售产品的生产型企业而言，在生产淡季时会对外提供运输劳务，那么销售产品的收入则属于生产型企业的主营业务收入，而提供运输劳务所取得的收入则属于该企业的其他业务收入。

但是，有些企业可能难以区分主营业务和其他业务。例如，企业可能同时销售多种产品，但是每一种产品的销售行为都是经常发生的，每一种产品的销售收入占营业收入比重都基本相等，在这种情况下，就没有必要区分主营业务收入和其他业务收入。

报表阅读者应该注意报表附注信息中有关营业收入的说明。在与财务报表其他项目结合分析之前，至少可以关注营业收入的以下信息。

第一，企业主要产品或劳务对营业收入的贡献大小，以分析企业主营业务是否突出，各个会计期间主营业务是否稳定。主营业务是否突出，对于公司而言具有重要意义，它表明公司在没有改变经营业务的前提下，未来的收入是否具有重要保障。中国证券监督管理委员会 2020 年修订的《首次公开发行股票并上市管理办法》明确规定，公司申请公开发行股票并上市，需要满足的其中一项条件是，发行人最近 3 年内主营业务和董事、高级管理人员没有发生重大变化，实际控制人没有发生变更。言下之意，如果公司主营业务发生了重大变化，表明公司主营业务并不突出，不符合上市标准。对于在深圳证券交易所上市的创业板企业，2020 年修订的《创业板首次公开发行股票注册管理办法（试行）》对主营业务的稳定性条件有所放宽，但也要求主营业务、控制权和管理团队稳定，最近两年内主营业务和董事、高级管理人员均没有发生重大不利变化。

需要注意的是：《首次公开发行股票并上市管理办法》要求主营业务收入没有发生重大变化，但产品结构发生重大变化可能是允许的，前提是这个变化是循序渐进的、是符合产品变更规律和商业逻辑的，与旧产品结构有内在逻辑关系的（例如，产业链的上下游产品、技术的更新换代等）；客户结构发生重大变化也同样是允许的，只要符合商业逻辑。除非发行人的产品架构、服务结构等变化对发行人的持续盈利能力构成重大不利影响。

【案例思考】

亿嘉和科技股份有限公司首次公开发行股票

亿嘉和科技股份有限公司 2018 年申请公开发行股票并上市，根据其招股说明书，亿嘉和主要为电力系统提供以巡检机器人及数据采集处理为核心的智能化产品和服务，通过对电力设备、设施状态和运行情况的自动化监测和故障预警，实现“输电、变电、配电”各环节，“天上、地面、地下”全范围运检覆盖，从而维护电力设备、设施的安全稳定运行，提升供电效率。

报告期内，发行人营业收入的构成情况见表 3.4。

表 3.4 公司营业收入构成表

项目	2017 年度		2016 年度		2015 年度	
	金额 / 万元	比例 /%	金额 / 万元	比例 /%	金额 / 万元	比例 /%
1. 主营业务	37 204.51	99.51	26 115.74	99.68	15 914.09	83.69
智能巡检机器人	28 492.31	76.21	17 357.91	66.25	4 246.76	22.33
智能化改造	8 292.06	22.18	—	—	—	—
基础数据服务	—	—	7 889.25	30.11	10 684.22	56.19
状态数据服务	420.15	1.12	868.58	3.32	983.11	5.17
2. 其他业务	183.51	0.49	84.11	0.32	3 101.01	16.31
电子网络设备销售	—	—	—	—	3 101.01	16.31
其他	183.51	0.49	84.11	0.32	—	—
合计	37 388.02	100	26 199.85	100.00	19 015.11	100.00

思考：亿嘉和公司主营业务收入是否稳定。

第二，企业营业收入的地区构成。企业在不同地区的市场潜力很大程度上决定着企业的未来发展。

第三，企业的营业收入是否过度依赖于某一个或某几个重要客户、关联方客户。

营业收入如果过分依赖于某一个或某几个重要客户、关联方客户，表明公司营业收入的潜在风险是比较高的，容易受到这些重要客户的影响。《首次公开发行股票并上市管理办法》明确规定，公司申请公开发行股票并上市不得存在的情形之一就与关联方交易有关。文件规定：发行人最近 1 个会计年度的营业收入或净利润对关联方或者存在重大不确定性的客户存在重大依赖。

【阅读材料】

利华益维远化学股份有限公司 2021 年申请公开发行股票并上市

利华益维远化学股份有限公司 2021 年申请公开发行股票并上市，在中国证监会的第十八届发行审核委员会 2021 年第 78 次会议中，发行审核委员会提出，“发行人与关联方利津炼化存在 2017 年收购资产，2019 年向原交易方出售资产的情形。前五大客户中利津炼化为公司关联方，发行人关联交易规模较大。报告期内发行人还向关联方出售工业气体等辅助性材料及蒸汽。请发行人代表说明：①2017 年收购和 2019 年出售利津炼化乙二醇资产组的商业合理性及定价公允性；②是否存在关联关系非关联化情形，是否存在通过关联交易调节发行人收入利润或成本费用、是否存在利益输送；

③关联交易对发行人独立经营能力的影响。请保荐代表人说明核查依据、过程，并发表明确核查意见。”

根据招股书披露，2017年至2020年6月，维远化学的营业收入分别为278 859.22万元、477 927.41万元、399 269.38万元、185 290.07万元，2018和2019年两年同比增长率分别为71.39%、-16.46%，2020年1—6月营业收入对比2019年同期的195 249.27万元，同比下降5.10%；同期净利润分别为15 561.96万元、28 580.82万元、21 241.26万元、19 564.97万元，2018年、2019年同比增长率分别为83.66%、-25.68%，2020年1—6月净利润对比2019年同期的7 603.69万元，同比增长157.31%。招股书中披露利津炼化是维远化学的关联方之一，为维远化学实控人控制的其他企业。同时，在2017年12月之前，维远化学还是利华益集团股份有限公司（下称“利华益集团”）和利津炼化的子公司，利华益集团系维远化学董事长魏玉东的参股公司，魏玉东还担任董事职位。

报告期内，维远化学与利津炼化存在大量的关联交易。2017年，维远化学自利津炼化采购商品和接受劳务金额为57 430.14万元，占当年经常性关联交易采购金额的99.60%；2018年金额为984.22万元，占比95.66%；2019年金额为1 462.83万元，占比100%；2020年1—6月金额为2 953.17万元，占比100%。同时，维远化学向利津炼化销售商品和提供服务的金额在2017年为25 048.92万元，占当年经常性关联交易销售金额的100%；2018年金额为46 357.51万元，占比100%；2019年为30 674.37万元，占比99.98%；2020年1—6月金额为18 674.15万元，占比100%。2017年、2018年、2019年和2020年上半年与利津炼化的这些销售收入占发行人营业收入比重分别为8.98%、9.70%、7.68%、10.08%。

也正因如此，利津炼化连续4期出现在了维远化学的前五大客户内，收入金额分别为22 323.41万元、45 563.49万元、29 696.24万元、17 877.98万元。不仅如此，2017年利津炼化还是维远化学的第一大供应商，采购金额为51 267.34万元，即2017年该关联方既是公司大客户又是主要供应商，而双方的交易模式、交易的合理性和公允性，维远化学也并未给出详细的披露。2018年、2019年和2020年上半年，公司向利津炼化的采购金额占当期营业成本的比重显著下降，分别为0.26%、0.42%及1.97%。

报告期内，维远化学和利津炼化更是存在频繁的资金拆借。根据招股书披露，2017年维远化学拆出498 054.64万元给利津炼化，同年又接收到利津炼化拆出的532 178.24万元；2018年维远化学拆出49 976.19万元，收到利津炼化拆出的52 755.21万元。值得一提的是，作为资金拆出方的维远化学在2017年、2018年都收到了利津炼化的利息，但2017年作为拆入方时，维远化学却没有向利津炼化支付利息。不仅如此，维远化学与利津炼化互相提供贷款担保情况也十分频繁。根据招股书披露，维远化学为利津炼化的10笔贷款提供了担保，担保金额共92 397.50万元，目前均已履行完毕；利津炼化也单独或与利华益集团一起为维远化学的数十次贷款提供了担保，涉及金额多达506 192.70万元，其中还有19笔显示未履行完毕。

上述与利津炼化频繁的关联交易使得公司的独立性受到质疑。

资料来源：
1. 中国证券监督管理委员会网站
2. 维远化学 IPO：多项数据弱于同行，关联交易密切或独立性缺失 · 腾讯网
3. 利华益维远化学股份有限公司招股说明书

第四，受行业景气、宏观经济景气变动、政府调控政策对企业的营业收入增减变化的影响，以分析企业营业收入抵御环境变动风险的能力。不同行业，受环境变化影响的程度可能不一样。例如，航空等受到宏观经济波动影响程度可能就强于文化产业；再如，地产板块受到政府调控政策的影响程度也比较大。

第五，企业营业收入增减变化是否受企业信用政策波动影响。一般情况下，企业信用政策放松可能会扩大销售规模；信用政策收紧可能会降低销售规模。但是不同企业的营业收入受到信用政策调整影响的幅度也是不一样的，如果信用政策放松导致了销售收入大幅度增加，企业就应该重点关注可能的坏账损失。

【案例思考】

三人行传媒集团股份有限公司（股票代码：605168）是一家从事数字营销服务、场景活动服务和校园媒体营销服务的上市公司，其营业收入等相关数据见表 3.5。

表 3.5 三人行公司营业收入等相关数据

项目	2016 年	2017 年	2018 年	2019 年	2020 年
营业收入 / 万元	36 886.15	75 841.92	109 951.12	163 142.61	280 774.72
营业收入环比增长 /%		105.61	44.98	48.38	72.10
应收账款及应收票据 / 万元	17 163.18	26 931.05	34 936.02	43 771.89	92 548.10
应收账款及应收票据环比增长 /%		56.91	29.72	25.29	114.37

思考：公司营业收入与应收账款及应收票据增长速度是否匹配？

第六，部门或地区的行政手段对企业营业收入的贡献程度。关于这点，需要特别关注国有企业，特别是垄断性国有企业。

第七，结合资产负债表和现金流量表进行营业收入与现金流分析（学习完现金流量表及报表分析，将对第五点有更深刻认识）。

（2）营业成本。营业成本反映企业当期生产经营活动产生的主营业务成本和其他业务成本。本项目根据“主营业务成本”和“其他业务成本”两个科目的发生额列示。

营业成本通常是企业所销售产品的账面价值结转而来的。例如，企业销售一批商品，价格 100 万元；出售前，该产品属于资产负债表存货项目，其账面价值假设为 70 万元，

将结转为营业成本，与营业收入构成直接配比。一般情况下，该产品的账面价值即为生产成本或采购时确认的历史成本，除非此后计提了减值准备。生产成本由直接材料、直接人工和制造费用组成。直接材料是指企业在生产产品和提供劳务过程中所消耗的直接用于产品生产并构成产品实体的原料、主要材料、外购半成品以及有助于产品形成的辅助材料。直接人工是指企业在生产产品和提供劳务过程中，直接参加产品生产的工人工资以及按生产工人工资总额和规定的比例计算提取的职工福利费。直接人工、直接材料是指直接用于产品生产的材料和人工等支出，它们一般不需经过分配或经过简单分配就可以直接计入成本计算对象。制造费用是指企业各生产单位（如生产车间）为组织和管理生产而发生的各项费用，包括职工薪酬、折旧费、修理费、办公费、水电费、机物料消耗、劳动保护费以及其他制造费用。制造费用是产品生产过程中发生的，应计入产品成本的间接支出，它在经过一定的分配步骤后，计入产品的成本。目前，将直接材料、直接人工和制造费用统称为制造成本。

应该注意的是，营业成本的高低既有企业自身成本控制水平的影响，又有企业不可控因素的影响（如原材料市场价格波动）。因此，信息使用者应该重点分析企业营业成本变动的具体原因。

结合营业收入分析营业成本，报表阅读者应该特别关注企业不同会计期间“营业成本 / 营业收入”比例的稳定性，以分析企业产品获利的稳定性。通常情况下，如果企业产品销售价格、原材料采购价格、人工成本等未发生重要变化，则“营业成本 / 营业收入”应该相对稳定。如果该比例发生了较大波动，则应该重点关注波动的原因。

【案例分析】

比较珠海格力与美的集团产品获利能力

珠海格力电器股份有限公司和美的集团 2019—2020 年营业收入与营业成本明细信息见表 3.6—表 3.8。

表 3.6　格力电器 2019—2020 年营业收入与营业成本明细信息

项目	本期发生额 / 元		上期发生额 / 元	
	收入	成本	收入	成本
按行业分类				
制造业	130 427 766 473.54	87 921 191 886.69	156 888 659 016.13	103 703 283 171.60
合 计	130 427 766 473.54	87 921 191 886.69	156 888 659 016.13	103 703 283 171.60
按商品类型分类				
其中：空调	117 881 639 913.77	77 430 333 762.13	138 665 055 103.82	87 192 449 061.21
生活电器	4 521 756 518.81	3 083 266 840.17	5 575 911 375.57	4 271 001 457.59
智能装备	790 942 676.61	603 504 721.68	2 141 285 558.55	2 014 056 867.41

续表

项目	本期发生额 / 元		上期发生额 / 元	
	收入	成本	收入	成本
其他	7 233 427 364.35	6 804 086 562.71	10 506 406 978.19	10 225 775 785.39
合计	130 427 766 473.54	87 921 191 886.69	156 888 659 016.13	103 703 283 171.60
按地区分类				
其中：内销	110 407 002 220.87	70 329 850 923.05	136 073 206 974.43	85 697 917 155.53
外销	20 020 764 252.67	17 591 340 963.64	20 815 452 041.70	18 005 366 016.07
合计	130 427 766 473.54	87 921 191 886.69	156 888 659 016.13	103 703 283 171.60

表 3.7　美的集团主营业务收入和主营业务成本

单位：万元

项目	2020 年		2019 年	
	主营业务收入	主营业务成本	主营业务收入	主营业务成本
暖通空调	12 121 504.3	9 192 536.3	11 960 737.9	8 162 694.1
消费电器	11 389 076.4	7 911 262.6	10 948 679.1	7 501 404.4
机器人及自动化系统	2 158 878.2	1 729 783.7	2 519 196.4	1 995 343.7
其他	478 011.0	445 553.2	277 359.1	271 996.3
合计	26 147 469.9	19 279 135.8	25 705 972.5	17 931 438.5

2020 年度，主营业务成本主要为材料成本及人工成本，占主营业务成本总额超过 80%(2019 年度超过 80%)。

表 3.8　美的集团其他业务收入和其他业务成本

单位：万元

项目	2020 年		2019 年	
	其他业务收入	其他业务成本	其他业务收入	其他业务成本
材料销售收入	2 019 086.7	1 937 800.5	1 893 352.5	1 799 752.0
其他	255 568.3	67 022.9	222 276.7	60 202.3
合计	2 274 655.0	2 004 823.4	2 115 629.2	1 859 954.3

2020 年度，其他业务成本主要为材料成本，占其他业务成本总额超过 80%(2019 年度超过 80%)。

（3）税金及附加。本项目反映经营业务（包括主营业务和其他业务）应该负担的消费税、城市建设维护税、资源税、土地增值税和教育费附加等。本项目根据“税金及附加”科目的发生额列示。

营业收入、营业成本和税金及附加具有很强的因果关系，为了反映它们之间的关系，出现了毛利和毛利率指标。这两个指标可以综合地反映企业产品获利能力，是分析企业整体盈利水平的重要指标。

$$\text{毛利} = \text{营业收入} - \text{营业成本} - \text{税金及附加}$$

$$\text{毛利率} = \frac{\text{毛利}}{\text{营业收入}} \times 100\%$$

较高毛利率产生的可能原因：①企业的产品具有垄断地位，此时应该关注垄断地位的可持续性；②企业的产品具有较强的核心竞争力，此时应该关注保持核心竞争力的能力；③企业的产品由于周期性原因暂时具有较高毛利率，此时应该对比分析不同周期的毛利率水平，分析企业抗周期的能力；④生产大幅度提高，摊薄了制造费用，降低了产成品成本并相应降低了营业成本，此时应该关注滞销可能；⑤外围市场变化，导致销售价格或原材料成本波动。

较低毛利率产生的可能原因：①产品竞争激烈，属于竞争性市场，如家电产品，此时应该关注企业产品相对于其他竞争对手的竞争力；②企业的产品属于生命周期的衰退期，此时应该关注企业是否有转型的能力和行动，如加大研发投入等。

另外，还需要注意如下知识点：①如果企业面临的税收政策没有发生变化，那么税金及附加与营业收入的比例关系应该相对稳定；②企业缴纳的增值税并不计入税金及附加，也一般不会计入企业利润表项目，即增值税通常不影响企业利润；③通常情况下，企业的业绩提升，应该伴随着缴税金额的增加，如果业绩大幅提升，但税赋没有发生相应的变化，则可能是业绩造假的迹象；④企业经营业绩是否对税收优惠存在较大依赖。《首次公开发行股票并上市管理办法》明确规定，公司申请公开发行股票并上市需要满足的其中一项条件是，发行人依法纳税，各项税收优惠符合相关法律法规的规定。发行人的经营成果对税收优惠不存在严重依赖。

【阅读材料】

中国证监会发审委审核公司首次公开发行股票的部分关注点

毛利、税收等通常是发审委审核公司首次公开发行股票的部分关注点。列举如下：

第十八届发审委 2021 年第 78 次会议审核结果公告有关“利华益维远化学股份有限公司”首发申请，发审委提出以下问题：“报告期内，公司主营业务毛利率存在较大波动。（1）主营业务毛利率和各业务板块毛利率波动的原因及合理性，变化趋势是否与同行业可比公司一致；与同行业可比公司毛利率差异的商业合理性；（2）各主要产品毛利率与同行业可比公司的差异情况及原因；（3）公司贸易商客户和终端客户销售确认是否存在差异，结合贸易商合同说明是否存在退货 / 换货等条款影响收入确认；

（4）公司产品价格未来是否面临进一步波动的趋势，发行人综合毛利率能否维持稳定。请保荐代表人说明核查依据、过程，并发表明确核查意见。”有关“老铺黄金股份有限公司”首发申请，发审委提出，“报告期内发行人收入增长较快，毛利率显著高于同行业可比公司。（1）收入增长幅度、单店销售收入、单店平效、单店毛利率等均高于同行业可比公司的具体原因和合理性，是否与行业消费及发展趋势一致，发行人不同区域自营店铺上述指标的对比情况及差异原因；（2）产品售价、单位成本、产品结构的变动趋势，在此情况下其产品毛利率远高于同行业可比公司的原因及合理性；（3）同一消费者线上线下同时消费和同一消费者在不同城市线下店铺消费的具体情形，上述消费行为的合理性，存在大额现金消费的原因及合理性；（4）在联营模式下，发行人2017—2019年采用净额法、2020年采用总额法核算收入是否符合《企业会计准则》的相关规定。请保荐代表人说明核查依据、过程，并发表明确核查意见。”

思考：请查阅招股说明书等相关资料，查找上述问题的具体体现。

【阅读材料】

几种常见税种及会计影响

（一）增值税。增值税是对在我国境内销售商品、提供劳务、提供服务、转让或出租不动产、销售或出租无形资产、出租动产以及进口货物的单位和个人，就其取得的货物或应税劳务销售额，以及进口货物金额计算税款，并实行税款抵扣的一种流转税。它是对商品生产和流通中各个环节的新增价值或商品附加值进行征税，所以称为增值税。增值税是一种价外税，一般纳税人现行税率的档次主要有13%和9%两档，小规模纳税人主要执行3%的税率。小规模纳税人比较简单，这里介绍一般纳税人。计算上，一般纳税人销售或者采购物资时，通常会采用增值税专用发票，增值税额的计算也就采用专用发票的价格乘以适用的税率即可求得增值税税额。按照增值税暂行条例规定，一般纳税人购入货物或接受劳务时支付的增值税（进项税额），可以从销售货物或提供劳务按照规定收取的增值税（销项税额）中抵扣。按照规定，准予从销项税额中进行抵扣的进项税额包括（未全部列举）：

（1）从销售方取得的增值税专用发票上注明的增值税额；

（2）从海关取得的增值税完税凭证上注明的增值税额；

（3）购买免税农副产品准予从销项税额中抵扣进项税额，一般按照买家的10%扣除率计算；

（4）购进应税货物和销售应税货物所支付的运费也准予从销项税额中抵扣进项税额，按照运费金额的9%扣除率计算。

企业的有些行为，从会计角度看，不属于销售行为，应当按成本转账，但按照我国增值税的有关规定，应确定为视同销售行为，计算缴纳增值税。这些行为有：

（1）将自己生产或委托加工的货物用于非应税项目；

（2）将自己生产、委托加工或购买的货物作为投资、提供给其他单位或个体经营者；

（3）将自己生产、委托加工的货物用于集体福利或个人消费；

（4）将自己生产、委托加工或购买的货物作为股利或利润分配的替代分配给投资者或股东；

（5）将自己生产、委托加工或购买的货物无偿赠送他人。

增值税是一种价外税，且采购产品的进项税额可以作为销售商品的销项税额的抵扣，为此，企业需要但尚未缴纳的增值税并不会计入产品成本，也不会影响营业税金及附加。

（二）消费税。为了正确引导消费方向，国家在普遍征收增值税的基础上，选择部分消费品，再征收一道消费税。消费税一般实行价内征收。在我国境内生产、委托加工和进口应税消费品的单位和个人属于消费税纳税义务人，但征收消费税的商品并不多，主要包括烟、酒及酒精、高档化妆品、贵重首饰及珠宝玉石、鞭炮焰火、成品油、小汽车、摩托车、高尔夫球及球具、高档手表、游艇、木制一次性筷子、实木地板和涂料等。

由于消费税属于价内税，与增值税有本质差别，因此会计处理也差别较大。具体而言，企业销售商品缴纳消费税时，一般将缴纳的消费税计入“税金及附加”科目；企业将用于生产的商品对外投资、用于在建工程等方面的，缴纳的消费税应该计入相应的投资成本或在建工程成本。如果是委托加工应税消费品，企业应该在提取加工的应税消费品时，由其他企业代收消费税，委托加工的应税消费品收回后，应该分两种情况处理：如果直接对外销售，则向受托方缴纳的消费税应该计入应税消费品的成本；如果用于连续生产，按照规定可以抵扣的，可以按照受托方代收的消费税，借记“应交税费——应交消费税”科目。

（三）土地增值税。我国税法规定，转让国有土地使用权、地上建筑物及其附着物并取得收入的单位和个人，均应缴纳土地增值税，按照转让房地产所得的增值额和规定的税率（采用超率累进税率）计算征收。增值额是指转让所得扣减规定扣除项目金额后的余额。扣除项目主要包括：取得土地使用权所支付的金额；开发土地的成本费用；新建房屋及其配套设施的成本费用或者旧房屋及建筑物的评估价格；与转让房地产相关的税金等。主营或兼营房地产销售业务的企业，例如万科股份有限公司，销售房产等产生的土地增值税进入“税金及附加”；其他企业销售或转让固定资产，如果该固定资产属于土地增值税征税范围，则缴纳的土地增值税最终也会进入“资产处置损益”。

（四）城市维护建设税。城市维护建设税是国家为了强化城市的维护建设，扩大和稳定城市维护建设资金的来源而征收的一种税。企业应该按照销售净收入，依据一定的税率，计算应该缴纳的城市维护建设税。城市维护建设税一般计入“税金及附加”。

（五）房产税、土地使用税和车船使用税。房产税是国家对在城市、县城、建制镇和工矿区房屋征收的由产权所有人缴纳的一种税。土地使用税是国家为了合理利用城镇土地，调节土地级差收入，提供土地使用效益，加强土地管理而开征的一种税，以纳税人实际占用的土地面积作为计税依据，依照规定税额计算征收。车船使用税由拥有并且使用车船的单位和个人按照适用税额计算缴纳。这些税种通常计入企业当期的管理费用。

（六）个人所得税。与上述税种不同，个人所得税是职工按照我国的税法规定由个人缴纳的一种税，一般由企业代扣代缴但并不属于企业的纳税义务。因此，企业按照规定计算代扣代缴的职工个人所得税，不应该形成企业的成本或费用。企业代扣但尚未代缴的个人所得税，应该暂时计入“其他应付款”。

（4）销售费用。本项目根据“销售费用”科目的发生额列示。销售费用是指企业在销售产品、提供劳务等日常经营过程中发生的各项费用以及专设销售机构的各项经费，包括运输费、装卸费、包装费、保险费、展览费、广告费、租赁费（不包括融资租赁费）以及为销售本公司商品而专设的销售机构的职工工资、福利费等经常性费用。商品流通企业在进货过程中发生的运输费、装卸费、包装费、运输途中的合理损耗和入库前的挑选整理费用，也作为销售费用处理。

【案例分析】

三一重工（股票代码：600031）和广西柳工（股票代码：000528）分别是工程机械行业第一梯队龙头企业和第二梯队排头兵企业，请比较两家公司销售费用占营业收入比重及销售费用明细信息（表3.9、表3.10）差异。

表3.9　广西柳工2019—2020年营业收入、销售费用明细信息

项目	本期发生额/元	上期发生额/元
营业收入	23 002 550 045.37	19 177 295 779.44
销售费用	1 662 220 471.65	1 902 529 442.57
其中：运杂费	26 814 259.71	433 392 293.96
三包费	467 729 873.20	443 651 461.41
人工费用	659 770 680.99	535 675 985.94
差旅及招待费	98 964 979.50	120 239 173.59
办公及折摊费	169 724 253.96	145 673 267.91
其他销售费用	239 216 424.29	223 897 259.76

表3.10　三一重工2019—2020年营业收入、销售费用明细信息

项目	本期发生额/万元	上期发生额/万元
营业收入	9 934 198.8	7 566 546.2
销售费用	533 187.6	548 758.9
其中：销售佣金	315 230.9	305 955.1

续表

项目	本期发生额 / 万元	上期发生额 / 万元
薪金及福利	128 784.4	87 844.7
产品运输开支		60 064.9
差旅费	12 907.9	18 215.7
办公费	18 169.2	14 431.1
折旧及摊销开支	5 688.5	6 063.2
其他	52 406.7	56 184.2

（5）管理费用。本项目根据“管理费用”科目的发生额列示。管理费用是指企业为组织和管理企业生产经营所发生的各种费用，包括企业董事会和行政管理部门在企业的经营管理中发生的，或者应由企业统一负担的公司经费、工会经费、待业保险费、劳动保险费、董事会会费、聘请中介机构费等。管理费用的特征是，此类费用与企业经营过程中的全部经营活动相联系，一般不具体地由某一经营活动或某一种产品负担。

【案例分析】

请比较三一重工和广西柳工两家公司管理费用占营业收入比重及管理费用明细信息（表 3.11、表 3.12）差异。

表 3.11　广西柳工 2019—2020 年营业收入、管理费用明细信息

项目	本期发生额 / 元	上期发生额 / 元
营业收入	23 002 550 045.37	19 177 295 779.44
管理费用	704 830 034.56	695 825 794.18
其中：人工费用	396 555 477.44	378 862 530.71
办公与修理费	106 933 273.84	107 207 182.90
折旧摊销费用	74 303 090.11	59 492 733.43
其他管理费用	127 038 193.17	150 263 347.14

表 3.12　三一重工 2019—2020 年营业收入、管理费用明细信息

项目	本期发生额 / 万元	上期发生额 / 万元
营业收入	9 934 198.8	7 566 546.2
管理费用	220 120.7	206 694.8
其中：薪金及福利	118 117.6	97 883.3
折旧及摊销开支	40 706.7	40 787.4

续表

项目	本期发生额 / 万元	上期发生额 / 万元
修理费	16 901.1	17 186.6
差旅费	5 296.1	6 250.6
租金及水电费	5 395.9	5 467.2
办公费	4 127.8	4 101.0
其他	29 575.5	35 018.7

（6）研发费用。本项目反映企业研究开发活动所产生的支出计入当期损益的部分。企业研究开发活动产生的支出，一部分费用化并计入研发费用，另一部分资本化并计入资产负债表的开发支出。其中，资产负债表章节对开发支出进行了详细介绍。只有将研究支出与开发支出合并考虑，才能对企业的研究开发的投入水平及会计处理进行恰当的评价。

【案例分析】

请比较三一重工和广西柳工两家公司研发费用占营业收入比重及研发费用明细信息（表3.13、表3.14）差异；并进一步查询两家公司报表，收集并分析开发支出财务数据。

表3.13　广西柳工2019—2020营业收入、研发费用明细信息

项目	本期发生额 / 元	上期发生额 / 元
营业收入	23 002 550 045.37	19 177 295 779.44
研发费用	519 610 988.27	463 906 390.28
其中：人工费用	256 727 393.09	235 567 256.49
材料	156 828 693.30	162 858 394.34
办公与修理费	10 086 153.59	23 983 698.37
折旧摊销费用	24 916 020.89	21 666 183.54
其他	71 052 727.40	19 830 857.54

表3.14　三一重工2019—2020年营业收入、研发费用明细信息

项目	本期发生额 / 万元	上期发生额 / 万元
营业收入	9 934 198.8	7 566 546.2
研发费用	499 157.2	364 985.3
其中：直接投入	211 115.9	164 663.7
薪金及福利	171 610.1	112 704.2
折旧及摊销开支	21 337.0	25 051.6
研发设计试验费	48 129.8	25 441.8

（7）财务费用。本项目根据“财务费用”科目的发生额列示。财务费用是指企业筹集生产经营所需资金而发生的费用。它包括利息净支出、汇兑净损失、金融机构手续费以及筹集生产经营资金发生的其他费用等。通常情况下，财务费用与企业借贷是密切相关的。贷款利率通常是借款企业不可控制的，所以贷款成本、贷款必要性、期限和资金用途、使用效果等问题的分析就显得更加重要。

【案例分析】

请分析广西柳工债务成本

广西柳工2019—2020年财务费用及债务相关信息见表3.15、表3.16。

表3.15 广西柳工2019—2020年财务费用

项目	本期发生额/元	上期发生额/元
利息支出①	201 318 225.85	171 209 520.19
减：利息收入	110 877 330.27	89 990 349.72
汇兑损益	146 108 267.99	−7 815 152.72
金融机构手续费	14 910 524.12	17 100 812.29
其他财务费用	4 778 476.43	−1 017 251.62
合计	256 238 164.12	89 487 578.42

表3.16 广西柳工2019—2020年有息债务

项目	2020年底/元	2019年底/元
短期借款	6 699 199 627.62	5 020 619 480.10
短期应付债券	377 075 278.60	
一年内到期的长期借款	1 848 323 689.19	1 500 060 874.58
一年内到期的应付债券	212 632 207.65	
长期借款	156 012 046.51	3 621 720 517.31
应付债券	247 378 688.40	
合计	9 540 621 537.97	10 142 400 871.99

说明：本表根据广西柳工2020年年报整理，可能没有穷尽所有有息债务。

在我国，销售费用、财务费用和管理费用统称为期间费用。相对而言，“营业成本”和“税金及附加”随“营业收入”的发生而发生，与营业收入存在直接配比关系；期间费用与营业收入并不存在这么强的直接配比关系。通常情况下，我们仍然会关注这

① 在会计上，企业的利息支出，一是计入当期损益的财务费用，二是资本化计入相关支出成本。学习完现金流量表章节，可以结合现金流量表的“分配股利、利润或偿付利息支付的现金”获取更多有关利息支出的信息。

三项费用占营业收入的比重是否比较稳定。一般来说，营业收入下降或上升，期间费用（尤其是销售费用或管理费用）也会伴随着下降或上升。但是，有些企业可能会出现期间费用下降的幅度低于营业收入下降幅度的情况，这可能是固定成本的影响，也可能表明企业经营管理过程中成本费用控制能力较差。

期间费用需要注意：①费用的发生是否伴随着现金流出以及现金流出的时间。例如，差旅费、广告费等需要现金流出，折旧、摊销等一般不会影响现金流出。②固定性期间费用和变动性期间费用。固定性期间费用是指在一定业务量范围内，不随着企业业务量变化而变化的费用，变动性期间费用则是随着业务量变化而变化的费用。例如，企业销售部门每一个职工的基本工资是每月 1 000 元，并根据销售业绩提成 1%，根据销售但未收回款项的 1.5% 扣除工资。那么，基本工资 1 000 元则属于固定性期间费用；提成和扣款则属于变动性期间费用。③管理当局可以控制和不能控制的期间费用。可以控制，是指管理当局的决策能够影响其是否发生以及发生金额，反之则属于不可控制。例如，企业在进行广告投入之前，管理当局可以决定是否进行广告投入以及广告投入的力度，从而影响了广告费用的发生与否，因此，广告费用就属于可以控制的费用；再如，企业已经购买的固定资产，则企业管理当局就不能控制是否需要计提折旧费用，因为计提折旧是会计准则强制要求的，此时，折旧计提就属于不可控制的。掌握上述三种分类方法，有助于更好分析期间费用未来变化趋势及未来期间费用需要的现金流，也有助于更好评价管理当局控制成本的能力和效果。

（8）信用减值损失和资产减值损失。本项目反映企业各项资产发生的减值损失，根据“信用减值损失”和“资产减值损失”科目分别列示。值得注意的是，2017 年发布的《金融工具确认与计量》会计准则将原先全部计入“资产减值损失”的某些部分，即属于金融资产的减值损失，计入“信用减值损失”，包括应收账款、其他债权投资等金融资产计提的减值损失。需要特别注意，存货、应收账款等资产计提的减值准备及确认的减值损失，在后续会计期间，如果有确凿证据表明资产价值已经恢复，则损失将会被转回（将增加转回当年的净利润）；其他一些资产，包括固定资产、在建工程、生物资产、长期股权投资、无形资产、商誉等一经确认资产减值损失，一律禁止转回。

【案例分析】

以广西柳工为例，表 3.17、表 3.18 列示了公司 2019—2020 年信用减值损失与资产减值损失的明细信息。

表 3.17　广西柳工 2019—2020 年信用减值损失（损失以“–”号填列）

项目	本期发生额 / 元	上期发生额 / 元
应收票据坏账损失	841 540.16	9 647 445.45
应收账款坏账损失	–34 241 073.02	–3 695 755.56
其他应收款坏账损失	–17 950 512.27	–26 805 418.01

续表

项目	本期发生额 / 元	上期发生额 / 元
长期应收款坏账损失	−166 511 783.90	−92 358 395.69
合计	−217 861 829.03	−113 212 123.81

表 3.18　广西柳工 2019—2020 年资产减值损失（损失以“−”号填列）

项目	本期发生额 / 元	上期发生额 / 元
存货跌价损失	−81 765 270.74	−77 256 430.73
固定资产减值损失	−9 560 075.64	—
商誉减值损失	−4 294 397.45	—
合计	−95 619 743.83	−77 256 430.73

思考：

（1）应收票据坏账损失为正数，代表什么意思？

（2）结合资产负债表附注信息，解读减值损失的具体来源，分析各项资产减值程度。

（3）分析减值损失对利润表的影响程度。

读者可以回忆资产负债表章节的有关减值准备的知识点，注意企业经常通过资产减值准备进行利润操纵①。

实际上，如实计提资产减值准备和确认相应的资产减值损失、信用减值损失，对企业具有重要的意义。企业不仅可以掌握企业资产负债的真实价值，而且可以在经营管理方面做出相应的调整。较高的资产减值损失，可能意味着企业在资产管理、产品市场前景等方面存在着比较严峻的问题，企业如果不及时做出调整，可能会遭受更大的损失。2007 年从美国开始爆发的次贷危机迅速波及全球主要国家，并演变成为百年一遇的金融危机。在危机爆发初期，相当一部分企业低估了危机的影响，严重低估所持有的金融资产可能的减值损失，未能及时做出相应的准备，这导致更大的损失，甚至是破产。例如，企业具有 1 000 万元的应收账款，该应收账款信用期 2 年，企业乐观估计 2 年内将能够收回该应收账款，并据此开始了一项工程建造投资。资产建造之前进行资金预算时，企业将 2 年内将收回的应收账款作为主要预算资金来源。随后，企业并不能如期足额收回该应收账款，由于缺乏其他资金渠道，该工程建造被迫搁浅。实际上，在进行资金预算时企业的主要债务人已经出现了偿债问题，企业如果计提相

① 回忆上一章节“珠海中福”案例。

应的资产减值准备并确认相应资产减值损失，就不应该将其作为主要预算资金来源。

（9）公允价值变动损益。本项目反映企业应当计入当期损益的资产或负债，主要包括交易性金融资产和交易性金融负债、投资性房地产、按照公允价值核算的生产性生物资产等的公允价值变动损益。本项目应该根据“公允价值变动损益”科目的发生额列示。应该注意的是，并非所有资产或负债的公允价值变动都通过“公允价值变动损益”在利润表中反映，有些资产或负债，例如其他债权投资和其他权益工具投资的公允价值变动直接计入所有者权益，并在利润表“其他综合收益”项目反映。

读者应该注意两个信息。第一，公允价值变动损益属于资产持有期间的公允价值波动，因此属于未实现利得或损失，是否能够真正变成已实现利得或损失，具有非常大的不确定性，受到市场环境的影响较大，除非立刻销售，否则一般不能由企业控制可以实现的利得或损失的金额。读者可以结合资产负债表有关内容进行相关学习。第二，利润表“公允价值变动损益”为负数，并不意味着一定是由于企业持有的资产的公允价值下降，它也可能是企业当期将产生未实现利得的资产出售造成的；反之，“公允价值变动损益”为正数，也并不意味着一定是持有的资产的公允价值上涨。例如，公司在第一个会计期间以20万元价格购买金融资产，第二个会计期间该资产价格上涨至50万元，则将产生30万元的“公允价值变动损益”。第三个会计期间，该资产价格未发生变化，公司按照50万元价格出售该金融资产，为此，公司将会把第二个会计期间产生的30万元“公允价值变动损益”（利得）转入第三个会计期间的“投资收益”（已实现），从而，第三个会计期间的“公允价值变动损益”将出现负数。在这种情况下，第三个会计期间的“公允价值变动损益”虽然为负数，但并不意味着公允价值下降，而是由于公司出售了该金融资产。

由此延伸一个问题，读者应该特别关注公司将正数的“公允价值变动损益”最终转变为已实现的“投资收益”的能力，否则，“公允价值变动损益”将真正变成“纸面富贵”。

（10）投资收益。本项目反映企业对外投资所取得的收益，包括长期股权投资、交易性金融资产、债权投资、其他债权投资等发生的投资收益，根据“投资收益”科目发生额列示。如果重要的话，本项目应该将“对联营企业和合营企业的投资收益”单独列示。

与公允价值变动损益一样，投资收益波动幅度大、弹性高、可持续性差。市场好的时候，投资收益增长幅度大，预期很高，也容易导致高估值；市场差的时候，投资收益下降也很快。

【案例分析】

成也“投资收益”，败也“投资收益”

长安汽车股份有限公司（股票代码：000625）的投资收益对利润表的贡献非常明显。

表 3.19　长安汽车 2016—2020 年合并利润表主要项目

单位：亿元

年份	2020 年 6 月 30 日	2019 年 12 月 31 日	2018 年 12 月 31 日	2017 年 12 月 31 日	2016 年 12 月 31 日
营业总收入	327.8	706.0	663.0	800.1	785.4
营业总成本	347.4	725.6	690.7	814.2	787.0
其他经营收益					
加：公允价值变动损益	17.54	8.892	—	—	—
投资收益	30.01	–21.09	–0.71	69.06	96.19
其中：对联营企业和合营企业的投资收益	–5.283	–21.59	–3.319	68.55	95.64
营业利润	28.12	–21.07	–2.014	71.52	94.32
加：营业外收入	0.31	0.50	9.162	1.043	9.755
减：营业外支出	0.51	1.850	0.57	0.75	0.58
利润总额	27.92	–22.42	6.582	71.81	103.5
减：所得税费用	1.899	4.068	–0.65	–0.28	0.73
被合并方在合并前实现利润	26.02	—	—	—	—
净利润	26.02	–26.49	7.234	72.08	102.8

2020 年半年报中净利润的优秀表现吸引了众多投资者的目光，我们不妨来看一下近 5 年来长安汽车的净利润变动情况。表 3.19 展示的是长安汽车 2016—2019 年年报和 2020 年半年报中合并利润表主要项目。不难看出，2016 年、2017 年投资收益 / 净利润数值达到 90% 以上，而投资收益中对联营企业和合营企业的投资收益更是占比超 99%。2018 年，这一规律好像不成立，投资收益为负的情况下，净利润达到 7.2 亿元，这是因为当期营业外收入 9.2 亿元，为净利润做出巨大贡献。2019 年与 2016—2017 年的结论基本一致，只不过投资收益和净利润均为负值。根据前 4 年的财务数据及其附注，我们可以得出一个结论：长安汽车的投资收益基本上全都来自联营企业和合营企业，尤其是源自其参股的长安福特的业绩影响，且投资收益通常与报告年度净利润息息相关，前者对后者影响较大。

2020 年半年报中显示投资收益 30.01 亿元，净利润 26.02 亿元，投资收益对净利润的决定性作用依然未改，但是，投资收益的组成来源发生了显著变化。根据 2020 年半年报，对联营企业和合营企业的投资收益为 –5.283 亿元，但是，投资收益实现了对 2018 和 2019 年的大逆转，原因何在？公司投资收益附注明细信息（表 3.20）可以部分予以解答。

表 3.20 长安汽车 2020 年半年报合并报表投资收益明细

项目	本期发生额 / 元	上期发生额 / 元
权益法核算的长期股权投资收益	–528 282 156.89	–108 336 709.94
处置长期股权投资产生的投资收益	3 514 298 597.59	—
持有交易性金融资产期间取得的投资收益	7 903 143.08	—
其他	6 884 080.21	—
合计	3 000 803 663.99	–108 336 709.94

思考：请继续收集相关信息，对长安汽车2020年上半年巨额投资收益予以分析评价。

报表阅读者应该注意，根据投资收益与现金流的关系，投资收益大致可以划分为四种主要来源。

第一种投资收益，伴随着现金流入，且现金流入金额等于投资收益金额。它主要来源于：①企业因持有具有控制权的长期股权投资，从被投资企业收到的现金分红；②企业因其他权益工具投资、债权投资、其他债权投资、交易性金融资产，从被投资企业收到的现金分红或利息收入。

第二种投资收益，伴随着现金流入，但现金流入金额一般超过投资收益额。这类投资收益主要是企业处置持有的股权或债券等金融工具时，处置价格（扣除必要税费等）超过了处置时该资产的账面价值。在这种情况下，投资收益是处置价格超过了资产账面价值的部分，而现金流入则是处置收到的现金流入。

第三种投资收益，是企业因持有权益法核算的长期股权投资，并根据持股比例享有的被投资企业当期实现的净利润（根据企业会计准则规定，投资企业需要对这类净利润进行一定的调整），这类投资收益并不伴随着现金流入。例如，A 企业持有 B 企业 30% 股权从而采用权益法核算，B 企业当期实现净利润 1 000 万元，则投资企业根据持股比例确认 300 万元投资收益（假定不考虑对净利润的调整）。

第四种投资收益，属于公允价值变动损益或其他综合收益转入的投资收益，也不伴随着现金流入，或者说现金流入是因为处置这些金融资产而产生的。我们知道，企业持有交易性金融资产或其他债权投资期间，如果公允价值发生变动，则会产生公允价值变动损益或其他综合收益，但它们属于未实现损失或利得。当企业出售了这些资产，则未实现利得或损失变成已实现，故应该转入投资收益。例如，企业 3 月 1 日按照 100 万元价格购买了交易性金融资产，3 月 31 日金融资产价格上升为 120 万元，但企业并未售出，则 3 月末交易性金融资产在资产负债表中列示的价值是 120 万元，并于利润表中确认 20 万元公允价值变动损益；4 月 10 日，金融资产价格上升为 130 万元，企业将其售出，取得 130 万元现金流入。企业首先将 130 万元处置价格与处置时金融资产

120 万元账面价值差异作为投资收益处理，其次，3 月的 20 万元公允价值变动损益不再属于未实现利得，应该转入已经实现的利得 20 万元（投资收益）。注意，在这种情况下，4 月的营业利润增加了 10 万元，而非 30 万元。

【案例思考】

金融资产、股权投资对雅戈尔财务报表的影响

雅戈尔集团股份有限公司（股票代码：600177）是一家主要业务包括品牌服装、地产开发和投资业务的上市公司。长期以来，公司投资业务对财务报表产生重要影响。公司 2019—2020 年实现的营业利润、净利润、综合收益分别为 4 532 150 742.23 元和 9 386 545 856.76 元，3 951 620 259.80 元和 7 206 579 494.38 元，3 603 391 646.60 元和 3 589 929 557.91 元，其投资收益、公允价值变动损益、其他综合收益明细见表 3.21—表 3.23。

表 3.21 雅戈尔 2019—2020 年投资收益明细信息

项目	本期发生额 / 元	上期发生额 / 元
权益法核算的长期股权投资收益	2 024 296 619.65	1 985 858 124.64
处置长期股权投资产生的投资收益	4 651 392 688.55	50 345 576.94
交易性金融资产在持有期间的投资收益	105 700.71	1 611 425.09
其他权益工具投资在持有期间取得的股利收入	583 393 370.70	639 690 896.97
债权投资在持有期间取得的利息收入	248 683 952.91	
处置交易性金融资产取得的投资收益	81 239 714.06	99 996 865.37
其他非流动金融资产在持有期间的投资收益	9 592 555.50	35 131 588.02
丧失控制权后，剩余股权按公允价值重新计量产生的利得	7 020 678.03	
合计	7 605 725 280.11	2 812 634 477.03

表 3.22 雅戈尔 2019—2020 年公允价值变动损益明细信息

产生公允价值变动收益的来源	本期发生额 / 元	上期发生额 / 元
交易性金融资产	60 638 256.28	12 279 338.96
其他非流动金融资产	72 577 425.42	25 296 825.20
合计	133 215 681.70	37 576 164.16

表 3.23　雅戈尔 2019—2020 年其他综合收益明细信息（摘录）

单位：元

项目	期初余额	本期所得税前发生额	减：前期计入其他综合收益当期转入损益	减：前期计入其他综合收益当期转入留存收益	税后归属于母公司	期末余额
一、不能重分类进损益的其他综合收益	−2 100 195 623.21	−2 543 267 655.81		265 997 590.38	−3 001 295 178.88	−5 101 490 802.09
其中：权益法下不能转损益的其他综合收益	10 667 106.83	−750 626.21		3 971 289.68	−4 721 915.89	5 945 190.94
其他权益工具投资公允价值变动	−2 110 862 730.04	−2 542 517 029.60		262 026 300.70	−2 996 573 262.99	−5 107 435 993.03
二、将重分类进损益的其他综合收益	455 261 473.98	−799 310 763.09	123 186 301.09		−922 494 213.00	−467 232 739.02
其中：权益法下可转损益的其他综合收益	305 201 032.27	−8 127 179.32	123 186 301.09		−131 313 356.80	173 887 675.47
外币财务报表折算差额	150 060 441.71	−791 183 583.77			−791 180 856.20	−641 120 414.49
其他综合收益合计	−1 644 934 149.23	−3 342 578 418.90	123 186 301.09	265 997 590.38	−3 923 789 391.88	−5 568 723 541.11

思考：请结合公司年报其他信息，特别是资产负债表信息，对雅戈尔投资业务的效果进行评价。

（11）其他收益。本项目主要核算企业接收的源自与企业日常活动相关的政府补助，以及其他与企业日常活动相关且直接计入该项目的经济业务。在我国，企业会计准则将政府补助划分为与企业日常活动相关的补助和与日常活动无关的补助。前者应该按照经济业务实质，计入其他收益或冲减相关成本费用；后者计入营业外收支。例如，广西柳工股份有限公司 2020 年收到政府对其技术改造建设项目、技术研发项目等给予的补助，这类补助所涉及项目属于日常活动相关，该公司按照补助受益期限，于收到当期一次性确认为其他收益，或分期摊销计入其他收益。

（12）营业外收入和营业外支出。营业外收入反映企业发生的与经营活动无直接关系（例如，无法偿还的应付账款、接受政府捐赠但与企业日常活动无关的项目）的各项收入，根据“营业外收入”科目发生额列示；营业外支出反映企业发生的与经营活动无直接关系（例如，固定资产毁损净支出、对外捐赠支出）的各项支出，根据“营业外支出”科目发生额列示。

需要明确两点：第一，营业外收支的性质和来源。与营业收入、营业成本等由企业日常经营活动产生的收入成本不同，营业外收入和营业外支出与企业发生的经营活动无直接关系。因此，营业收入和营业成本通常具有可持续性。例如，房地产企业出售商品房在本会计期间产生了营业收入，并发生了营业成本，可以预测下一个会计期间该房地产企业仍将产生相应的营业收入和营业成本；而营业外收支通常不具有可持续性，属于偶然的或极少发生的项目。例如，企业本会计期间由于接受捐赠产生了巨额的营业外收入或由于捐赠产生了营业外支出，不能据此预测企业在未来会计期间仍然会产生相应的捐赠收入或捐赠支出。第二，正是由于利润表不同项目的持续性具有差异，中国证监会审核公司上市、增发、配股等申请时，专门制定了一些规范，对利润表不同项目区别对待。例如，中国证监会《首次公开发行股票并上市管理办法》（2020年7月修正）对上市公司公开发行新股规定了若干条件，其中，强调发行人盈利能力较强，最近3个会计年度净利润均为正数且累计超过人民币3 000万元，净利润以扣除非经常性损益前后较低者为计算依据。发行人不得有下列影响持续盈利能力的情形：

（a）发行人的经营模式、产品或服务的品种结构已经或者将发生重大变化，并对发行人的持续盈利能力构成重大不利影响；

（b）发行人的行业地位或发行人所处行业的经营环境已经或者将发生重大变化，并对发行人的持续盈利能力构成重大不利影响；

（c）发行人最近1个会计年度的营业收入或净利润对关联方或者存在重大不确定性的客户存在重大依赖；

（d）发行人最近1个会计年度的净利润主要来自合并财务报表范围以外的投资收益；

（e）发行人在用的商标、专利、专有技术以及特许经营权等重要资产或技术的取得或者使用存在重大不利变化的风险；

（f）其他可能对发行人持续盈利能力构成重大不利影响的情形。

关于什么是经常性损益、什么是非经常性损益，中国证监会也进行了专门的规定。证监会《公开发行证券的公司信息披露解释性公告——非经常性损益》（2008年修订）指出，非经常性损益是指与公司正常经营业务无直接关系，以及虽与正常经营业务相关，但由于其性质特殊和偶发性，影响报表使用人对公司经营业绩和盈利能力做出正常判断的各项交易和事项产生的损益。非经常性损益通常包括以下项目：

①非流动性资产处置损益，包括已计提资产减值准备的冲销部分；②越权审批，或无正式批准文件，或偶发性的税收返还、减免；③计入当期损益的政府补助，但与公司正常经营业务密切相关，符合国家政策规定、按照一定标准定额或定量持续享受的政府补助除外；④计入当期损益的对非金融企业收取的资金占用费；⑤企业取得子公司、联营企业及合营企业的投资成本小于取得投资时应享有被投资单位可辨认净资产公允价值产生的收益；⑥非货币性资产交换损益；⑦委托他人投资或管理资产的损益；⑧因不可抗力因素，如遭受自然灾害而计提的各项资产减值准备；⑨债务重组损益；

⑩企业重组费用，如安置职工的支出、整合费用等；⑪交易价格显失公允的交易产生的超过公允价值部分的损益；⑫同一控制下企业合并产生的子公司期初至合并日的当期净损益；⑬与公司正常经营业务无关的或有事项产生的损益；⑭除同公司正常经营业务相关的有效套期保值业务外，持有交易性金融资产、交易性金融负债产生的公允价值变动损益，以及处置交易性金融资产、交易性金融负债和可供出售金融资产取得的投资收益；⑮单独进行减值测试的应收款项减值准备转回；⑯对外委托贷款取得的损益；⑰采用公允价值模式进行后续计量的投资性房地产公允价值变动产生的损益；⑱根据税收、会计等法律、法规的要求对当期损益进行一次性调整对当期损益的影响；⑲受托经营取得的托管费收入；⑳除上述各项之外的其他营业外收入和支出；㉑其他符合非经常性损益定义的损益项目。

非经常性损益对有些公司业绩影响非常重要。以雅戈尔集团股份有限公司2020年年报为例，公司2020年、2019年实现净利润分别为7 206 579 494.38元，3 951 620 259.80元，其中，非经常性损益的信息见表3.24。

表3.24　雅戈尔非经常性损益信息

单位：元

非经常性损益项目	2020年	2019年	2018年
非流动资产处置损益	4 692 177 730.21	92 997 470.00	29 969 498.32
计入当期损益的政府补助，但与公司正常经营业务密切相关，符合国家政策规定、按照一定标准定额或定量持续享受的政府补助除外	165 117 636.87	173 935 088.84	97 331 545.65
计入当期损益的对非金融企业收取的资金占用费	248 683 952.91	54 557 787.84	11 468 443.19
企业取得子公司、联营企业及合营企业的投资成本小于取得投资时应享有被投资单位可辨认净资产公允价值产生的收益			20 900 738.59
委托他人投资或管理资产的损益		1 611 425.09	1 059 055.76
除同公司正常经营业务相关的有效套期保值业务外，持有交易性金融资产、衍生金融资产、交易性金融负债、衍生金融负债产生的公允价值变动损益，以及处置交易性金融资产、衍生金融资产、交易性金融负债、衍生金融负债和其他债权投资取得的投资收益	191 355 795.86	137 573 029.53	587 622 285.54
单独进行减值测试的应收款项、合同资产减值准备转回	122 500 000.00	140 000 000.00	16 929 787.41
除上述各项之外的其他营业外收入和支出	−25 876 144.81	−150 952 918.78	−29 393 315.70
少数股东权益影响额	−7 785 767.30	−5 917 014.49	−2 610 906.71
所得税影响额	−1 294 890 152.64	−62 614 116.46	−155 419 133.57
合计	4 091 283 051.10	381 190 751.57	577 857 998.48

（13）所得税费用。本项目反映企业当期会计利润确定的所得税费用，根据“所得税费用”科目的发生额列示。应该注意的是，所得税费用与应交所得税的金额非常有可能不一致，特别是由于我国《企业会计准则——所得税》采用资产负债表债务法核算所得税费用并由此确认递延税款，所得税费用与应交所得税背离的可能性非常大。所得税费用主要是依据会计规则核算的利润总额计算确定的；应交所得税则是依据企业所得税税法核算的应纳税所得额计算确定的。

注意如下知识点。①会计利润总额与应税利润总额的差异。会计利润总额是企业根据企业会计准则，按照权责发生制确认相关收入、费用、利得与损失等得出的；应纳税所得额则是企业根据我国《企业所得税法》及其实施条例、实施细则等规范确定的利润总额，企业据此确定当年需要向税务局缴纳的所得税税额。由于会计准则和税法的立法宗旨、目标、核算基本前提、信息质量要求等存在差异，会计准则和税法对一项经济业务是否形成以及何时形成收入、费用、利得、损失，可能存在着重要差异，从而导致会计利润总额和应税利润总额具有差异，甚至具有较大差异。为此，企业通常需要在会计利润总额基础上，按照税法要求进行繁杂的纳税申报调整，取得应纳税所得额，合法纳税。例如，企业购买国债取得的利息收入，是会计利润总额的组成部分，而根据税法规则则属于免税收入，不纳入应纳税所得额范围内。再如，企业对分期收款销售产生的收入，在满足会计准则对收入确认的条件时确认收入，而税法则规定于合同约定的收款日期确认收入，因此，根据会计准则和税法分别确认的该笔销售收入，时间分布具有差异，导致各个会计期间会计利润总额和应纳税所得额存在差异。会计准则和税法对收入、费用、利得和损失的规定在许多方面都具有差异，在此不一一细说。②与此相对应，利润表的“所得税费用”通常是与会计利润总额相关的，即与利润表的“利润总额”项目相关，但它并不意味着企业当期需要向税务局缴纳的所得税是“所得税费用”所示金额；企业当期需要向税务局缴纳的所得税是通过负债项目“应交税费”的明细科目“应交所得税”得以体现，它将根据应纳税所得额计算确定。本期企业应交所得税应该等于“应交所得税”的期末余额扣除期初余额再加上本期已经缴纳额。例如，A企业本期已经缴纳所得税100万元，应交所得税期初余额30万元，期末余额50万元，则表明A企业本期的应纳税所得额产生了120万元的所得税负担。③利润表“所得税费用”与资产负债表“应交税费”的“应交所得税”由于上述原因产生的差异，是通过“递延所得税资产”或“递延所得税负债”这两个资产负债表项目进行调整的，从而也保证了借贷记账法借贷双方的平衡关系。

【案例分析】

乐视网“神奇的”利润表

乐视网信息技术（北京）股份有限公司（股票代码：300104），简称乐视网，曾经是一家风光无限的上市公司。由于财务造假，公司现已经退市。公司至2010年上市以来，利润表的结构比较特殊。

表 3.25　乐视网 2012—2017 年第三季利润表部分信息

单位：元

项目	2017 年 Q3	2016 年	2015 年	2014 年	2013 年	2012 年
营业总收入	57 3347 838	21 986 878 491	13 016 725 124	6 818 938 622	2 361 244 730	1 167 307 146.72
营业总成本	2 399 403 909	22 361 014 855	13 026 051 728	6 771 077 207	2 123 181 947	969 895 918.13
收入 - 成本	−1 826 056 071	−374 136 360	−9 326 604	47 861 415	238 062 783	197 411 228.59
营业利润	−1 766 299 506	−33 749 9261	69 422 832	47 866 453	236 707 644	197 411 228.59
利润总额	−1 763 225 005	−328 708 520	74 169 222	72 899 104	246 400 883	228 011 728.59
所得税费用	−310 945 748	−106 815 889	−142 947 603	−55 897 456	14 020 132	38 045 914.33
净利润	−1 452 279 257	−221 892 631	217 116 825	128 796 560	232 380 750	189 965 814.26
归属于母公司所有者的净利润	−1 014 842 341	554 759 227	573 027 173	364 029 509	255 009 694	194 194 142.39
少数股东损益	−437 436 916	−776 651 859	−355 910 347	−235 232 948	−22 628 944	−4 228 328.13

查阅乐视网 2012—2017 年财务报告，分析：（1）所得税费用与利润总额的关系；（2）归属于母公司所有者的净利润与少数股东损益的关系。

（14）基本每股收益和稀释每股收益。每股收益是特定会计期间，企业的普通股股东每持有一份普通股所能享有的企业净利润或需要承担的企业净亏损。该指标能够反映企业的经营成果，衡量普通股的获利水平及投资风险，是投资者等信息使用者据以评价企业盈利能力、预测企业成长潜力，进而作出相关经济决策的重要财务指标之一。

每股收益包括基本每股收益和稀释每股收益。

①基本每股收益。基本每股收益是按照归属于普通股股东的当期净利润除以发行在外普通股的加权平均数计算的每股收益。公式表示如下：

基本每股收益 = 归属于普通股股东的当期净利润 / 发行在外普通股的加权平均数

我国企业会计准则《每股收益》规定，企业对外提供合并财务报表的，准则仅要求其以合并财务报表为基础计算每股收益，并在合并财务报表中进行列报，与合并财务报表一同提供的母公司财务报表不要求计算和列报每股收益，但企业可以自愿提供该信息。因此，以企业合并财务报表为基础计算的每股收益，分子应该是归属于母公司普通股股东的当期合并净利润，即扣除了少数股东损益后的余额；分母为当期发行在外普通股的加权平均数，即期初发行在外普通股股数根据当期新发行或回购的普通股股数与相应时间权数的乘积调整后的股数。

例如，公司 20×1 年期初发行在外普通股股票是 3 亿股，7 月 1 日增发了 1 亿股。该公司当年实现净利润 3.5 亿元，则发行在外普通股股数的加权平均数就是 3.5

（3+1×6/12=3.5）亿股，基本每股收益是 1 元 / 股。

可以看出，每股收益的计算并不考虑股票价格。因此，不同企业的每股收益不能简单比较；同一个企业不同会计期间如果发行在外普通股股数不一样，也不能简单比较。例如，增发、配股等因素引起分母发生变化，就不能简单比较企业在不同会计期间每股收益绝对额的变化。

②稀释每股收益。潜在普通股是指赋予其持有者在报告期或以后期间享有取得普通股权利的一种金融工具或其他合同。目前，我国企业发行的潜在普通股主要有可转换公司债券、认股权证、股份期权等。潜在普通股通常对每股收益具有稀释的可能性。比如，可转换公司债券是一种潜在普通股，具有稀释每股收益的可能性，不是在实际转换时，而是在其存在期间具有稀释的可能性。等到实际转换时，就变成对基本每股收益的影响，而不是对稀释每股收益的影响。上例中，企业在 20×1 年有 3.5 亿元净利润，发行在外普通股加权平均数是 3.5 亿股，假设该企业在 20×0 年初还同时发行了 2 亿元的两年期可转换债券，票面固定利息 10%，每年年末支付一次利息，利息计入当期损益。该债券从 20×1 年初开始可以转化为股票，每 100 元可转换债券可以转换为 10 股面值 1 元的股票，即转股价格每股 10 元，所得税税率 25%。那么，企业在 20×1 年计算稀释每股收益时会假设（而非事实）20×1 年初所有可转换债券已经转换为股票，20×1 年不再需要支付债券利息，净利润随之变化，股票数量也随之变化。其中，净利润应该是：3.5+2×10%×（1−25%）=3.65（亿元）；发行在外普通股股数 =3.5 亿 +0.2 亿 =3.7 亿。计算得出的每股收益 0.986 元 / 股（3.65/3.7=0.986），低于基本每股收益 1 元 / 股，基本每股收益被“稀释”了。如果计算得出的每股收益不低于基本每股收益，表明可转换债券并不导致每股收益被稀释，就不需要纳入“稀释每股收益”的计算。简言之，稀释每股收益肯定低于基本每股收益。

（15）其他综合收益和综合收益（参见前文）。

第4章 现金流量表

【学习目的】

1. 掌握现金流量表中关于现金流量的分类方法及每一大类的主要项目。
2. 理解编制现金流量表的直接法和间接法。
3. 掌握现金流量表质量分析方法。
4. 掌握现金流量表与资产负债表、利润表的勾稽关系。
5. 了解自由现金流量概念及其意义。

【案例导入】

企业三大财务报表的编制基础存在差异，其中资产负债表、利润表采用权责发生制为基础进行编制，现金流量表采用收付实现制为基础进行编制。那么，这对我们理解报表将产生什么影响呢？请阅读雅戈尔集团股份有限公司2020年度报告摘录的部分利润表（表4.1）和现金流量表（表4.2）。

表4.1 合并利润表

单位：元

项目	2020 年度	2019 年度
一、营业总收入	11 475 570 511.86	12 421 171 432.59
其中：营业收入	11 475 570 511.86	12 421 171 432.59
二、营业总成本	9 977 661 686.52	10 978 291 869.07
其中：营业成本	5 325 767 403.01	5 602 391 004.71
税金及附加	409 908 375.77	960 319 725.72
销售费用	2 664 992 529.45	2 399 281 307.11
管理费用	748 475 736.78	776 568 569.30
研发费用	67 178 626.14	84 912 667.69
财务费用	761 339 015.37	1 154 818 594.54
其中：利息费用	1 001 046 530.40	1 315 708 827.04

续表

项目	2020 年度	2019 年度
利息收入	299 008 129.23	244 420 495.62
加：其他收益	117 231 103.15	49 930 817.14
投资收益（损失以“–”号填列）	7 605 725 280.11	2 812 634 477.03
其中：对联营企业和合营企业的投资收益	2 024 296 619.65	1 985 858 124.64
公允价值变动收益（损失以“–”号填列）	133 215 681.70	37 576 164.16
信用减值损失（损失以“–”号填列）	124 428 548.48	13 138 7716.31
资产减值损失（损失以“–”号填列）	–96 492 262.05	13 945 739.82
资产处置收益（损失以“–”号填列）	4 528 680.03	43 796 264.25
三、营业利润（亏损以“–”号填列）	9 386 545 856.76	4 532 150 742.23
加：营业外收入	50 756 380.84	145 844 804.32
减：营业外支出	37 678 763.05	176 987 546.94
四、利润总额（亏损总额以“–”号填列）	9 399 623 474.55	4 501 007 999.61
减：所得税费用	2 193 043 980.17	549 387 739.81
五、净利润（净亏损以“–”号填列）	7 206 579 494.38	3 951 620 259.80

表 4.2　合并现金流量表

单位：元

项目	2020 年度	2019 年度
一、经营活动产生的现金流量		
销售商品、提供劳务收到的现金	16 671 519 358.08	16 784 823 021.33
收到的税费返还	6 099 608.93	41 821 187.33
收到其他与经营活动有关的现金	1 254 602 410.12	2 823 018 519.25
经营活动现金流入小计	17 932 221 377.13	19 649 662 727.91
购买商品、接受劳务支付的现金	8 204 872 337.92	9 029 703 392.26
支付给职工及为职工支付的现金	1 554 584 964.86	1 671 318 475.59
支付的各项税费	2 860 930 632.03	1 942 707 727.71
支付其他与经营活动有关的现金	3 106 164 185.30	4 241 501 219.02
经营活动现金流出小计	15 726 552 120.11	16 885 230 814.58
经营活动产生的现金流量净额	2 205 669 257.02	2 764 431 913.33

思考：请查阅该公司 2020 年度报告，观察并思考为什么营业利润、净利润数据与现金流量表经营活动现金流量净额相差甚远？为什么 2020 年营业利润、净利润增长明显，但经营活动现金流量净额却下降？

4.1 现金流量表概述

4.1.1 《现金流量表》准则概述

财务会计日常账务处理以及资产负债表、利润表的编制都是以权责发生制为基础，经济业务给企业带来的权利和义务，并不一定同时伴随着现金流入或流出，因此，单纯依赖资产负债表和利润表，并不能获取企业在一定会计期间内现金流量的流动情况。为此，财务会计诞生了第三张报表，现金流量表，它是反映企业在既定期间内的现金流入、现金流出以及现金余额变动的报表。在“现金为王”理念日益重要的今天，现金流量表的重要性不亚于资产负债表和利润表。

但是，相对于资产负债表和利润表，现金流量表的诞生要晚很多。商业信用发展到一定阶段，使权利义务与现金流脱节的重要性足够显现时，现金流量表的重要性才会凸显。

1987 年 11 月，美国财务会计准则委员会正式发布 SFAS 95《现金流量表》准则，现金流量表正式成为企业需要提供的三大财务报表之一。1989 年，IASC 发布了 IAS7《现金流量表》，取代 1977 年公布的 IAS7《财务状况变动表》，1992 年，IASC 又对第 7 号国际准则进行了修订，并于 1994 年 1 月 1 日起生效。英国 ASB 也于 1991 年发布了《财务报告准则第 1 号——现金流量表》，并于 1996 年进行了修订。我国财政部在 1998 年发布并实施了《企业会计准则——现金流量表》(该准则 2001 年进行了修订)；2006 年 2 月 15 日，财政部发布了新的《企业会计准则第 31 号——现金流量表》。这两份准则的差异甚小，本章节将以我国目前仍然生效的 31 号准则为基础进行说明。

4.1.2 现金流量表的概念

现金流量表是反映企业在某一特定会计期间现金流入和现金流出的报表，它与利润表一样属于期间报表。理解现金流量表的概念，需要把握如下几个知识点。

（1）资产负债表“货币资金”与现金流量表“现金”的区别。资产负债表的“货币资金”主要包括“库存现金、银行存款和其他货币资金”三个组成部分。现金流量表的“现金”，范围则要广一些，包括现金及现金等价物。这里“现金及现金等价物”其中的“现金”，是指企业库存现金以及可以随时用于支付的存款，与资产负债表的“货币资金”是一致的。但是，如果“货币资金”中包括一些不能随时可以动用的存款和其他货币资金，则不能视为这里所指的“现金”。例如，不能随时支取的定期存款，不应视为现金流量表的“现金”，应该作为现金流量表的“投资”（在资产负债表中，企业可能仍然将其纳入“货币资金”范围，但会在资产负债表附注进行专门说明），因为企业将这些资金作为定期存款处理，本质上是为了获取安全性比较高的利息。当然，如果企业提前通知金融企业就可以支取的定期存款，则可以包括在这里所指的“现金”范围之内，因为企业将“随时动用”这笔资金作为首要目的，而将定期存款获取利息作为从属目的。

现金等价物是指企业持有的期限短、流动性强，易于转换为已知金额现金、价值变动风险很小的投资。在资产负债表中，能够满足现金流量表“现金等价物”的，通常在“交易性金融资产、应收票据”当中寻找，但是并非所有的“交易性金融资产、应收票据”都属于“现金等价物”。现金等价物，一般应具备以下4个条件。

①期限短。一般自购买日起3个月或更短的时间内到期，转换为货币资金。例如，甲企业20×1年12月1日从二级市场中购买了1 000万元的国库券，该国库券于20×1年3月1日发行，20×2年2月29日到期。虽然国库券期限是1年，但是，自企业购买日起，3个月之内将到期，所以它属于现金等价物，应该在20×1年年度现金流量表中作为“现金及现金等价物”反映。要注意，判断标准之一是“自购买日起”。例如，企业在20×1年3月1日国库券发行之时就购买了该国库券，虽然从20×1年12月31日计起2个月内即到期，但在年度现金流量表中不能视为现金及现金等价物。根据这个条件，企业取得的“应收票据”，从取得之日起如果超过3个月到期，则不能视为现金等价物。在我国，商业票据的有效期通常是6个月或6个月之内，企业通过背书获得的应收票据，可能自取得之日起3个月内到期。

②流动性强。只有流动性强的投资，企业才可以在需要的时候随时变现，满足企业支付需要，这就需要具有活跃的交易市场。

③易于转化为已知金额的现金，这就需要该项资产的账面金额与实际价值非常接近，甚至相等。

④价值变动风险很小。第三个和第四个条件是相结合的。也即，这种投资应该很容易转化为金额固定或基本确定的现金，而无须担心价值的变化。因此，对于交易性金融资产当中的“股票”，虽然符合期限短、流动性强等条件，但是它们转化为现金的金额具有不确定性，价值变动风险具有不确定性，不能属于现金等价物的范畴。

将现金和现金等价物作为现金流量表的“现金”范畴编制基础，除了因为现金流量表编制以收入实现制为基础之外，还与现金流量表的基本作用是相关的。现金流量表反映的是企业特定会计期间现金流入和现金流出的信息，反映企业随时可以动用的现金的情况，反映企业获取现金的能力。因此，安全性和变现能力是现金流量表的“现金”的首要要求。现金等价物正好满足了这种要求。企业持有的现金等价物，本质上并不是为了取得投资收益，而是企业出于安全性的考虑，将企业本来用于日常支付的、暂时闲置的现金，暂时投资于安全性比较高的投资项目，企业可以在需要的时候随时变现，而一般不会造成现金价值的波动，或者波动的范围极小，因此，现金等价物安全性和变现能力与库存现金和银行存款都是差不多的。

【阅读材料】

美的集团“货币资金”与“现金及现金等价物”

美的集团（股票代码：000333）2020 年度合并财务报表披露的货币资金附注信息见表 4.3，现金及现金等价物构成见表 4.4。

表 4.3 美的集团货币资金附注信息

单位：万元

年份	2020 年 12 月 31 日	2019 年 12 月 31 日
库存现金	253.8	312.8
银行存款（a）	5 125 313.2	4 901 267.7
其他货币资金（b）	68 848.1	15 302.2
存放中央银行法定准备金（c）	170 764.5	43 314.9
存放中央银行超额存款准备金	3 448.60	35 547.1
存放同业款项（d）	2 651 527.6	2 056 216.0
应计利息	69 855.0	39 723.4
合计	8 121 048.2	7 091 684.1
其中：存放在中国大陆以外（“境外”）(包括中国香港、中国澳门、新加坡、日本、意大利、巴西及德国等）的款项总额	701 462.0	527 008.5

（a）于 2020 年 12 月 31 日，银行存款包括 3 个月以上定期存款 37 067 298 000 元 (2019 年 12 月 31 日：39 491 676 000 元）。

（b）其他货币资金主要为保函保证金、银行承兑汇票保证金及信用证保证金。

（c）存放中央银行法定准备金为金融企业按规定缴存中国人民银行的法定存款准备金，按人民币吸收存款之 6% 及外币吸收存款之 5% 缴存的款项，该等款项不能用于日常业务运作。

（d）于 2020 年 12 月 31 日，存放同业款项中包括 3 个月以上定期存款 17 500 000 000 元 (2019 年 12 月 31 日：无）。

表 4.4 现金及现金等价物的构成表

单位：万元

年份	2020 年 12 月 31 日	2019 年 12 月 31 日
库存现金	253.8	312.8
可随时用于支付的银行存款	1 418 583.4	952 100.1
可随时用于支付的存放中央银行款项	34 486.0	35 547.1
可随时用于支付的存放同业款项	901 527.6	2 056 216.0
年末现金及现金等价物余额	2 354 850.8	3 044 176.0

（2）现金流量表对“现金及现金等价物”的来源和去向的划分独特。与资产负债表报表项目的划分不同（资产负债表主要根据流动性），现金流量表根据现金流动的内在构成项目的本质差别将现金流动划分为经营活动的现金流量、投资活动的现金流量以及筹资活动的现金流量。这种做法也得到了国际会计准则理事会、美国财务会计准则委员会、我国财政部会计司等准则制定机构的普遍采纳。采用这种划分方法是因为，企业的资金流动不外乎筹资活动、投资活动和经营活动这三种形式。例如，开办一家企业，首先会寻求资金来源，即筹资活动；然后根据得到的资金，进行一些长期性资产的购买或建造，为未来持续经营奠定基础，即投资活动；最后，企业会开始一些日常经营活动，例如购买原材料以生产产品，产生现金流出，销售产品取得现金流入，即经营活动。

在每一项活动中，企业都需要了解现金流入和现金流出。例如，筹资活动，企业需要了解通过银行借款、发行债券、发行股票等方式取得了多少资金，也要了解企业偿还债务本息、支付股利等发生了多少现金流出，从而分析企业筹资能力和偿债能力，为此，筹资活动现金流量要区分为两大类别：筹资活动产生的现金流出和筹资活动产生的现金流入。同理，经营活动和投资活动也要区分现金流出和现金流入。

（3）现金流量表提供了三大类别现金收支总额和净额、三大类别的各个子项目也分别提供了现金收支总额。只有同时提供各种类别现金收支总额和净额，才能够全面反映筹资活动、投资活动和经营活动的来龙去脉。例如，筹资活动的现金流出和筹资活动的现金流入，分别反映总额数字，然后再提供筹资活动产生的现金流量净额，显然可以更加完整地反映企业筹资活动现金流量来龙去脉，有利于更加准确地评价企业的筹资能力和偿债能力。同样道理，筹资活动、投资活动和经营活动三个大类各自包括的具体项目，也应该提供现金流入和现金流出信息。例如固定资产处置和固定资产采购分别产生的现金流入和现金流出，应该分开反映。

同时，会计准则也规定了一些例外的情况。有些现金流量项目，周转快、期限短、在企业停留的时间短、企业利用的可能性比较小，如果采用收支总额进行反映，可能会对评价企业的支付能力和偿债能力、分析评价企业未来现金流量等产生误导；相反，采用净额反映更能说明企业支付能力和偿债能力。例如，某单位上午代收客户 1 000 万元现金，并于当天下午代客户支付 999 万元现金，差额 1 万元作为单位的手续费。在此例中，该单位利用 1 000 万元现金的机会几乎没有，以总额分别反映企业现金流量的收支反而可能误导企业的支付能力和偿债能力。相反，如果该单位代收 1 000 万元现金，并在半年之后再代理支付 999 万元现金，则企业在半年内至少可以通过存款方式获取 1 000 万元现金的利息收入。在这种情况下，分别列示收支总额才具有现实意义。为此，我国《现金流量表》准则规定，这类项目应该采用净额法列示，主要包括代客户收取或支付的现金；周转快、金额大、期限短项目的现金流入和现金流出。金融企业由于存贷款业务的数额巨大，比较频繁，《现金流量表》准则规定，金融企业下列项目应以净额列示：

①短期贷款发放与收回的贷款本金；

②活期存款的吸收与支付；

③同业存款和存放同业存款的存取；

④向其他金融企业拆借资金；

⑤证券的买入和卖出。

（4）现金流量表的三大类别现金活动中，以“经营活动”为首要位置。虽然企业创立之时首先是进行筹资活动，然后进行投资活动，最后才开始经营活动，但是在创立之后的可持续发展过程中，决定企业能否健康可持续发展的，最主要的就是经营活动现金流量，它反映的是企业的“造血功能”。因此，三大类别的现金活动中，“经营活动的现金流量”排在现金流量表的第一位置。

4.1.3 现金流量表的作用

由上文论述，容易理解现金流量表有以下作用。

（1）与利润表相结合，有助于分析企业利润表与现金流量的关系。利润表以权责发生制为基础编制得出特定期间内利润表各个项目的发生总额和最终净利润，但是利润表各个项目的发生总额和最终净利润并不必然伴随着同等金额的现金流入和现金流出及现金净变化额，它们受到会计估计、会计政策等专业判断和选择的影响。因此，依靠利润表虽能了解企业创造利润的能力，但并不能获取企业创造现金的能力。而且，短期内具有较强创造利润的能力，如果没有伴随着最终的现金流发生，还可能对预测企业未来的盈利能力和现金流量产生误导。

相应地，分析净现金流量与净利润的关系、分析利润表各项目与现金流量表相应项目的关系，是分析评价企业利润表各项目和净利润质量的重要方法。通常认为，有现金流量支持的净利润、有现金流量支持的利润表盈利项目，才是高质量的。

（2）与资产负债表、利润表相结合，有助于分析评价企业的偿债能力和支付股利的能力。股东关心企业股票价格走势及企业股利支付能力，债权人关注企业偿还债务本息的能力，借助于企业的资产负债表和利润表，能够部分反映企业的短期和长期偿债能力、股利支付能力。例如，根据资产负债表的流动比率和速动比率分析，往往可以初步揭示企业的短期偿债能力，资产负债表和利润表的结合可以初步分析企业长期偿债能力以及未来的股利支付能力。但是，根据资产负债表和利润表计算得到的一些衡量偿债能力和股利支付能力的比率，即使比率值理想，也并不一定表明企业具有超强的现金产生能力和支付能力。只有与现金流量表相结合，才能更加全面评价企业的偿债能力和支付股利的能力。

（3）可以用来评价企业过去一段时间运用现金的能力，并据此预测企业未来获取现金的能力。反映过去，评价过去，是为了更好地预测未来。现金流量表中的经营活动产生的现金流量，代表企业运用其经济资源在日常经营活动过程中创造现金流量的能力，即“造血功能”；投资活动产生的现金流量，代表企业运用投资并产生现金流量的能力；筹资活动产生的现金流量，代表企业通过股权和债权筹资获得现金流量的能力。通过分析这三类经济活动的现金流量信息，可以分析企业过去一段时间内运用现金的能力，例如，现金流量在三种经济活动当中的布局是否合理、是否契合企业战略发展需要，从而有利于预测企业未来获取现金的能力，编制现金流量计划，有利于企业进行合理的预算工作。

4.2　编制方法和报表各个项目的经济内涵

MBA 学员可能会疑惑，学员们工作过程中一般不需要进行账务处理和报表编制工作，为什么本书特别要求注意现金流量表编制方法呢？因为解读现金流量表的作用，非常重要的一点，要能够彻底掌握现金流量表与利润表、资产负债表的勾稽关系。只有掌握了现金流量表编制原理和方法，才能更好地理解其勾稽关系。因此，掌握编制方法，目的并不在于“编制”，而在于“分析”。

4.2.1　现金流量表分类、编制原理及报表结构

1）现金流量表分类

根据第 1 节论述，现金流量表的现金流量划分为经营活动产生的现金流量、投资活动产生的现金流量以及筹资活动产生的现金流量三大类。每一种类别的现金流量，具体还包括了很多个项目。根据我国企业会计准则及其讲解，现将各种类别现金流量主要包括的项目介绍如下。

（1）经营活动产生的现金流量。

经营活动是指企业投资活动和筹资活动以外的所有交易和事项。各类企业由于行业特点不同，对经营活动的认定存在一定差异。对于工商企业而言，经营活动主要包括销售商品、提供劳务、购买商品、接受劳务、支付税费等；对于商业银行而言，经营活动主要包括吸收存款、发放贷款、同业存放、同业拆借等；对于保险公司而言，经营活动主要包括原保险业务和再保险业务等；对于证券公司而言，经营活动主要包括自营证券、代理承销证券、代理兑付证券、代理买卖证券等。

（2）投资活动产生的现金流量。

投资活动是指企业长期资产的购建和不包括在现金等价物范围内的投资及其处置活动。长期资产是指固定资产、无形资产、在建工程、其他资产等持有期限在一年或一个营业周期以上的资产。这里所讲的投资活动，既包括实物资产投资，也包括非实物资产投资。这里之所以将“包括在现金等价物范围内的投资”排除在外，是因为已经将包括在现金等价物范围内的投资视同现金。不同企业由于行业特点不同，对投资活动的认定也存在差异。

（3）筹资活动产生的现金流量。

筹资活动是指导致企业资本及债务规模和构成发生变化的活动。资本包括实收资本（股本），也包括资本溢价（股本溢价）；债务指对外的举债，包括向银行借款、发行债券以及偿还债务等。需要注意，应付账款、应付票据等属于经营活动，不属于筹资活动。

对于企业日常活动之外特殊的、不经常发生的特殊项目，如自然灾害损失、保险赔款、捐赠等，应当归并到相关类别中，并单独反映。对于自然灾害损失和保险赔款，如果能够确指属于流动资产损失，应当列入经营活动产生的现金流量；属于固定资产损失，应当列入投资活动产生的现金流量；如果不能确指，则可以列入经营活动产生的现金流量。捐赠收入和支出，可以列入经营活动。如果特殊项目的现金流量金额不大，则可以列入现金流量类别下的“其他”，不单列项目。

2）现金流量表的编制原理及现金流量表的结构

（1）编制原理——为什么是“直接法和间接法”。

将上述三大类活动主要包括的现金流量项目，按照一定方法有机地组合排列，自然就形成了现金流量表的结构。那么，现金流量表到底是依据什么原理进行编制的呢？理论上，企业发生的根据权责发生制需要进行会计处理的交易或事项，不外乎两大类别。第一类别，企业交易或事项发生的同时即产生了权利义务，并且伴随着现金流入或流出。例如，现金销售产品或现金购买产品、现金购买股票进行股票投资。第二种类别，企业交易或事项发生的同时即产生了权利义务，但并不伴随着相应的现金流入或流出，现金流滞后或提前发生了。例如，企业赊销产品，现金流入滞后；企业预收款方式销售产品，现金流入提前。显然，针对特定期间的现金流量表，应该包括：当期发生并且伴随现金流入或流出的交易或事项（如现金买卖）、前期发生但是本期产生现金流入或流出的交易或事项（如赊销）、本期产生现金流入或流出的将在未来发生的交易或事项（如预收款销售）。

因此，编制现金流量表就有直接法和间接法两种方式。第一种方式。直接法的思路应该是，将各个期间已经或将要发生的但在本期产生了现金流入或现金流出的交易或事项，按照一定的分类方法（经营活动、投资活动和筹资活动三大类，以及内部进一步细分）整理进入现金流量表。第二种方式，间接法的思路应该是，将进入资产负债表或利润表的所有在本期进行会计处理的交易或事项，剔除所有在当期未产生现金流入或现金流出的交易或事项，剩余的就是产生现金流入或流出的交易或事项。

但是，经营活动、投资活动和筹资活动中，我们通常最为关注经营活动相对应的交易或事项的发生时间与现金流发生时间的关系。本书认为主要原因有二：第一，在实际经济生活中，通常投资活动与筹资活动，交易或事项的发生是与现金流同步的。例如，向银行借款，银行如果没有提供款项给企业，则借款事实并不真正产生，还款亦是如此。再如，购买国债进行投资，如果未支付现金，通常也无法获取国债这项资产。相反，经营活动经常出现的购买原材料、销售产品等却普遍存在着商业信用，有必要区分现金流发生时间和交易或事项形成的权利义务时间。第二，正如上文指出的，经营活动是企业整个生命周期内可持续发展的最关键环节，也是企业最普遍的经济活动，其现金流信息更应该得到重视。

因此，我国会计准则与国际会计准则、美国财务会计准则等一样，都针对经营活动现金流量的编制方法，划分为直接法和间接法。我国会计准则《现金流量表》明确指出，企业应该按照直接法编制现金流量表主表，并且按照间接法提供现金流量表附表。

（2）直接法及其报表结构。

直接法是指按现金收入和现金支出的主要类别直接反映企业经营活动产生的现金流量，如销售商品、提供劳务收到的现金；购买商品、接受劳务支付的现金等就是按现金收入和现金支出的类别直接反映的。投资活动和筹资活动的编制方法，准则制定机构虽未直接提及，但实际上就纯粹采用了“直接法”。

前文指出，经营活动产生的现金流量是企业最主要的现金流量。进一步地，销售产生的现金流量则是企业经营活动最主要的现金流量。因此，直接法的编制，一般是以利润表中的营业收入为起算点，调节与经营活动有关的项目的增减变动，然后计算出经营活动产生的现金流量。

根据我国《现金流量表》准则，以工业企业为例，直接法编制的现金流量表的结构见表 4.5。

表 4.5　现金流量表

编制单位：　　　　　　　　200× 年度　　　　　　　　单位：元

项目	行次	本年金额	上年金额
一、经营活动产生的现金流量			
销售商品、提供劳务收到的现金			
收到的税费返还			
收到其他与经营活动有关的现金			
经营活动现金流入小计			
购买商品、接受劳务支付的现金			
支付给职工以及为职工支付的现金			
支付的各项税费			
支付其他与经营活动有关的现金			
经营活动现金流出小计			
经营活动产生的现金流量净额			
二、投资活动产生的现金流量			

续表

项目	行次	本年金额	上年金额
收回投资收到的现金			
取得投资收益收到的现金			
处置固定资产、无形资产和其他长期资产收回的现金净额			
处置子公司及其他营业单位收到的现金净额			
收到其他与投资活动有关的现金			
投资活动现金流入小计			
购建固定资产、无形资产和其他长期资产支付的现金			
投资支付的现金			
取得子公司及其他营业单位支付的现金净额			
支付其他与投资活动有关的现金			
投资活动现金流出小计			
投资活动产生的现金流量净额			
三、筹资活动产生的现金流量			
吸收投资收到的现金			
其中：子公司吸收少数股东投资收到的现金			
取得借款收到的现金			
收到其他与筹资活动有关的现金			
筹资活动现金流入小计			
偿还债务支付的现金			
分配股利、利润或偿付利息支付的现金			
其中：子公司支付给少数股东的股利、利润			
支付其他与筹资活动有关的现金			
筹资活动现金流出小计			
筹资活动产生的现金流量净额			
四、汇率变动对现金及现金等价物的影响			
五、现金及现金等价物净增加额			
加：期初现金及现金等价物余额			
六、期末现金及现金等价物余额			

由此可见，主表基本以收付实现制为编制基础，除了汇率变动对现金及现金等价物的影响没有直接引起现金流量的变动外，其他各个项目都直接引起了现金流入或现金流出。它主要由经营活动产生的现金流量、投资活动产生的现金流量以及筹资活动产生的现金流量 3 个部分组成。

直接法的优点在于，它从以权责发生制为基础的利润表出发，通过计算，详细地列示源自经营活动的各类现金流入量和现金流出量，便于分析企业经营活动产生的现金流量的来源和用途，有助于预测企业未来经营活动产生的现金流量并正确评价企业的偿债能力和变现能力。直接法的缺点在于：一是当现金收支种类多、流动渠道复杂时，直接法往往容易造成表述经营活动现金流量的困难；二是造成误解，认为经营活动现金流量比净利润能更好地反映企业业绩；三是由于无法说明税后净利润与同期现金增减数之间差额的原因，仍须同时在报表补充资料中按间接法对净利润进行调整。

（3）间接法及其报表结构。

前文指出，间接法是仅仅针对于经营活动而言的，因此，间接法是指以净利润为起算点，调整不涉及现金的收入、费用、营业外收支等有关项目，剔除投资活动、筹资活动对现金流量的影响，据此计算出经营活动产生的现金流量。由于净利润是按照权责发生制原则确定的，且包括了与投资活动和筹资活动相关的收益和费用，将净利润调节为经营活动现金流量，实际上就是将按权责发生制原则确定的净利润调整为现金净流入，并剔除投资活动和筹资活动对现金流量的影响。

间接法的“经营活动现金净流量”，公式可以表示为“经营活动现金净流量 = 本期净利润 + 不减少现金的费用项目 + 与经营活动相关的非现金流动资产的减少及流动负债的增加 + 列于利润表但属于投资活动与筹资活动的费用及损失项目 – 不增加现金的收入 – 与经营活动有关的非现金流动资产的增加及流动负债的减少 – 列于利润表但属于投资活动与筹资活动的收益项目。”主要项目解释如下：

①利润表的下列项目实际上并没有影响现金流量：资产减值准备，固定资产折旧、油气资产折耗、生产性生物资产折旧，无形资产摊销和长期待摊费用摊销，处置固定资产、无形资产和其他长期资产的损失（同样，收益也并不带来现金流入），固定资产报废损失、公允价值变动损失、投资损失。

②有些利润表项目影响了现金流量，但并不属于经营活动范畴。例如，企业发生的财务费用属于与企业筹资活动有关的费用，应该从净利润当中剔除；再如，投资收益虽然可能带来现金流量（例如，成本法核算下确定的投资收益），但是它属于投资活动的范畴。

③与经营活动有关的非现金流动资产及流动负债项目的增减主要包括：递延所得税资产和递延所得税负债的增加或减少；存货的增加或减少；经营性应收项目的增加或减少（应收票据、应收账款、预付账款、长期应收款、其他应收款等当中与经营活动有关的部分，以及应收的增值税销项税额等）；经营性应付项目的增加或减少（应付票据、应付账款、预收账款、应付职工薪酬、应交税费、应付利息、长期应付款、

其他应付款等当中与经营活动有关的部分，以及应付的增值税进项税额）。

根据我国《企业会计准则第31号——现金流量表》，以工业企业为例，间接法编制的现金流量表的格式见表4.6。

表4.6　现金流量表附注

补充资料	行次	本年金额	上年金额
1. 将净利润调节为经营活动现金流量			
净利润			
加：资产减值准备			
固定资产折旧、油气资产折耗、生产性生物资产折旧			
无形资产摊销			
长期待摊费用摊销			
处置固定资产、无形资产和其他长期资产的损失（收益以“-”号填列）			
固定资产报废损失（收益以“-”号填列）			
公允价值变动损失（收益以“-”号填列）			
财务费用（收益以“-”号填列）			
投资损失（收益以“-”号填列）			
递延所得税资产减少（增加以“-”号填列）			
递延所得税负债增加（减少以“-”号填列）			
存货的减少（增加以“-”号填列）			
经营性应收项目的减少（增加以“-”号填列）			
经营性应付项目的增加（减少以“-”号填列）			
其他			
经营活动产生的现金流量净额			
2. 不涉及现金收支的重大投资和筹资活动			
债务转为资本			
一年内到期的可转换公司债券			
融资租入固定资产			
3. 现金及现金等价物净变动情况			
现金的期末余额			
减：现金的期初余额			
加：现金等价物的期末余额			
减：现金等价物的期初余额			
现金及现金等价物净增加额			

由此可见，采用直接法编报现金流量表，便于分析企业经营活动产生的现金流量的来源和用途，预测企业现金流量的未来前景；采用间接法编报现金流量表，便于将净利润与经营活动产生的现金流量净额进行比较，了解净利润与经营活动产生的现金流量差异的原因，从现金流量的角度分析净利润的质量。与直接法比较，间接法工作量较小，使用者也易于理解。其缺点在于，间接法仅能表述经营活动产生的现金净流量，不能揭示经营活动的现金流入量和现金流出量，因而不能直接预测企业未来的现金流量，不能发挥企业现金流量表应有的作用。

4.2.2 现金流量表编制方法

根据我国会计准则讲解，具体编制现金流量表时，可以采用工作底稿法或T形账户法，也可以根据有关会计科目分析填列。 以工作底稿法和T形账户为例，编制程序如下。

1）工作底稿法

工作底稿法是以工作底稿为手段，以资产负债表和利润表数据为基础，对每一个项目进行分析并编制调整分录，从而编制现金流量表。具体程序如下：

第一步，将资产负债表的期初数和期末数分别过入工作底稿相应栏目的期初数栏和期末数栏。

第二步，编制调整分录。以利润表项目为基础从“营业收入”开始，结合资产负债表项目逐一进行分析，编制相应的调整分录。涉及现金和现金等价物的事项，并不直接借记或贷记现金，而是分别计入“经营活动产生的现金流量”“投资活动产生的现金流量”“筹资活动产生的现金流量”有关项目。借记表示现金流入，贷记表示现金流出。

第三步，将上述调整分录过入工作底稿的相应部分。

第四步，核对调整分录，借、贷合计数必须相等，资产负债表项目期初数加减调整分录中的借贷金额以后，也等于期末数。

第五步，根据工作底稿中的现金流量表项目部分编制正式的现金流量表。

2）T形账户法

采用T形账户法编制现金流量表，是以T形账户为手段，以资产负债表和利润表数据为基础，对每一项目进行分析并编制调整分录，从而编制现金流量表。T形账户法的程序是：

第一步，为所有的非现金项目（包括资产负债表项目和利润表项目）分别开设T形账户，并将各自的期末期初变动数过入各相关账户。如果项目的期末数大于期初数，则将差额过入和项目余额相同的方向；反之，过入相反的方向。

第二步，开设一个大的“现金及现金等价物”T形账户，每边分为经营活动、投资活动和筹资活动3个部分，左边记现金流入，右边记现金流出。与其他账户一样，过入期末期初变动数。

第三步，以利润表项目为基础，结合资产负债表分析每一个非现金项目的增减变动，并据此编制调整分录。

第四步，将调整分录过入各T形账户，并进行核对，该账户借贷相抵后的余额与原先过入的期末期初变动数应当一致。

第五步，根据大的“现金及现金等价物”T形账户编制正式的现金流量表。

4.2.3 现金流量表各个主要项目的经济内涵

下面将以现金流量表“直接法”为主要讲解对象，分别对经营活动、投资活动和筹资活动常见的具体报表项目的报表金额计算方法进行说明。各个项目讲解过程中，我们将对重要项目进行详细介绍，对其他项目进行简单介绍。

1）经营活动有关的现金流量项目

（1）“销售商品、提供劳务收到的现金”项目，反映企业因为销售商品、提供劳务实际收到的现金，包括销售收入和应该向购买者收取的并且已经收取的增值税销项税额。显然，由于销售商品、提供劳务而于本会计期间收到的现金，将包括：①以前期间销售或提供劳务但在本期收到的现金，这将减少以前期间累积至本期的应收账款、应收票据、合同资产等项目；②本会计期间销售或提供劳务且在本会计期间收到的现金，这可以通过本期的营业收入和本期增加的应收账款、应收票据、合同资产等信息推导得出；③本期销售本期退回以及前期销售本期退回的商品而支付的现金，退回的销售将会影响营业收入和现金；④将在未来期间销售或提供劳务，但于本期预先收到的款项，这将通过分析预收账款/合同负债项目得出。因此，要获取“销售商品、提供劳务收到的现金”可以按照如下公式计算确定：

销售商品、提供劳务收到的现金 = 营业收入净额（包括主营业务收入和其他业务收入）+ 应交税费（销项税额）+ 应收账款、应收票据、合同资产减少额 + 预收账款、合同负债的增加额 + 当期收回前期核销的坏账损失 – 应收账款、应收票据、合同资产增加额 – 预收账款、合同负债的减少额 – 本期的坏账损失 – 票据贴现利息

因此，本项目的计算，实际上是将资产负债表、利润表和现金流量表有关销售商品或提供劳务可能涉及的一些会计科目结合起来进行分析得出的，这些会计科目主要包括“库存现金”“银行存款”“应收票据”“应收账款”“合同资产”“预收账款”“合同负债”“主营业务收入”“其他业务收入”等。

“销售商品、提供劳务收到的现金”的分析结果，体现了资产负债表、利润表和现金流量表在销售商品和提供劳务方面的勾稽关系。

【案例分析】

某公司本期以现金结款方式销售一批商品，开出的增值税专用发票上注明的销售价款为5 600 000元，使用13%的增值税税率，相应的增值税销项税额为728 000元；已知该公司应收票据期初余额为540 000元，期末余额为120 000元；应收账款期初余

额为 2 000 000 元，期末余额为 800 000 元；年度内核销的坏账损失为 40 000 元。另外，本期因商品质量问题发生退货，并且已经支付给客户银行存款 60 000 元。

分析：本期销售商品采用现金结款，因此，利润表的营业收入 5 600 000 元和应交税费（增值税销项税额 728 000 元）都属于收到的现金；应收票据期初余额高出期末余额，说明本期收回了一些应收票据，收回金额是 420 000 元；应收账款同理，收回了一些应收账款，但由于涉及坏账核销，实际收回额计算与应收票据略有不同，除了“期初余额－期末余额”，还需要扣除核销的坏账损失，金额应该是 1 160 000 元；退货导致现金流出 60 000 元，减少“销售商品、提供劳务收到的现金”。因此，本期销售商品、提供劳务收到的现金计算如下：

本期销售商品收到的现金（含增值税销项税额）	6 328 000	
加：本期收到前期的应收票据 (540 000−120 000)		420 000
本期收到前期的应收账款 (2 000 000−800 000−40 000)	1 160 000	
减：本期因销售退回支付的现金		60 000
本期销售商品、提供劳务收到的现金		7 848 000

启示：报表阅读者可以充分利用三大报表之间的勾稽关系，大致掌握报表数据的真实性。如果现金流量表的“销售商品、提供劳务收到的现金”与利润表的“营业收入”和资产负债表的“应收账款、应收票据、合同资产、预收账款、合同负债”等不能较好地契合，则说明报表可能存在问题，企业的收入存在嫌疑。同时，报表阅读者还可以比较利润表的“营业收入”数据与现金流量表的“销售商品、提供劳务收到的现金”的关系，据此分析“营业收入”的“含金量”。一般而言，收到现金的销售质量是比较高的。

【案例分析】

以四川长虹 2020 年度报告为例，分析三大报表之间在销售收入、应收款、现金收入等之间的勾稽关系，相关数据见表 4.7。

表 4.7　四川长虹 2020 年三大报表收入相关数据

项目	本期金额 / 元	上期金额 / 元
营业收入（期间数据）	94 448 167 904.45	88 792 895 883.36
销售商品、提供劳务收到的现金（期间数据）	98 463 235 983.58	94 523 967 881.27
应收票据（期初期末时点数据）	1 751 646 434.99	2 720 871 576.10
应收账款（期初期末时点数据）	8 655 728 148.91	8 408 298 198.89
应收款项融资	3 911 806 533.72	2 071 860 155.17
合同资产	6 949 853.55	

续表

项目	本期金额 / 元	上期金额 / 元
预收款项（期初期末时点数据）		2 671 192 752.64
合同负债	3 396 363 298.29	

粗略测算方法：本期营业收入约 944.5 亿元，(1)加上本期应收票据减少约 9.7 亿元，(2)扣减本期应收账款增加约 2.6 亿元，(3)扣减本期应收账款融资增加约 18.4 亿元，(4)扣减本期预收款项减少约 26.7 亿元，(5)加上本期合同负债增加约 40 亿元。推测销售商品本期获得的现金流入约 946.5 亿元，但该金额尚未考虑增值税销项税额，它与销售商品提供劳务收到的现金 984.6 亿元的差异 38.1 亿元，理论上极有可能是增值税造成的。

增值税销项税额粗略估计，根据公司附注"增值税：公司货物销售、加工收入增值税税率为 13%；运输劳务收入增值税税率为 9%；仓储、力资及货代运输收入增值税税率为 6%；房地产销售一般计税项目适用税率 9%，简易计税项目适用税率 5%。长虹电器（澳大利亚）有限公司的增值税税率为 10%；长虹欧洲电器有限公司的增值税税率为 21%，其下属德国子公司的增值税税率为 19%；长虹印尼电器有限公司的增值税税率为 10%；长虹俄罗斯电气有限公司增值税率为 20%。"根据公司"营业收入"附注，2020 年国内营业收入约 704.87 亿元、国外营业收入约 216.58 亿元。公司按照行业划分的营业收入和营业成本明细信息见表 4.8。

表 4.8 四川长虹 2019—2020 营业收入和营业成本信息

行业名称	本年金额 / 元		上年金额 / 元	
	营业收入	营业成本	营业收入	营业成本
家电	62 109 982 349.81	56 491 627 503.79	55 987 047 576.35	49 351 248 690.69
中间产品	22 600 815 259.32	21 090 413 402.54	24 769 137 108.98	23 459 409 549.96
运输	1442 482 861.62	1 350 115 590.37	1 367 825 704.96	1 279 466 101.24
房地产	2 701 417 400.63	1 917 187 303.96	1 708 592 522.72	1 032 481 962.19
特种业务	1 824 736 461.32	1 248 772 892.41	1 491 225 046.28	1 051 249 134.62
其他	1 465 911 391.30	1 090 027 545.21	1 431 783 288.17	1 129 921 316.50
合计	92 145 345 724.00	83 188 144 238.28	86 755 611 247.46	77 303 776 755.20

因此，增值税销项税额理论最大数是直接以 946.5 亿元获得现金的销售收入乘以增值税税率 13% 估计，约 123 亿元。考虑到我国对大部分商品出口实行增值税出口退税政策，营业收入中国内销售约占 76.5%，适用 13% 增值税税率的家电和中间产品销售又占约 92%，国内销售产生的增值税应该能够达到估算的增值税最大值 123 亿元的 70%

左右，折合约86亿元。

由上，推测销售商品本期获得的现金流入约946.5亿元，加上推测的增值税销项税额86亿元，合计1 032.5亿元，与现金流量表“销售商品、接受劳务收到的现金”984.6亿金额相比，测算相差约48亿元，约5%。[①]

需要注意，产生营业收入的有些交易或事项并不影响应收账款、应收票据、合同资产、合同负债、预收账款、应收账款等报表项目，如视同销售的交易、非货币性资产交换等。这种情况下，我们应该关注财务报表附注是否披露了这类交易。当然，企业发生的该交易可能没有达到重要性标准，财务报表附注并未予以披露。

（2）“收到的税费返还”项目，反映企业收到的各种税费的返还，包括增值税、所得税、消费税、关税、教育费附加等。公式表示如下：

收到的税费返还 = 按规定收到的增值税、消费税、所得税、教育费附加返还等

该项目应该与经营活动现金流出项目“支付的各项税费”相结合（见下文），以分析企业的真实税赋。

（3）“收到其他与经营活动有关的现金”项目，是指除上述各项以外，收到的其他与经营活动有关的现金，如代收款、暂收款、罚款收入、经营租赁固定资产收到的现金、流动资产损失中由个人赔偿的现金收入、除税费返还外的其他政府补助收入等。本项目可以根据“库存现金”“银行存款”“其他收益”“其他应付款”等科目的记录分析。如果收到的其他与经营活动有关的现金中，单个项目的价值比较大的，应该单列项目反映。以四川长虹电器股份有限公司为例，2020年年报附注披露的其他与经营活动有关的现金信息见表4.9。

表4.9　四川长虹其他与经营活动有关的现金信息表

项目	本期发生额 / 元	上期发生额 / 元
保证金及押金	138 691 305.76	90 768 422.74
代收购房各项税费、基金	2 993 691.50	17 652 294.57
其他	48 301 037.88	46 045 963.03
收保险公司款项	7 313 383.17	19 297 200.28
与收益相关的政府补助	338 155 730.46	456 917 405.82
代收代付款	34 026 800.95	45 169 387.13
预缴税金退回		5 009 368.19
合计	569 481 949.72	680 860 041.76

① 说明：此处引用长虹电器股份有限公司的例子，初步测算利润表营业收入、现金流量表销售商品提供劳务收到的现金与资产负债表相关项目的关系，并不是对该公司的最终评论，也不能作为该公司的报表数据是否存在瑕疵的依据。因为上述计算方法是粗略估计，仅仅作为进一步分析的依据。本分析仅供教学使用，不做其他用途。

（4）“购买商品、接受劳务支付的现金”项目。通常情况下，该项目的重要性仅次于“销售商品、提供劳务收到的现金。”它反映企业购买材料、商品、接受劳务等实际支付的现金，包括支付的货款以及与货款一并支付的增值税进项税额。与“销售商品、提供劳务收到的现金”相对应，它具体也包括：①以前期间购买商品、原材料等或接受劳务但在本期支付的现金，这将减少以前期间累积至本期的应付账款、应付票据等项目；②本会计期间购买商品、原材料等或接受劳务且在本会计期间支付的现金，这可以通过本期的营业成本和本期增加的应付账款、应付票据、存货等信息推导得出；③本期购买本期退回以及前期购买本期退回的商品而收到的现金，退回的采购将会影响存货和现金等；④将在未来期间采购或接受劳务，但于本期预先支付的款项，这将通过分析预付账款项目得出。因此，要获取“购买商品、接受劳务支付的现金”可以按照如下公式计算确定：

购买商品、接受劳务支付的现金 = 营业成本（包括主营业务成本和其他业务成本）+ 应交税费（进项税额）+ 应付账款、应付票据的减少额 + 预付账款的增加额 + 存货的增加额 – 应付账款、应付票据的增加额 – 预付账款的减少额 – 存货的减少额 – 本期列入生产成本和制造费用的工资及福利费 – 计入产品成本的固定资产折旧与无形资产摊销等费用

本项目可以根据“库存现金”“银行存款”“应付票据”“应付账款”“预付账款”“主营业务成本”“其他业务成本”“库存商品”等科目的记录分析。这些会计科目实现了利润表、资产负债表和现金流量表在采购方面的勾稽关系。

【案例分析】

某公司本期用现金购买生产用原材料一批，收到的增值税专用发票上注明的材料价款为 300 000 元，增值税税率为 13%，增值税进项税额为 39 000 元。已知本期支付以前期间产生的应付票据 200 000 元；购买工程用物资 300 000 元，货款已通过银行转账支付；本期应付账款期初余额为 600 000 元，期末余额为 500 000 元；本期预付账款增加了 100 000 元，系下一个期间采购商品的预付款。

根据上述资料，购买原材料及缴纳的增值税导致现金流出 339 000 元；偿还以前期间的应付账款和应付票据合计流出现金 200 000 元；预付购物款导致现金流出 100 000 元。至于工程物资 300 000 元，由于用途是在建工程，属于投资活动，不宜纳入“购买商品、接受劳务支付的现金”项目。因此，本期购买商品、接受劳务支付的现金计算如下：

本期购买原材料支付的价款 300 000 元

加：本期购买原材料支付的增值税进项税额 39 000 元

本期支付的应付票据 200 000 元

本期偿还的应付账款 100 000 元

本期预付的购物款 100 000 元

合计“本期购买商品、接受劳务支付的现金”739 000 元

启示：报表阅读者可以充分利用三大报表之间的勾稽关系，大致掌握报表数据的真实性。如果现金流量表的“购买商品、接受劳务支付的现金”与利润表的“营业成本”和资产负债表的“应付账款、应付票据、预付账款、存货”等不能较好地契合，则说明报表可能存在问题，企业的采购或营业成本等存在嫌疑。

【案例分析】

以四川长虹电器股份有限公司 2020 年年度报告为例，分析三大报表之间营业成本、应付款、存货、现金支付等的勾稽关系，其相关数据见表 4.10。

表 4.10　四川长虹 2020 年三大报表营业成本等相关数据

项目	本期金额 / 元	上期金额 / 元
营业成本（期间数据）	84 808 074 895.27	78 569 479 689.03
购买商品、接受劳务支付的现金（期间数据）	89 594 737 282.44	84 567 981 440.29
应付票据（期初期末时点数据）	15 378 677 342.52	14 717 669 736.12
应付账款（期初期末时点数据）	13 238 059 895.77	9 527 024 967.41
预付款项（期初期末时点数据）	2 124 030 235.19	1 528 364 916.72
存货（期初期末时点数据）	17 657 596 400.21	15 937 214 041.37

粗略测算方法：本期营业成本约 848 亿元，①扣减本期应付票据增加额约 6.6 亿元；②扣减本期应付账款增加额约 37.1 亿元；③加上本期预付款项增加额约 6 亿元；④加上本期存货增加额约 17.2 亿元。本期购买商品、接受劳务约 827.5 亿元。增值税进项税额粗略估计，直接以 827.5 亿元乘以增值税税率 13%（参考上文）估计进项税额，约 107.6 亿元，则“购买商品、接受劳务支付的现金” 估计为 935.1 亿元，与报表数据 895.9 亿元相差 39.2 亿元，误差 4.4%，低于 5%，还是比较合理的。

必须说明的是：①将存货变化全部视为影响“购买商品、接受劳务支付的现金”是比较粗糙的；②增值税测试是高估的。以工业漆为例，生产企业购买原材料之后会进行加工，然后才形成产成品。因此，存货的成本以及结转至营业成本的产品成本，都包括了原材料采购成本、直接人工成本和制造费用。其中，只有原材料采购产生了增值税进项税额。

也就是说，存货期初期末金额变化的三大来源是采购活动、生产工人职工薪酬、机器设备厂房等折旧，但只有采购商品、材料等的现金流属于购买商品、接受劳务支付的现金。四川长虹 2020 年年报存货的明细组成中，外购交易主要涉及的是原材料、低值易耗品、库存商品、周转材料（表 4.11）。

表 4.11　四川长虹 2020 年度财务报告存货的明细信息

项目	期末余额 / 元			期初余额 / 元		
	账面余额	存货跌价准备 / 合同履约成本减值准备	账面价值	账面余额	存货跌价准备 / 合同履约成本减值准备	账面价值
原材料	1 077 515 423.45	87 546 934.20	989 968 489.25	1 167 327 289.34	79 601 616.95	1 087 725 672.39
低值易耗品	7 686 337.37	1 610 767.36	6 075 570.01	9 509 842.44	593 540.86	8 916 301.58
生产成本	458 731 842.39	17 175 566.85	441 556 275.54	536 882 647.69	4 988 097.12	531 894 550.57
委托加工物资	14 113 538.09	1 600 956.38	12 512 581.71	19 832 404.85	1 494 203.99	18 338 200.86
库存商品	5 393 781 704.71	261 222 294.97	5 132 559 409.74	5 009 143 275.34	237 356 181.84	4 771 787 093.50
发出商品	1 459 069 761.01	59 368 692.66	1 399 701 068.35	1 088 237 260.51	51 725 939.58	1 036 511 320.93
开发成本	9 632 628 329.69	39 001 894.15	9 593 626 435.54	8 399 631 157.34		8 399 631 157.34
周转材料	81 596 570.07		81 596 570.07	82 409 744.20		82 409 744.20
合计	18 125 123 506.78	467 527 106.57	17 657 596 400.21	16 312 973 621.71	375 759 580.34	15 937 214 041.37

我们还可以通过公司财务报表附注披露的职工人数及生产工人的比重，结合薪酬相关数据，估算生产成本所包括的薪酬（见下文）；通过固定资产、无形资产折旧摊销金额剔除计入“管理费用、销售费用、研发费用、开发支出”的折旧摊销金额估算生产成本包括的折旧费用。当然，这些估算都依赖于企业财务报表附注是否充分披露了这类信息。

（5）“支付给职工以及为职工支付的现金”项目，反映，企业当期实际支付给职工的现金以及为职工支付的现金。如支付给职工的工资、奖金、各种津贴和补贴等，以及为职工支付的其他费用，包括为职工支付的医疗、养老、失业、工伤、生育等社会保险基金，补充养老保险，住房公积金，企业为职工缴纳的商业保险金，因解除与职工劳动关系给予的补偿现金，结算的股份支付，以及企业支付给职工或为职工支付的其他福利费用等。但是，支付给在建工程 / 研发支出人员的工资以及因此发生的社会保险基金、补充养老保险基金、住房公积金、其他职工福利等，则应该在“购建固定资产、无形资产和其他长期资产所支付的现金”项目中反映。

因此，如果想了解一个企业的员工平均年收入，并不能单纯依赖资产负债表的“应付职工薪酬”和现金流量表的“支付给职工以及为职工支付的现金”测算。员工薪酬总额除了包括“支付给职工以及为职工支付的现金”，还应该包括计入“生产成本、销售费用、管理费用”的应付职工薪酬本期净增加额，计入在建工程 / 研发支出等的应付职工薪酬本期净增加额。

以四川长虹 2020 年年报为例，2020 年合并现金流量表“支付给职工以及为职工支付的现金”金额为 1 792 521 216.12 元；2020 年合并资产负债表“应付职工薪酬”期初账面价值 2 349 411 21.27 元，期末账面价值 260 013 999.56 元，“长期应付职工薪酬”期初账面价值 100 418 982.37 元，期末账面价值 83 880 109.62 元。据此，权责发生制的职工薪酬总额为 1 801 055 221.66 元［计算过程是：1 792 521 216.12+（260 013 999.56–234 941 121.27）+（83 880 109.62–100 418 982.37）］。年报显示公司在职职工 51 841 人（其中，生产工人 28 973 人，销售人员 11 293 人，技术人员 6 174 人，财务人员 906 人，行政人员 4 489 人），离退休职工人数 5 592 人，合计 57 433 人。据此，可以计算得出员工平均薪酬 31 359 元；按照平均工资测算的计入生产成本的薪酬 908 564 307 元。

通常情况下，企业的员工待遇与企业的业绩水平应该相对称，否则就说明企业的绩效政策缺乏科学性。这给我们一个重要启示：如果根据企业现金流量表“支付给职工以及为职工支付的现金”除以企业员工总数得出的人均收入，其波动幅度超过了企业业绩水平波动，可能是业绩虚假的一个信号。例如，某公司业绩大幅度上升，该公司所在行业又没有出台工资管制政策，但员工的人均收入反而下降，这可能是业绩造假的一个信号。

（6）“支付的各项税费”项目，反映企业按规定支付的各项税费，包括本期发生并支付的税费，以及本期支付以前各期发生的税费和预缴的税金，如支付的增值税、所得税、教育费附加、印花税、房产税、土地增值税、车船使用税等，不包括本期退回的增值税、所得税。本期退回的增值税、所得税等，在“收到的税费返还”项目中反映。

支付的各项税费 = 本期发生并支付的税费 + 本期支付以前各期发生的税费和预缴的税金（如教育费附加、印花税、房产税、土地增值税、车船使用税、增值税、所得税等）

显然，公司当年的实际税负总额（权责发生制口径）应该是“支付的各项税费 – 收到的税费返还 + 应交税费期末期初净增加额”。

在勾稽关系上，现金流量表的“支付的各项税费”与“收到的税费返还”与资产负债表的“应交税费”“递延所得税资产”“递延所得税负债”以及利润表的“税金及附加”“所得税费用”等具有一定关系。

与薪酬相比，税费是公司业绩真实性更有效的信号。当公司所处的税赋环境没有发生变化时，公司业绩增长，通常应该伴随着税费增加。如果公司税费变化方向和程度与业绩变化方向和程度不相匹配，则是公司业绩虚假的信号。为此，我们可以比较税费与销售收入关系，分析公司业绩或税费是否存在问题。

【案例分析】

表 4.12 摘自万科企业股份有限公司 2020 年合并报表数据。

表 4.12　万科合并报表部分数据

单位：元

项目	2020 年	2019 年	2018 年
销售商品、提供劳务收到的现金(A)	472 283 130 715.82	432 735 958 602.82	398 148 270 444.38
支付的各项税费（B）	59 397 255 641.48	61 286 938 736. 26	54 023 459 052.99
应交税费	29 036 523 037.88	25 109 731 106.59	18 730 860 802.20
权责发生制的本期税费（C）	63 324 047 572.77	67 665 809 040.65	
B/A × 100%	12.58%	14.16%	13.57%
C/A × 100%	13.41%	15.64%	
营业收入 (D)	419 111 677 714.12	367 893 877 538.94	297 679 331 103.19
税金及附加 (E)	27 236 909 916.23	32 905 223 898.57	23 176 062 239.30
E/D × 100%	6.50%	8.94%	7.79%

根据上述信息可以发现，“支付的各项税费”占“销售商品、提供劳务收到的现金”比率也比较稳定，因此可以初步认定数据的合理性。应该指出，采用现金流量表的这两个项目进行分析，相对于利润表的“营业收入”和“税金及附加”更为合理，因为房地产企业大量的预收款已经收到现金，并且已经产生纳税义务。

（7）“支付的其他与经营活动有关的现金”项目，反映企业上述各项目以外的、其他与经营活动有关的现金支付（如罚款支出、差旅费支出、业务招待费支出、保险费支出、经营租赁支付的现金等）。该项目与资产负债表的“其他应收款”，利润表的“管理费用、销售费用、研发费用”等有关。本项目包括的子项目中，如果金额较大的，应该单列项目反映。

以四川长虹 2020 年年报为例，支付的其他与经营活动有关的现金附注信息见表 4.13。从明细信息可以发现，这些现金流出主要与“管理费用、销售费用、研发费用”的现金支出有关。

需要注意，应该关注将资产负债表的“其他应收款、其他应付款”与现金流量表的“收到其他与经营活动有关的现金、支付其他与经营活动有关的现金”结合考虑，关注：①各会计期间的明细信息是否出现重大波动；②明细信息是否涉及关联单位资金往来，这类资金往来对应的经济交易是否定价公允，对财务报表产生了哪些影响，是否影响了公司业务独立性。

表 4.13　四川长虹 2020 年支付的其他与经营活动有关的现金附注信息表

项目	本期发生额 / 元	上期发生额 / 元
市场支持费	66 0102 786.53	682 053 390.06
三包费	131 307 801.55	198 196 751.44
物流仓储费	12 3467 691.97	154 239 330.92
广告费	59 729 634.78	131 479 403.39

续表

项目	本期发生额 / 元	上期发生额 / 元
保证金	176 549 765.77	157 029 897.56
差旅费	135 129 721.37	234 216 724.70
研发费	176 074 511.94	153 108 335.94
业务活动费	114 785 073.80	120 454 623.95
备用金	142 359 357.75	154 407 735.99
租赁费	124 808 438.14	95 121 235.56
手续费	82 339 776.04	65 271 736.61
办公费	37 034 095.93	35 869 049.28
车辆费	18 389 427.58	20 685 584.36
代理费	59 517 027.11	60 651 258.86
中介费	55 129 971.45	23 188 174.49
保险费	57 968 349.93	63 922 502.05
通讯费	20 654 966.31	30 249 453.27
软件许可费	16 620 139.52	36 951 809.80
会务费	10 145 325.78	25 369 794.23
水电气费	25 768 900.85	26 883 357.01
修理费	59 393 472.44	31 701 873.05
专利费	38 049 091.19	14 617 333.45
其他	434 808 950.45	398 791 721.81
合计	2 760 134 278.18	2 914 461 077.78

【案例分析】

山东鲁北化工股份有限公司（股票代码：600727，以下简称“鲁北化工”）2009年度报告部分信息见表 4.14。

表 4.14 鲁北化工 2008—2009 年现金流量表（摘录）

项目	本期金额 / 元	上期金额 / 元
一、经营活动产生的现金流量		
销售商品、提供劳务收到的现金	773 751 003.05	800 926 256.52
收到其他与经营活动有关的现金	627 654 315.46	955 232 653.66
购买商品、接受劳务支付的现金	315 759 491.46	627 016 082.90
支付给职工以及为职工支付的现金	14 706 621.84	16 757 791.65
支付的各项税费	22434785.63	55 777 505.85
支付其他与经营活动有关的现金	370 557 375.02	1 238 290 201.06
经营活动现金流出小计	723 458 273.95	1 937 841 581.46

可以看出，公司“收到其他与经营活动有关的现金”“支付其他与经营活动有关的现金”都比较重要，2008年的金额甚至都分别超过了“销售商品、提供劳务收到的现金”“购买商品、接受劳务支付的现金”。通过查询“收到其他与经营活动有关的现金”“支付其他与经营活动有关的现金”附注信息，发现该项目主要是由单位往来款构成，具体见表4.15、表4.16。

表4.15 鲁北化工2008—2009年“收到其他与经营活动有关的现金”附注信息表

单位：元

项目	2009年	2008年	备注
收到其他与经营活动有关的现金	627 654 315.46	955 232 653.66	
其中：收到山东鲁北集团总公司往来款	325 961 968.65	756 438 773.83	上市公司母公司
收到无棣宝丰实业有限公司往来款	201 439 504.39	189 529 463.42	
支付山东鲁北发电有限公司往来款	69 899 359.18		与上市公司是同一母公司
支付无棣海通盐化工有限公司往来款	17 097 826.21		与上市公司是同一母公司
支付鲁北海生生物有限公司往来款		8 900 000.00	与上市公司是同一母公司

表4.16 鲁北化工2008—2009年“支付其他与经营活动有关的现金”附注信息表

单位：元

项目	2009年	2008年	备注
支付其他与经营活动有关的现金	370 557 375.02	1 238 290 201.06	
其中：付山东鲁北集团总公司往来款	154 536 877.37	919 489 015.45	上市公司母公司
支付山东鲁北发电有限公司往来款		69 411 526.08	与上市公司是同一母公司
支付无棣宝丰实业有限公司往来款	178 598 683.86	212 223 011.94	
支付无棣海通盐化工有限公司往来款		17 205 336.62	与上市公司是同一母公司
支付鲁北海生生物有限公司往来款		8 900 000.00	与上市公司是同一母公司

通过查询报表附注“关联方及关联方交易”获悉，除了无棣宝丰实业有限公司，其他都属于山东鲁北化工股份有限公司的关联企业。公司与这些关联企业之间存在诸如土地租赁、采购货物、销售产品、提供劳务等业务往来①。根据会计准则规定，这些业务如果属于销售或采购业务，影响了企业利润表“营业收入、营业成本”，则正确的做法应该是将其产生的现金流纳入“销售商品、提供劳务收到的现金”或“购买商品、

① 年度报告未披露公司与无棣宝丰实业有限公司的具体业务往来信息。

接受劳务支付的现金”。公司 2008—2009 年利润表（表 4.17）的业绩表现也相当糟糕。

表 4.17　鲁北化工 2008—2009 年利润表（摘录）

单位：元

项目	2009 年	2008 年
营业收入	347 285 534.40	805 447 183.29
营业成本	370 765 131.01	870 937 191.78
营业税金及附加	1 170 880.25	5 017 627.97
销售费用	535 097.78	2 279 545.23
管理费用	52 307 287.70	60 265 901.72
财务费用	8 387 542.26	38 399 382.01
资产减值损失	18 565 436.87	504 579 754.91
投资收益（损失以“–”号填列）	–588 722.39	–271 207.48
其中：对联营企业和合营企业的投资收益	–588 722.39	–271 207.48
营业利润（亏损以“–”号填列）	–105 034 563.86	–676 303 427.81

（8）“经营活动产生的现金净流量”项目，反映经营活动给企业带来的净现金流量，如果现金净流量为正数，表明企业通过经营活动产生的现金流入能够弥补为此需要支付的现金流，是企业现金流健康的表现；反之则说明企业经营活动现金流出，需要通过筹资活动或投资活动现金流量予以支持，或需要动用企业历史积累的现金流量。关于现金流量表“经营活动现金净流量”“投资活动现金净流量”“筹资活动现金净流量”正负及其经济含义，本章稍后还会进行专门分析。

2）投资活动有关的现金流量项目

（1）“收回投资收到的现金”项目。现金流量表的“投资”包括金融资产投资，也包含非金融资产投资（如固定资产、无形资产），但金融资产与非金融资产具有根本性差异，“收回投资收到的现金”只是反映企业出售、转让或到期收回除现金等价物以外的交易性金融资产、债权投资、其他债权投资、其他权益工具投资、长期股权投资等而收到的现金，收回的非金融资产通过其他项目列示。

收回投资与收回投资收益是两个不同的概念，前者是出售投资资产，后者是持有的投资资产持有期间产生的投资收益或出售时产生的利润。因此，债权性投资收回的利息在“取得投资收益收到的现金”项目中反映。

在勾稽关系上，“收回投资收到的现金”与资产负债表“交易性金融资产”“债权投资”“其他债权投资”“其他权益工具投资”“长期股权投资”等关系密切。

（2）“取得投资收益收到的现金”项目，反映企业因为股权性质投资取得现金股利、债权性投资取得的现金利息收入，包括在现金等价物范围内的债权性投资产生的利息收入，也在本项目中反映。

读者应该将该项目与利润表的“投资收益”区分开（参见利润表章节有关内容），

现金流量表的该项目只是反映收到现金流的投资收益；也应该将该项目与现金流量表的“收回投资收到的现金”区分开。例如，企业持有长期股权投资200万元，当期取得现金股利1万元，则该现金股利属于“取得投资收益收到的现金”；如果企业按照230万元价格处置了该长期股权投资，并产生了30万元的投资收益，那么，处置股权产生的230万元现金流入则全部通过“收回投资收到的现金”反映，30万元投资收益并不能在“取得投资收益收到的现金”反映，而只能通过利润表反映“投资收益”增加30万元。

报表阅读者要注意两个相结合：“收回投资收到的现金”必须与利润表“投资收益”相结合；资产负债表的债权类和股权类投资资产，也应该与利润表“投资收益”、现金流量表“取得投资收益收到的现金”相结合。第一个相结合，是为了分析企业处置金融资产投资是亏损还是收益，而不能单纯根据正的现金流入就将“收回投资收到的现金”视为“好消息”；第二个相结合，是为了分析企业存量的金融资产投资是否对利润表产生了积极影响，是否确实产生了现金流入。“两个相结合”才能相对客观地评价企业金融资产的投资效果。如果金融资产产生了对被投资单位的重大影响、共同控制或控制，还必须进行协同效应分析等更为全面的分析，而不仅仅关注短期的财务效应。

【案例思考】

以长安汽车为例，其2020年半年报合并报表投资收益明细见表4.18。

表4.18　长安汽车投资收益信息

项目	本期发生额 / 元
权益法核算的长期股权投资收益	–528 282 156.89
处置长期股权投资产生的投资收益	3 514 298 597.59
持有交易性金融资产期间取得的投资收益	7 903 143.08
其他	6 884 080.21
合计	3 000 803 663.99

但是，合并现金流量表中，投资活动产生了现金净流出（表4.19），其中，处置子公司股权产生了现金净流出104 231 229.20元。

表4.19　长安汽车投资现金流信息

投资活动产生的现金流量	本期发生额 / 元
取得投资收益收到的现金	52 200 268.08
处置固定资产、无形资产和其他长期资产收回的现金净额	50 925 772.51
收到其他与投资活动有关的现金	2 401 804.55

续表

投资活动产生的现金流量	本期发生额／元
投资活动现金流入小计	105 527 845.14
购建固定资产、无形资产和其他长期资产支付的现金	1 240 508 778.71
投资支付的现金	13 494 996.00
支付其他与投资活动有关的现金	104 231 229.20
其中：处置子公司股权现金净流出	104 231 229.20
投资活动现金流出小计	1 358 235 003.91
投资活动产生的现金流量净额	–1 252 707 158.77

思考：如何认识公司投资相关现金流与利润表投资收益信息？

（3）“处置固定资产、无形资产和其他长期资产收回的现金净额”项目。

现金流量表“投资活动”除了金融资产之外，“固定资产、无形资产和其他长期资产”也是重要组成部分。因此，本项目反映企业出售固定资产、无形资产和其他长期资产（如投资性房地产）所取得的现金，减去为处置这些资产而支付的有关税费后的净额。净额列报处置活动产生的现金净流量，是因为处置这些资产收到现金，与处置活动支付现金，两者在时间上比较接近。自然灾害等原因所造成的固定资产等长期资产报废、毁损而收到的保险赔偿收入，也在本项目中反映。在极少数情况下，处置固定资产、无形资产和其他长期资产所收回的现金净额为负数，此时应作为投资活动产生的现金流出，在“支付其他与投资活动有关的现金”项目中反映。

与处置金融资产相似，处置固定资产、无形资产等也应该与利润表相结合，考查公司固定资产、无形资产等是产生了处置收益还是损失。不同的固定资产和无形资产，处置产生收益或损失的概率是有差异的。例如，考虑到固定资产和无形资产都容易受到市场相同或相似资产技术更新换代的影响，如果是正常使用并且正常摊销的固定资产、无形资产等，其正常处置行为更有可能产生资产处置损失。但是，如果是不动产处置，鉴于房地产价格在过去几十年内得到了较大幅度的上涨，正常处置行为更有可能产生收益。内部自行研发形成的无形资产，入账价值通常是低估的，正常处置行为更有可能产生处置收益。虽然资产处置收益相对于损失会对当期利润表产生更为积极的影响，但也应该注意，资产处置损益的产生是否源于公司以前计提了偏高或偏低的资产减值准备（读者可以回顾本书资产章节固定资产减值准备“珠海中福股份有限公司案例”）。

例如，某公司一台机器设备，原价 500 000 元，已经计提折旧 250 000 元。由于市场中同类设备的技术已经更新换代，公司决定对该设备停止使用并且出售。出售价格为 100 000 元，并且支付了设备拆卸费、运输费等处置费用合计 5 000 元，则公司在现金流量表中“处置固定资产、无形资产和其他长期资产收回的现金净额”应该反映的金额是 95 000 元。同时，该业务对利润表的影响是产生了 155 000 元的资产处置损失

[100 000–5 000–(500 000–250 000)]。如果公司在处置前已经计提了100 000元资产减值准备，则当期产生的资产处置损失应该是55 000元。

显然，两种情况对现金流量表的影响是一致的，只有结合利润表才能发现两种不同的财务影响。

（4）“处置子公司及其他营业单位收到的现金净额”项目，反映企业处置子公司及其他营业单位所取得的现金，减去子公司或其他营业单位自身已经持有的现金和现金等价物以及相关处置费用后的净额。被处置了的子公司及其他营业单位不再纳入合并报表，这类公司的现金及现金等价物也不再纳入合并现金流量表，所以处置子公司及其他营业单位收到的现金净额可能是净流出。如果处置子公司及其他营业单位收到的现金净额为负数，则应该将该金额通过“支付其他与投资活动有关的现金”项目进行反映。有些已经资不抵债的子公司，处置这类子公司很可能导致现金净流出。

例如，母公司出售旗下子公司100%股权，出售价格1 000万元，全部以现金结算。出售时点子公司持有的现金和现金等价物100万元，处置费用不予考虑。由于出售之前子公司的现金和现金等价物会纳入母公司合并现金流量表，而处置子公司后，这100万元的现金和现金等价物不再属于母公司所拥有或控制，因此，母公司合并现金流量表“处置子公司及其他营业单位收到的现金净额”只能反映900万元。

有些情况下，企业出售子公司的结算方式可能不局限于现金，股权、承担债务等都是潜在的结算手段。为此，现金流量表准则要求企业在附注中以总额披露当期取得或处置子公司及其他营业单位的下列信息：①取得或处置价格；②取得或处置价格中以现金支付的部分；③取得或处置子公司及其他营业单位所取得的现金；④取得或处置子公司及其他营业单位按主要类别分类的非现金资产和负债。

当然，与处置其他资产一样，处置子公司同样需要结合利润表，关注处置行为对公司当期净利润的影响。

除了关注处置子公司对当期现金流量和净利润的影响，报表阅读者更应该关注公司处置子公司的原因、对公司长期经营的影响、处置的现金流入的用途（例如，是否寻求收购其他公司）。相比较而言，后者更为重要，因为处置子公司对现金流量和净利润的影响属于不可重复发生的行为。

【阅读材料】

中信证券出售华夏基金控股权对2011年的财务影响

根据中信证券(股票代码:600030)2011年年报,公司2011年实现营业收入250亿元,同比下降10%，但是净利润达到了126亿元，比2010年增长11%，每股收益为1.14元。期末公司的净资产为866亿元，同比增长23%，每股净资产为7.86元。根据这些数据，似乎表明公司营业收入的获利能力大幅度增强。但实际上，净利润的增长主要源于公司出售华夏基金51%股权产生的投资收益。该股权出售也给中信证券带来了83.44亿元现金流入。

出售华夏基金股权，给中信证券带来了巨额收益。出售 51% 的股权所得金额为 83.44 亿元，剩余股权的公允价值为 72.15 亿元，两者合计为 155.59 亿元，扣除中信证券对华夏基金的投资成本，取得投资收益 131 亿元（数据源于中信证券 2011 年度报告投资收益附注信息），占公司的税前利润为 150 亿元的 87%。

虽然出售股权给中信证券 2011 年带来了巨额投资收益和丰厚的现金流入，但是这两种财务影响都是一次性的。因此，报表阅读者应该更加关注中信证券出售华夏基金股权对中信证券后续财务业绩的影响，以及中信证券获取了巨额现金流入之后的后续动作，是否采取有效行动弥补华夏基金控股权丧失的影响。实际上，中信证券出售华夏基金股份实属监管层压力下的无奈之举。2006 年，中信证券以 3.3 亿元从北京国资公司、北京证券手中分别获得华夏基金 35.73%、5% 的股份；2007 年，又以 1.6 亿元从北京证券手中收购华夏基金 20% 的股份；此后，又分别以 3 000 万元、4 亿元从科技证券、西南证券购入华夏基金 3.55%、35.73% 的股份。不到两年，中信证券仅掏了 9.2 亿元就收购了华夏基金 100% 的股权。由于华夏基金的出色表现，所以仅从 2008 年到 2011 年底，华夏基金为中信证券贡献的净利润超过 50 亿元。但是，中国证监会 2004 年 6 月出台了《证券投资基金管理公司管理办法》，其中第十一条规定：“一家机构或者受同一实际控制人控制的多家机构参股基金管理公司的数量不得超过两家，其中控股基金管理公司的数量不得超过一家。”这就是业界简称的“一参一控”。据此，证监会多次要求中信证券解决华夏基金控股权问题，由于华夏基金对中信证券的突出贡献，中信证券一再推迟时间解决股权问题。

（5）“收到其他与投资活动有关的现金”项目，反映企业除了上述项目之外，收到的其他与投资活动有关的现金，如收回理财产品、结构性存款等。如果其他与投资活动有关的现金价值较大的，公司应该在现金流量表中通过单独项目进行反映。

与经营活动现金流量的其他项目一样，“收到其他与投资活动有关的现金”在重要性方面应该比其他项目更低，因此，对于该金额显著高于其他投资活动项目现金流入，占投资活动现金流入较大比重的，都应该予以关注，分析具体原因。

（6）“购建固定资产、无形资产和其他长期资产支付的现金”项目，反映企业购买或自行建造固定资产、购买或自己开发取得无形资产和其他长期资产（例如投资性房地产、在建工程）支付的现金，但不包括借款利息资本化部分以及融资租入固定资产所支付的租赁费（这两部分现金支出分别通过“分配股利、利润或偿付利息支付的现金”与支付其他与筹资活动有关的现金进行反映）。

通常而言，报表阅读者可以通过该项目了解企业固定资产、无形资产等长期资产的规模变动。企业如果宣称将扩大规模、战略转型等，则通常应该在现金流量表中“购建固定资产、无形资产和其他长期资产支付的现金”有所体现，否则就表明公司可能“言过其实”（除非公司主要采用赊购方式取得这些资产）。该项目的现金流出，通常也可以视为企业未来发展前景的一个重要参考因素，企业规模的拓展是未来前景看好的一个重要指标。

报表阅读者应该将“购建固定资产、无形资产和其他长期资产支付的现金”与“处置固定资产、无形资产和其他长期资产收回的现金净额”结合，分析公司当期固定资产、无形资产和其他长期资产的净增加中以现金支付的部分。企业资产负债表中固定资产、无形资产和其他长期资产的期初期末变化通常有六种途径：现金方式新增、赊购方式新增、计提折旧减少、计提减值准备减少、处置或毁损方式减少、丢失方式减少。为此，资产负债表的“固定资产、无形资产、在建工程、累计折旧”与现金流量表的“购建固定资产、无形资产和其他长期资产支付的现金”“处置固定资产、无形资产和其他长期资产收回的现金净额”的勾稽关系得以确立。如果能够确定应付账款、应付票据当中用于固定资产、无形资产等长期资产购建的部分，则能够更为准确地分析两个报表的勾稽关系。准确的勾稽关系是确定公司资产负债表和现金流量表相关项目准确性的重要途径。

【案例分析】

四川长虹电器股份有限公司2020年年报及附注信息（摘录）见表4.20。

表4.20　四川长虹2020年固定资产、无形资产和其他长期资产信息

单位：元

项目	2020年	2019年
投资性房地产（期末时点数据）（成本模式计量）	933 997 523.84	452 089 909.20
固定资产（期末时点数据）	991 387 606.71	575 940 721.84
累计折旧（期末时点数）	5 754 701 322.78	5 811 119 106.31
固定资产减值准备（期末时点数）	77 851 550.07	80 830 927.74
在建工程（期末时点数据）	122 369 235.26	611 858 480.89
无形资产（期末时点数据）	2 059 760 071.75	2 172 873 276.67
累计摊销（期末时点数据）	2 442 147 153.75	2 225 653 050.72
无形资产减值准备（期末时点数）	157 296 124.13	131 187 329.81
开发支出（期末时点数据）	75 544 062.00	44 676 733.58
处置固定资产、无形资产和其他长期资产收回的现金净额	126 241 388.44	140 890 088.35
购建固定资产、无形资产和其他长期资产支付的现金	814 700 986.03	1 521 162 648.20

从上表我们可以看出，现金流量表中，公司2020年“固定资产、无形资产和其他长期资产”产生的现金净流出约6.9亿元，资产负债表中投资性房地产、固定资产、在建工程、无形资产和开发支出等2020年期末合计数相对于2019年期末合计数净增加约10.3亿元，由于计提折旧、摊销和减值准备等，使得这些资产净减少约1.8亿元。

表明如果没有这些折旧、摊销和减值准备，这些资产应该增加约12.1亿元，远高于现金流量表6.9亿元的现金净流出，高出的金额可能是由于赊购产生的，也可能是由于纳入合并报表范围的子公司发生变化造成的。如果这两个因素不能充分解释，则表明勾稽关系可能有问题。

（7）“投资支付的现金”项目，反映企业购买权益性证券和债务性证券所支付的现金，以及支付的佣金和手续费等交易费用。这些权益性证券和债务性证券包括取得的除现金等价物以外的交易性金融资产、债权投资、其他债权投资、其他权益工具投资、长期股权投资等投资所包括的已经宣告但尚未领取的现金股利或已经到付息期但尚未领取的债券利息，应该在“支付其他与投资活动有关的现金”项目中反映。

与关注处置投资的效益一样，报表阅读者同样需要关注企业投资期间所产生的效益。

（8）“取得子公司及其他营业单位支付的现金净额”项目，反映企业购买子公司及其他营业单位所支付的现金，减去子公司或其他营业单位自身已经持有的现金和现金等价物以及相关处置费用后的净额。有些情况下，被购买子公司及其他营业单位拥有大量现金和现金等价物，可能导致购买子公司及其他营业单位支付的现金净额为负数，则应该将该金额通过“收到其他与投资活动有关的现金”项目进行反映。

例如，母公司购买某公司100%股权，购买价格1 000万元，全部以现金结算。购买时点子公司持有的现金和现金等价物100万元。合并后，子公司的现金和现金等价物会纳入母公司合并现金流量表，因此，母公司合并现金流量表“取得子公司及其他营业单位支付的现金净额”只能反映900万元。

同样，报表阅读者更需要关注购买子公司及其他营业单位对公司后续经营产生的影响。

根据企业在股权、债券等投资产生的现金流出和现金流入信息（包括：收回投资收到的现金；处置子公司及其他营业单位收到的现金净额；投资支付的现金；取得子公司及其他营业单位支付的现金净额），我们可以计算获取企业在这些资产方面的现金净投入或净流出。但是，与固定资产、无形资产等不同，资产负债表中股权、债券类资产大量采用公允价值计量，其价值变化受到持有期间公允价值波动的影响，这些波动并未影响现金流量，因此，其勾稽关系的分析更为复杂，需要同时考虑利润表投资收益、公允价值变动损益、其他综合收益等信息。

（9）“支付其他与投资活动有关的现金”项目，反映企业除上述项目之外，支付的其他与投资活动有关的现金，如果单个项目价值较大的，应该单列项目反映。

（10）“投资活动产生的现金流量净额”项目，关于该项目金额正负的分析，后文还会专门介绍。

【案例思考】

康得新复合材料集团股份有限公司（股票代码:002450）投资活动会计信息的勾稽

关系。

康得新复合材料集团股份有限公司是一家主要从事先进高分子材料的研发、生产和销售，包括新材料（预涂材料、光电材料）、智能显示（3D、SR、大屏触控）、碳材料（碳纤维及碳纤维复合材料）的公司，由于涉及重大财务造假，2021年被退市。该公司2016—2017年相关财务信息，见表4.21—表4.24。

表4.21　康得新2016—2017年合并资产负债表部分信息

单位：元

项目	2017年底	2016年底
可供出售金融资产	4 520 878 100.48	376 249 586.83
持有至到期投资		
长期应收款		
长期股权投资		22 475 765.00
投资性房地产		
固定资产	3 542 070 659.13	3 085 844 626.33
在建工程	226 817 094.63	416 009 605.76
工程物资		
固定资产清理		
生产性生物资产		
油气资产		
无形资产	498 179 605.52	504 640 824.81
开发支出	455 88 986.81	4 489 532.45
商誉	46 883 206.53	59 160 468.42
长期待摊费用	51 785 379.23	2170420.07
递延所得税资产	60 682 725.96	42 904 820.69
其他非流动资产	135 284 163.60	135 726 012.52
非流动资产合计	9 128 169 921.89	4 649 671 662.88
资产总计	34 262 356 436.88	26 425 136 653.63

表4.22　康得新2016—2017年合并现金流量表部分信息

单位：元

项目	2017年	2016年
二、投资活动产生的现金流量：		
收回投资收到的现金	407 944 358.54	
取得投资收益收到的现金	52 475 851.19	30 014.79

续表

项目	2017 年	2016 年
处置固定资产、无形资产和其他长期资产收回的现金净额	400 745.20	1 740 759.30
处置子公司及其他营业单位收到的现金净额	13 650 022.09	132 038 041.70
收到其他与投资活动有关的现金		4 719 881.26
投资活动现金流入小计	474 470 977.02	138 528 697.05
购建固定资产、无形资产和其他长期资产支付的现金	334 964 325.46	379 229 538.39
投资支付的现金	8 112 057 563.14	332 694 980.46
质押贷款净增加额		
取得子公司及其他营业单位支付的现金净额		
支付其他与投资活动有关的现金	3 982 140.00	
投资活动现金流出小计	8 451 004 028.60	711 924 518.85
投资活动产生的现金流量净额	−7 976 533 051.58	−573 395 821.80

合并资产负债表中长期股权投资没有包括对子公司的长期股权投资，所以表 4.23 提供了母公司长期股权投资相关信息。

表 4.23　康得新母公司资产负债表长期股权投资信息

单位：元

项目	2017 年期末账面价值	2016 年期末账面价值
长期股权投资	8 534 383 898.11	7 897 984 696.73
其中：对子公司投资	8 534 383 898.11	7 875 508 931.73
对联营、合营企业投资		22 475 765.00
合计	8 534 383 898.11	7 897 984 696.73

表 4.24　康得新 2017 年年报对子公司投资明细信息

单位：元

被投资单位	期初余额	本期增加	本期减少	期末余额
张家港保税区康得菲尔实业有限公司	285 147 254.88	221 266 487.32		506 413 742.20
张家港康得新光电材料有限公司	7 259 618 335.13	458 891.10		7 260 077 226.23
台湾康得新复合材料股份有限公司	2 945 220.31		2 945 220.31	
北京康得新功能材料有限公司	204 678 384.66	300 237 519.51		504 915 904.17
KDX Europe Composites R&D Center GmbH（康得新欧洲复合材料研发中心有限责任公司）	21 817 560.00	69 363 679.76		91 181 239.76

续表

被投资单位	期初余额	本期增加	本期减少	期末余额
KDX Roding Europe Auto Mobile Design Center（康得新－雷丁欧洲汽车设计中心有限责任公司）	1 302 176.75			1 302 176.75
江苏康得新智能显示科技有限公司	100 000 000.00			100 000 000.00
苏州康得新研究中心有限公司		40 000 000.00		40 000 000.00
深圳新网众联投资控股有限公司		30 000 000.00		30 000 000.00
KANGDEXIN(SI GAPORE)PTE.LTD.［康得新（新加坡）有限公司］		493 609.00		493 609.00
合计	7 875 508 931.73	661 820 186.69	2 945 220.31	85 343 838 98.11

思考：康得新现金流量表投资活动信息与资产负债表对应项目是否符合勾稽关系呢？

3）筹资活动有关的现金流量项目

（1）“吸收投资收到的现金”项目，反映企业以发行股票等方式筹集资金实际收到的现金净额（发行收入扣除支付的佣金等发行费用）。发行股票过程中支付的审计、咨询等费用，在“支付其他与筹资活动有关的现金”项目中反映。吸收投资收到的现金与资产负债表中“股本、实收资本、资本公积”等具有勾稽关系。

通常情况下，发行股票筹集资金是企业的重要事件，且需要经过股东大会和监管层等批准，发行过程中涉及的利益团体也较多，需要公开披露的信息也比较多，这些因素都使得报表当中反映的这些金额可靠性较高。因此，报表阅读者更应该关注的是筹集资金的用途和效率。

（2）“借款收到的现金”项目，反映企业通过短期、长期借款而收到的现金，以及发行债券实际收到的款项净额。企业与企业之间往来款项虽也有债权人债务人关系，但通常通过经营活动的现金流量有关项目进行反映。现金流量表的“借款收到的现金”主要与资产负债表的“短期借款、长期借款、交易性金融负债、应付债券”等具有勾稽关系。

相对于股权投资，债权融资不需要监管层的批准（发行债券也需要监管层批准），但债权融资也需要签订具有法律约束力的合同，上市公司重要的债权融资也同样需要公开披露信息。因此，报表中这些项目的金额可靠性也较高。与吸收投资收到的现金一样，报表阅读者同样应该关注筹集资金的用途和效益。

【案例分析】

重庆百货大楼股份有限公司始建于1950年，是重庆市最早的国有商业企业和唯一的商业上市公司。建店70年来，通过几代人不懈地艰苦奋斗、改革创新，公司已发展成为以百货、超市、电器三大业态为主业，涉足食品、电子器材、劳保等经营领域的西部一流的大型区域性商业零售连锁企业。

作为零售企业，公司具有超强的现金流创造能力和充足的现金持有（表 4.25）。

表 4.25　重庆百货 2020 年合并财务报表相关信息（摘录）

单位：元

项目	2020 年底	2019 年底
货币资金	5 152 336 342.02	4 045 998 229.34
流动资产合计	10 170 177 428.80	9 260 876 753.08
短期借款	1 166 589 483.92	235 317 465.54
应付票据	1 316 662 277.85	1 232 618 794.21
长期借款	—	—
应付债券	—	—
经营活动产生的现金流量净额	1 181 738 938.71	875 585 745.39
投资活动产生的现金流量净额	–2 047 981 779.43	–235 945 892.73
取得借款收到的现金	1 496 261 376.60	847 759 001.19
偿还债务支付的现金	555 974 356.68	981 131 634.83
分配股利、利润或偿付利息支付的现金	366 765 743.06	306 352 819.36
期末现金及现金等价物余额	2 318 354 732.38	2 653 475 076.52
财务费用—利息支出	22 040 945.74	21 184 101.20
财务费用—利息收入	–99 810 519.20	–74 918 122.87

以 2020 年为例，公司合并资产负债表货币资金期末余额达到 51.52 亿元，占总资产 168.08 亿元的比重为 30.64%；公司合并现金流量表经营活动产生的现金净流量达到了 11.82 亿元，且期末现金及现金等价物达到了 23.18 亿元，公司在 2020 年投资活动现金净流出 20.47 元。没有偿还债务的现金流出，分配股利、利润或偿付利息支付的现金也仅仅 3.67 亿元。可以发现，公司具有充足的现金流，远远超过了公司目前投资扩张所需。但是，根据现金流量表信息，公司 2020 年“取得借款收到的现金”达到 14.96 亿元，扣除偿还债务支付的现金 5.56 亿元，净增加 9.4 亿元；相应地，与资产负债表短期借款的净增加额 9.31 亿元几乎相当。显然，短期借款的必要性成疑。

（3）“收到其他与筹资活动有关的现金”项目，反映企业除上述各项目外，收到的其他与筹资活动有关的现金，如票据贴现。如果单个项目金额较大的，应该单列项目进行反映。以四川长虹 2020 年年报为例，公司“收到其他与筹资活动有关的现金”明细信息见表 4.26。

表 4.26　四川长虹收到其他与筹资活动有关现金

单位：元

项目	本期发生额	上期发生额
国家资本投入	24 000 000.00	24 600 000.00
6 个月以上使用受限的现金及现金等价物期初期末余额等调整	778 769 593.16	35 787 097.59
票据贴现	1 070 488 226.64	
合计	1 873 257 819.80	60 387 097.59

（4）“偿还债务所支付的现金”项目，反映企业以现金偿还债务所支付的现金，但仅包括支付的本金。吸收股权投资取得的现金是不需要偿还的，只有借款、发债等筹集的资金才需要偿还。

因此，本项目与“借款收到的现金”综合分析可以发现：①企业当期的债券融资净额；②企业是否具有借新债还旧债的现象。通常而言，企业借款资金用于企业的生产经营活动，如果借款资金用途正确、效率比较好，则偿还这些借款所需资金就应该来自于生产经营活动产生的现金流入；如果企业采用借新债还旧债，则报表阅读者应该注意企业后续偿债能力、财务状况是否健康等。借新债还旧债的典型表现是：“偿还债务支付的现金”低于“借款所收到的现金”。如果“偿还债务支付的现金”高于“借款所收到的现金”，但是偿还债务的资金可能源于“吸收投资收到的现金”，同样是不健康财务状况的表现。

将“吸收投资收到的现金”“借款收到的现金”“偿还债务所支付的现金”相结合，可以获取企业通过股权、债权融资等为企业当期净增加或净减少的现金。报表阅读者应该充分重视这些现金的用途和效益。通常情况下，企业在融资过程中会对资金用途进行一系列承诺，我们要关注的就是企业落实这些承诺的情况。当期大量的融资如果用于固定资产更新改造、研究开发活动、股权投资等，会在资产负债表中留下痕迹。

【案例思考】

江苏宏图高科技股份有限公司是一家现有业务主要包括 3C 零售连锁、金融服务、艺术品拍卖、工业制造等的上市公司。公司 2018—2020 年合并现金流量表部分信息见表 4.27。

表 4.27　宏图高科 2018—2020 年合并现金流量表（摘录）

单位：元

项目	2020 年	2019 年	2018 年
经营活动产生的现金流量净额	36 847 654.92	−692 429 806.24	−5 139 307 211.06
投资活动产生的现金流量净额	−4 041 629.82	25 308 107.73	303 379 981.81

续表

项目	2020 年	2019 年	2018 年
吸收投资所收到的现金			2 176 200.00
借款所收到的现金	560 919 868.68	1 073 636 392.97	5 148 335 597.80
收到其他与筹资活动有关的现金		225 000 000.00	895 017 713.09
筹资活动现金流入小计	560 919 868.68	1 298 636 392.97	6 045 529 510.89
偿还债务所支付的现金	587 046 828.03	503 340 422.32	5 578 099 908.33
分配股利、利润或偿付利息支付的现金	4 514 020.14	25 412 824.32	357 475 054.63
支付其他与筹资活动有关的现金		571 443 923.40	408 325 496.86
筹资活动现金流出小计	591 560 848.17	1 100 197 170.04	6 343 900 459.82
筹资活动产生的现金流量净额	–30 640 979.49	198 439 222.93	–298 370 948.93
现金及现金等价物净增加额	17 133 97.21	–468 453 726.47	–5 130 432 255.83
货币资金（期末时点数据）	653 344 368.91	683 641 014.45	1 522 142 761.23
资产合计	10 224 940 970.35	12 258 386 641.54	16 094 175 481.96
负债合计	9 432 223 523.16	9 211 099 172.66	9 376 370 310.13

思考：评价公司 2018—2020 年如上现金流量表信息。

（5）“分配股利、利润或偿付利息支付的现金”项目，反映企业实际支付的现金股利、支付给其他投资单位的利润或支付的利息等。通常情况下，该项目金额的可靠性也比较高。该项目与资产负债表的“应付利息、应付股利、利润分配”等结合可以分析公司当期有息债务承担的利息支出，测算资金成本高低；与利润表的“财务费用”等结合，可以推测利息支出费用化与资本化的金额。利息支出资本化金融可能计入“存货、固定资产、在建工程、研发支出”等。

【案例分析】

以四川长虹 2020 年年报为例①。

①基本信息见表 4.28。

① 假定年报中列示的应付票据、其他应付款、长期应付款等都属于无息债务。

表 4.28　四川长虹 2020 年合并财务报表相关信息表

单位：元

项目	2020 年	2019 年
分配股利、利润或偿付利息支付的现金	1 307 638 555.17	1 642 066 446.66
短期借款	16 402 873 651.67	17 319 474 418.17
一年内到期的长期借款	927 636 000.00	12 000 000.00
长期借款	1 662 476 439.30	1 165 939 827.95
应付利息	—	121 067 937.96
财务费用—利息费用	576 044 222.07	904 436 112.08
应付股利	142 069 991.55	132 905 543.98

四川长虹 2019 年利润分配方案：“2020 年 4 月 16 日，公司第十届董事会第四十七次会议《2019 年度利润分配预案》：以 2019 年 12 月 31 日的总股本 4 616 244 222 股为基数，向全体股东每 10 股派发现金红利 0.10 元（含税），共计分配 46 162 442.22 元，占 2019 年年度归属母公司所有者净利润的 76.22%，上述预案尚需提交公司 2019 年年度股东大会批准。”利润分配方案获得股东大会通过。

②测算债务成本、利息资本化金额。

根据上述信息，当期实际支付的股利 = 应付股利 2019 年期末数据 +2019 年利润分配方案需支付的现金股利 − 应付股利 2020 年期末数据 =132 905 543.98+46 162 442.22−142 069 991.55=36 997 994.65（元）。

因此，2020 年“分配股利、利润或偿付利息支付的现金”属于利息支付的金额为 1 270 640 560.52 元（1 307 638 555.17−36 997 994.65）。

权责发生制口径的本期利息总额 =1 270 640 560.52+ 应付利息期末账面价值 − 应付利息期初账面价值 =1 270 640 560.52−121 067 937.96=1 149 572 622.56（元）。

平均债务成本 = 权责发生制口径的本期利息总额 / 期初期末有息债务平均额 = 1 149 572 622.56/18 745 200 168.55 =6.13%。

考虑到利息支付计入财务费用金额为 576 044 222.07 元，则资本化金额为 573 528 400.49 元。

（6）“支付其他与筹资活动有关的现金”项目，反映除上述项目以外，支付的其他与筹资活动有关的现金。例如，发行股票债券等过程中支付的审计、咨询等费用，融资租赁资产时各个会计期间内支付的现金，分期付款方式购买固定资产、无形资产等发生的现金支付，回购股票等支付的现金。如果这些现金支付的单个项目比较重要的，应该通过单列项目进行反映。例如，四川长虹 2020 年支付的其他与筹资活动有关的现金明细项目见表 4.29。

表 4.29　四川长虹支付的其他与筹资活动有关现金

单位：元

项目	本期发生额	上期发生额
应收证券化到期	926 867 017.92	
借款咨询费	900 000.00	
归还远东国际等售后租回融资租赁款	71 718 392.30	143 188 626.50
定增和派息手续费	36 893.14	353 049.96
子公司退少数股东出资款	19 621 587.64	1 644 573.53
退投资方项目投资款		7 000 000.00
内保外贷手续费	852 838.54	4 234 777.06
合计	1 019 996 729.54	156 421 027.05

4）汇率变动对现金的影响

对于具有大量外币且汇率波动大的企业，该项目也是很重要的。企业外币现金流量及境外子公司的现金流量折算成记账本位币时，所采用的是现金流量发生日的汇率或即期汇率近似的汇率，而现金流量表“现金及现金等价物净增加额”项目中外币现金净增加额是按资产负债表日的即期汇率折算。这两者的差额即为汇率变动对现金的影响。对于获利能力较差且经常发生进出口业务而持有大量外币的企业而言，当汇率波动比较明显时，可能导致业绩发生重大不利或有利变化。例如，2008 年金融危机爆发以来，人民币升值导致出口结算的美元价格上涨，我国大量主营业务为出口自产产品的外贸企业的业绩因此受到较大影响；对于已经销售的产品，如果尚未结算或者企业在结算之后仍然自己持有美元，由于人民币相对美元升值而遭受汇率损失（同等美元换算的人民币减少了），业绩进一步受到影响。

例如，某公司本会计期间出口一批货物，销售价格 100 000 美元，现金结算，收汇当日汇率为 1×6.80。该公司同期进口一台设备，价值 50 000 美元，已经现金结算，结汇当日汇率为 1×6.82。资产负债表日的即期汇率为 1×6.83。假设银行存款的期初余额为 0 元，当期没有其他业务发生。汇率变动对现金的影响额计算如下：

经营活动流入的现金	100 000(美元)
汇率变动 (6.83−6.80)	×0.03
汇率变动对现金流入的影响额	3 000(元)
投资活动流出的现金	50 000(美元)
汇率变动 (6.83−6.82)	×0.01
汇率变动对现金流出的影响额	500(元)
汇率变动对现金的影响额	2 500(元)

现金流量表中：

经营活动流入的现金　680 000元

投资活动活动流出的现金　341 000元

汇率变动对现金的影响额　2 500元

现金及现金等价物净增加额　341 500元

4.2.4　直接法与间接法编制现金流量表综合案例①

渝××股份有限公司20×2年度有关业务明细资料如下：

（1）渝××股份有限公司20×2年12月31日资产负债表及20×2年度利润表见表4.30、表4.31。

表4.30　资产负债表

编制单位：渝××股份有限公司　　20×2年12月31日　　单位：元

项目	期初余额	年末余额		期初余额	年末余额
资产			负债和所有者权益		
流动资产：			流动负债：		
货币资金	1 005 000	625 000	短期借款	100 000	100 000
交易性金融资产	200 000	180 000	应付票据	1 200 000	0
应收票据	0	0	应付账款	495 000	930 000
应收账款	540 000	389 000	合同负债	0	0
预付款项	0	50 000	应付职工薪酬	100 000	120 000
存货	800 000	1 650 000	流动负债合计	1 895 000	1 150 000
流动资产合计	2 545 000	2 894 000	非流动负债：		
非流动资产：			长期借款	0	0
长期股权投资	0	200 000	应付债券	800 000	2 250 000
投资性房地产	0	0	负债合计	2 695 000	3 400 000
固定资产	2 350 000	2 755 000	所有者权益		
在建工程	0	2 000 000	实收资本	1 900 000	2 400 000
非流动资产合计	2 350 000	495 5000	未分配利润	300 000	2 049 000
			所有者权益合计	2 200 000	4 449 000
资产总计	4 895 000	7 849 000	负债和所有者权益总计	4 895 000	7 849 000

① 此例参考杜兴强主编《中级财务会计学》现金流量表章节（张金若合作编写该章节）的有关例题。

表 4.31　利润表

编制单位：渝 × × 股份有限公司　　20×2 年　　单位：元

项目	本年合计数
一、营业收入	7 380 000
减：营业成本	3 600 000
税金及附加	20 000
销售费用	0
管理费用	580 000
财务费用	100 000
资产减值损失	1 000
加：公允价值变动收益	0
投资收益	30 000
其中：对联营企业和合营企业的投资收益	0
二、营业利润	3 109 000
加：营业外收入	30 000
减：营业外支出	100 000
三、利润总额	3 039 000
减：所得税费用	1 020 000
四、净利润	2 019 000
其他综合收益	0
综合收益	2 019 000

（2）其他有关资料如下。

①本期税金情况如下：增值税进项税额 612 000 元，销项税额 1 254 600 元，所有税金均已缴纳。

②本年度支付了 270 000 元现金股利。

③营业成本 3 570 000 元中，包括工资费用 1 650 000 元；管理费用 610 000 元中，包括折旧费用 215 000 元；支付其他费用 365 000 元。

④坏账准备上期没有余额，本期计提 1 000 元。

⑤本年度出售固定资产一台，原价 600 000 元，已提折旧 50 000 元，处置价格 580 000 元，已收到现金。

⑥本年度购入固定资产，价款 1 170 000 元，以银行存款支付。本年开始构建固定资产，尚未完工，在建人员工资还有 20 000 元尚未支付，在建工程所用的材料及其他费用均已以现金支付。

⑦本年度购入短期股票投资，支付价款 130 000 元。

⑧本年度出售短期投资收到现金 180 000 元，成本 150 000 元。

⑨本年度偿付应付公司债券 700 000 元；新发行债券 2 150 000 元，已收到现金。

⑩本年度发生火灾造成存货损失 100 000 元，已计入本期营业外支出。

⑪本年度预付 A 公司货款 50 000 元。

⑫本年度发行新股 500 000 元，已收到现金。

⑬财务费用 100 000 元为支付的债券利息。

⑭期末存货均为外购原材料。

⑮ 10 月 1 日，以银行存款 200 000 元对 A 公司投资，占有其 10% 的股份。

⑯本年偿还上年短期借款 100 000 元，同时又举借新的短期借款 100 000 元。

按直接法计算经营活动现金流量的过程如下：

销售商品、提供劳务收到的现金 = 营业收入净额 + 应交税费（销项税额）+ 应收账款减少额 – 本期的坏账损失 =7 380 000+1 254 600+（540 000–389 000）–1000=8 784 600（元）

购买商品、接受劳务支付的现金 = 营业成本 + 应交税费（进项税额）+ 应付票据的减少额 + 预付账款的增加额 + 存货的增加额 – 应付账款的增加额 – 本期列入生产成本和制造费用的工资及福利费 – 计入产品成本的固定资产折旧与无形资产摊销等费用 = 3 600 000+612 000+(1 200 000–0)+(50 000–0)+(1 650 000+100 000–800 000)–(930 000–495 000)–1 650 000–0=4 327 000（元）。

支付给职工以及为职工支付的现金 = 生产成本、制造费用、管理费用中工资、福利费 +（应付职工薪酬期初余额 – 应付职工薪酬期末余额）–［应付职工薪酬（在建工程）期初余额 – 应付职工薪酬（在建工程）期末余额］=1 650 000+（120 000–100 000）+（20 000–0）=1 650 000（元）

支付的各项税费 = 所得税 + 税金及附加 +［应交税费 – 应交增值税（已交税金）］= 1 020 000+20 000+（1 254 600–612 000）=1 682 600（元）。

支付的其他与经营活动有关的现金 = 销售费用 + 管理费用 =0+365 000=365 000（元）。

根据上述计算，经营活动现金流量直接法表述见表 4.32。

表 4.32　经营活动现金流量直接法表述

单位：元

项目	金额
一、经营活动产生的现金流量：	
销售商品、提供劳务收到的现金	8 784 600
收到的税费返还	0

续表

项目	金额
收到其他与经营活动有关的现金	0
经营活动现金流入小计	8 784 600
购买商品、接受劳务支付的现金	4 327 000
支付给职工以及为职工支付的现金	1 650 000
支付的各项税费	1 682 600
支付其他与经营活动有关的现金	365 000
经营活动现金流出小计	8 024 600
经营活动产生的现金流量净额	760 000

间接法计算经营活动现金流量的调整过程如下：

计提的资产减值损失 =1 000（元）

固定资产折旧 =215 000（元）

处置固定资产、无形资产和其他长期资产的损失（收益为负）= –30 000（元）

财务费用 =100 000（元）

投资损失（收益为负）= –30 000（元）

存货的减少（增加为负）= 800 000–（1 650 000+100 000）= –950 000（元）

经营性应收项目的减少 =540 000–(389 000+1 000)=150 000（元）

经营性应付项目的增加 =（0–1 200 000）+（50 000–0）+（930 000–495 000）+（100 000–100 000）= –715 000（元）

根据上述计算，经营活动产生的现金流量间接法表述见表 4.33。

表 4.33　经营活动现金流量间接法表述

单位：元

项目	本年金额
1. 将净利润调节为经营活动现金流量	
净利润	2 019 000
加：资产减值准备	1 000
固定资产折旧、油气资产折耗、生产性生物资产折旧	215 000
无形资产摊销	0
长期待摊费用摊销	0
处置固定资产、无形资产和其他长期资产的损失（收益以“–”号填列）	–30 000

续表

项目	本年金额
固定资产报废损失（收益以“–”号填列）	0
公允价值变动损失（收益以“–”号填列）	0
财务费用（收益以“–”号填列）	100 000
投资损失（收益以“–”号填列）	–30 000
递延所得税资产减少（增加以“–”号填列）	0
递延所得税负债增加（减少以“–”号填列）	0
存货的减少（增加以“–”号填列）	–950 000
经营性应收项目的减少（增加以“–”号填列）	150 000
经营性应付项目的增加（减少以“–”号填列）	–715 000
其他	0
经营活动产生的现金流量净额	760 000

【案例阅读】

通过现金流量表识别报表错误——栖霞建设“张冠李戴”[①]

南京栖霞建设股份有限公司（以下简称“栖霞建设”，股票代码：600533.SH）2005 年实现净利润 1.49 亿元，然而其经营活动产生的现金流量净额却是 –2 003 万元，那么为什么会这样呢？请看公司编制的间接法现金流量表（表 4.34）。

表 4.34　栖霞建设 2005 年度间接法现金流量表

单位：万元

项目	金额
净利润	14 866
加：少数股东损益	470
减：未确认的投资损失	
加：计提的资产减值准备	–97
固定资产折旧	394
无形资产摊销	2
长期待摊费用摊销	

① 此案例转引自杜兴强主编《中级财务会计学》现金流量表章节（张金若合作编写该章节）。

续表

项目	金额
待摊费用减少	–22
预提费用增加	72
处理固定资产、无形资产和其他长期资产的损失	1
固定资产报废损失	
财务费用	1 149
投资损失	–35
递延税款贷项	–1 753
存货的减少	–58 348
经营性应收项目的减少	55 294
经营性应付项目的增加	–13 997
其他（预计负债的增加）	
经营活动产生的现金流量净额	–2 003

从表 4.34 中可以看到，影响栖霞建设现金流最大的两个项目是“存货的减少”和“经营性应收项目的减少”。作为一家房地产开发企业，栖霞建设存货增加了 5.83 亿元不足为奇，增加土地储备或者在建楼盘较多都很正常，问题是在诸多房地产开发企业都存在大量预收房款的情况下，栖霞建设怎么会增加 5.53 亿元的应收款项呢？

表 4.35 是从栖霞建设资产负债表中截取的部分数据，可以发现其预收账款而非应收款项大幅增加。据此可以断定，在现金流量表中，公司将本应属于“经营性应付项目的增加”的预收账款，误作为经营性应收项目处理，计入“经营性应收项目的减少”中了。

表 4.35　栖霞建设 2005 年部分应收应付项目

单位：万元

	期末	期初
应收票据		
应收账款	1	1
其他应收款	385	2 145
预付账款	28 319	14 334
应付票据	3 487	4 940
应付账款	12 617	11 730
预收账款	75 546	22 063

资料来源：全景网。

【案例分析】

现金流量表异常——山东黄金或隐藏利润

由于以权责发生制为基础，利润的大小会受到各种会计方法的影响，进而使操纵会计利润成为可能；现金流量是以收付实现制为基础，从而使得现金流量指标比利润指标更为客观与真实。就现金流量表而言，财会界人士常言："其他"项目是个筐，啥都往里装。经过分析，我们发现了山东黄金现金流量表存在着三大异常。

异常之一在于经营性应付项目随着公司生产经营规模的扩大反而减少了，尤其是2004年，当期减少4 018万元，然而，从资产负债表相关科目来看，根本不应该出现这种现象。

山东黄金2004年末应付票据等应付项目合计比上年末增加了7 527万元，这与现金流量表中经营性应付项目减少了4 018万元形成鲜明的对比。当然，我们还要考虑合并范围变化以及非经营性应付项目的影响。2004年，山东黄金向大股东收购了焦家金矿，合并范围有所扩大，然而在报表附注中公司在解释应付项目的变动时只字未提收购的影响，对增加金额最大的其他应付款，公司的解释也只是"主要系公司本期往来款增加较大所致"。考虑2003年末应付项目合计只有5 335万元，应该说即使有非经营性应付项目，金额也不会有多大。对于金额及变动额最大的其他应付款来说，大幅增加是毋庸置疑的，而往来款也应该是经营性项目，那么其他金额很小的项目如何能消除并逆转经营性应付项目其他应付款大幅增加而导致大幅增加的局面呢？2005年前三个季度山东黄金经营性应付项目只增加了479万元，这也与资产负债表不符。

当然，2005年山东黄金的合并范围增加了金洲集团，然而，前三季度的合并范围是没有变化的。前三季度经营性应付项目增加了479万元，而上半年增加了2 959万元，也就是说前三季度经营性应付项目减少了2 480万元，我们再来看资产负债表上的变化。

前三季度应付票据等应付项目增加了2 471万元，同样与现金流量表形成了鲜明的对比。至于非经营性应付项目的影响应该很小，我们看到预收账款增加了2 206万元，其他项目的变动都很小，而预收账款，按常理无论如何应该是经营性应付项目。

如果山东黄金的资产负债表编制无误，那么现金流量表中经营活动产生的现金流量净额就很有可能被少计了。此外，其他应付款从2002年末的1 965万元大幅度增长至14 565万元的原因也值得深思。

异常之二在于2005年前三季度经营性应收项目增加了8 413万元，2003年至2005年三季度合计增加了10 136万元，然而从具体项目来看，与生产经营密切相关的应收账款增加不多，与生产经营关系不那么密切的其他应收款却增加了不少。山东黄金在财报中没有披露其他应收款的具体内容，但是在解释其他应收款增加时经常说是因为收购(导致合并报表范围增加)及"其他单位往来增加"。事实上，如果不是经营性应收项目增加这么多，2005年前三季度山东黄金经营活动产生的现金流量净额会远远大于净利润。

异常之三在于2005年前三季度“其他”项目为经营活动贡献了6 331万元的现金流，占了经营活动产生的现金流量净额一半以上。由于“其他”项目的敏感性，绝大部分上市公司现金流量表补充资料中“其他”项目一栏是空的，或者仅是非常小的一个数；而山东黄金在季报中出现金额如此巨大的“其他”项目，却又没有任何解释，实属罕见。

2005年上半年山东黄金“其他”项目只有1 028万元，这就是说该项目主要产生在第三季度，金额为5 303万元。2005年前三季度山东黄金收到的其他与经营活动有关的现金只有4 481万元，而山东黄金（母公司）报表中这一项只有650万元，却也有5 710万元的“其他”项目。由此看来，“其他”项目与主要由往来产生的其他应付款没什么关系。

对于以上三点异常的原因，至少有两种可能，一是报表编制错误，不过，若真如此，足以动摇人们对山东黄金财报数字的已有信心；二是实施隐藏利润的一系列安排之后，却难以在收付实现制下的现金流量表上自圆其说。

何时掀起神秘面纱？

经营活动产生的现金流量净额与净利润的差异经常被学者们作为研究盈余管理的起点。综合以上分析，2005年前三季度，山东黄金经营活动产生的现金流量净额已远远大于净利润，且实际情况可能更甚于此；即使是现在，也还有6 331万元神秘的“其他”项目，且“其他应收款”“其他应付款”也是疑窦重重；再结合前面提到的2005年前三季度公司毛利率疑问，越发强化了我们对山东黄金隐藏利润的猜测。就会计账务处理而言，有些时候，“其他”系的诸项目，包括“其他应收款”“其他应付款”与“其他”等，往往起着蓄水池的作用；尤其是其他应付款等负债类账项，由于其与所有者权益（其中包括净利润）同在资产负债表“权益”部分中，只是列报的大类不同，常常用来隐藏利润。

如果存在隐藏利润或平滑收益，那么这背后的动机是什么呢？山东黄金已公告将进行股改，年报披露的季节已至，山东黄金是否有话说，是否不再“犹抱琵琶半遮面”？让我们拭目以待。

思考：根据上述资料，查阅山东黄金相关财务报表，尝试从报表中找出上述问题。

资料来源：孙旭东.现金流量表存在三大异常，山东黄金是否隐藏利润[N].证券市场周刊，2006年2月20日。

4.3 现金流量表结构分析

4.3.1 现金流量表三种活动现金流量结构的重要性

根据前文，现金流量表是企业活动的综合概括。企业活动可以划分为经营活动、投资活动和筹资活动，现金流量表恰是反映企业三类活动产生现金流量的报表。因此，要了解本年度企业的经营活动，可以阅读报表的经营活动部分；要了解企业在厂房、设备及外部投资等方面进行哪些新的投资，可以看一看报表的投资活动部分；要了解企业当年筹资情况，可以在报表筹资活动中找到答案。

现金流量表经营活动、投资活动和筹资活动分别带来了净的现金流入或现金流出，对于企业而言具有不同意义。正的现金流入表明公司当期相对于上一期增加了现金及现金等价物持有量；现金流出表明公司当期相对于上一期减少了现金及现金等价物持有量。由于现金流量对企业可持续发展的至关重要性，对于每一个会计期间，企业整体现金流量净增加或净减少、每一种活动现金流量净增加或净减少，是非常重要的信息。

显然，相对于投资活动和筹资活动而言，经营活动更能够反映企业主营业务和其他业务创造现金流量的能力，对预测企业未来获取现金流量的能力，至关重要。因此，投资者和债权人更加看重经营活动的现金流量，据以评估企业盈利能力和还本付息能力。那么，如何分配这三部分的现金流量有时就让公司管理层煞费苦心。有些企业不惜通过把投资活动和筹资活动产生的现金流量伪装成经营活动产生的现金流量，以掩饰经营业绩不佳。

【案例分析】

世界通信事半功倍的舞弊手法①

2002年度对于美国第二大长途电信运营商世界通信公司来说，是灾难性的一年。6月25日，在位于密西西比州的世界通信总部，上任不到两个月的首席执行官发布消息：内部审计发现，2001年度和2002年度第一季度，世界通信公司通过将支付给其他电信公司的线路和网络费用确认为资本性支出，在五个季度里低估期间费用、虚增利润38.25亿美元。消息公布后，世界通信的股价跌至0.06美元。6月26日美国证券交易管理委员会（SEC）迅速向联邦法院申请对世界通信的诉讼。美国司法部和国会宣布对世界通信的财务丑闻展开调查。8月8日，世界通信再次宣布通过延伸至以前年度的自查自纠发现，1999年度和2000年度税前利润被高估34.66亿美元。11月5日，世界通信第三次宣布，又发现了20亿美元的虚假利润，至此世界通信承认的子虚乌有的利润超过93亿美元。司法部门介入调查后，发现世界通信在1998—2002年第一季度虚假的利润已经超过110亿美元，创下财务舞弊空前的世界纪录②。

世界通信的主要会计舞弊手法之一，就是以“预付容量”为借口，要求分支机构将原已确认为经营费用的线路成本转至固定资产等资本性支出账户，以此降低经营费

① 本案例选自黄世忠主编，《财务报表分析：理论、框架、分析与案例》（国家会计学院会计硕士专业学位MPAcc系列教材），中国财政经济出版社，2008年出版。

② 2005年7月，这起舞弊案的主谋世界通信原董事长兼首席执行官Bernard Ebbers被判刑25年，罚款550万美元，价值4 400万美元的不动产被没收。舞弊案直接操刀者Scott Sullivan因检举有功，同年8月只被判刑5年，罚款500万美元，另有一栋3万英尺的别墅被没收。这是美国通过萨班斯·奥克斯利法案后加大对会计造假者严惩的重大举措。

用，高估经营利润。相应地，将经营活动支出的现金转移至投资活动支出的现金，从而改变了现金流量结构，达到隐瞒虚增利润的目的。根据 SEC 和美国司法部的调查，这类造假金额高达 38.52 亿美元。

2001 年 4 月，世界通信的首席财务官（CFO）苏利文（Scott Sullivan）在审阅了第一季度的财务报表后，发现线路成本占营业收入的比重居高不下。他意识到继续沿用 2000 年的造假花招，用准备金冲销线路成本将难以掩盖利润继续下滑的颓势。为此，他与公司的主计长决定改变做法，将已计入经营费用的线路成本以“预付容量”的名义转移至固定资产等资本性支出账户。

为此，苏利文要求总账会计部给各地分支机构分管固定资产记录的会计人员下达指令，在各季度结账后，根据指令借记固定资产账户。这一类的会计分录和金额见表 4.36。

表 4.36　世界通信线路成本舞弊性会计分录

单位：百万美元

会计分录	2001 年第一季度	2001 年第二季度	2001 年第三季度	2001 年第四季度	2002 年第一季度
借：固定资产	771	560	762	941	818
贷：线路成本	771	560	762	941	818

上述舞弊性会计分录既缺乏原始凭证支撑，也没有任何批准授权手续。这种造假手法在夸大利润的同时，虽然不改变现金流量净额，但却改变了世界通信公司的现金流量结构，可谓一箭双雕。

4.3.2　现金流量表三种活动现金流量的几种结构类型

1）现金流量八种模型简述

现金流量表的三种主要活动当期带来的现金流量分别具有正负两种，表 4.37 据此列示了不同组合的现金流量模型以及每一种模型所代表的一般意义，以帮助信息使用者分析现金流量表。不同的现金流量模型反映着不同公司的财务状况及一个公司不同时期的财务状况，所以现金流量模型对分析公司的财务状况是非常重要的。

表 4.37　现金流量八种模型

经营活动产生的现金净流量	投资活动产生的现金净流量	筹资活动产生的现金净流量	一般解释
+	+	+	公司正在利用来自经营、销售资产和筹资形成的资金储备，寻找合适的购买对象

续表

经营活动产生的现金净流量	投资活动产生的现金净流量	筹资活动产生的现金净流量	一般解释
+	−	−	公司正在利用来自经营活动产生的现金购买固定资产、偿付债务或向股东支付股利
+	+	−	公司正在利用来自经营活动、出售长期资产的现金偿付债务或向股东支付股利
+	−	+	公司正在利用来自经营活动、借入（或投资者投入）的资金进行经营扩张
−	+	+	公司的经营活动的现金流量出现了问题，需通过出售长期资产和借款或股东支持弥补资金短缺
−	−	+	公司快速增长，但经营活动和购买长期资产形成的资金短缺，需通过增加长期借款或吸收新投资来弥补资金
−	+	−	公司正在通过出售长期资产来弥补因经营活动、偿债和支付股利带来的资金缺口
−	−	−	公司正在使用资金储备弥补经营资金短缺、进行投资和偿付债务或支付股利

资料来源：Michael T.Dugan，Benton E.Gup，and Willian D. Samaon，“Teaching the Statement of Cash Flows，” Journal of Accounting Education，Vol. 9，1991，p.36.

2）经营活动现金流量正负

经营活动现金流量为正数，表明公司造血功能较强；反之，则出现“失血”。对于处于正常经营的健康发展的公司，其当期的经营活动产生的现金净流量应为正数，但对于那些季节性经营特征明显和生产长期合同产品的制造商而言，在某些季度报表中出现负的经营活动现金净流量也是正常的。对于正常经营的多数公司而言，来自经营活动的现金净流量应为正数。如果一个公司多次来源于经营活动的现金净流量为负数，是该公司财务状况陷入困境的信号。

那么，经营活动现金流量是否净流入越高越好呢？正常情况下，经营活动现金流量除了要维护企业经营活动的正常周转所需资金外，还应该有足够的补偿经营性长期资产折旧与摊销，以及支付利息①能力，虽然这些项目在现金流量表中并不属于经营活动。换言之，经营活动现金净流量为正数并不意味着公司经营活动产生的现金流量已经足够用，只有能够补偿长期资产折旧与摊销、支付利息，才表明公司未来在不依赖于投资或筹资现金流量的前提下，能够维持现有债务水平、股利政策所需的利息股息支付，

① 如果对外投资也是企业的主要经营活动，投资收益的现金流可持续，则投资收益与经营活动现金流应该是现金股利所需现金的主要来源；如果投资收益不是可持续的，经营活动的现金流也将是现金股利的主要来源。

能够按照目前的生产经营规模进行可持续发展。否则，公司未来的固定资产等更新换代，所需资金将需要借助于筹资或投资现金流。

【案例思考】

九牧王股份有限公司 2019—2020 年合并现金流量信息见表 4.38。

表 4.38　九牧王股份有限公司 2019—2020 年合并现金流量（摘录）

单位：元

项目	2020 年	2019 年
销售商品、提供劳务收到的现金	2 969 360 850.86	3 164 911 427.57
收到其他与经营活动有关的现金	52 864 400.70	49 370 934.62
经营活动现金流入小计	3 022 225 251.56	3 214 282 362.19
购买商品、接受劳务支付的现金	1 228 599 410.65	1 386 147 979.02
支付给职工以及为职工支付的现金	593 072 605.38	624 967 283.89
支付的各项税费	278 183 670.10	390 156 451.43
支付其他与经营活动有关的现金	663 309 093.21	555 214 391.64
经营活动现金流出小计	2 763 164 779.34	2 956 486 105.98
经营活动产生的现金流量净额	259 060 472.22	257 796 256.21
取得投资收益收到的现金	213 521 681.35	282 931 181.60
分配股利、利润或偿付利息支付的现金	385 017 932.21	593 319 632.64
其中：现金股利	373 514 147.50	574 637 150.00
固定资产折旧、油气资产折耗、生产性生物资产折旧	64 969 840.20	65 281 247.97
无形资产摊销	7 234 234.27	6 889 839.44
长期待摊费用摊销额	58 575 005.85	72 755 931.65

思考：九牧王 2019—2020 年经营活动创造的现金流是否“够用”？

当然，如果企业创造的经营性现金流量净额在弥补了长期资产折旧摊销、利息之后还有大量剩余，且企业未将其有效利用，闲置于企业，只能产生较低的银行存款利率，也将会造成不必要的资金浪费，甚至弥补不了通货膨胀带来的损失。这种情况下，就产生了一个财务管理学很重要的概念“自由现金流量”。

自由现金流量（Free Cash Flow，FCF）作为一种企业价值评估的新概念、理论、方法和体系，最早是由美国西北大学拉巴波特、哈佛大学詹森等学者于 20 世纪 80 年代提出的，它是企业产生的、在满足了再投资需要之后剩余的现金流量，这部分现金流量是在不影响公司持续发展的前提下可供分配给企业资本供应者（包括股东和债权人）

的最大现金额。简单地说，自由现金流量是指企业经营活动产生的现金流量扣除资本性支出的差额。科普兰教授（1990）提出了自由现金流量的计算方法，它等于企业的税后净营业利润（即将公司不包括利息收支的营业利润扣除实付所得税税金之后的数额）加上折旧及摊销等非现金支出，再减去营运资本的追加和物业厂房设备及其他资产方面的投资。它是公司所产生的税后现金流量总额，可以提供给公司资本的所有供应者，包括债权人和股东。

自由现金流量 =（税后净营业利润 + 折旧及摊销）-（资本支出 + 营运资本增加）

由于资本提供者包括股东和债权人，自由现金流量又可以分为整体自由现金流量和股权自由现金流量。整体自由现金流量是企业扣除了所有经营性支出、投资所需和税收之后的、在清偿债务之前的剩余现金流量。股权自由现金流量则是整体自由现金流量基础上扣除还本付息之后的剩余现金流量。

自由现金流量表示的是企业管理者可以自由支配的现金，现金流越充沛、企业财务弹性越好。自由现金流量可以用于偿还债务、开发新产品、回购股票、增加股息等。但是，由于管理者与所有者利益经常不一致，而管理者又拥有相对于所有者的信息优势，拥有太多的自由现金流量也可能导致管理者盲目投资、扩大在职消费等不利于企业健康发展的行为。因此，当企业拥有大量自由现金流、又缺乏较好投资机会，增加股息或回购股票等是对现有股东更为有利的行为。

【案例分析】

微软公司和阿里巴巴集团的巨额现金流

（1）微软公司（证券代码：MSFT）现金性资产见表4.39。

表4.39　微软公司现金性资产

单位：亿美元

项目	2016年底	2017年底	2018年底	2019年底	2020年底
现金及现金等价物和短期投资	1 227.81	1 427.8	1 276.62	1 342.53	1 319.68
总资产	2 246.1	2 560.03	2 588.59	2 827.94	3 041.37
总负债	1 558.01	1 776.43	1 667.31	1 726.85	1 739.01

由于手握巨额现金，微软公司多次大规模的股票回购计划。2019年9月19日，微软公司宣布了400亿美元股票回购计划，并将股息提高11%，这是微软第三次批准如此规模的回购计划；此前在2013年和2016年有两次类似规模的回购计划。

（2）阿里巴巴集团控股有限公司（港交所代码：9988）合并财务报表见表4.40，其现金流量太多了吗?

表 4.40　阿里巴巴集团控股有限公司合并财务报表（摘录）

单位：百万元

项目	2016 年	2017 年	2018 年	2019 年	2020 年	2021 年
现金及现金等价物和短期投资	111 518	146 747	205 395	193 238	358 981	473 638
证券投资和股权投资	125 031	155 874	182 707	251 471	355 195	447 217
资产总额	364 245	506 812	717 124	965 076	1 312 985	1 690 218
负债总额	114 356	182 691	277 685	349 674	433 334	606 584

说明："证券投资和股权投资"主要由股权证券及其他投资、权益法核算的投资所组成；负债的有息债务主要是短期和长期银行借款、长期和短期无担保有限票据，两者合计一般不超过负债总额的 45%。

由于手握巨额现金流，2020 年 12 月 28 日，阿里巴巴集团董事会授权回购 100 亿美元的美国存托证；2021 年 8 月 3 日，阿里巴巴集团董事会宣布将股票回购计划提额至 150 亿美元（约 970 亿元人民币），有效期至 2022 年底。此处宣布的股票回购计划，是阿里巴巴集团有史以来最大规模回购计划，也有望成为中国企业史上力度最大回购。

如果上市公司手握大量自由现金流量且缺乏较好的投资途径，表明公司可能已经进入了发展的成熟期，回购股票或派发现金股利是有利于股东利益的行为；而且，股票回购可以稳定股价，可以增加净资产收益率，减轻公司盈利指标的压力。反之，在缺乏较好的投资途径时，拥有大量自由现金流量而进行盲目扩张或挥霍在职消费，则是对股东的不负责任。

3）投资活动现金流量正负

投资活动所产生的现金净流量在某一会计期间为正值或负值都是可能的，当投资支出额较多时，投资活动产生的现金净流量常常出现负值，反之，则出现正值。处于发展阶段的公司，常常使用现金对外实施扩张，或加大对公司长期资产的投资，投资活动产生的现金流量一般表现为负数；处于成熟期的企业，投资活动的现金净流量应该为正数；处于衰退期的企业，由于处置一些投资资产，可能会产生正的现金流量，但如果企业为战略转型做准备，则应该是产生负的现金流量。

当投资活动产生的现金净流量出现负值时，应该关注投资活动的主要投向。如果是公司现有业务范围内的固定资产、无形资产投资等，则表明公司可能对主营业务未来前景看好，需要拓展规模以应对未来扩大销售的需要；如果是股权类投资，需要关注公司是投资同行业内其他公司，还是无关行业的投资。不论是实物资产还是股权投资，都应该注意该投资对公司未来发展的影响。

当投资活动产生的现金净流量出现正值时，需要关注它是源于投资收益还是源于处置投资。源于投资收益的现金流入，表明公司历史的投资决策已经产生回报；如果是处置投资，则需要特别关注处置损失还是处置收益，以及处置投资后对公司后续经营的影响。

4）筹资活动现金流量正负

正的筹资活动产生的现金净流量，可能表明这个公司是一个年轻而充满活力的公司，因其快速扩张，仅通常经营活动产生的现金流量无法满足扩张的要求，必须向外部借入额外的资金。通常情况下，企业筹集资金的用途说明也是宣扬公司业务发展或规模扩张的需要。然而，我们是否应该相信之？为此，当筹资活动产生的现金净流量为正数，信息使用者有必要分析：①资金筹措的来源，是权益性筹资还是债权性筹资；②不同的筹资渠道有不同的筹资成本，在一个相对完善的资本市场上，要寻求一个公司最优的资本结构，即成本最低，风险最小；③筹资对公司财务结构的影响；④筹集资金的用途和效益，注意是否与借款合同或招股说明书等阐述的资金投向一致。负的筹资活动产生的现金净流量，可能预示着一个达到稳定发展状态的成熟公司，经营活动创造了足够的现金流量，能够偿付贷款和发放较高的现金股利。筹资活动产生的现金流量为负数，此时也应该关注公司偿债资金的来源，是借新债还旧债，还是经营活动现金流量用于偿债，分别隐含的公司偿债能力是不一样的。

【案例分析】

本章详细解读了现金流量表报表项目的编制方法和经济内涵，并根据三种活动现金流量正负列出了八种具有不同经济含义的现金流量表结构。学习完本章节，应该注意现金流量表结构以及现金流量表和资产负债表、利润表的勾稽关系。表4.41—表4.43列示了四川长虹电器股份有限公司2020年年报，请根据这些数据，分析如下四种重要的勾稽关系以及现金流量表结构。

第一，营业收入和销售商品、提供劳务收到的现金的勾稽关系；

第二，营业成本与购买商品、接受劳务支付的现金的勾稽关系；

第三，投资活动现金流量与资产负债表固定资产、在建工程、无形资产等长期资产的勾稽关系；

第四，企业筹资活动现金流量与资产负债表长期借款、短期借款等项目的勾稽关系；

第五，公司三种现金流量正负所代表的现金流量表模型，分析公司所处发展阶段和主要困境；

第六，分析汇率波动对公司经营业绩的影响。

表 4.41　四川长虹 2020 年合并资产负债表

单位：元

项目	2020 年 12 月 31 日	2019 年 12 月 31 日
流动资产：		
货币资金	19 863 999 730.24	19 489 909 290.66
交易性金融资产	805 000 000.00	658 434 812.96
衍生金融资产	185 923 166.65	112 412 013.71
应收票据	1 751 646 434.99	2 720 871 576.10
应收账款	8 655 728 148.91	8 408 298 198.89
应收款项融资	3 911 806 533.72	2 071 860 155.17
预付款项	2 124 030 235.19	1 528 364 916.72
其他应收款	567 962 845.54	861 732 592.81
其中：应收利息		104 645 129.96
应收股利		11 346 693.90
买入返售金融资产		
存货	17 657 596 400.21	15 937 214 041.37
合同资产	6 949 853.55	
其他流动资产	611 791 990.48	547 589 398.20
流动资产合计	56 142 435 339.48	52 336 686 996.59
非流动资产：		
长期应收款	4 279 743 662.60	4 515 393 093.01
长期股权投资	3 704 486 371.96	2 743 411 743.19
其他非流动金融资产	217 072 135.53	255 149 453.54
投资性房地产	551 399 156.83	268 312 230.61
固定资产	8 072 400 068.29	7 410 656 555.60
在建工程	261 867 384.66	1 019 473 992.19
使用权资产	15 383 671.85	4 381 928.31
无形资产	4 288 354 742.42	437 974 3201.46
开发支出	464 096 629.16	464 944 838.54
商誉	206 023 053.94	274 596 172.07
长期待摊费用	19 300 554.00	6 905 913.87
递延所得税资产	281 240 121.20	215 097 386.66
其他非流动资产	83 838 118.39	94 460 364.04
非流动资产合计	22 445 205 670.83	21 652 526 873.09
资产总计	78 587 641 010.31	73 989 213 869.68

续表

项目	2020 年 12 月 31 日	2019 年 12 月 31 日
流动负债：		
短期借款	16 402 873 651.67	17 319 474 418.17
衍生金融负债	228 828 391.08	35 667 059.46
应付票据	15 378 677 342.52	14 717 669 736.12
应付账款	13 238 059 895.77	9 527 024 967.41
预收款项	—	2 671 192 752.64
合同负债	3 396 363 298.29	
应付职工薪酬	834 696 844.25	656 543 782.32
应交税费	459 760 135.78	348 221 492.07
其他应付款	2 987 501 075.55	3 173 162 402.81
其中：应付利息	—	121 067 937.96
应付股利	142 069 991.55	132 905 543.98
一年内到期的非流动负债	940 935 158.79	19 274 000.82
其他流动负债	430 695 326.41	1 095 260 374.33
流动负债合计	54 298 391 120.11	49 563 490 986.15
非流动负债：		
长期借款	1 662 476 439.30	1 165 939 827.95
租赁负债	7 201 707.94	1 815 330.44
长期应付款	142 852 306.11	26 813 262.69
长期应付职工薪酬	202 688 583.32	210 124 869.74
预计负债	329 804 522.53	325 934 230.78
递延收益	681 542 906.55	655 222 974.99
递延所得税负债	66 148 314.46	54 529 773.96
其他非流动负债		849 770 000.00
非流动负债合计	3 092 714 780.21	3 290 150 270.55
负债合计	57 391 105 900.32	52 853 641 256.70
所有者权益（或股东权益）：		
实收资本（或股本）	4 616 244 222.00	4 616 244 222.00
资本公积	3 656 562 021.63	3 675 551 365.31
其他综合收益	6 979 281.35	–4 318 746.33
专项储备	18 449 911.14	18 155 126.35
盈余公积	195 726 677.34	105 741 606.52
未分配利润	4 517 876 006.50	4 608 657 200.23

续表

项目	2020 年 12 月 31 日	2019 年 12 月 31 日
归属于母公司所有者权益（或股东权益）合计	13 011 838 119.96	13 020 030 774.08
少数股东权益	8 184 696 990.03	8 115 541 838.90
所有者权益（或股东权益）合计	21 196 535 109.99	21 135 572 612.98
负债和所有者权益（或股东权益）总计	78 587 641 010.31	73 989 213 869.68

表 4.42　四川长虹 2020 年合并利润表

单位：元

项目	2020 年度	2019 年度
一、营业总收入	94 448 167 904.45	88 792 895 883.36
其中：营业收入	94 448 167 904.45	88 792 895 883.36
二、营业总成本	93 815 464 070.50	88 612 643 451.35
其中：营业成本	84 808 074 895.27	78 569 479 689.03
税金及附加	571 681 751.91	506 730 763.89
销售费用	4 721 913 478.15	5 730 434 224.33
管理费用	1 498 402 254.68	1 689 607 150.11
研发费用	1 889 483 514.26	1 589 465 532.77
财务费用	325 908 176.23	526 926 091.22
其中：利息费用	576 044 222.07	904 436 112.08
利息收入	503 692 382.94	518 668 832.83
加：其他收益	352 839 950.17	577 664 771.71
投资收益（损失以“–”号填列）	272 391 846.91	252 514 164.22
其中：对联营企业和合营企业的投资收益	154 137 378.25	55 123 421.77
公允价值变动收益（损失以“–”号填列）	–141 445 530.94	–1 791 223.38
信用减值损失（损失以“–”号填列）	–175 832 758.87	–6 1743 370.50
资产减值损失（损失以“–”号填列）	–539 955 963.05	–303 093 681.33
资产处置收益（损失以“–”号填列）	21 236 022.38	12 187 645.91
三、营业利润（亏损以“–”号填列）	421 937 400.55	655 990 738.64
加：营业外收入	75 145 928.62	36 777 781.95
减：营业外支出	55 310 393.60	27 532 350.09
四、利润总额（亏损总额以“–”号填列）	441 772 935.57	665 236 170.50
减：所得税费用	206 749 538.85	330 914 959.82

续表

项目	2020 年度	2019 年度
五、净利润（净亏损以“-”号填列）	235 023 396.72	334 321 210.68
（一）持续经营净利润（净亏损以“-”号填列）	235 023 396.72	334 321 210.68
1. 归属于母公司股东的净利润（净亏损以“-”号填列）	45 366 319.31	60 561 136.04
2. 少数股东损益（净亏损以“-”号填列）	189 657 077.41	273 760 074.64
六、其他综合收益的税后净额	-4 219 933.94	-484 940.94
（一）归属于母公司所有者的其他综合收益的税后净额	11 298 027.68	-9 320 228.89
1. 将重分类进损益的其他综合收益	11 298 027.68	-9 320 228.89
（1）权益法下可转损益的其他综合收益	-51 363 570.00	29 808 027.17
2. 外币财务报表折算差额	62 661 597.68	-39 128 256.06
3. 其他		
（二）归属于少数股东的其他综合收益的税后净额	-15 517 961.62	8 835 287.95
七、综合收益总额	230 803 462.78	333 836 269.74
（一）归属于母公司所有者的综合收益总额	56 664 346.99	51 240 907.15
（二）归属于少数股东的综合收益总额	174 139 115.79	282 595 362.59
八、每股收益		
（一）基本每股收益 (元 / 股)	0.009 8	0.013 1
（二）稀释每股收益 (元 / 股)	0.009 8	0.013 1

表 4.43　四川长虹 2020 年合并现金流量表

单位：元

项目	2020 年度	2019 年度
一、经营活动产生的现金流量		
销售商品、提供劳务收到的现金	98 463 235 983.58	94 523 967 881.27
收到的税费返还	1 266 701 768.62	1 155 201 021.67
收到其他与经营活动有关的现金	569 481 949.72	680 860 041.76
经营活动现金流入小计	100 299 419 701.92	96 360 028 944.70
购买商品、接受劳务支付的现金	89 594 737 282.44	84 567 981 440.29
支付给职工及为职工支付的现金	4 933 385 835.09	5 427 052 269.57
支付的各项税费	1 623 729 571.90	1 885 021 569.97
支付其他与经营活动有关的现金	2 760 134 278.18	2 914 461 077.78
经营活动现金流出小计	98 911 986 967.61	94 794 516 357.61

续表

项目	2020 年度	2019 年度
经营活动产生的现金流量净额	1 387 432 734.31	1 565 512 587.09
二、投资活动产生的现金流量		
收回投资收到的现金	3 646 733 429.67	6 910 535 496.51
取得投资收益收到的现金	48 422 692.17	84 038 148.25
处置固定资产、无形资产和其他长期资产收回的现金净额	126 241 388.44	140 890 088.35
处置子公司及其他营业单位收到的现金净额		137 974 226.24
收到其他与投资活动有关的现金	1 636 867 898.09	5 470 435 063.11
投资活动现金流入小计	5 458 265 408.37	12 743 873 022.46
购建固定资产、无形资产和其他长期资产支付的现金	814 700 986.03	1 521 162 648.20
投资支付的现金	4 500 596 605.43	5 949 997 638.70
质押贷款净增加额		
取得子公司及其他营业单位支付的现金净额		1 589 600.00
支付其他与投资活动有关的现金	856 096 607.22	4 943 069 208.91
投资活动现金流出小计	6 171 394 198.68	12 415 819 095.81
投资活动产生的现金流量净额	–713 128 790.31	328 053 926.65
三、筹资活动产生的现金流量		
吸收投资收到的现金	140 790 530.00	11 572 064.00
其中：子公司吸收少数股东投资收到的现金	140 790 530.00	11 572 064.00
取得借款收到的现金	26 689 111 474.36	24 516 594 750.37
收到其他与筹资活动有关的现金	1 873 257 819.80	60 387 097.59
筹资活动现金流入小计	28 703 159 824.16	24 588 553 911.96
偿还债务支付的现金	25 881 495 940.55	22 052 343 667.89
分配股利、利润或偿付利息支付的现金	1 307 638 555.17	1 642 066 446.66
其中：子公司支付给少数股东的股利、利润	175 957 715.71	167 842 148.88
支付其他与筹资活动有关的现金	1 019 996 729.54	156 421 027.05
筹资活动现金流出小计	28 209 131 225.26	23 850 831 141.60
筹资活动产生的现金流量净额	494 028 598.89	737 722 770.36
四、汇率变动对现金及现金等价物的影响	–88 183 295.44	21 916 048.89
五、现金及现金等价物净增加额	1 080 149 247.46	2 653 205 332.99
加：期初现金及现金等价物余额	17 940 491 428.93	15 287 286 095.94

续表

项目	2020 年度	2019 年度
六、期末现金及现金等价物余额	19 020 640 676.39	17 940 491 428.93
七、6 个月以上使用受限的现金及现金等价物和应收利息等余额	843 359 053.85	1 549 417 861.73

第5章 企业合并与合并财务报表概述

【学习目的】

1. 了解合并财务报表与个别财务报表简要的区别。
2. 掌握同一控制和非同一控制的异同。
3. 掌握合并日与资产负债表日合并财务报表的组成范围的差异。
4. 掌握控股股东持股比例及母子公司内部交易对合并财务报表的影响。

【案例导入】

下面分别列举了贵州茅台酒股份有限公司（股票代码：600519，简称“贵州茅台”）、万科股份有限公司（股票代码：000002，简称“万科”）、内蒙古伊利实业集团股份有限公司（股票代码：600887，简称“伊利股份”）2019—2020年合并利润表与母公司利润表的营业收入、营业成本数据，见表5.1—表5.3。

表5.1 贵州茅台2019—2020年营业收入与营业成本

单位：元

项目	合并报表本期	合并报表上期	母公司报表本期	母公司报表上期
营业收入	94 915 380 916.72	85 429 573 467.25	27 474 592 438.64	27 766 533 998.56
营业成本	8 154 001 476.28	7 430 013 945.12	7 770 822 451.00	7 444 022 628.23

表5.2 万科2019—2020年营业收入与营业成本

单位：元

项目	合并报表本期	合并报表上期	母公司报表本期	母公司报表上期
营业收入	419 111 677 714.12	367 893 877 538.94	7 070 558 305.29	4 096 766 236.99
营业成本	296 540 687 975.27	234 550 332 806.05	252477464.14	148 417 654.18

表 5.3 伊利股份 2019—2020 年营业收入与营业成本

单位：元

项目	合并报表本期	合并报表上期	母公司报表本期	母公司报表上期
营业收入	96 523 963 249.92	90 009 132 852.26	93 092 111 263.97	88 927 685 460.68
营业成本	61 805 562 467.86	56 391 712 740.25	67 941 874 522.33	64 997 096 946.14

阅读三家企业的营业收入与营业成本数据，可以发现合并报表与母公司报表数据差异很明显。但是，三家公司也各有特点：①贵州茅台合并报表营业收入远超母公司报表营业收入，但合并报表营业成本与母公司报表营业成本几乎相当；②万科合并报表营业收入与营业成本都远超母公司报表对应金额；③伊利股份合并报表营业收入略超母公司报表营业收入，但母公司报表营业成本却超过合并报表营业成本。

那么，到底合并报表与母公司报表有什么区别？为什么两种数据不一致？为什么不同公司会有不同的关系？

5.1 合并财务报表与个别财务报表简要区别

国际财务报告准则第 27 号《合并财务报表和单独财务报表》指出，合并财务报表是指将企业集团视作单一经济主体编制的财务报表。我国《企业会计准则第 33 号——合并财务报表》也指出，合并财务报表是指反映母公司和其全部子公司形成的企业集团整体财务状况、经营成果和现金流量的财务报表。两个定义的意思是一致的。与企业单独财务报表①相对，合并财务报表是反映整个集团的财务状况、经营成果和现金流量的，该集团是由母公司和其全部子公司组成的会计主体，是经济意义上的主体，而不是法律意义上的主体。

合并财务报表提供的信息与母公司或子公司单独财务报表提供的信息是不一样的，它能够发挥单独财务报表所难以发挥的作用，帮助财务报表使用者把握企业整个集团的财务状况、经营成果和现金流量的全局，有利于他们做出合理的投资、信贷等决策。而且，合并财务报表通过一定的程序，将集团内部往来的交易进行抵销，可以有效防止集团内部通过内部交易人为粉饰财务报表的行为。

① 国际财务报告准则将企业编制的个别财务报表称为“单独财务报表”，我国企业会计准则仍将其称为“个别财务报表”，本章对这两个术语不以区分。

5.2　哪些公司应纳入合并报表

根据我国《企业会计准则第 33 号——合并财务报表》，合并财务报表的合并范围应当以控制为基础予以确定。控制是指一个企业能够决定另一个企业的财务和经营政策，并能据以从另一个企业的经营活动中获取利益的权力。确定是否存在控制，具有量的标准和质的标准（参见本教程资产负债表章节长期股权投资的有关知识点），同时必须强调实质重于形式。

根据控制原则，母公司应该将全部子公司纳入合并财务报表的合并范围。但是，如果母公司是投资性主体，则只应将那些为投资性主体的投资活动提供相关服务的子公司纳入合并范围，其他子公司不应予以合并，母公司对其他子公司的投资应当按照公允价值计量且其变动计入当期损益。母公司同时满足三个条件，视为投资性主体：①该公司以向投资方提供投资管理服务为目的，从一个或多个投资者获取资金；②该公司的唯一经营目的是通过资本增值、投资收益或者两者兼而有之而让投资者获得回报；③该公司按照公允价值对几乎所有投资的业绩进行计量和评价。

5.3　合并的三种方式

一家企业合并另一家企业之后，企业的存续是不同的。总体上，企业合并的方式主要有三种，如图 5.1 所示。

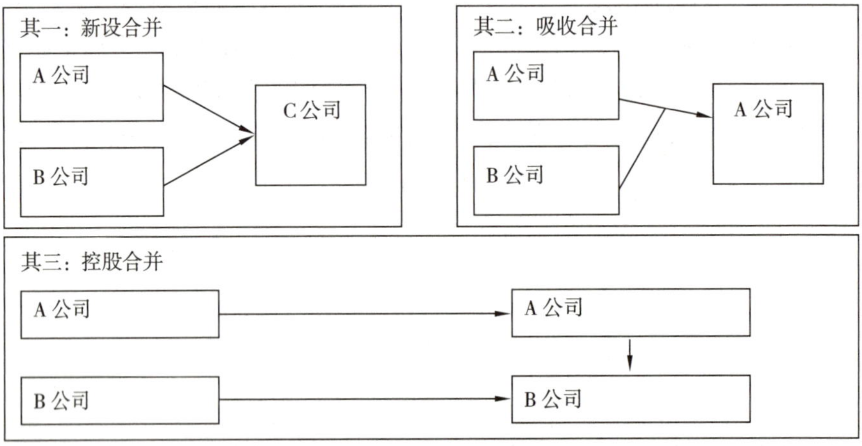

图 5.1　三种合并方式图

其一，新设合并。新设合并也称为创立合并，是指现存的两家或多家企业以其净资产换取新成立企业的股份，同时，参与合并的原企业全部宣告解散。即A公司和B公司的净资产共同组成C公司，A、B公司同时解散。新成立的公司接受了参与合并公司的资产，也必须承担它们的负债。原来公司的债权人由于即将面临新的债务人，有权要求参与合并的企业在合并之前首先偿还债务。新设合并完成之后，原来的股东以其原来的股份换取新公司的股份之后享有新公司的所有权。

其二，吸收合并。顾名思义，吸收合并是一家企业（A公司）取得另一家企业（B公司）或多家企业的净资产，同时，被合并的企业宣告解散，只保留合并方（A公司）。因此，吸收合并又称为兼并。兼并方接受被兼并公司的资产同时也承担其负债，与新设合并一样，被兼并方的债权人由于将面临新的债务人而有权利要求在兼并完成之前首先偿还债务。兼并时，兼并方支付的对价可以是现金资产，也可以是非现金资产，包括发行债券或股票的方式取得被兼并公司的股东权益。如果采用的是发行股票方式，则被兼并方的原有股东也成为兼并后留存公司的股东。吸收合并与新设合并一样，在合并完成之后，都只保留单一的报告主体。

其三，控股合并。现代资本市场上，股票交易盛行，在企业合并当中唱主角的并不是吸收合并和新设合并，而是控股合并。控股合并与其他两种方式存在明显区别，参与合并的各方在合并前后都仍然是相对独立的经济主体和法律主体，相对独立地进行经营活动，合并方通过购买合并方有投票权的股份（即取代长期股权投资）取得另一家公司的控制股权，合并方通常称为“母公司”，被合并方通常称为“子公司”，在财务决策和经营决策上附属于母公司的控制，是母公司的附属公司。母子公司都是独立的经济主体和法律主体，可以作为独立的报告主体向外呈报财务报表，同时，母子公司作为一个集团，也应该作为一个独立的报告主体向外呈报合并财务报表。

显然，只有控股合并情况下，合并之后才存在两个或两个以上的企业，需要考虑合并财务报表问题。吸收合并和新设合并，在合并之后只剩下一个企业，不会面临合并财务报表问题。

5.4　合并日与资产负债表日的合并财务报表的种类

企业合并是指将两个或者两个以上单独的企业合并形成一个报告主体的交易或事项。在完成合并的当天，合并方需要编制合并报表。合并日以后当期期末以及以后年度会计期间期末，合并方也要编制合并财务报表。不论是同一控制还是非同一控制企业合并，在会计期末都需要编制如下几张报表，以从不同角度反映整个集团的财务状况、经营成果和现金流量。

（1）合并资产负债表，反映母公司和其全部子公司作为一个整体在某一会计期间期末的财务状况。

（2）合并利润表，反映母公司和其全部子公司作为一个整体在某一会计期间的经营成果。

（3）合并现金流量表，反映母公司和其全部子公司作为一个整体在一定会计期间现金流入、现金流出以及现金净增减变动情况。

（4）合并所有者权益变动表，反映母公司和其全部子公司作为一个整体所有者权益的各个组成部分当期的增减变动。

但是，两种不同合并，合并日需要编制的合并报表略有差异。非同一控制下合并日只需编制合并资产负债表，反映合并方在合并日开始能够控制的经济资源情况。因为合并双方还没有开始合并日后的生产经营活动，没有利润和现金流量变动，所以，不需要编制合并利润表、合并现金流量表、合并所有者权益变动表。对于同一控制而言，合并方在编制合并财务报表时，应该视同合并后形成的报告主体自最终控制方开始实施控制时一直是一体化存续下来的，参与合并各方在合并以前期间实现的留存收益应体现在合并财务报表中的留存收益。因此，同一控制下合并日需要编制合并资产负债表、合并利润表和合并现金流量表。合并方在编制合并日的合并利润表时，应包含合并方及被合并方自合并当期期初至合并日实现的净利润；合并方在编制合并日的合并现金流量表时，应包含合并方及被合并方自合并当期期初至合并日产生的现金流量。

例如，甲公司2020年3月1日购买了乙公司80%股权并据此取得对乙公司的控制权，合并前甲、乙两家公司没有任何关系。在这种情况下，甲公司需要在3月1日编制合并资产负债表，但由于还没有合并日后的经营及现金流动，所以不需要编制合并利润表、合并现金流量表。在此之后的每个资产负债表日，特别是会计准则要求提供的半年报以及年度财务报表，甲公司都需要编制合并资产负债表、合并利润表、合并现金流量表以及合并所有者权益变动表，以反映将乙公司纳入报表之后整个集团的财务状况、经营成果和现金流量。但是，为了反映甲公司作为一个独立法人自身的财务状况、经营成果和现金流量，甲公司还需要编制个别的资产负债表、利润表、现金流量表和所有者权益变动表。

如果甲公司和乙公司于2019年1月1日已经受丙公司同时控制，2020年3月1日完成合并时，甲公司应该视同乙公司在2019年1月1日开始就处于甲公司控制之下，需要编制合并日合并资产负债表、合并利润表、合并现金流量表。其中，2020年1月1日—3月1日甲公司和乙公司的利润和现金流量，属于2020年3月1日合并利润表和合并现金流量表的合并范围；2019年实现的净利润已经进入乙公司留存收益（包括盈余公积和未分配利润），也应该相应纳入合并资产负债表的留存收益。至于合并日后会计期间需要编制的报表种类，与非同一控制要求相同。

正因为如此，我们在有些合并利润表中才会发现“被合并方在合并前实现的净利润”反映合并当期期初至合并日自被合并方带入的损益，这就属于同一控制合并财务报表。非同一控制的合并则不会产生这类项目。例如，三一重工股份有限公司2020年实现合并净利润1 586 068.9万元，合并利润表备注，“本期发生同一控制下企业合并的，被合并方在合并前实现的净利润为 7 141 万元，上期被合并方实现的净利润为 12 630.7 万元”。据此，报表阅读者就可以认识合并日前与合并日后业绩对期末合并净利润的不同贡献。

5.5　同一控制和非同一控制合并报表的异同

5.5.1　相同之处

两种情况下编制合并财务报表之前都需要统一母子公司的会计期间和会计政策。例如，甲公司控制了乙公司，甲公司年度会计期间采用公历 1 月 1 日至 12 月 31 日，乙公司采用 7 月 1 日至次年 6 月 30 日，甲公司和乙公司分别拥有投资性房地产，甲公司采用公允价值模式计量，乙公司采用历史成本模式计量。在这种情况下，甲公司将乙公司纳入合并报表范围，显然不能直接将乙公司报表数据纳入，而应该根据甲公司要求调整成一致的会计期间和会计政策，否则报表数据的经济意义难以解释。也就是说，在编制合并财务报表前，母公司应当统一子公司所采用的会计政策，使子公司采用的会计政策与母公司保持一致。子公司所采用的会计政策与母公司不一致的，应当按照母公司的会计政策对子公司财务报表进行必要的调整；或者要求子公司按照母公司的会计政策另行编制财务报表。同时，母公司应当统一子公司的会计期间，使子公司的会计期间与母公司保持一致。子公司的会计期间与母公司不一致的，应当按照母公司的会计期间对子公司财务报表进行调整；或者要求子公司按照母公司的会计期间另行编制财务报表。

5.5.2　主要区别

除了上文提到的，合并日与后续会计期间，两种不同合并所需要提供的合并财务报表的种类、涵盖的业绩期间和现金流量期间的差异，同一控制和非同一控制合并报表的主要差别还体现在如下三个方面。为了更为简洁地说明以便于更好理解，以下面的资产负债表简表（表 5.4）为例展开说明。

表 5.4　资产负债表（简表）

20×2 年 6 月 30 日　　　　单位：元

项目	母公司	子公司	
	账面价值	账面价值	公允价值
资产：			
货币资金	17 250 000	1 800 000	1 800 000
应收账款	12 000 000	8 000 000	8 000 000

续表

项目	母公司	子公司	
	账面价值	账面价值	公允价值
存货	24 800 000	1 020 000	1 800 000
长期股权投资	20 000 000	8 600 000	15 200 000
固定资产	28 000 000	12 000 000	22 000 000
无形资产	18 000 000	2000 000	6 000 000
商誉			
资产总额	120 050 000	33 420 000	54 800 000
负债和所有者权益：			
短期借款	10 000 000	9 000 000	9 000 000
应付账款	15 000 000	1 200 000	1 200 000
其他负债	1 500 000	1 200 000	1 200 000
负债合计	26 500 000	11 400 000	11 400 000
实收资本	30 000 000	10 000 000	
资本公积	20 000 000	6 000 000	
盈余公积	20 000 000	2 000 000	
未分配利润	23 550 000	4 020 000	
所有者权益合计	93 550 000	22 020 000	43 400 000
负债和所有者权益合计	120 050 000	33 420 000	

1）被合并子公司资产负债以账面价值或公允价值纳入合并报表

非同一控制中，母公司收购子公司股权时，收购价格是基于子公司被收购时点资产负债的公允价值进行确定的，因为这些公允价值比账面价值能够更为真实地反映当时的价值。母公司将子公司纳入合并报表时，子公司的资产和负债是以公允价值为基础被合并的，因此，子公司个别报表中资产负债仍然保留原账面价值不变，而合并报表中则以公允价值列示。此时，即使母子公司之间没有内部交易，将母公司个别报表的某项资产的账面价值，例如存货，与子公司个别报表的同一项资产的账面价值相加，与合并报表中存货列示的金额一般是不相等的（除非子公司该存货账面价值与公允价值刚好相等）。

同一控制下，由于母公司将被纳入合并报表的子公司视同在受最终方同一控制的初始时点就已经控制了子公司，因此对被纳入合并报表的子公司的资产和负债，都是以该资产和负债在该子公司个别报表当中的账面价值为基础进行合并的（除非母公司根据会计政策或会计期间对子公司的资产负债的账面价值进行调整）。也就是说，子公司报表和母公司合并报表都以账面价值反映子公司的资产和负债。

2）母公司确认子公司投资收益时，是否需要对子公司的净利润进行调整

由于非同一控制下合并报表是以子公司资产负债的公允价值为基础合并的，而子公司个别报表中仍然以账面价值为基础编制，编制合并报表时母公司确认享有的子公司的投资收益时，对子公司已经实现的净利润就需要按照公允价值为基础进行调整。例如，母公司取得子公司控制权时，子公司某项存货账面价值100万元，公允价值120万元。那么，子公司个别报表反映的存货是100万元，母公司合并报表反映的是120万元。如果该存货按照150万元出售，则子公司利润表会反映50万元的税前利润；而母公司根据存货120万元的报表列示金额，只能产生30万元的税前利润。因此，母公司确认子公司的投资收益时，需要对子公司已经得出的净利润，按照子公司资产负债的公允价值进行重新调整计算。一般而言，如果合并时点子公司净资产公允价值超过了账面价值，重新计算后的净利润会更低。

然而，同一控制下，由于合并报表与个别报表都对子公司资产负债采用相同的账面价值，因此其利润也不需要进行调整，可以直接计算确定母公司享有的投资收益。

3）是否产生商誉

在非同一控制下，投资企业投资成本超过了子公司可辨认净资产公允价值的部分，会产生商誉，在合并报表中反映。由于具有商誉，合并方在以后的会计期末可能会面临商誉减值。同一控制则不会产生商誉问题，因为投资企业的投资成本是根据子公司可辨认净资产账面价值进行确定的。

显然，在其他条件相同的前提下，当子公司净资产公允价值超过账面价值时，与非同一控制合并相比较，同一控制进行合并的合并净利润可能更高；但是非同一控制合并报表的净资产的规模会更大。

由于同一控制和非同一控制存在着显著差异，报表阅读者在阅读合并报表时，必须首先明确被纳入合并的子公司与母公司是否属于同一控制。

5.6 控股合并中控股比例如何影响合并财务报表

母公司控制了子公司并将其纳入合并财务报表，对报表项目的合并，都是采用100%合并，而不是根据持股比例确定每一个报表项目的合并金额。例如，甲公司持有乙公司80%股权，甲公司个别财务报表的货币资金1 000万元，乙公司个别财务报表的货币资金500万元，那么，甲公司合并财务报表的货币资金应该反映的是1 500万元，而非1 400万元。这是因为，甲公司控制了乙公司的财务决策和经营决策，据此能够控制乙公司500万元货币资金的使用方式，而非控制400万元的货币资金的使用方式。因此，合并财务报表，以合并资产负债表为例，所列示的所有资产，反映的是控股方

能够控制的资产，而非控股方在法律上拥有所有权的资产的总和。

但是，甲公司持有乙公司 80% 股权与持有 100% 股权还是应该有差异的。持有 80% 股权，表明乙公司还有其他一些股东，它们也分享了乙公司的权益。为此，合并财务报表在资产负债表所有者权益当中以单独项目“少数股东权益”反映少数股东拥有的子公司的权益，用“归属于母公司所有者权益合计”反映控股母公司拥有的包括自己及其控制子公司在内的所有者权益；合并利润表中也分别以“少数股东损益”“归属于母公司所有者的净利润”“归属于母公司所有者的综合收益总额”“归属于少数股东的综合收益总额”分别反映控股母公司和少数股东享有的净利润和综合收益。

5.7 母子公司之间的内部交易如何影响合并财务报表

在本章的【案例导入】中，我们发现母公司个别报表和母公司合并报表的营业收入和营业成本并不完全相等，甚至差异非常大。虽然合并报表的数据同时包括了母公司和子公司的业绩，但合并报表的营业收入却未必超过母公司个别报表营业收入。这是为什么呢？这主要是由母子公司之间的内部交易引起的。

例如，母公司销售一批产品给子公司，销售价格 1 000 万元，成本 600 万元。子公司购买该产品之后，随即以 1 200 万元价格销售给独立的第三方。母公司个别报表（利润表）当中应该确认 1 000 万元营业收入和 600 万元营业成本，子公司个别利润表中也会确认 1 200 万元的营业收入和 1 000 万元的营业成本。编制合并报表时，如果简单将母子公司的营业收入和营业成本分别相加，将会产生 2 200 万元营业收入和 1 600 万元营业成本。但实际上，母子公司如果都被包括在合并报表内，母子公司作为一个集团，该批产品真正实现的对外销售，产生的应该只有 1 200 万元营业收入和 600 万元营业成本。为此，编制合并报表时，应该将母子公司之间内部购销产生的虚拟影响予以抵销。因此，在【案例导入】中，万科股份有限公司合并报表营业收入和营业成本远远超过了母公司营业收入和营业成本，表明合并报表的收入和成本主要是由其子公司贡献的。仔细分析伊利股份合并报表数据与母公司个别报表数据的差异可以发现，2020 年营业成本个别报表数据高出 6 136 312 054.47 元，但营业收入合并报表高出 3 431 851 985.95 元。2019 年也存在类似情况，这表明母公司实现营业成本当中有一部分是出售产品给子公司而产生的，且可能存在成本超过售价情况，在编制合并报表时母公司的这部分营业成本被抵销了。贵州茅台合并报表营业收入远超母公司报表营业收入，但两套报表营业成本却几乎一致，说明贵州茅台母公司将产品以较低内部价格出售给子公司，子公司按照较高价格对外出售。

因此，报表阅读者应该注意母公司报表与合并报表同一报表项目的数据关系，从而得出一些有价值的信息，例如，母子公司内部购销价格的公允性、内部资金占用关系等。

在合并报表中，母子公司之间的交易或事项，除了购销之外，常见的还有如下几种。

第一，母公司持有子公司达到控制权的长期股权投资，在母公司个别报表中需要予以反映。但是，合并报表中母子公司作为一个会计主体，该部分长期股权投资应该予以抵销，合并报表的长期股权投资反映的是母公司或子公司对其他公司的投资情况。母公司对子公司的长期股权投资，反映的是对子公司所有者权益享有的相应份额权益，因此，该长期股权投资已经与子公司相应的所有者权益抵销了，不再在合并财务报表中反映。

第二，母公司个别报表中可能会反映对子公司的投资收益（子公司宣布分配现金股利时确认），该投资收益相对应的是母公司享有的子公司根据实现的净利润进行分红的份额，因此，两者也应该进行抵销。

第三，母子公司因为借贷关系、购销关系、宣布分红而尚未分红等形成的往来款项，应该进行抵销。例如，应收账款与应付账款、其他应收款与其他应付款、预收账款与预付账款、应收票据与应付票据、应收利息与应付利息、应收股利与应付股利等。当然，如前所述，母子公司购销关系，还需要对收入和成本等进行一定的抵销。

第四，母公司购买子公司发行的债券或子公司购买母公司发行的债券，相应形成的应付债券与持有至到期投资、产生的利息收入和财务费用，都要进行抵销。

由于合并报表需要抵销这些交易或事项的影响，报表阅读者不能简单将母公司和子公司个别报表数据相加，得出合并报表数据。

5.8　合并报表数据进行报表分析需要注意的问题①

5.8.1　偿债能力分析需要注意的问题

母公司和子公司分别是一个独立的法律主体，但是合并报表反映的是母子公司作为一个集团的财务状况、经营成果和现金流量，集团并不是一个独立的法律主体，不能独立承担民事责任。当不存在关联担保时，母子公司的偿债能力是相互独立的。例如，母公司个别报表债务 1 000 万元，资产 2 000 万元，资产足以偿还债务；子公司个别报表债务 200 万元，资产 100 万元，资不抵债，偿债能力存在较大问题。在合并报表中，假设母子公司之间没有债权债务关系，其他抵销分录的影响也忽略不计，则合并报表的资产总额 2 100 万元，债务总额 1 200 万元，据此可能会得出偿债能力没有问题的结论。但实际在法律上，如果子公司的债权人无法收回债权，它是不能从母公司的资产当中得到追偿的；母公司对子公司的债务只是就其投入资本部分承担有限责任。反之，母公司自己承担的债务，其债权人也不能直接从子公司的资产中得到追偿。

① 这部分内容的学习需要结合财务报表分析章节。本章因为阐述了合并报表与个别报表差异，所以顺理成章地阐述了分析合并报表应该注意的问题。其中，涉及的偿债能力、营运能力、盈利能力等知识及其相应的财务比率，将在财务报表分析章节详细阐述。

【案例思考】

康得新复合材料集团股份有限公司 2016—2017 年资产负债结构见表 5.5。

表 5.5 康得新 2016—2017 年合并报表与母公司报表资产负债结构

单位：元

项目	合并财务报表		母公司财务报表	
	2017 年	2016 年	2017 年	2016 年
流动资产	25 134 186 514.99	21 775 464 990.75	10 107 736 534.37	9 621 945 282.23
非流动资产	9 128 169 921.89	4 649 671 662.88	11 083 875 316.73	8 117 862 407.13
资产总额	34 262 356 436.88	26 425 136 653.63	21 191 611 851.10	17 739 807 689.36
流动负债	11 734 445 751.92	9 882 579 338.70	3 230 758 257.44	3 459 354 547.27
非流动负债	4 498 549 681.25	940 116 218.20	1 995 174 569.43	597 120 946.67
负债总额	16 232 995 433.17	10 822 695 556.90	5 225 932 826.87	4 056 475 493.94

思考：根据上述信息，分析合并财务报表、母公司财务报表资产、负债结构的差异，推测并比较母公司与子公司资产、负债结构的差异。

5.8.2 营运能力与盈利能力分析需要注意的问题

营运能力与盈利能力也是财务报表分析的重要方面，需要结合营业收入、营业成本等数据进行。例如，“营业收入 / 期初期末流动资产平均额”反映流动资产周转速度，需要应用营业收入数据。母、子公司，分别作为一个独立法律主体，其个别报表的营业收入可能分别包括了对控股子公司或其母公司的销售，计算获得的流动资产周转速度不一定能够反映真实的营运水平。相对而言，合并报表由于已经抵销了内部交易的影响，能够更加客观地反映整个集团的资产周转效率与盈利能力。

相对于母、子公司个别报表，合并报表的收入、成本、资产等反映的行业、地区、产品信息更加综合，根据合并的数据进行分析可能会掩盖一些个性化信息，报表分析者应该结合分部报告和个别报表展开分析。例如，经营房地产子公司与经营零售的子公司，分部被纳入合并报表后，存货同时反映零售产品和房地产，但两种商品的差异相当明显，可能会影响以合并报表数据为基础计算的存货周转率、销售毛利率等指标的经济含义，影响分析效果，只有结合分部报告或个别报表才能更完整地认识存货周转效率和盈利能力。

第 6 章　财务报表分析

【学习目的】

1. 了解财务报表分析的含义和基本方法，理解不同分析方法的运用。
2. 掌握各种财务比率的计算方法和基本含义。
3. 掌握偿债能力分析、营运能力分析与盈利能力分析。
4. 掌握杜邦分析体系。
5. 理解可持续发展概念与模拟会计报表的编制。

前 5 章分别介绍会计学入门、资产负债表、利润表、现金流量表和合并财务报表，学习了每张报表各个报表项目的经济含义。资产负债表、利润表和现金流量表作为反映企业财务状况、经营成果和现金流量的报表，是一个有机整体，只有将其整合起来进行深入分析，才能进一步挖掘单个报表分析所不能揭示的重要信息，满足信息使用者决策需要。

6.1　财务报表分析概述

6.1.1　财务报表分析的作用

企业对外提供财务报告的目的是什么？应该是满足信息使用者的需要。对此，美国财务会计准则委员会在第一号财务会计概念公告指出：编制财务报告应该为现在和潜在的投资者、债权人以及其他用户，提供有用的信息，以便作出合理的投资、信贷和类似的资源配置决策。

财务报表是财务报告的核心内容。财务报表分析也就成为信息使用者进行投资、信贷等决策需要面临的问题。在前面章节中，我们分别对财务报表各个项目的经济含义进行了深度解读，如果仅将这些报表项目孤立地审视，则对信息使用者做出合理的投资、信贷和类似决策的作用将大大降低。例如，财务报表提供了资产总额的数据，如果不将这一数据与企业实现的净利润数据结合分析，我们只能知道资产总体规模，并不知道这些资产的获利能力；相反，仅仅根据净利润数据，我们只能知道企业实现的利润，并不知道企业净利润的实现是依靠经营管理多少资产取得的。再如，如果仅根据报表净利润数据，而没有将它与企业的历史数据或行业数据进行比较分析，我们并不知道企业的历史发展趋势和在行业中的位置。同时，如果仅依据净利润的历史数据和当年数据的简单比较，我们并不知道净利润的变化多大程度上是企业规模等因素变化造成的。

因此，财务报表信息使用者在获取财务报表之后，要从中提取尽可能多的有用信息进行投资、信贷和类似决策，就必须进行财务报表分析。财务报表分析是在财务报表及其相关资料的基础上，通过一定的方法和手段，审视财务报表数字之间的关系，同时对这些数字在较长时间内可能出现的趋势作出预测，从而向信息使用者提供更相关和全面深入的财务信息。

财务报表分析主要目的在于：

第一，评价企业的财务状况和经营成果，揭示财务活动过程中存在的矛盾和问题，为改善经营管理提供方向和线索。

第二，预测企业未来的报酬和风险，为投资者、债权人等信息使用者的决策提供帮助。

第三，检查企业财务状况的完成情况，考核企业管理当局的业绩，为完善企业的激励机制提供帮助。财务会计信息使用者的范畴很广，包括了现在的投资者、潜在的投资者、现在的债权人、潜在的债权人、供应商、企业职工、企业管理人员、董事、客户、证券分析师、税务部门、主管部门、立法机构、工会、新闻媒体等，他们所需要的财务报表信息因为目的不同而各具侧重点。因此，在分析财务报表时，究竟哪些信息比较重要，哪些信息比较次要，哪种分析工具比较优良，哪种分析工具相对较差，并不能一概而论。例如，投资者不但关注企业短期的未来收益和现金流量情况，也非常关注企业长期的未来收益和现金流量情况，因为这些信息对投资者股票价格的影响很大，同时他们也关注企业的财务状况，因为它们间接地影响了企业未来收益和现金流量的稳定；投机者则比较关注企业短期的未来收益和现金流量情况，而不太关注企业长期的未来收益和现金流量情况。再如，提供短期贷款的债权人，主要关注企业的短期偿债能力，考察企业的流动资产和与之相关的流动负债，评估企业的流动比率、速动比率和现金比率；而其他长期贷款的债权人则更加重视企业的长期偿债能力，看着长期指标，如企业的资本结构、过去和预期的收益以及财务状况的变化，同时他们也关注企业的短期偿债能力，因为持续糟糕的短期偿债能力可能会影响企业的长期偿债能力，甚至影响企业的持续经营能力。

财务报表分析，对报表信息使用者做出合理的投资、信贷和类似决策有帮助，但是，这种作用程度有多大，我们必须具有清晰的认识。财务报表分析只能揭示企业财务状况、经营成果和现金流量的某一或某几个方面可能存在着问题，但至于是不是真正存在着问题，存在问题的原因，则必须做进一步研究以确定。如果财务报表分析者能够获取更加充分的信息，进一步调查研究，能够提供答案。但是，如果财务报表分析者不能够获取充分信息，则只能作为可能存在问题的怀疑。例如，信息使用者根据三张报表发现企业的货币资金不足以偿还即将到期负债，从而得出企业的短期偿债能力可能有问题。但是信息使用者如果能够从企业内部获取其他一些信息，如企业具有授信银行保证的随时动用的授信额，则其短期偿债能力实际上会得到显著提高。

总之，财务报表分析是信息使用者进行投资、信贷和类似决策所不可或缺的。为了更大地发挥作用，信息使用者应该尽可能获取能够获取的信息，这也是准则制定机构和其他监管机构一直要求会计主体充分披露会计信息的缘故。

6.1.2　财务报表分析的信息环境

财务报表信息主要以财务报表为分析对象，包括资产负债表、利润表、现金流量表、所有者权益变动表以及财务报表附注，但是它绝不仅限于财务报表所呈现的信息。财务报表是通过财务会计的确认、计量、记录、报告等程序最终呈现的货币计量的信息。但是，企业日常交易和事项等经济活动所产生的信息，并不能完全由货币计量。这些不能完全由货币计量的信息，有些可以在财务报表附注当中反映，有些则不适合在财务报表附注当中进行反映，但它们对财务报表信息的正确理解，仍然是非常有用的。因此，财务报表分析的信息组成，必须超越财务报表表内信息和财务报表附注。利奥波德·伯恩斯坦在《财务报表分析》（第五版）一书中指出，财务报表分析的信息组成见表6.1。

表6.1　财务报表分析的信息组成表

<table>
<tr><td colspan="5">用于财务报表分析的所有信息</td></tr>
<tr><td colspan="4">公司财务报告</td><td></td></tr>
<tr><td colspan="3">通用目的的对外财务报告</td><td></td><td></td></tr>
<tr><td colspan="2">要求的信息</td><td></td><td></td><td></td></tr>
<tr><td>财务报表</td><td>财务报表附注</td><td>补充财务报表信息</td><td>财务报表的其他手段</td><td>其他信息</td></tr>
<tr><td>·资产负债表
·损益表
·现金流量表
·股东权益表</td><td>例子：
·会计政策
·购货承诺
·或有事项
·存货方法
·收入确认</td><td>例子：
·对价格变动的披露
·有关石油与天然气资源的信息</td><td>例子：
·管理当局评述与分析报告
·致股东信
·管理预测
·管理报告</td><td>例子：
·分析师报告
·经济/行业统计
·按SEC要求格式报告的积压订单
·关于公司的新闻报道</td></tr>
</table>

6.1.3　财务报表分析的基本框架

不同信息使用者分析财务报表的目的不同。投资者需要了解有关企业投资风险与报酬方面的信息，债权人需要了解企业偿债能力方面的信息，管理当局需要了解企业资本结构合理性、资产分布合理性等信息，职工需要了解企业支付工资的能力等信息，供应商需要了解企业原料需求的未来变动趋势以及偿付货款能力等信息。不同分析目标所需要的资料以及采用的分析方法也有所不同。

企业利用财务会计系统对其从事的经营活动所产生的经济信息进行归集、分类、整理等，取得了财务报表。因此，对于财务报表的分析，不能脱离企业的经济活动。根据哈佛大学佩普（Palepu）、希利（Healy）、伯纳德（Bernard）三位财务报表分析专家合著的《运用财务报表进行商务分析和评估》①，企业经济活动以及经济活动所处环境等对财务报告的关系和会计系统对财务报告的影响，如图 6.1 所示。

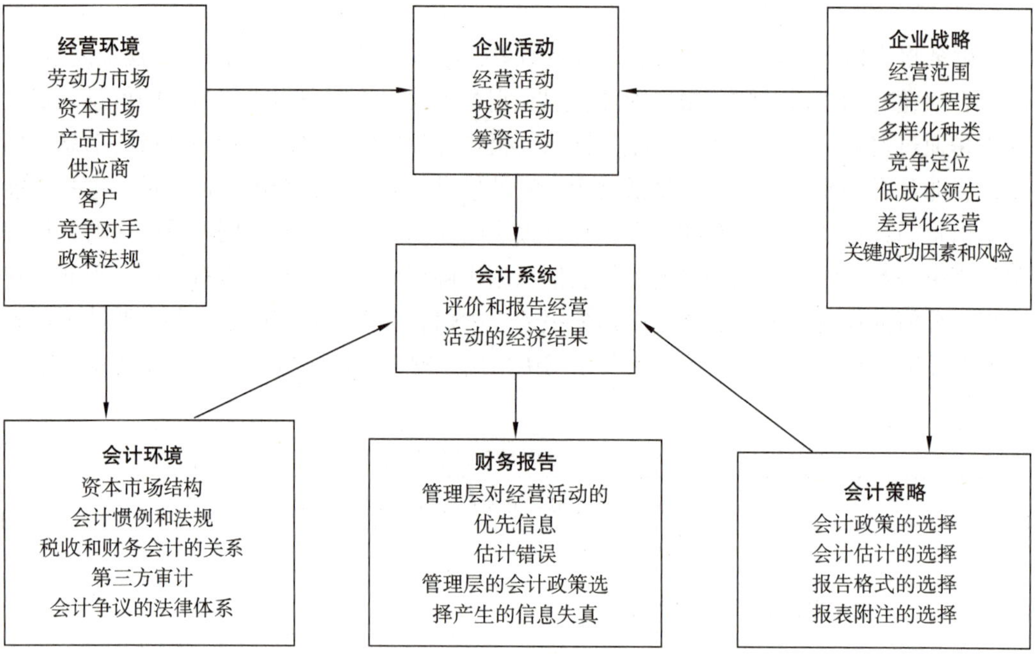

图 6.1　企业活动与财务报告的相互关系

据此，这三位作者提出了如下的财务报表分析框架（图 6.2）。由于三位作者系哈佛大学教员，该框架又被称为哈佛财务报表分析框架，它认为财务报表分析主要包括四个方面：①战略分析；②会计分析；③财务分析；④前景分析。其中，合理的财务报表分析应该以战略分析为逻辑起点，通过战略分析可以对公司经营环境进行定性了解，为后续的会计分析和财务分析确立牢固基础；通过战略分析可以辨认影响公司盈利状况的主要因素和主要风险，从而评估公司当前业绩的可持续性并对未来业绩做出合理预测。战略分析一般包括行业分析、竞争战略分析和公司战略分析。会计分析则

① 资料来源：Krishna G. Palepu， Victor L. Bernard and Paul M. Healy. Business Analysis & Valuation:Using Financial Statement，Text and Cases[M]. 北京：中信出版社，2002.

包括辨认关键会计政策、评估会计政策弹性、评价会计策略、评价信息披露质量、识别危险信号和消除会计信息失真。[①]财务分析包括共同比分析法、趋势分析法、比率分析法、现金流量分析法、模拟报表法等方法，不同方法可以达到不同目的。前景分析是在前述三个步骤基础上，对企业的前景进行分析，其中最主要的工具就是财务预测。

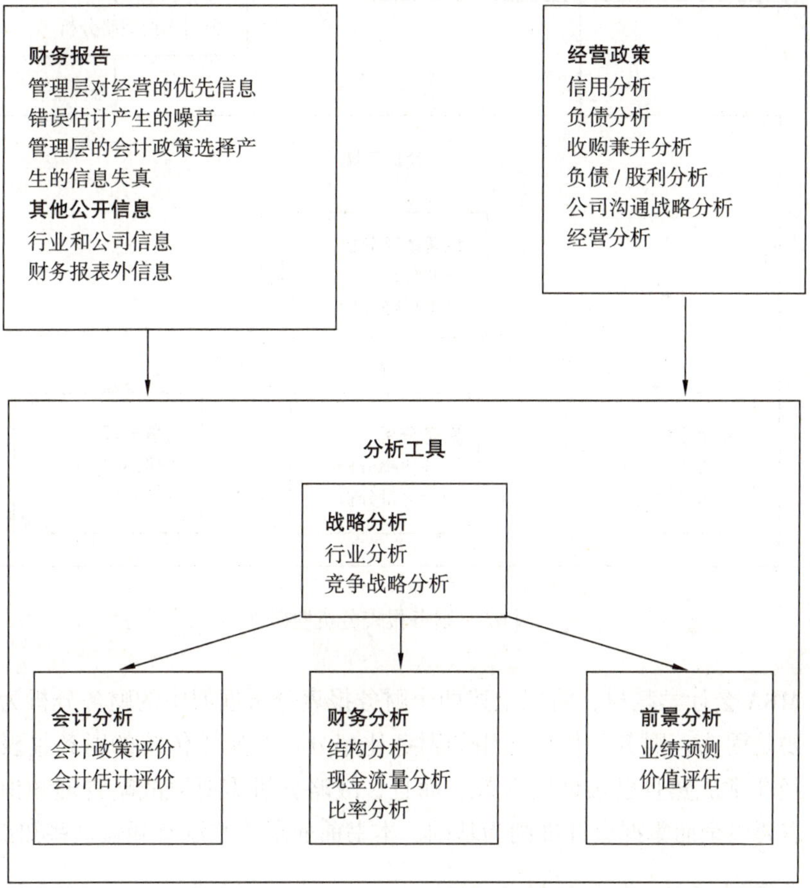

图 6.2　哈佛财务报表分析框架

黄世忠教授主编的《财务报表分析理论 · 框架 · 方法与案例》一书对上述分析框架进行了归纳总结（图 6.3），认为需要收集的信息包括：①国民经济宏观运行信息；②行业发展信息；③竞争对手或同类企业的各种财务和非财务信息；④企业内部各种

① 会计分析，首先必须掌握企业会计准则和报表舞弊甄别知识，本书作为 MBA 教材，不可能让学员在短短一学期内具备这些知识，因此，本书不介绍会计分析。但是，会计分析的重要目的是为财务分析提供财务报表是否可信的重要依据。为此，本书第 7 章（由于内容较多，没有直接列于本章，以免影响本章结构）专门介绍了报表阅读者如何解读审计报告。审计报告可以帮助报表阅读者确定财务报表是否足够可信。

财务和非财务信息。在收集所需信息之后，再予以整理分析并回答问题。

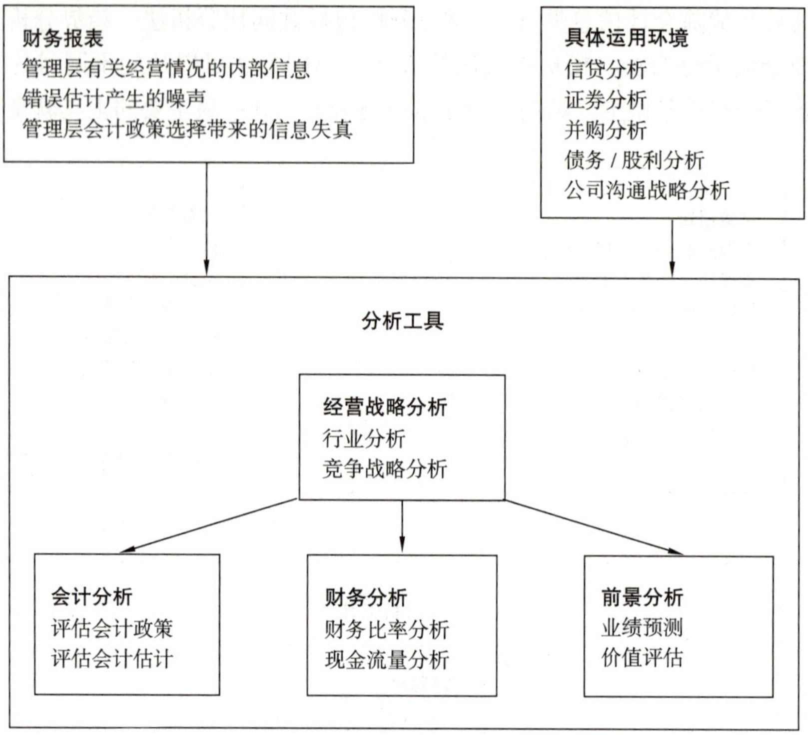

图 6.3　财务报表分析框架

作为 MBA 会计学教材，将以上述两个财务报表分析框架中的财务分析为主展开论述。这主要是因为，财务分析所运用的财务比率分析等属于传统的财务报表分析常用方法，已经非常成熟且已被证明有效。而且，战略分析需要以战略管理知识为基础、会计分析需要以全面掌握会计准则为基础，本书前面章节并没有涵盖这些知识点①。

6.1.4　财务分析的常见基本方法

分析比较对象不同，财务分析采用分析方法也不同。例如，企业某一年度的管理费用占营业收入比重，可以考察不同年度间管理费用的变化关系，也可以考察企业与竞争对手之间管理费用的关系，还可以考察与企业预算的管理费用数据的关系。不同的角度，对应的是不同的分析方法。常用的基本分析方法包括比较分析法、共同比分析法、趋势分析法、比率分析法、因素分析法等。

① 本书建议授课教师讲解完本章之后，可以要求学生分组参考这两个分析框架进行财务报表分析。MBA 学员的学习和工作背景多元化，在战略分析、宏观经济政策分析、行业分析等方面可能具有优势，指导教师可以适当引导一些会计分析。

6.2　比较分析法与趋势分析法

6.2.1　概念说明

1）比较分析法

比较分析法是将企业某一时期财务报表数据与一个标准数据相比较，进而发现差异，为进一步分析提供方向。用于比较的可以是绝对数，也可以是相对数。常见的比较形式是将企业各个报表的本期实际数据与预算数据、与上一个会计期间数据、与同行业竞争对手同期数据、与同行业同一期间行业均值数据等进行比较。显然，企业应该根据不同分析目的，选择不同的分析比较数据。选择的标准，将直接决定分析的效果。

2）趋势分析法

趋势分析本质上也是一种比较分析，只是比较分析通常是不同公司之间的比较，或同一公司实际数据与计划数据、本期数据与上一期数据等的比较，而趋势分析是指在连续数个会计期间的财务报表中，以某一期间为基础，计算出其他各期各项目对基期同一项目的增减变动差异和变动趋势百分比，从而描绘财务报表各项目的时间变化趋势。显然，趋势分析法由于采用了更多期间进行分析比较，相对于比较分析法能够更好地分析财务报表各个报表项目变化的动态，以作为进一步寻找原因的方向。一般而言，年度作为会计期间时，趋势分析最少采用连续3年的财务报表，5年更佳。当然，由于经营环境的变化以及分析成本，也很少利用超过5年的财务报表数据进行趋势分析。

趋势分析法的计算指标就包括差异数、差异率和趋势比率。差异数是指不同时期同一指标直接相减后的差数，即

$$差异数=报告期数-基期数$$

差异数的优点是可以得到明确的增减概念和增减幅度，但是它无法明确增减变动的比率。

差异率则是差异数与基期数的比值，以百分比形式表示，即

$$差异率=\frac{差异率}{基期数}\times 100\%$$

它可以使信息使用者获得相对变动的概念，由此来表示某项财务指标的相对变动水平。

趋势比率是将不同时期的财务信息换算为同一时期（通常是指基期）的百分比，提供一项简明的趋势概念，即

$$趋势比率=\frac{报告期数}{基期数}\times 100\%$$

其中，趋势比率分析是趋势分析法最常用的方法，通过恰当的趋势分析，不仅能够帮助信息使用者了解财务报表各个项目历史的变化趋势，而且通过对历史数据的研究和观察，还能帮助信息使用者分析企业的未来发展趋势。

不论是哪一种趋势分析法，至关重要的问题是基期的确定。基期的确定有两种方法。一种是以上一期为基期，分析项目的各期数分别以前一期数作为基期数，由于基期不固定且依次移动，计算出的趋势比率也叫环比，这种逐期分析方法也称为环比法。它虽然可以反映逐年变化的优点，但由于不同年度都可以作为基年，因此无法反映逐年变化的累计影响。另一种是以某选定时期为基期，即固定基期，以后各期数均以该期数作为共同基数计算出趋势比率，因此，这种趋势比率也称为定比，这种趋势分析法也称为定基百分比法，它可以反映该项目逐年变化的累计影响。

除了要关注基期的确定，趋势分析法还需要注意两点。其一，运用趋势分析法时，应当将相关项目的变化趋势结合起来考虑，而不能孤立地看到某个项目的变化绝对值或变化比率。例如，某企业基期净利润是 300 万元，第二年的净利润为 500 万元，趋势差异数为 200 万元，趋势比率为 167%，孤立地看到这个数据可能会导致我们得出不恰当的结论。如果基期企业平均净资产为 3 000 万元，而第二年企业的平均净资产为 6 000 万元，则企业的净资产报酬率实际上下降了，那么企业的获利能力实际上下降了。其二，如果基期数字较小，则报告期很小的金额变化都可能会产生非常高的百分比；如果基数是零或者负数，则报告期虽然存在数量的变化，但趋势分析法中的差异率或趋势比率将无法应用。

6.2.2　案例分析：复星医药 2018—2020 年资产负债变化分析

1）复星医药简介

上海复星医药（集团）股份有限公司（简称“复星医药”，股票代码：600196.SH，02196.HK）成立于 1994 年，是中国领先、创新驱动的国际化医药健康产业集团，业务领域策略性布局医药健康业链，直接运营的业务包括制药、医疗器械与医学诊断、医疗服务，并通过参股国药控股涵盖到医药商业领域。

公司合并资产负债表见表 6.2。

表 6.2　复星医药 2018—2020 年资产负债表

单位：元

项目	2020 年 12 月 31 日	2019 年 12 月 31 日	2018 年 12 月 31 日	2020 年对 2019 年 变动比例	2019 年对 2018 年 变动比例
流动资产：					
货币资金	9 961 801 644.89	9 533 268 377.32	8 546 521 777.04	4.50%	11.55%
交易性金融资产	1 970 095 893.78	456 650 637.52	616 123 764.39	331.42%	–25.88%

续表

项目	2020 年 12 月 31 日	2019 年 12 月 31 日	2018 年 12 月 31 日	2020 年对 2019 年变动比例	2019 年对 2018 年变动比例
应收票据	242 399 744.42	240 122 307.38	712 510 581.95	0.95%	−66.30%
应收账款	4 564 659 595.11	4 367 599 412.33	3 623 640 740.82	4.51%	20.53%
应收款项融资	628 881 442.84	445 102 703.18		41.29%	
应收票据、应收账款、应收款项融资合计	5 435 940 782.37	5 052 824 422.89	4 336 151 322.77	7.58%	16.53%
预付款项	1 495 176 120.32	415 675 156.23	472 144 580.30	259.70%	−11.96%
其他应收款	325 631 483.44	404 921 541.85	447 434 579.55	−19.58%	−9.50%
存货	5 162 799 568.97	3 940 536 682.71	3 287 392 199.46	31.02%	19.87%
其他流动资产	733 357 179.34	599 490 648.58	295 958 970.62	22.33%	102.56%
流动资产合计	25 084 802 673.11	20 403 367 467.10	18 001 727 194.13	22.94%	13.34%
非流动资产：					
长期股权投资	22 309 469 408.38	20 929 776 138.99	21 427 527 810.80	6.59%	−2.32%
其他权益工具投资	1 042 931.91	107 709 225.73	126 313 106.69	−99.03%	−14.73%
其他非流动金融资产	1 460 768 948.41	1 983 154 536.18	2 505 806 955.75	−26.34%	−20.86%
固定资产	8 135 623 469.82	7 410 365 672.57	7 083 251 505.14	9.79%	4.62%
在建工程	4 121 543 044.64	3 149 906 328.38	2 039 800 319.91	30.85%	54.42%
使用权资产	745 537 852.75	524 796 559.96		42.06%	
无形资产	8 669 587 896.13	7 915 974 071.42	7 151 343 109.87	9.52%	10.69%
开发支出	2 829 018 107.46	3 050 217 233.30	2 040 773 501.88	−7.25%	49.46%
商誉	8 677 248 971.77	9 013 990 317.19	8 853 913 413.52	−3.74%	1.81%
长期待摊费用	322 706 250.28	160 688 247.32	95 198 631.30	100.83%	68.79%
递延所得税资产	244 936 830.08	196 094 575.58	173 134 814.17	24.91%	13.26%
其他非流动资产	1 083 723 316.84	1 273 605 289.60	1 052 571 024.32	−14.91%	21.00%
非流动资产合计	58 601 207 028.47	55 716 278 196.22	52 549 634 193.35	5.18%	6.03%
资产总计	83 686 009 701.58	76 119 645 663.32	70 551 361 387.48	9.94%	7.89%
流动负债：					
短期借款	7 915 983 420.39	6 358 286 948.48	5 607 192 955.63	24.50%	13.40%
应付票据	346 929 837.09	244 567 689.32	149 003 072.96	41.85%	64.14%
应付账款	2 942 090 808.03	2 152 746 846.36	2 184 280 272.14	36.67%	−1.44%
合同负债	1 020 308 708.59	503 683 074.94	530 896 724.79	102.57%	−5.13%

续表

项目	2020 年 12 月 31 日	2019 年 12 月 31 日	2018 年 12 月 31 日	2020 年对 2019 年 变动比例	2019 年对 2018 年 变动比例
应付职工薪酬	916 178 699.29	697 396 874.80	578 701 499.77	31.37%	20.51%
应交税费	564 730 793.59	759 627 944.44	478 905 270.26	−25.66%	58.62%
其他应付款	4 115 729 475.45	3 906 223 749.08	3 237 217 890.12	5.36%	20.67%
一年内到期的非流动负债	6 995 834 050.73	2 562 263 003.09	4 929 603 365.34	173.03%	−48.02%
其他流动负债	54 566 788.74	248 969 275.20	227 445 337.32	−78.08%	9.46%
流动负债合计	24 872 352 581.90	17 433 765 405.71	17 923 246 388.33	42.67%	−2.73%
非流动负债：					
长期借款	7 145 885 213.28	7 293 043 830.91	8 630 661 547.43	−2.02%	−15.50%
应付债券	1 329 800 745.62	5 283 863 183.83	4 039 456 986.21	−74.83%	30.81%
长期应付款	269 488 470.45	251 212 082.14	416 889 805.19	7.28%	−39.74%
租赁负债	627 290 667.14	410 188 347.41		52.93%	
递延收益	482 200 541.96	417 345 041.75	363 489 177.57	15.54%	14.82%
递延所得税负债	2 852 996 777.11	2 994 047 852.28	2 908 359 008.27	−4.71%	2.95%
其他非流动负债	121 712 891.17	2 831 966 595.12	2 676 545 098.82	−95.70%	5.81%
非流动负债合计	12 829 375 306.73	19 481 666 933.44	19 035 401 623.49	−34.15%	2.34%
负债总计	37 701 727 888.63	36 915 432 339.15	36 958 648 011.82	2.13%	−0.12%
股东权益股本	2 562 898 545.00	2 562 898 545.00	2 563 060 895.00	0.00%	−0.01%
资本公积	15 132 624 926.78	12 143 652 211.28	10 544 648 359.54	24.61%	15.16%
减：库存股	—	—	1 711 169.00		
其他综合收益	（933 578 667.83）	（467 993 508.26）	（274 779 732.99）	99.49%	70.32%
盈余公积	2 728 605 030.76	2 523 799 886.55	2 374 999 312.51	8.11%	6.27%
未分配利润	17 504 983 296.51	15 125 708 928.46	12 771 518 762.43	15.73%	18.43%
归属于母公司股东权益合计	36 995 533 131.22	31 888 066 063.03	27 977 736 427.49	16.02%	13.98%
少数股东权益	8 988 748 681.73	7 316 147 261.14	5 614 976 948.17	22.86%	30.30%
股东权益合计	45 984 281 812.95	39 204 213 324.17	33 592 713 375.66	17.29%	16.70%
负债和股东权益总计	83 686 009 701.58	76 119 645 663.32	70 551 361 387.48	9.94%	7.89%

2）资产负债表变动情况分析

该公司 2018—2020 年总资产稳步增加，2019 年相对 2018 年增加了 7.89%，2020

年相对 2019 年增加了 9.94%，2020 年增长速度有所增加。进一步分析可以发现：

（1）流动资产增长速度显著快于非流动资产。流动资产 2019 年相对 2018 年增加了 13.34%，2020 年相对 2019 年增加了 22.94%；而非流动资产的相关增长速度分别为 6.03%、5.18%。流动资产与非流动资产的不同增长速度必将影响流动资产与非流动资产的结构。一般而言，资产的流动性与资产的收益性是相反的，流动性高则通常伴随着低收益性，低流动性则伴随着高收益性。因此，通过此分析，应该抛出一个问题：复星医药资产结构的变化是否对资产盈利能力产生影响①。

（2）流动资产的具体组成方面，2020 年预付账款暴增，2020 年存货也有明显增加。结合 2018—2020 年“应收票据、应收账款、应收款项融资”这三项赊销产生的数据的增长表现，大概率可以推测复星医药 2021 年的销售前景乐观，所以预付账款增长迅速，存货也明显增加。为此，应该进一步挖掘预付账款暴增、存货增长速度明显快于流动资产的具体原因，特别是关注暴增是偶然事件引起的，或是具有可持续性的，从而对公司未来销售增长有一个更加理性的分析。除了与主营业务密切相关的应收款、存货、预付款信息之外，流动资产中交易性金融资产也特别引人注目，2020 年的增长速度是所有资产中最快的，那么，应该关注是企业投资风格变化了（增加对金融市场的投资），还是之前持有的金融资产的公允价值快速上升所致。显然，如果是第一种原因，应该担心企业“脱实向虚”；如果是第二种原因，则说明公司的投资眼光好。

（3）非流动资产的变动，从各个单项的变化速度看，长期待摊费用的增长速度是最快的，但由于该项目的总金额比较小，其重要性并不如增长速度次之的在建工程。2018—2020 年的在建工程都处于快速增长态势，结合流动资产存货与预付款增加，可以进一步强化推测，即公司对未来前景乐观，并为此做准备。为此，报表阅读者应该进一步观察在建工程的具体增长原因，是为原主要产品的扩张准备，还是在开拓新的利润增长点。分析者还可以通过观察前几个会计期间在建工程转换为固定资产后产能利用率的表现，分析公司历史上在建工程投资决策的效果，增强对本会计期间在建工程信息所传递的未来信号的认识。

非流动资产中，开发支出由 2019 年的快速增长变为 2020 年的小幅下降，也应该引起关注，特别是医药行业，研发投入是非常重要的关注点。那么，报表分析时应该进一步挖掘，开发支出的明显波动，是企业在研发活动的投入波动所致，还是研究支出和开发支出会计处理调节所致，所以此处应该将开发支出与利润表研发费用结合分析。另外，尽管其他权益工具投资的规模较小，但还是应该关注显著下降的原因是公允价值下降，抑或资产处置。

（4）从负债的变化看，总体上，负债总额与资产总额的比较可以发现资产负债结构还比较安全；从流动负债与非流动负债的变化看，2019 年相比于 2018 年，变化幅度

① 此处仅阐述比较分析法知识点，不再展开盈利能力分析，读者可以结合后续章节的盈利能力分析，查阅复星医药其他财务数据，作出科学判断。

很小，需要关注的是 2020 年流动负债显著增加（增长 42.67%），而非流动负债显著下降（下降 34.15%）的情况。流动负债与非流动负债的这种结构变化，与流动资产与非流动资产的结构变化相比，对比更加明显。一般而言，流动负债的债务成本低于非流动负债，但短期偿债压力会大。因此，报表分析应该分析企业是在修正流动资产 / 流动负债与非流动资产 / 非流动负债结构，还是转向了激进的债务策略，用短期债务资金支持长期资金需要。从复星医药 2020 年流动资产与流动负债的数据对比可以发现，流动负债的偿债压力已经非常明显。

进一步从流动负债的组成结构及变化观察，流动负债中增长速度快，而且单个项目总金额比较重要的是“一年内到期的非流动负债”“短期借款”“应付账款”和“应付票据”，应该重点关注企业的流动资产是否足以如期偿还这些刚性债务。另外，合同负债尽管也增长非常快，但规模较小，尚不足以构成强烈信号预示销售前景的积极变化。

总而言之，比较分析法有助于分析者发现不同会计期间报表结构与报表具体项目的变化，快速寻找需要重点观察的变化点，为后续分析提供切入点。

6.3 共同比分析法

共同比分析法，又称为结构分析方法、垂直分析方法、纵向分析方法。它是以百分比的形式，在一张财务报表中列示出各具体项目占某综合项目的百分比，以反映在特定时点或期间内，某一财务报表中各具体项目间的相对重要性，以及各具体项目与综合项目（共同尺度）之间的关系。综合项目的选择，一般以财务报表中某一类合计数为基准，例如，在共同比资产负债表中，通常选择以总资产为共同尺度，计算同一时点各个资产项目占总资产比重，以负债与股东权益合计为共同尺度，计算同一时点各个负债项目和所有者权益项目占负债与股东权益合计的比重；在共同比利润表中，则通常以营业收入为共同尺度，计算利润表各个组成部分占营业收入的比重。共同比分析能够消除企业之间不同规模所带来的影响，进而揭示企业经营活动的相关特点。例如，共同比资产负债表，可以重点分析企业资本结构以及企业资源分配情况等信息。其中，资本结构，包括股东投入与债权人投入的比例、债务中长短期负债的配合情况；资源分配情况，包括流动资产和非流动资产分别在总资产的比重，流动资产内各个项目的比重，非流动资产内各个项目的比重。

进行共同比分析时，应该注意横向比较与纵向比较，以分析差异，并寻找原因。例如，企业通常可以根据共同比分析法，对比与企业具有竞争关系的企业之间，在各个方面的差异，揭示目标分析企业在资金结构和资源分配等方面的优势和劣势。再如，企业可以根据共同比分析法，分析同一企业同一项目占综合项目比重在不同时期的变化，分析本期相对于其他会计期间的改进或退步。所有这些比重信息，与竞争对手相比，是否存在异常现象。

例如，假设甲、乙、丙、丁公司是手机行业最主要的四家公司，以20×1年财务报表为基础取得的共同比资产负债表和共同比利润表见表6.3和表6.4。

表6.3 共同比资产负债表

单位：%

项目	甲公司	乙公司	丙公司	丁公司
货币资金	5	13	18	23
交易性金融资产	5	0	0	0
应收票据	11	13	2	8
应收账款净额	24	10	20	37
存货净额	32	4	7	12
流动资产合计	77	40	47	80
固定资产合计	12	40	50	20
无形资产合计	11	20	3	0
资产总计	100	100	100	100
短期借款	12	30	10	15
应付账款	23	20	12	25
预收账款	3	5	6	0
应付职工薪酬	2	5	0	5
流动负债合计	40	60	28	45
长期负债	1	5	10	30
负债合计	41	65	38	75
股本	10	5	10	5
资本公积	20	10	20	10
盈余公积	10	5	12	5
未分配利润	19	15	20	5
所有者权益合计	59	35	62	25
负债与所有者权益总计	100	100	100	100

可以发现，相对于其他公司，甲公司显著特征是：拥有更少的货币资金；参与资本市场短期投资；拥有较多的应收款项；更多的存货和更少的固定资产；拥有比较强的无形资产。这些信息表明甲公司应该加强应收账款和存货管理；另外，还应该关注为什么甲公司固定资产的比重特别低，因为同样是手机行业，其固定资产应该具有一定的相似性。

表 6.4　共同比利润表

单位：%

项目	甲公司	乙公司	丙公司	丁公司
营业收入	100	100	100	100
营业成本	50	45	60	70
税金及附加	12	10	15	18
销售费用	5	4	10	12
管理费用	3	3	5	6
财务费用	0.5	0.3	1.0	1.2
投资收益	0.2	0	0	0
营业利润	29.7	37.7	4	2.8
营业外收入	2.3	1.3	20	25
营业外支出	1.5	0.2	12	13
利润总额	30.5	38.8	12	14.8
所得税	6	9	3	3.5
净利润	24.5	29.8	9	11.3

由上可以发现，甲、乙两家公司，不论是净利润还是营业利润，占营业收入的比重都远高于丙、丁两家公司，表明甲、乙两家公司拥有更强的获利能力。主要原因是丙、丁在控制营业成本、税金及附加、销售费用等方面具有明显的劣势，丙、丁两家公司的净利润主要依赖于具有偶然性的营业外收入，不具有可持续性。

结合上面两个共同比分析，甲公司尤其需要注意应收款项的管理，否则将侵蚀利润表良好的获利能力。

但是，共同比分析的有效性依赖于分子与分母是否具有经济意义上的密切关系[①]。例如，以营业收入作为综合项目分析利润表各个项目占营业收入比重，计算的管理费用占营业收入比重的指标，可以解读为企业为了获取 1 元的营业收入，需要消耗的管理费用的金额，从而分析企业经营管理水平或控制管理费用的水平。在其他条件相同的情况下，指标上升说明企业管理费用的控制水平或企业管理水平有所下降；指标下降说明管理水平有所上升。但是，利润表中“公允价值变动损益”占“营业收入”的比重却没有任何经济含义，横向或纵向对比该指标，都没有多大意义。因为公允价值变动损益属于企业持有的金融资产的公允价值波动，且公允价值波动属于企业管理者不能控制的现象，营业收入则属于企业销售商品或提供劳务而产生的收入，两者之间没有直接关系。

① 实际上，任何财务比率，其有效性也都依赖于分子与分母是否具有密切的经济意义上的关系。

【案例分析】

请以2020年汽车行业上市公司为例，收集长安汽车（股票代码：000625）、上汽集团（股票代码：600104）、广汽集团（股票代码：601238）2020年合并利润表，以营业收入为综合项目，分析三家公司利润表结构的异同及所传递的信息含量。

6.4 比率分析法

6.4.1 比率分析法概述

比率分析法是目前财务报表分析中运用最广泛的方法，它是将同一报表中两个相关的项目或者两张不同财务报表之间的相关项目进行比较，用比率的形式揭示存在相关关系的项目之间的逻辑关系。例如，同一张报表中流动资产和流动负债的比率是流动比率，就是分析企业短期偿债能力经常采用的一个比率。再如，将利润表中的净利润与资产负债表中的净资产进行比较得出的比率是净资产报酬率，是衡量企业获利能力的重要指标之一。比率分析能够将大量的财务报表项目及财务报表数据减少为若干比率，以此来评价企业的财务状况、经营成果和现金流量等。在许多情况下，有些比率甚至已经成为一种基准，一种标杆，被人们普遍用作评价企业财务状况和经营成果的有用指标，广泛用于企业内外部经济决策的辅助信息。例如，有些行业将流动比率为2作为基准，低于2通常被认为流动性欠缺。

但是，应用比率分析时必须注意，各种财务比率本身的数值大小，孤立地看待，意义可能不大，只有对其进行时间系列分析或者在各个竞争对手之间进行横向比较，才能在对比中发现财务比率中包含的有关企业优劣势的重要信息。

比率分析法，既可以通过单项比率分析来考察特定方面的财务现象，如通过流动比率来初步了解企业短期偿债能力大小，也可以通过比率体系分析以综合评价企业的财务状况、经营成果，如典型的杜邦分析法。本小节将主要说明单项比率分析，后面的章节再介绍杜邦分析法。

6.4.2 四类主要的比率分析法

比率分析法发展至今，企业财务分析理论与实务中经常采用的财务比率不下30种，但是它们基本上可以区分为四大类：短期偿债能力、营运能力、盈利能力以及长期偿债能力分析。

1）短期偿债能力分析

短期偿债能力分析采用流动性比率。企业的资产分为流动资产和非流动资产，负债分为流动负债和非流动负债。从时间看，流动负债需要在一年内偿还，应该依赖一年内能够带来现金流入的流动资产，因此，流动性比率是考查企业短期偿债能力的指标。企业的短期流动性是企业履行短期债务的能力，流动性是资产变现的能力。短期通常是指一年以内或者一个营业周期以内。

企业的短期流动性是非常重要的。流动性本身是程度大小的问题，应该结合比较分析法、趋势分析法等，对流动性比率进行横向或纵向分析，取得短期偿债能力动态变化的信息。

短期债务的债权人尤其关注债务人的流动性比率，因为即使企业具有优秀的长期获利能力，如果短期缺乏流动性，也无法及时偿还到期债务。缺乏流动性还意味着企业将无法利用有利的折扣或有利可图的投资机会，更严重的问题是企业缺乏清偿短期债务的能力，债权人将评估他们本金和利息收回的可能性，这可能导致投资或其他资产的强行出售，甚至导致企业的清算破产。同时，对于股东而言，短期流动性也非常重要。缺乏流动性经常是盈利水平低下和投资机会减少的先兆。供应商将考虑企业是否有能力及时付款，从而可能危及企业与供应商之间的合作关系。

反映流动性的比率主要包括流动比率、速动比率、现金比率、经营活动现金流量比率等。

（1）流动比率。它是企业流动资产总额与流动负债总额的比率。其计算公式为：

$$流动比率=\frac{流动资产}{流动负债}$$

同一企业不同时点的流动比率比较，可以分析企业短期偿债能力变化的趋势；不同企业相同时点流动比率的比较，可以分析企业与其他企业短期偿债能力的差异。通常情况下，流动比率越高，表明企业流动负债被偿付的保险性越高；流动性比率越低，表明企业流动负债被偿付的保险性越低。但是，流动比率也不是越高越好，因为企业持有资产是为了盈利，过高的流动比率，可能意味着企业持有过多盈利能力不足甚至是闲置的流动资产，也可能意味着企业负债经营能力低下，不善于利用负债经营。传统的观点认为，流动比率达到 2∶1 是比较合理的，这样既达到一定的安全性，又充分利用了可能利用的资金来源。但正如前文指出的，孤立地看到某个指标的数值大小，其意义是有限的。对流动比率的分析，应该结合公司所处行业的标准，不同行业流动比率的合理值差异是很大的；也应该结合用于计算流动比率的流动资产和流动负债各自的具体组成成分的差异。例如，有两个企业，流动比率都等于 2，但是其中一个企业流动资产中现金或现金等价物占绝大部分，而另一个企业存货占绝大部分，则两个企业的流动性实际上是存在重要差异的。为此，在分析流动性时，人们经常同时考查另一个指标——速动比率。

（2）速动比率。它也称为酸性测试比率。它对流动资产进行了进一步细分，将其中变现能力更强的项目合计金额与流动负债进行比较，以考查企业在需要的情况下迅速偿还流动负债的能力。因此，它是比流动比率更为严格的短期偿债能力的测试指标。

因此，计算速动比率时，就应该将流动资产当中变现能力较慢的项目和不能变现的项目排除在外，将用于计算速动比率的流动资产称为速动资产。通常认为，存货变现较为缓慢、预付账款则不能变现，而货币资金、交易性金融资产、应收票据、应收账款等项目则具有较强的变现能力，属于速动资产。其计算公式为：

$$速动比率=\frac{速动资产}{流动负债}$$

正因为速动比率是考查企业在需要的情况下迅速偿还流动负债的能力，因此，通常认为速动比率为1是比较合适的，太高的速动比率同样表明企业可能持有过多盈利能力不足的流动资产，也表明企业流动资产的经营管理能力欠缺或负债经营能力不足。

（3）现金比率。基于同样的思维，在有些情况下，应收账款、应收票据和有价证券，可能因为被抵押或其他原因，不能在需要的情况下迅速变现，出现了一种更为严格的衡量企业短期偿债能力的指标，即现金比率。其计算公式为：

$$现金比率=\frac{现金及现金等价物+有价证券}{流动负债}$$

其中，有价证券并不包括划分为非流动资产的长期股权投资、债权投资、其他债权投资、其他权益工具投资，它应该限于企业短期持有的、能够很快变现的有价证券，例如具有活跃市场的交易性金融资产。

（4）经营活动现金流量比率。企业的现金流量来源主要有三种，其一是公司经营活动产生的现金流量；其二是公司投资收回本息或股利所产生的现金流量；其三是企业筹资活动产生的现金流量。一个健康的企业，经营活动产生的现金流量应该是企业现金流量的最主要来源。经营活动现金流量比率，就是衡量公司使用经营活动产生的现金流量偿还流动负债能力的重要指标。其计算公式为：

$$经营活动现金流量比率=\frac{经营活动产生的现金净流量}{流动负债}$$

与现金比率的分子采用现金存量不一样，经营活动现金流量比率的分子采用的是现金增量，体现了公司通过正常经营活动创造现金净流入的能力，因此，这个指标在评价公司短期流动性水平中有着无可替代的重要作用。

（5）应用流动比率必须注意的其他问题。流动比率不能单独看待，除了横向与纵向比较之外，分析者还需要关注流动资产和流动负债具体组成部分的差异等重要信息。一般而言，需要关注如下信息。

第一，流动资产是否确实属于流动资产。虽然应收账款、其他应收款、存货等都列示于流动资产，但企业经常会出现一年以上才能够收回的应收款项（这类应收账款初始确认时点，企业通常预期能够一年之内收回，故将其分类为流动资产，但由于债务人之后发生了一些变化导致不能按时收回）、滞销的存货等现象。因此，结合应收款的账龄分析、应收款周转速度、存货周转速度等进行分析，能够更为准确地了解这些资产的变现能力（流动性）。关于周转速度的含义与计算，将在经营效率比率中进行说明。

例如，A、B、C、D 四家彩电公司的流动性比率差异见表 6.5。

表 6.5　四家彩电公司流动性比率差异

单位：%

项目	A 公司	B 公司	C 公司	D 公司
流动比率	2.17	1.28	1.88	1.03
速动比率	1.22	0.77	0.97	0.66
现金比率	0.26	0.21	0.48	0.32
经营活动现金流量比率	–0.09	0.055	–0.06	0.06

由上表可知，如果根据流动比率和速动比率，可能会得出 A 公司短期偿债能力最强的结论，但如果根据现金比率和经营活动现金流量比率，则发现 A 公司的短期偿债能力是很不理想的。这是为什么呢？其中可能的原因就是 A 公司的应收款项（同时被包括在流动比率和速动比率的计算中）的收回速度较慢。

第二，注意负债的刚性与还债方式。负债的刚性越强，企业就越需要及时足额偿还。一般而言，短期借款、应付票据、一年内到期的长期借款、应付利息、宣告的应付股利的刚性强于应付账款、应付职工薪酬、其他应付款等。如果企业的负债主要由刚性负债组成，则流动性分析时应该更加注重现金比率、速动比率等指标。负债偿还方式也是需要关注的重点。一般情况下，负债是需要以货币资金进行偿还的，但是预收账款、合同负债的偿还是以提供商品或劳务方式进行的，因此，预收账款、合同负债较高的企业，实际上并不需要过分担忧短期偿债能力。同理，流动资产当中的预付款项也并不能直接带来现金流入，而是减少了未来采购商品或接受服务时需要支付的现金流量。

第三，注意应付款的偿还速度与应收款收回速度的差异。应收款收回速度超过了应付款偿还速度，偿债能力将优于比率计算结果，反之则差于比率计算结果。

第四，有些企业可能存在一些随时可以动用的银行或其他金融机构的授信额度，在获取贷款资金前并未体现在报表内，但这种授信额度也将提高企业的短期偿债能力。

2）营运能力分析

营运能力分析采用经营效率比率，它是反映企业资产运转快慢、评价企业资产流动性的一种方法。企业购买经营所需各项资产之后，生产、销售并收回资金的速度越快，表明公司资产运转速度越高，资产利用效率越高。因此，经营效率比率用于考查企业利用经济资源的有效性。常用的经营效率比率主要包括应收账款周转率、存货周转率、总资产周转率和应付账款周转率等。如果不以比率形式表达，则评价企业资产流动性的指标还包括应收账款收账期、存货周转天数和应付账款周转天数等。

（1）应收账款周转率和应收账款收账期。

信用销售已经是现代企业习惯采用的扩大销售收入的方法之一。对于赊销企业，应收账款是流动资产的重要组成部分。能否在规定的收款期间内收回应收账款[①]，是企业应收账款质量的重要体现。经验表明，企业应收账款超出还款期限越长，收回的可能性就越小。因此，应收账款周转率是衡量企业控制应收账款规模并将其转化为现金的效率。

应收账款来源于企业的信用销售，应收账款周转率的分子相应采用营业收入。理论上，分子应该采用赊销净额，但是外部信息使用者难以通过企业公布的财务报表营业收入数据分离现金销售和赊销，简便起见，通常直接以营业收入净额代替赊销净额作为计算应收账款周转率的分子。同时，应收账款是一个实时变化的数据，应该以会计期间内应收账款平均余额作为计算周转率的分母。假设应收账款在会计期间内均匀变化，可以以应收账款期初和期末的简单平均数作为分母。因此，应收账款周转率的计算公式为：

$$\text{应收账款周转率（次数）}=\frac{\text{营业收入净额}}{\text{应收账款平均余额}}$$

应收账款周转率可以衡量企业应收账款的收款速度，但是它并不能与公司向客户提供的信用期做直接的比较分析。信用期应该与应收账款收账期（又称应收账款周转天数）进行比较，以评价客户付款的及时性。以365天为一个年度会计期间，应收账款收账期的计算公式为：

$$\text{应收账款收账期}=\frac{365}{\text{应收账款周转率}}$$

例如，企业计算得出应收账款收账期为60天，企业向客户提供的信用期是30天，则表明企业的实际收款能力较差，或客户拖延付款或客户发生财务困难等。

值得注意的是，在两种情况下，可能会对应收账款周转率进行不恰当的解释。

第一，企业销售以现金销售为主，赊销只是销售总额的一小部分。计算应收账款周转率时，通常难以取得企业的赊销数据，只能采用销售总额予以代替。当企业的销售采用赊销比重越高，则作为反映应收账款收款速度的应收账款周转率指标就越准确，也越重要。反之，如果现金销售比重越高，则该比例准确度越低，也越不重要。

【案例分析】

重庆百货大楼股份有限公司应收账款周转率指标

重庆百货大楼股份有限公司（股票代码：600729，简称“重庆百货”）前身为“重庆百货大楼”，成立于1950年，是西南地区最早的一家国有大型商业企业。1992年6月，经重庆市体改委批准由重庆百货大楼独家发起，以定向募集方式设立“重庆百货大楼股份有限公司”。1996年7月2日成功在上海证券交易所上市。

根据公司2018—2020年财务报表数据，应收账款周转率指标见表6.6。

---

① 信用赊销也会形成应收票据，应收票据的及时足额收回保障程度要高于应收账款。

表 6.6　重庆百货应收账款周转信息

项目	2020 年	2019 年	2018 年	2017 年
营业收入 / 万元	2 107 741.76	3 453 560.56	3 408 388.47	3 291 536.51
期末应收账款 / 万元	19 024.04	17 607.38	13 338.22	11 708.24
应收账款周转率 /%	115.08	223.20	272.17	

注：2019—2020 年资产负债表还增加了“应收账款融资”项目，但规模较小，不造成重要影响。

见表 6.6，以 2020 年应收账款周转率为例似乎可以得出结论：公司发生的应收账款，平均而言，只需要约 3 天即可收回。但实际上，产生这一结果是因为营业收入中大多数是现金销售，甚至是销售前预先收到款项（购物卡）。在这种情况下，运用应收账款周转率分析应收账款的回收情况，意义有限，根据财务报表附注提供的应收账款账龄能更准确分析应收账款质量。

第二，结合账龄分析。由于采用平均值进行计算，应收账款周转率分析只能得出应收账款平均收款速度，并不能揭示个体差异。

例如，某公司期初应收账款余额为 1 000 万元，本期赊销的销售收入为 10 000 万元，年内全部收回，但是应收账款尚未收回，期末余额仍然是 1 000 万元。在这种情况下，本期应收账款周转率应该是 10%，意味着应收账款平均收款日期是 36 天（360/10），似乎应收账款产生坏账可能性很低。但事实上，年初的应收账款至少已经超过 1 年没有收回，已经不属于事实上的“流动资产”，分析者仍然应该重点关注其是否产生了坏账。为此，应收账款周转率应该注意结合账龄予以分析。

仍然以重庆百货 2019—2020 年财务报表为例，尽管赊销占营业收入比重很低，但应收账款的账龄分析（表 6.7）仍然能够发现公司可能存在的坏账。可以明显发现，2018—2020 年，1 年以上的应收账款的规模显著增加；2020 年 4 ~ 5 年及以上的应收账款规模也在显著增加。

表 6.7　重庆百货 2018—2020 年应收账款账龄

单位：元

账龄	2020 年期末账面余额	2019 年期末账面余额	2018 年期末账面余额
1 年以内	181 752 926.09	172 307 414.33	82 105 357.97
1 ~ 2 年	15 643 468.76	9 146 365.01	209 440.76
2 ~ 3 年	1 932 902.70	9 528 321.52	117 650.58
3 ~ 4 年	92 373.76	3 212 276.78	
4 ~ 5 年	8 120 941.32	2 027 321.02	64 754.00
5 年以上	3 173 280.23	1 959 240.21	64 754.00
合计	210 715 892.86	198 180 938.87	84 275 368.81

（2）存货周转率和存货周转天数。

销售产品的来源是企业持有的存货，因此，营业收入的配比项目是营业成本。衡量企业存货销售速度快慢，可以采用存货周转率指标和存货周转天数指标。它是衡量和评价企业购入存货、投入生产、销售收回等各环节管理状况的综合性指标。其计算公式为：

$$存货周转率=\frac{营业成本}{期初期末存货平均余额}$$

$$存货周转天数=\frac{365}{存货周转率}$$

根据公式，存货周转率得到的数字是倍数，因此，存货周转率通常也称为存货周转次数。存货周转率指标的好坏反映企业存货管理水平的高低，它影响到企业的短期偿债能力，是整个企业管理的一项重要内容。一般来讲，存货周转速度越快，存货占用资金的水平越低，流动性越强，存货转换为现金或应收账款的速度越快。因此，提高存货周转率可以提高企业资产的变现能力。当存货周转率下降或者低于行业正常水平时，表明企业周转缓慢的存货可能是属于过时的、需求疲软或者是无法出售的存货。这一情况提醒信息使用者怀疑企业收回存货成本的可能性，也提醒企业管理者分析是否改进产品或改变产品的必要性。我们需要进一步分析，观察存货周转率下降是不是由于预期销售将增长、合同性承诺、价格上涨、停工、存货短缺或其他法律影响导致企业有必要增加存货。我们还可以分别计算原材料、在产品和产成品这些重要的存货项目的周转率，以改善对存货周转率的评价。最后，我们还需要注意存货成本计价方法对存货周转率的影响。

存货周转率分析时，要注意不同行业特点的影响。例如，零售行业与房地产行业的存货周转率可能存在显著差异，对于同时经营房地产和零售的企业，分产品分析存货周转率的效果更好。分析者要注意存货周转率可能受到企业故意囤积存货、等待高价出售的影响，也可能受到企业期末突击降价销售的影响，这些会影响不同期间存货周转率的比较分析效果。

值得注意的是，在如下两种情况下，存货周转率可能会被错误解释。

第一，企业采用零库存战略。零库存战略，也可以称为适时生产系统（Just In Time），是企业存货管理手段之一，在 20 世纪 70 年代由日本人首先创立，随后得到西方发达国家的广泛推崇，目前也得到我国有些企业的青睐。这种生产系统改变了传统的由产定销的思路（先生产，再谋求销售，为此通常会产生一定的库存商品或产品），采用需求引导生产的方式，根据销售需求确定生产需求，使企业减少甚至完全消除存货，极大提高生产效率，降低成本，是存货管理和质量控制的重要变革。这种存货管理系统，要求企业必须根据客户订货或市场要求的数量、品质、质量标准和交货时间组织生产、安排采购。

由于是零库存管理理念，则存货周转率通常非常高。但是，分析该指标已经不再重要，重要的是企业零库存管理效果。

第二，企业采用 OPM 战略。实行 OPM（Other People's Money）战略的公司，由于占用了供应商较多的资金，应付账款金额通常较大。这类企业的财务报表通常会表现出营业成本、存货、应付账款都显著增长或金额较大的特点，但并不意味着存货占用了公司的资金。

【案例分析】

重庆百货 2018—2020 年存货周转率

根据表 6.8 可知，2018—2020 年，重庆百货企业存货周转率逐年下降，表明公司存货转换为销售的能力在显著下降，公司的销售压力逐年增强。但是，通过分析应付账款、应付票据和应收账款、应收票据等信息可以发现，重庆百货“应付票据、应付账款”总和超过了存货期末账面价值，也超过了“存货、应收票据、应收账款”三者的总和，说明重庆百货是通过占用供应商资金的方式为存货提供支持的，存货并不产生资金占用成本，存货给企业带来的主要成本是仓储成本。

表 6.8　重庆百货 2018—2020 年存货周转率及相关财务数据

项目	2020 年	2019 年	2018 年	2017 年
营业成本 / 万元	1 565 776.74	2 829 078.07	2 780 430.41	2 709 495.21
期末存货 / 万元	282 789.78	279 910.61	243 071.57	252 049.00
存货周转率 /%	5.56	10.82	11.23	
期末应付票据 / 万元	131 666.23	123 261.88	132 154.23	122 632.19
期末应付账款 / 万元	244 347.27	304 515.31	285 660.88	275 719.25
期末应收票据 / 万元			1 713.47	299.4
期末应收账款 / 万元	19 024.04	17 607.38	13 338.22	11 708.24

注：2019—2020 年资产负债表还增加了“应收账款融资”项目，但规模较小，不造成重要影响。

（3）营业周期和现金转化周期。

存货的周转速度表明企业购买原材料、加工生产成为产成品并将其转换为销售收入的速度，例如，存货周转天数 30 天，表明从购买原材料形成存货到销售转入营业成本需要耗费 30 天。应收账款周转天数则表明销售形成应收账款之后，至应收账款转变为现金流入企业总共需要耗费的时间。因此，存货周转天数加上应收账款周转天数，就表示从原材料采购到最终销售产品并收回现金所需要的时间，它实际上代表了企业一个完整的营业周期。因此，营业周期 = 存货周转天数 + 应收账款周转天数。一般情况下，营业周期越短，说明资金周转速度越快；营业周期越长，说明资金周转速度越慢。要达到同样的收入，如果资金周转速度越高，表明需要占用企业的资金就越少；反之，则需要占用的资金越多。

假设企业营业周期是30天，一个营业周期可以产生100万元的销售收入。从购买原材料开始至最终收回销售款项，企业需要30万元的周转资金。如果企业周转速度加快一倍，同样30万元的周转资金在30天内将可以产生200万元的销售收入。应付账款周转率和应付账款平均周转天数与销售相对应，企业购货也经常享受供应商的信用政策带来的好处。会计期间内，企业购货成本与应付账款平均余额的对比，就是应付账款周转率。应付账款周转率和周转天数的公式表示如下：

$$\text{应付账款周转率（次数）}=\frac{\text{购货成本}}{\text{应付账款平均余额}}$$

$$\text{应付账款周转天数}=\frac{365}{\text{应付账款周转率}}$$

其中

$$\text{购货成本}=\text{营业成本}+\text{期末存货}-\text{期初存货}$$

对于该计算公式，需要注意两点：①严格意义上，计算应付账款周转次数时，购货成本也应该采用赊购额为基础确定；②通过“营业成本＋期末存货－期初存货”计算购货成本是不精确的。企业赊购的原材料或商品，都可能需要进行再加工才转换为对外出售的产品，因此，“营业成本、存货”都可能包括了源自人工和机器设备、厂房等折旧产生的成本，它们与“应付账款”并不关联。综上，上述公式计算获得的应付账款周转率可能会明显高估。

应付账款周转率是指年内应付账款的周转次数。应付账款周转率是反映企业应付账款的流动程度，是一个反映流动负债支付能力和占用供应商资金状况的指标，衡量公司如何管理偿还欠款。应付账款周转率越高，说明付款条款越不利，公司总是被要求尽快付清欠款，也会使得企业因付款过快而失去应付账款所应享有的灵活性；反之，付款严重延后，也表明企业可能陷入财务困境。

营业周期将存货与应收账款的周转结合起来考虑从原材料购买至收回销售款项的时间。原材料购买或赊销形成的应付款项也需要资金流出。将应付账款、存货与应收账款周转结合起来，就是现金转化周期，或现金循环周期，它是企业在经营中从购买原材料而付出现金到销售商品而收回现金所需的平均时间。

$$\text{现金转化周期}=\text{存货周转天数}+\text{应收账款周转天数}-\text{应付账款周转天数}$$

显然，缩短存货和应收账款周转天数、延长应付账款付款期，是缩短现金转化周期的基本途径。

本书前文多次提到OPM战略，它主要是企业利用供应商资金的战略。为了更充分地说明这种战略的影响，下文引用了黄世忠教授的一篇文章供读者学习。

【阅读材料】[①]

著名会计学教授黄世忠指出，OPM战略是指企业充分利用做大规模的优势，增强与供应商的讨价还价能力，将占用存货和应收账款的资金及其资金成本转嫁给供应商的运营资本管理战略。简言之，OPM战略本质上是一种创新的盈利模式，是“做大做强”的生动实践。衡量OPM战略是否卓有成效的关键指标是现金转化周期（Cash Conversion Cycle），其计算公式如下：

现金转化周期＝应收账款周转天数＋存货周转天数－应付账款周转天数

现金转化周期越短，表明企业在运营资本管理中所采用的OPM战略越成功。成功的OPM战略不仅有助于增强企业的财务弹性，还可增加经营活动产生的现金流量。

一、一枝独秀的戴尔电脑

追求低成本战略的戴尔电脑公司（以下简称“戴尔”），堪称个人电脑业的传奇。1989年上市以来，戴尔除了在1994会计年度（结束于每年的1月底或2月初）发生400万美元的亏损外，其他会计年度均连续保持盈利。其竞争对手IBM的个人电脑业务连年经营亏损，最后不得不出售给联想集团。康柏电脑也因为经营亏损被惠普收购，真可谓“冰火两重天”。表6.9列出了戴尔过去五个会计年度的主要财务指标。

表6.9　戴尔主要财务指标

单位：百万美元

项目名称	2002年	2003年	2004年	2005年	2006年
资产总额	13 535	15 470	19 311	23 215	23 109
负债总额	8 841	10 597	13 031	16 730	18 980
其中：流动资产	7 519	8 933	10 896	14 136	15 927
股东权益	4 694	4 873	6 280	6 485	4 129
销售收入	31 168	35 404	41 444	49 205	55 908
净利润	1 780	2 122	2 645	3 323	3 825
经营性现金净流量	3 797	3 538	3 670	5 310	4 839
资本性支出	303	305	329	525	728
偿还借款现金流出	530	506	505	505	504
利息支出	29	17	14	16	28
支付现金股利	–	–	–	–	–
总资本收益率	38.8%	48.5%	50.0%	51.0%	65.2%

注：总资本收益率＝（税前利润＋利息费用）/（长期负债＋股东权益）。

① 黄世忠教授《OPM战略对财务弹性和现金流量的影响——基于戴尔、沃尔玛、国美和苏宁的案例分析》，原文载于《财务与会计》，2006年12月。

戴尔2002—2006年的销售收入和净利润呈现高速增长，总资本收益率高得令人难以置信，而且财务弹性也很强。表6.10列出了衡量戴尔财务弹性的相关指标。

表6.10 戴尔财务弹性指标

项目名称	2002年	2003年	2004年	2005年	2006年
现金流量充裕率/%	4.56	4.36	4.40	5.16	3.93
经营性现金流量对资本支出比率/%	12.53	11.60	11.16	10.11	6.65
现金流量利息保障倍数	130.93	208.12	262.14	331.88	172.82
经营性现金流量对流动负债比率/%	0.51	0.40	0.34	0.38	0.30

注：现金流量充裕率＝经营活动产生的现金流量/（购建固定资产的现金流出＋偿还银行借款的现金流出＋支付股利的现金流出）。

可以看出，除了经营性现金流量对流动负债比率较低外，其他财务指标都非常高。这表明戴尔具有异常强的财务弹性。戴尔超强的财务弹性，主要归功于在运营资本管理中对OPM战略的有效运用。表6.11列出了戴尔的现金转化周期。

表6.11 戴尔现金转化周期

项目名称	2002年	2003年	2004年	2005年	2006年
存货/百万美元	278	306	327	459	576
应收账款/百万美元	2 269	2 586	3 071	3 563	4 089
应付账款/百万美元	5 075	5 989	7 316	8 895	9 840
存货周转天数/天	4	3	3	4	4
应收账款周转天数/天	29	28	27	27	29
减：应付账款周转天数/天	69	68	70	73	77
现金转化周期	–36	–37	–40	–42	–44

现金转化周期由2002会计年度的–36天扩大至2006会计年度的–44天，说明戴尔占用在存货和应收账款上的资金不仅完全由供应商解决，而且还无偿占用了供应商提供的资金长达44天。可见，OPM战略不仅降低了戴尔公司的利息负担，而且赋予其超强的财务弹性，这也解释了为何戴尔经营性现金流量对流动负债比率偏低的原因。戴尔的现金转化周期之所以如此神奇，除了其在运营资本管理上成功地运用了OPM战略，也与其奉行的其他低成本战略如订单制造法和战略联盟有关。订单制造法大幅降低了戴尔的存货周转天数，战略联盟的选择使戴尔有机会利用其全世界最大个人电脑制造商的地位，增强其与零部件供应商的讨价还价能力，不断延长零部件采购的付款

期限。这些独特的经营战略，加上在研发支出、广告销售支出和管理费用上的严格控制，是造就戴尔在竞争十分激烈的个人电脑行业中一枝独秀的秘籍。

二、树大招风的沃尔玛

山姆·沃顿（Sam Walton）1962 年创立的沃尔玛公司（以下简称“沃尔玛”），是全世界最大的连锁超市。2006 年 9 月底，其股票市值超过 2 050 亿美元。表 6.12 列出了沃尔玛过去五年的主要财务指标。

表 6.12　沃尔玛主要财务指标

单位：百万美元

项目名称	2002 年	2003 年	2004 年	2005 年	2006 年
资产总额	83 527	94 808	105 405	120 154	138 187
负债总额	48 425	55 347	55 347	61 782	85 016
其中：流动资产	27 282	32 519	37 840	43 182	48 826
股东权益	35 102	39 461	43 623	49 396	53 171
销售收入	204 011	229 616	256 329	285 222	312 427
净利润	6 592	7 955	9 054	10 267	11 231
经营性现金净流量	10 519	13 005	15 996	15 044	17 633
资本性支出	8 285	9 245	10 308	12 893	14 563
偿还借款现金流出	3 519	1 261	3 541	2 131	2 724
利息支出	1 080	799	729	934	1 171
支付现金股利	1 249	1 328	1 569	221	2 511

根据上述资料，可以计算出沃尔玛的相关财务弹性指标，见表 6.13。可见，除了现金流量充裕率和经营性现金流量对流动负债比率较低外，沃尔玛的财务弹性整体而言还是比较强的，这在一定程度上得益于其在运营资本上采用的 OPM 战略，见表 6.14。沃尔玛的现金转化周期由 2002 会计年度的 15 天降至 2006 会计年度的 7 天，说明其 OPM 战略运用得比较成功。也因为如此，沃尔玛不断遭受供应商的非议，被指责利用其全球最大连锁超市的地位不断挤压供应商的价格空间，而且一再延长货款支付期限。但沃尔玛将这些指责解释为其经营战略，并声称从这些低成本战略中得到的好处并没有独享，而是通过“天天平价”的促销战略，将这些好处回馈给广大顾客。顾客得到实惠后，再回到沃尔玛连锁超市购买更多的商品，从而促成“薄利多销”经营模式的良性循环。这种“薄利多销”经营模式不仅使沃尔玛获益，也惠及广大消费者和供应商，从而形成所谓的“三赢”格局。

表 6.13　沃尔玛财务弹性指标

项目名称	2002 年	2003 年	2004 年	2005 年	2006 年
现金流量充裕率	0.81	1.10	1.04	0.87	0.89
经营性现金流量对资本支出比率	1.27	1.46	1.55	1.17	1.21
现金流量利息保障倍数	9.74	16.28	21.94	16.11	15.06
经营性现金流量对流动负债比率	0.39	0.40	0.42	0.35	0.36

表 6.14　沃尔玛现金转化周期

项目名称	2002 年	2003 年	2004 年	2005 年	2006 年
存货 / 百万美元	22 614	24 401	26 612	29 762	32 191
应收账款 / 百万美元	2 000	1 569	1 254	1 715	2 662
应付账款 / 百万美元	16 360	17 908	22 692	25 799	29 127
存货周转天数 / 天	40	39	42	38	38
应收账款周转天数 / 天	4	2	2	2	3
减：应付账款周转天数 / 天	29	28	32	33	34
现金转化周期	15	13	12	7	7

三、“价格屠夫”的盈利模式

近年来异军突起的以国美电器和苏宁电器为典型代表的“大卖场”，打破了我国家电行业里制造厂商与其客户的力量平衡，使家电制造厂商在一定程度上丧失了在定价上的“话语权”，价格战的主导权有被“大卖场”取而代之的趋势。事实上，过去几年家电市场的很多价格战都是由“大卖场”挑起的，“大卖场”也因此被戏称为家电市场上的“价格屠夫”。电器的盈利模式又有何奥秘？表 6.15 列出了国美电器和苏宁电器 2004—2005 年财务指标，从表中资料可以看出，国美电器 2005 年的销售收入比 2004 年增长了 85%，但净利润比 2004 年增长了 34%。苏宁电器 2005 年的销售收入比 2004 年增长了 75%，但净利润比 2004 年增长了 96%。从财务弹性看，国美电器比苏宁电器略胜一筹，但两家公司 2005 年的财务弹性均明显逊色于 2004 年，见表 6.16。除了现金流量利息保障倍数外，其他财务弹性指标尤其是经营性现金流量对流动负债比率都偏低。这意味着国美电器和苏宁电器的财务弹性都不理想，但这显然与其 OPM 战略有关，表 6.17 列出了这两家电器“大卖场”现金转化周期的计算过程。

表 6.15 国美电器和苏宁电器财务指标

单位：百万元

项目名称	国美电器		苏宁电器	
	2004 年	2005 年	2004 年	2005 年
资产总额	5 113	9 367	2 051	4 327
负债总额	3 742	7 496	1 186	3 089
其中：流动资产	3 576	7 496	1 186	3 086
股东权益	1 371	1 871	865	1 238
销售收入	9 715	17 959	9 107	15 936
净利润	580	777	190	372
经营性现金净流量	591	523	121	228
资本性支出	53	549	155	258
偿还借款现金流出	10	—	40	40
利息支出	2	—	13	26
支付现金股利	30	—	4	4

注：为了保持与国美电器的可比性，已经将苏宁电器的少数股东权益改列为合并股东权益。相应地，少数股东权益不再作为合并净利润的扣除项目。

表 6.16 国美电器和苏宁电器财务弹性指标

项目名称	国美电器		苏宁电器	
	2004 年	2005 年	2004 年	2005 年
现金流量充裕率	6.35	0.95	0.61	0.75
经营性现金流量对资本支出比率	11.15	0.95	0.78	0.88
现金流量利息保障倍数	295.50	—	9.31	8.77
经营性现金流量对流动负债比率	0.17	0.07	0.10	0.07

表 6.17 国美电器和苏宁电器现金转化周期

项目名称	国美电器		苏宁电器	
	2004 年	2005 年	2004 年	2005 年
存货 / 百万元	1 109	2 725	769	2 017
应收账款 / 百万元	128	236	64	206
应付账款 / 百万元	3 193	6 805	912	2 767
存货周转天数 / 天	42	55	31	46

续表

项目名称	国美电器		苏宁电器	
	2004年	2005年	2004年	2005年
应收账款周转天数/天	5	5	3	5
减：应付账款周转天数/天	120	138	37	63
现金转化周期	−73	−78	−3	−12

注：应收账款包括预付给供应商的账款，应付账款包括应付给供应商的票据。

可见，国美电器和苏宁电器在运营资本管理中对OPM战略的运用都很成功，尤其是国美电器更是运用自如。2005年，国美电器的运营资本净额为−38.44亿元，按5.85%的贷款利率测算，仅此项一年就可节约2.25亿元的利息支出，约占其2005年净利润的29%。同样地，苏宁电器通过OPM战略节省的利息支出约占其2005年净利润的9%。OPM战略不仅为国美电器和苏宁电器贡献利润，而且极大地弥补了这两个“大卖场”财务弹性的不足。

上述分析表明，国美电器和苏宁电器的财务状况、财务弹性都不甚理想。2005年，这两个“大卖场”之所以能够依靠少量的净资产（2005年末国美电器约19亿元，苏宁电器约12亿元）维持179亿元和159亿元的营业规模，并分别实现7.77亿元和3.72亿元的净利润，主要是利用其销售网络优势增强与家电制造厂商的讨价还价能力，不断降低采购价格，延长付款期限。换言之，在家电市场残酷的价格大战中，“大卖场”盈利模式的奥秘在于不断压榨家电制造厂商的利润空间、无偿占用家电制造厂商的营运资金。当然，这种盈利模式尽管高明，为其股东带来丰厚的回报（国美电器和苏宁电器2005年的净资产收益率分别为42%和30%），但也蕴涵着极大的经营风险和财务风险。

（学有余力的学生可以借鉴这篇文章，对格力电器和美的电器的OPM战略进行分析，可以首先从公司主页或交易所获取这两家上市公司的年度财务报告。）

（4）流动资产周转率。

流动资产周转率的计算公式为：

$$流动资产周转率=\frac{营业收入}{流动资产平均余额}$$

一般情况下，该指标越高，表明企业流动资产周转速度越快，利用越好。在较快的周转速度下，流动资产会相对节约，相当于流动资产投入的增加，增强了企业的盈利能力；而周转速度慢，则需要补充流动资金参加周转，会形成资金浪费，降低企业盈利能力。

必须注意，存货周转率与应收账款周转率的计算，分子与分母在经济意义上非常相关，存货形成营业成本、销售形成应收账款。但是，与存货周转率、应收账款周转率等不同，流动资产包含的种类比较多，有的项目与营业收入的关系不紧密，甚至毫不相关（如交易性金融资产通常与营业收入无关），这会影响流动资产周转率的信息价值。本书一再强调，比率的有用性，在很大程度上依赖于分子与分母是否在经济意义上相关。

（5）固定资产周转率。

固定资产是企业的重要资产，在企业总资产中占有较大比重，尤其是制造业。固定资产的生产能力影响到企业产品的产量和质量，进而关系到企业的销售和盈利能力。通常会采用固定资产周转率（销售收入 / 固定资产平均余额）等指标衡量企业固定资产管理水平。

企业要想提高固定资产周转率，就应该加强固定资产管理，使得固定资产的规模与公司目前的销售规模相当。固定资产规模过大，造成设备闲置，形成资产浪费；固定资产规模太小，影响生产能力，不能形成规模效应，且难以及时应对突然的销售要求。

固定资产周转率的动态变化，可以考察企业增加固定资产规模之后，新增的固定资产是否得到确实使用。例如，公司去年固定资产周转率是 1 次，今年新增了一些固定资产之后，虽然销售规模有所扩大，但是周转率下降为 0.8 次，则表明新增的固定资产的利用效率有所下降。报表分析者可以据此考察企业新增的固定资产是否产生应有的效益。

由于固定资产生产的产品最直接的是形成存货与营业成本，有时候也以指标“（当年经过固定资产生产增加的存货 + 营业成本）/ 固定资产”来更有效地反映固定资产的管理水平或利用效率。

（6）总资产周转率。

总资产周转率是营业收入与资产平均总额的比值。其计算公式为：

$$\text{总资产周转率}=\frac{\text{营业收入}}{\text{资产平均总额}}$$

其中

$$\text{资产平均总额}=\frac{\text{年初资产总额}+\text{年末资产总额}}{2}$$

该项指标反映资产总额的周转速度。周转率越大，说明总资产周转越快，销售能力越强。如果周转率低，则表明企业资产利用效率不足，需要尽快处理。

与流动资产周转率相似，且总资产中包括的项目更多，它们未必与营业收入都有经济意义上的关系，这也会弱化总资产周转率的信息价值。

分析总资产周转率的变化，通常需要依赖于对应收账款、存货、流动资产、固定资产等周转率的分析，因为它们是总资产的重要组成部分。总资产周转率较差或较好，通常是因为这几个项目的周转率较差或较好产生的。

例如，表 6.18 列出了 A、B、C、D 四家同行业公司主要的周转率指标。

表 6.18　四家公司周转率主要指标

单位：%

项目	A 公司	B 公司	C 公司	D 公司
总资产周转率	0.66	1.33	1.47	0.94
应收账款周转率	3.07	41.85	23.12	7.41
存货周转率	1.70	3.80	3.79	3.65
固定资产周转率	4.60	9.42	6.39	5.28

可以发现，A 公司和 D 公司应收账款、存货和固定资产的周转率都较差，这导致其总资产周转率较差。为此，企业要加强总资产营运效率，必须同时加强这几种资产的管理。

3）盈利能力分析

盈利能力分析采用获利能力比率，它是考核企业利润目标实现情况，尤其是与投入资产相关的报酬实现效果的指标，也称为收益比率。对公司获利能力进行分析是财务报表分析的主要部分，对所有报表使用者都非常重要，尤其是对资本投资者和债权人。对于资本投资者来说，收益是证券价值变动的重要因素；对于债权人来说，收益和经营活动现金流量是本金和利息偿付的重要来源。关注一个企业的获利能力时，我们经常需要提出并回答这样几个问题：公司收益的相关计量指标有哪些？什么是收益的质量？收益的哪些组成部分是重要的？收益及其各个组成部分的持续性（包括稳定性和趋势）如何？

在以上这些问题的分析中，各张财务报表都与获利能力分析有关，尤以利润表最重要。获利能力采用的财务指标包括销售毛利率、资产报酬率、净资产报酬率、每股盈利、市盈率和股利支付率等。这些指标的计算有的是两种报表之间相关项目的比较，例如资产报酬率和净资产报酬率，其计算都是结合了利润表的项目和资产负债表的项目；有的也仅采用利润表中相关项目之间的比较，例如销售利润率，就是利润表内相关项目比较的结果。

（1）销售毛利率（Sales Profit Margin），经常也称为边际利润率，是企业的销售利润总额和销售收入总额的比率。其计算公式为：

$$\text{销售毛利率}=\frac{\text{销售利润总额}}{\text{销售收入总额}}$$

结合我国利润表，销售毛利率可以表示为：

$$\text{销售毛利率}=\frac{\text{营业收入}-\text{营业成本}-\text{税金及附加}}{\text{营业收入}}$$

因此，影响销售毛利率的主要因素就包括：产品或劳务的价格和销售数量；原材料采购成本和产品生产成本以及有关税金。该指标衡量企业销售产品或提供劳务的获利能力，包括对营业成本和税金的控制能力。但是，对销售毛利率的分析应当建立在战略分析的基础上。通常来说，企业战略可以区分为产品差异化战略和低成本战略。产品差异化战略公司往往对产品或劳务定高价，其销售毛利率一般比较高，而低成本战略公司往往能够以低于竞争对手的成本购入原材料或能够更有效地组织生产，其产品或劳务的销售定价往往也较低，这些因素都会对销售毛利率产生重大影响。

为了更有效地分析销售毛利率，通常应该结合财务报表附注或者分部报告信息，分产品或地区分析获利能力差异。

有时候，报表分析者还经常采用销售利润率，即净利润 / 销售收入，衡量企业销售收入中最终形成企业净利润的份额。

可以发现，相对于销售利润率，销售毛利率的分子与分母都是与营业收入在经济意义上高度相关的，而销售利润率却受到其他很多因素的影响，包括企业控制期间费用的水平、营业外收支、金融资产投资产生收益或损失等。因此，我们应该透过销售毛利率与销售利润率的关系，得出一些改进企业盈利能力的有益建议。

例如，销售毛利率强于行业水平，但由于期间费用控制不好，销售利润率低于行业平均水平，这种企业如果更换更高效的管理团队预计能够带来较好的效果。再如，期间费用控制水平较高，但是销售毛利率低下，导致销售利润率低下，则表明公司应该在采购与销售环节下功夫，甚至可能需要考虑改变经营产品的品种。

（2）资产报酬率。它是考查企业全部资产获利能力的指标，可以反映企业管理当局对企业所拥有资源的优化配置与使用的效率。其计算公式为：

$$资产报酬率=\frac{利润净额+利息费用\times（1-税率）}{资产期初期末平均余额}$$

上述公式要注意两点：其一，分母采用的是资产期初期末平均余额，是简单平均数的结果，它蕴含的假设是资产总额在会计期间内均衡变化的；其二，分子采用的是净利润额，并加回抵扣税收影响后的利息费用。因为分母是总资产，分子相应地也应该是利润净额，而不仅是销售利润总额，同时因为财务费用是获取资产而支付给贷款人的融资成本，把利息费用加回净利润可以更好地反映企业未对债权人和股东分配前的收益。

有时候，为了更好地考查企业正常经营活动的获利能力，在计算上述公式时，将非常项目、非持续经营项目和会计方法变化产生的损益影响剔除在净利润之外，因为这些损益不具有持续性，所以这可能对预测企业的未来盈利能力产生误导。

（3）净资产报酬率。与资产报酬率不同，净资产报酬率可以考查所有者或股东的剩余报酬。因此，净资产报酬率也称为股东权益报酬率或所有者权益报酬率。其计算公式为：

$$净资产报酬率=\frac{利润净额}{股东权益期初期末平均余额}$$

由于分母采用的是净资产，分子也应该剔除利息费用。

如果净资产报酬率超过了资产报酬率，则说明企业负债经营策略的成功。也就是说，负债借入的资金带来的利润超过了负债要求的利息。

需要注意的是，企业所有者可以区分为两种：一种是普通股股东；另一种是优先股股东，而其中尤以普通股股东为财务报表分析最关注的对象。净资产报酬率是公司的股东们最为关心的指标。由于优先股股东通常能够获取固定的股利，普通股股东比优先股股东更加关心净资产报酬率。为此，净资产报酬率经常需要进行一定的调整，将分子剔除将要支付给优先股股东的股利，分母剔除优先股股东权益。

影响净资产报酬率的因素有很多，这一指标也可以进一步地分解。杜邦分析正是分解净资产报酬率的一种经常采用的分析方法，我们将在后续小节继续说明这个问题。

（4）每股盈利。实际上与净资产报酬率具有相似性，后者以利润净额和净资产额为基准计算，而前者则以每股净收益为基准计算。与净资产报酬率相似，每股盈利也重点考查普通股股东的每股盈利。因此，每股盈利的计算公式为：

$$\text{流通在外的每股盈利} = \frac{\text{净收益} - \text{优先股股利}}{\text{普通股加权平均股数}}$$

在简单资本结构下，企业没有发行某种在履行或者更换时会稀释普通股每股收益的任何证券（包括可转换优先股、可转换债权、认股权证等），上述计算公式就可以比较合适地反映普通股股东每股收益。不过，在简单资本结构的公司，年度发行在外普通股股数仍可能由于增发或者回购等行为发生变化。对此，又经常采用两种不同方法计算每股收益。其一是全面摊薄法，这种方法不区分本年度股票增减变化因素，而直接以年末实际发行在外的普通股股数为基础计算每股收益；其二是加权平均法，这种计算方法比较复杂，考虑年内增减普通股在外实际运转时间的影响，发行在外普通股加权平均数 = 期初发行在外的普通股股数 + 当期新发行普通股股数 × 已经发行时间 ÷ 报告期时间 − 当期回购普通股股数 × 已经回购时间 ÷ 报告期时间。

在复杂资本结构下，企业发行了至少一种对普通股每股净收益具有潜在稀释性的证券，因此，计算每股收益时应该考虑这种稀释的影响。我国会计准则《每股收益》专门规定了稀释每股收益的计算方法。正因为存在稀释每股收益，前述计算的每股收益称为基本每股收益。稀释性每股收益的计算，有兴趣的学生可以参阅《每股收益》会计准则相关内容。它的基本计算原则是：稀释每股收益是以基本每股收益为基础，假设企业所有发行在外的稀释性潜在普通股均已转换为普通股，从而分别调整归属于普通股股东的当期净利润以及发行在外普通股的加权平均数计算而得的每股收益。

（5）市盈率。市盈率也称为价格与收益比率（P/E ratio）。它是普通股每股市价与每股收益的比率。其蕴含的意思是，按照目前的市价，假设企业一直维持现有的盈利水平，则企业应该经营多少年才能为股东赚回投入资本，即投资者愿意为 1 单位利润支付多少价格。其计算公式为：

$$\text{市盈率} = \frac{\text{普通股每股市价}}{\text{普通股每股盈利}}$$

一般来说，如果一家公司相对于行业其他公司而言连续维持较高的市盈率，说明市场较为看好其发展前景，但过高的市盈率也会增加投资风险。有时候，如果仅仅根据市盈率的高低而判断股票价格的合理性，会觉得市场不可理喻。不同行业不同规模的公司，市盈率相差悬殊；同一公司处于不同的发展阶段，市盈率相差悬殊；同一公司，在不同的资本市场大背景下（例如牛市和熊市），市盈率相差悬殊。因此，如果不能恰当地结合行业特点、企业规模、资本市场整体背景等因素，单纯依据市盈率，其作用是非常有限的。

【阅读材料】

沪深股市行业市盈率数据

中国证监会2012年发布的《上市公司行业分类指引》将上市公司划分为19个门类和90个大类，根据中证指数有限公司提供的“证监会行业市盈率数据－静态市盈率”数据，以2021年8月10日为基础计算的19个门类上市公司的静态市盈率数据见表6.19[①]。

表 6.19　19 个行业上市公司静态市盈率信息

行业名称	最新市盈率	股票家数	亏损家数	平均市盈率 /%			
				近一个月	近三个月	近六个月	近一年
农、林、牧、渔业	12.62	47	8	13.29	15.45	18.55	19.39
采矿业	20.87	78	17	20.82	21.14	18.54	16.3
制造业	39.21	2 856	321	38.47	37.1	38.26	38.28
电力、热力、燃气及水的生产和供应业	17.08	127	7	16.94	16.96	18.3	18.46
建筑业	8.03	103	19	7.76	7.62	7.84	8.03
批发和零售业	20.07	176	26	20.11	21.09	19.95	19.71
交通运输、仓储和邮政业	20.71	106	18	21.3	22.07	21.1	20.2
住宿和餐饮业	—	8	4	—	—	—	—
信息传输、软件和信息技术服务业	43.68	359	66	43.83	43.04	44.26	48.05
金融业	8.05	125	10	8.16	8.67	8.95	9.14
房地产业	6.68	118	22	6.81	7.43	7.56	7.91
租赁和商务服务业	30.38	61	19	30.36	32.5	37.56	38.59

① 计算过程中剔除年度报告亏损以及暂停上市的股票；为保持行业市盈率的代表性和稳定性，如果剔除亏损及暂停上市股票后，行业内股票数量少于5只，则不计算该行业的市盈率。

续表

行业名称	最新市盈率	股票家数	亏损家数	平均市盈率 /%			
				近一个月	近三个月	近六个月	近一年
科学研究和技术服务业	69.13	73	6	69.9	67.59	69.28	67.23
水利、环境和公共设施管理业	22.64	82	19	22.48	22.71	24.43	25.5
居民服务、修理和其他服务业	—	1	1	—	—	—	—
教育	37.35	12	4	41.14	55.56	69.58	91.38
卫生和社会工作业	109.26	13	3	111.63	114.73	126.38	129.22
文化、体育和娱乐业	19.85	61	24	20.24	21.59	22.55	23.91
综合	47.19	13	4	42.5	35.02	31.83	30.52

资料来源：中证指数网。

（6）股利支付率。它是现金股利与净收益的比率，它也不考虑优先股股利，主要衡量在普通股的每股收益中，有多大比例用于支付股利，即所谓的分红。

$$股利支付率=\frac{现金股利}{净收益-优先股股利}$$

相应地，经常用的两个指标是普通股每股股利和股票获利率。

$$普通股每股股利=\frac{普通股股利总额}{普通股流通股数}$$

$$股票获利率=\frac{普通股每股股利}{普通股每股市价}$$

有的投资者希望较高的股利支付率，但有些投资者则更看重股票的未来投资价值。股利支付率除了与公司拥有的现金多寡有关系，更与公司的未来投资机会存在密切关系。一般而言，高成长性公司由于具有较多的投资机会而支付较低的股利，而成熟公司则支付较高的股利。为了保护投资者利益，中国证监会也出台有关文件，对公司分红做出一些硬性规定，将分红比例与再筹资相挂钩；或者出台文件鼓励上市公司分红。例如，中国证监会 2008 年 10 月 9 日发布了《关于修改上市公司现金分红若干规定的决定》，要求进行再融资的上市公司现金分红额占最近三年净利润比例由 20% 提高为 30%；2015 年，财政部会同中国证监会等部门发布《关于鼓励上市公司兼并重组、现金分红及回购股份的通知》，积极鼓励上市公司现金分红，要求上市公司应该建立健全现金分红制度，保持现金分红政策的一致性、合理性和稳定性，具备现金分红条件的，应当采用现金分红进行利润分配。从国外成熟资本市场来看，上市公司提高分红比率也是促进资本市场制度完善与市场长期健康发展的基石，并引导投资者长期投资、价值投资理念的成熟。因此，这些政策有利于投资者长期投资价值理念的培养、资本市场的稳定和资本市场制度的完善。

4）长期偿债能力分析

长期偿债能力与企业的短期偿债能力、营运能力、盈利能力等相关，还与资产负债率、利息保障倍数等指标相关，而这些指标又与资本结构相关。

资本结构是指企业各种资本的价值构成及其比例，它有狭义和广义之分。广义的资本结构是指企业全部资本价值的构成及其比例关系。狭义的资本结构是指企业中长期资本价值的构成及其比例关系，尤其是指长期的股权资本与债权资本的构成及其比例关系。

资本结构可以从不同角度来认识，主要有资本的属性结构和资本的期限结构两种。资本的属性结构是指企业不同属性资本的价值构成及其比例关系；资本的期限结构是指不同期限资本的价值构成及其比例关系。

资本结构也可以从不同价值基础进行认识，包括账面价值结构、市场价值结构和目标价值结构这三种价值基础。资本的账面价值结构是指企业资本按历史账面价值基础计量反映的资本结构；资本的市场价值结构是指企业资本按现实市场价值基础计量反映的资本结构；资本的目标价值结构是指企业资本按未来目标价值计量反映的资本结构。本章主要关注账面价值结构。

资本结构比率是反映企业长期偿债能力和稳定性的指标。它向长期债权人、优先股股东和普通股股东提供其对公司投资的安全程度的信息。公司的资本结构中引入一定的债务融资具有潜在的收益。一是债务成本通常低于权益成本，而且债务利息可以作为税前扣除项目；二是债务融资可以使管理层受到刚性约束，促使其减少不必要支出；三是向私人债权人传递公司私有信息通常比向公开资本市场传递信息更为便利。但是，过度的债务融资也会加大公司经营风险和财务风险。如果公司所处行业竞争并不激烈，未来现金流量的可预测性比较强，则公司可以更多地依赖于债务融资；反之，如果公司未来的现金流量，尤其是经营现金流量具有高度的不确定性，则应该谨慎利用债务融资。

资本结构比率分析经常采用的指标包括资产负债率、净资产负债率（也称为产权比率）、有形净资产负债率、债务净额对权益比率等指标。它们的计算公式分别为：

$$资产负债率=\frac{负债总额}{资产总额}\times 100\%$$

通常而言，如果该比率超过 100%，则表明企业资不抵债，视为达到破产的警戒线。一般认为，该指标的适宜水平是 40% ~ 60%。该指标太低，表明企业利用债务经营的水平较低；反之，则表明企业的债务风险较大。

由于短期负债与长期负债具有较大差异，有时候也直接采用“长期负债总额 / 资产总额”作为分析企业长期偿债能力的指标。

$$净资产负债率=\frac{负债总额}{所有者权益总额}$$

该指标直接反映出企业负债受到股东权益保护的程度。同上，由于短期负债和长期负债具有较大差异，有时候采用“长期债务 / 股东权益”分析长期债务的受保护程度。

$$\text{有形净资产负债率} = \frac{\text{负债总额}}{\text{所有者权益} - \text{无形资产} - \text{商誉}}$$

由于无形资产和商誉的经济利益充满不确定性，该指标更为稳健地反映出企业负债受到股东权益保护的程度。

$$\text{债务净额对权益比率} = \frac{\text{负债总额} - \text{现金和有价证券}}{\text{股东权益}}$$

资本结构比率分析可以反映企业长期债权人、优先股股东和普通股股东提供其对公司投资的安全程度的信息，但如果要比较完整地反映企业的长期债务偿债能力的信息，除了资本结构比率分析之外，还需要审视企业的盈利能力和现金流量。因此，我们经常还采用利息保障倍数和现金流量固定支出保障倍数等指标。

①利息保障倍数。其计算公式为：

$$\text{利息保障倍数} = \frac{\text{利息税前利润}}{\text{利息费用}} = \frac{\text{净利润} + \text{所得税费用} + \text{利息费用}}{\text{利息费用}}$$

利息保障倍数至少要大于 1，表明企业的盈利是可以支撑利息费用的偿还的。但是，该指标并不能反映企业偿还本金的能力。根据我国企业会计准则，企业发生的利息费用可能资本化，也可能费用化，如果直接根据利润表取数，可能会高估利息保障倍数。

②现金流量固定支出保障倍数。其计算公式为：

$$\text{现金流量固定支出保障倍数} = \frac{\text{经营活动现金净流入} + \text{固定支出}}{\text{固定支出}}$$

其中，固定支出是指公司本息等清偿引起的刚性现金支出。

6.4.3　我国国有企业经营业绩考核常用指标①

我国是以国有经济为主导的社会主义市场经济，如何评价国有企业尤其是央企的业绩，成为监管当局关注重点。国务院国资委于 2006 年 4 月和 9 月先后发布了《中央企业综合绩效评价管理暂行办法》和《中央企业综合绩效评价实施细则》；2019 年 3 月 1 日又发布了修订后的《中央企业负责人经营业绩考核办法》，引导国有企业尤其是中央企业的健康发展。这套体系（表 6.20）特点在于运用行业标准进行评价，强调从管理绩效、财务绩效等多角度综合评价，力图综合反映企业的财务状况和管理水平。在财务绩效维度分为盈利能力状况、资产质量状况、债务风险状况、经营增长状况四个层面，由基本指标和修正指标两部分构成。基本指标评价企业的基本效益水平，而修正指标是针对基本指标中的不真实情况和客观因素进行校正。管理绩效维度

① 参考厦门大学管理学院黄雯君硕士毕业论文《从价值创造的角度构建企业业绩评价体系》（2009 年）。

从战略管理、发展创新、经营决策、风险控制等八个指标进行考量，在定性指标分析上采用了专家评判的方法。相比以往出台的业绩评价方法，这套体系更加关注管理领域的业绩评价，从指标的数量以及指标权重设置的比例来看，都反映出了这个情况。这套体系的另一个亮点是注重以国际标准的视角来进行衡量，即对大型企业集团在运用国内标准进行评价的同时，运用国际标准进行评价，以发现优势和寻找差距，促进大型国有企业开展国际对标。国际标准也是行业标准，可以是国际上某个行业某个优秀企业的水平，也可以是某个行业排名前列的一组企业平均水平。

表 6.20 中央企业综合绩效评价指标体系

项目	财务绩效定量评价指标（70%）				管理绩效定性评价指标（30%）	
	基本指标	100	修正指标	100	评价指标	100
一、盈利能力状况	净资产收益率	20	销售（营业）利润率	10	战略管理	18
	总资产报酬率	14	盈余现金保障倍数	9	发展创新	15
			成本费用利润率	8	经营决策	16
			资本收益率	7	风险控制	13
二、资产质量状况	总资产周转率（次）	10	不良资产比率	9	基础管理	14
	应收账款周转率(次）	12	资产现金回收率	7	人力资源	8
			流动资产周转率（次）	6	行业影响	8
三、债务风险状况	资产负债率	12	速动比率	6	社会贡献	8
	已获利息倍数	10	现金流动负债比率	6		
			带息负债比率	5		
			或有负债比率	5		
四、经营增长状况	销售（营业）增长率	12	销售（营业）利润增长率	10		
	资本保值增值率	10	总资产增长率	7		
			技术投入比率	5		

资料来源：国资委：国资发〔2006〕157号，关于印发《中央企业综合绩效评价实施细则》的通知，2006。

【阅读资料】

比率分析主要指标见表 6.21。

表 6.21 比率分析主要指标

指标	公式	意义
流动比率	流动资产 / 流动负债	评估时应注意该比率未考虑流动资产的质量、结构以及与负债配合的时间属性
速动比率	速动资产 / 流动负债	尽管较正确地说明了债务偿还的保证，但仍未考虑应收账款的可收回性和收账期
现金比率	经营流动现金流量 / 流动负债	该比率避免了上述两种比率的缺陷，更直接地表达了企业的实际偿债能力
资产负债率	负债总额 / 资产总额	比率低，债权人的风险小，债权保障程度高，反之亦然
负债与股东权益比率	负债总额 / 股东权益总额	比率越高，表明杠杆经营的比率越高、风险越大，反之亦然
负债与有形资产比率	负债总额 / 有形净资产总额	无形资产、递延资产具有很大的不确定性，剔除后使该比率更合理体现对债权的保障程度
利息保障倍数	息税前收益 / 利息费用	该比率越高，说明支付利息的能力越强，但小于 1 时，则本、利都无法保证
应收账款周转率	赊销收入净额 / 应收账款和应收票据平均余额	表明企业收回货款的能力，平均收账期越短，企业应收账款的变现速度越快，在分析中应注意账龄长的应收账款
平均收款期	360 天或 365 天 / 应收账款周转率	
存货周转率	销售成本 / 存货平均余额	表明企业存货的管理效率，存货持有时间长，则成本增加、利润减少，甚至会造成积压与减值
存货周转天数	360 天或 365 天 / 存货周转率	
固定资产周转率	销售收入净额 / 固定资产平均余额	衡量企业在报告期内固定资产的使用效率，评估这一指标时应注意折旧方法、固定资产的增减
总资产周转率	销售收入净额 / 资产平均总额	说明企业在报告期内对其全部资产的使用效率
股东权益周转率	销售收入净额 / 股东权益平均总额	说明企业在报告期内对其自有资本的使用效率。评估时应注意这一指标的增减原因
销售毛利率	销售毛利 / 销售收入净额	该比率越高，表明销售成本控制越好，但有时不是管理有效率而是行业垄断价格或通货膨胀所致
销售利润率	本期净利润 / 销售收入净额	一般而言，该比率与上述销售毛利率的变动趋势相同
资产报酬率	本期净利润 + 利息费用（税后）/ 资产平均总额	该比率将税后利息费用加回本期净利润以避免比较分析上的偏差
股东权益报酬率	本期净利润 / 股东权益平均总数	该比率与资产报酬率结合起来分析，可以判断杠杆作用利弊
普通股每股收益	本期净利润 / 流通在外普通股股数	该指标是股东衡量企业获利能力的重要指标，也是影响股票市价的重要因素。分母按加权平均法计算以突出股本变动对全年净利润的贡献
市盈率	普通股每股市价 / 普通股每股利润	该指标是衡量股票投资报酬和风险的重要指标

6.5 因素分析法

由于财务报表各个项目之间通常具有密切关系，为了分析几个相关因素对某一财务指标的影响程度，一般会借助因素分析法。因素分析可以帮助我们了解引起某一财务指标或非财务数据与预计的标准数据、历史数据、行业竞争对手数据等发生差异的各种原因造成的影响大小，从而让我们能够把重点放在那些引起较大差异的，并且可控的因素，进而改进企业的经营管理水平。因素分析法在企业内部的财务分析中应用较多，例如，将销售收入的变化分解为销售数量和单位价格的变化，将材料成本分解为耗用原材料的数量和材料单位成本，进而寻找企业最需要改进的领域。

在对外财务报表的分析中，因素分析法运用最为成功的是净资产报酬率的分解，即著名的杜邦分析方法。除此之外，读者也可以借鉴对总资产周转率等综合性较强的指标进行分解。本节我们将着重阐述杜邦分析法。

6.5.1 传统的杜邦分析法

传统的杜邦分析是利用各项财务报表指标之间的内在联系，对企业的综合经营管理和经济效益进行系统分析的方法，它是由美国杜邦公司最先采用的，故称为杜邦分析法。一般而言，净资产收益率被视为衡量公司盈利能力的最重要指标，因此，杜邦分析法将净资产收益率作为全面分析公司业绩的起点。原因在于：第一，企业的目标是企业价值最大化，在一定条件下，其等价于股东财富最大化，而企业股东作为企业的法定和终极意义上的所有者，其投入的资金以及累计的剩余利润，形成净资产；第二，企业目标是价值最大化，则应该以实现盈利作为直接目标，净资产收益率结合了净利润和净资产的指标。

传统的杜邦分析法对净资产收益率首先分解为总资产收益率和权益乘数，再分解为销售利润率、资产周转率和权益乘数三个组成部分。总资产收益率是影响净资产收益率最重要的指标，具有很强的综合性，总资产收益率又取决于销售净利率和总资产周转率的高低。总资产周转率是反映总资产的周转速度。对资产周转率的分析，需要对影响资产周转的各因素进行分析，以判明影响公司资产周转的主要问题在哪里。销售净利率反映销售收入的收益水平。扩大销售收入、降低成本费用是提高企业销售利润率的根本途径，而扩大销售也是提高资产周转率的必要条件和途径。权益乘数表示企业的负债程度，反映了公司利用财务杠杆进行经营活动的程度。资产负债率高，权益乘数就大，这说明公司负债程度高，公司会有较多的杠杆利益，但风险也高；反之，资产负债率低，权益乘数就小，这说明公司负债程度低，公司会有较少的杠杆利益，但相应所承担的风险也低。其计算公式为：

$$\text{净资产收益率} = \text{总资产收益率} \times \text{权益乘数}$$
$$= \text{销售利润率} \times \text{资产周转率} \times \text{权益乘数}$$
$$= \frac{\text{净利润}}{\text{销售收入}} \times \frac{\text{销售收入}}{\text{总资产}} \times \frac{\text{总资产}}{\text{净资产}}$$

销售利润率、资产周转率和权益乘数都可以进一步再分解，按照图形表示，杜邦分析法如图 6.4 所示。

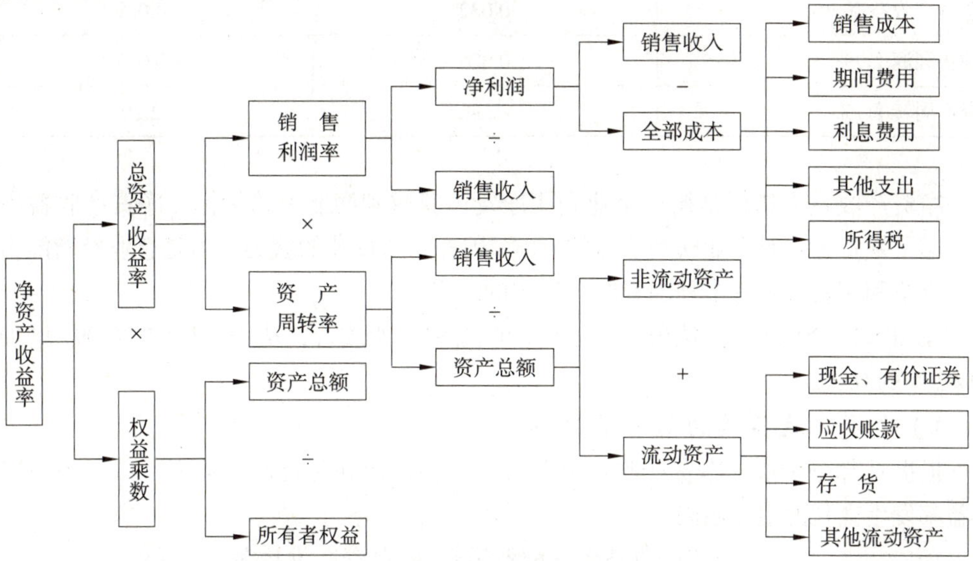

图 6.4　杜邦分析体系

资料来源：汤谷良 .VBM 体系下财务管理理论体系重构 [M]. 北京：中国财政经济出版社，2007。

6.5.2　杜邦分析法实例

下面以 ABC 上市公司为例，简要说明杜邦分析法的运用。

ABC 公司的基本财务数据见表 6.22。

表 6.22　ABC 公司基本财务数据

单位：万元

年度	净利润	销售收入	资产总额	负债总额	全部成本
20×1	10 284.04	411 224.01	306 222.94	205 677.07	403 967.43
20×2	12 653.92	757 613.81	330 580.21	215 659.54	736 747.24

该公司 20×1—20×2 年财务比率见表 6.23。

表 6.23　ABC 公司财务比率表

年度	20×1	20×2
净资产收益率 /%	0.097	0.112
权益乘数	3.049	2.874
资产负债率 /%	0.672	0.652
总资产收益率 /%	0.032	0.039
销售利润率 /%	0.025	0.017
资产周转率 /%	1.34	2.29

净资产收益率指标是衡量企业利用净资产获取利润能力的指标。净资产收益率充分考虑了筹资方式对企业获利能力的影响，因此它所反映的获利能力是企业经营能力、财务决策和筹资方式等多种因素综合作用的结果。

在 20×1—20×2 年，该公司的净资产收益率有所改善，从 20×1 年的 0.097 增加至 20×2 年的 0.112。

1）净资产收益率的第一层分解

根据杜邦分析法，净资产收益率分解为权益乘数和总资产收益率，以寻找净资产收益率发生变化的主要原因。

净资产收益率 = 权益乘数 × 总资产收益率

20×1 年：　　0.097=3.049×0.032

20×2 年：　　0.112=2.874×0.039

由此可以看出，ABC 上市公司净资产收益率的变动在于资本结构（权益乘数）变动和资产利用效果（总资产收益率）变动两方面共同作用的结果。ABC 上市公司 20×2 年的权益乘数较 20×1 年有所减小。权益乘数越小，企业负债程度越低，财务风险程度越低。这个指标同时也反映了财务杠杆对利润水平的影响。财务杠杆具有正反两方面的作用。在收益较好的年度，它可以使股东获得的潜在报酬增加，但股东要承担因负债增加而引起的风险；在收益不好的年度，则可能使股东潜在的报酬下降。管理者应该准确把握公司所处的环境，准确预测利润，合理控制负债带来的风险。

因此，20×2 年净资产收益率的提高要归功于总资产收益率，财务杠杆的作用反而下降了。

2）总资产收益率的分解

总资产收益率 = 销售利润率 × 资产周转率

20×1 年：　　0.032=0.025×1.34

20×2 年：　　0.039=0.017×2.29

分解可以发现公司 20×2 年的资产周转率有比较明显的提高，表明公司利用资产产生销售收入的效率有所改善。但是，公司销售利润率却有所下降，需要进一步分解以寻找原因。

3）销售利润率的分析

$$销售利润率=\frac{净利润}{销售收入}$$

20×1 年：　　　　0.025=10 284.04 ÷ 411 224.01

20×2 年：　　　　0.017=12 653.92 ÷ 757 613.81

我们发现，公司 20×2 年的销售收入显著提高，但是净利润的提高幅度却很小，为什么呢？根据推测，我们估计问题的根源在于公司的成本费用控制有所欠缺。从表 6.23 可知，公司全部成本从 20×1 年 403 967.43 万元猛增到 20×2 年 736 747.24 万元，甚至超过了销售收入的增加幅度。如果有进一步关于公司成本费用方面的信息，我们还可以对总成本的增加进行详细分析，发现问题的根源。

4）结论

公司净资产收益率 20×2 年表现更为优越，主要借助于公司 20×2 年资产周转率的提高，即公司营运效率的提高，但是另一方面，公司需要加强成本的控制。

【案例分析】

海尔智家、美的集团、格力电器净资产收益率比较

海尔智家股份有限公司（股票代码：600690，2019 年 6 月前全称是青岛海尔股份有限公司）、美的集团股份有限公司（股票代码：000333）、珠海格力电器股份有限公司（股票代码：000651）都属于家电行业上市公司。

2003—2004 年，三家公司净资产收益率，青岛海尔最低（表 6.24）。这主要是因为公司运用财务杠杆的水平最低。2013—2019 年，海尔智家的净资产收益率明显高于此前的表现（表 6.25），其财务杠杆运用水平也显著提升。在资产负债率显著提升的前提下，海尔智家的利息保障倍数显示公司的偿债能力非常稳健。

表 6.24　净资产收益率对比表

2003 年	净资产收益率 /%	销售利润率 /%	资产周转率 /%	权益乘数
青岛海尔	6.85	3.16	1.59	1.37
美的电器	7.06	1.22	1.6	3.61
格力电器	15.53	3.36	1.21	3.82
2004 年	**净资产收益率 /%**	**销售利润率 /%**	**资产周转率 /%**	**权益乘数**
青岛海尔	6.46	2.41	2.15	1.24
美的电器	12.24	1.70	1.75	4.11
格力电器	17.24	3.04	1.08	5.23

表 6.25　海尔智家负债信息对比表

项目	2013 年	2014 年	2015 年	2016 年	2017 年	2018 年	2019 年
资产负债率 /%	67.23	61.18	57.34	71.37	69.13	66.93	65.33
利息保障倍数	−145.77	−33.81	−13.00	12.35	857.03	1 338.25	1738.33
净资产收益率 /%	28.81	22.86	18.95	19.1	21.5	18.88	17.14

6.5.3　杜邦分析法的改进

传统的杜邦分析法存在一定的缺陷。首先，在计算总资产收益率时，分子的净利润是属于股东的，但分母的总资产却包括了股东权益和负债，而且资产还可以细分为营业资产和金融资产，并非所有资产都和公司的经营活动有关系。其次，净利润包括了经营活动产生的利润、利息收益、投资收益等，如果对其分别考察，可以更加清晰地判断公司在经营活动、投资活动和融资活动三方面的效率。为了克服这些缺陷，哈佛大学裴普教授等人对传统的杜邦分析法进行了改进，其计算公式为：

$$\text{净资产收益率}=\frac{\text{税后净营业利润}}{\text{股东权益}}-\frac{\text{税后净利息费用}}{\text{股东权益}}$$

$$=\frac{\text{税后净营业利润}}{\text{净资产}}\times\frac{\text{净资产}}{\text{股东权益}}-\frac{\text{税后净利息费用}}{\text{净债务}}\times\frac{\text{净债务}}{\text{股东权益}}$$

$$=\frac{\text{税后净营业利润}}{\text{净资产}}\left(1+\frac{\text{净债务}}{\text{股东权益}}\right)-\frac{\text{税后净利息费用}}{\text{净债务}}\times\frac{\text{净债务}}{\text{股东权益}}$$

= 营业资产收益率 +（营业资产收益率 − 税后实际利息率）× 净财务杠杆

= 营业资产收益率 + 差价 × 净财务杠杆

其中

税后净利息费用 =（利息费用 − 利息收入）×（1− 税率）

税后净营业利润 = 净收益 + 税后净利息费用

营业营运资本 = 流动资产 − 现金和有价证券 − 非附息短期负债

净长期资产 = 长期资产总额 − 非附息长期负债

债务净额 = 附息负债总额 − 现金和有价证券

净资产 = 营业营运资本 + 净长期资产

净资本 = 债务净额 + 股东权益

6.6　财务比率分析的局限性

本节介绍了财务报表分析中的比较分析法、共同比分析法、趋势分析法、比率分析法、因素分析法、杜邦分析法等，其中尤以比率分析法和杜邦分析法为重点。归根到底，它们都是通过计算和分解财务比率对公司的财务状况、经营成果和现金流量进行分析，帮助信息使用者作出投资、信贷等类似决策。但是，正如本章指出的，财务报表分析的完整框架包括了战略分析、会计分析、财务分析和前景分析，财务分析也不仅仅限于财务报表比率分析。因此，在应用财务比率分析时，既要看到它的作用，也要清醒地认识到它的局限性。

第一，比率分析强调了定量信息的作用，却忽视了定性信息的作用。例如，公司管理层的战略视野、学习能力和处理事情的风格、员工素质、公司所处行业环境等信息都难以定量化，却也非常重要。

第二，财务比率受到公司所采用会计政策的影响。不同公司间的会计政策、同一公司不同时期的会计政策，可能都会有所差异。忽视会计政策差异而对财务比率进行横向或纵向比较分析，可能会产生误导性结果。

第三，财务比率易受公司管理层短期行为的影响。例如，公司管理层可以在接近资产负债表日通过偿付短期债务而改变公司的流动比率。

第四，财务报表所反映的数据，一般没有对通货膨胀或通货紧缩因素进行调整，如果这两个因素的影响比较重大，则不同期间的比率分析，可比性将明显受到影响。

第五，财务比率都是采用历史数据进行分析，并用于预测企业未来的发展情况，分析人员不应受到误导，以至于相信过去数据必定反映了公司目前状态以及未来前景。

第六，尤其需要注意，财务比率分析所采用的主要是企业财务报表数据，而它们是通过日常确认、计量、记录并经过一定方法整理得出的，能否真实反映企业的交易和事项，对财务比率分析的效果也影响至深。

因此，要相对完整地认识一个企业的财务状况、经营成果和现金流量，对企业未来的盈利能力和现金流量进行较好的预测，除了正确应用财务比率分析之外，更重要的是结合战略分析、会计分析和前景分析等，结合定量信息和定性信息，全面考察企业的生产经营、投资和筹资等方方面面的因素。

第 7 章　审计报告解读

【学习目的】

1. 审计报告的作用是什么？
2. 如何解读审计报告？

【案例导入】

请思考下述提及的各种审计意见及对财务报表阅读者的意义。

2006 年的会计准则体系在我国上市公司开始执行以来，财政部会计司课题组每年都会提交我国上市公司年度执行企业会计准则情况分析报告。从 2007 年上市公司执行企业会计准则以来，绝大多数上市公司的年报被出具了标准审计意见，2007—2009 年连续 3 年均超过了 93%，2010 年将近 95%，注册会计师出具的审计意见不仅对年报数据的可靠性提供了合理保证，而且充分表明企业会计准则在我国上市公司连续 4 年得到平稳有效实施。以 2010 年的分析报告为例，2 129 家上市公司中，被出具标准审计意见的有 2 020 家，占比为 94.88%；被出具非标准审计意见的有 109 家，占比为 5.12%。109 份非标准审计意见中，84 份为带强调事项段的无保留意见，占比为 77.06%，占全部上市公司审计意见数的 3.95%；17 份为保留意见，占比为 15.60%，占全部上市公司审计意见数的 0.80%；8 份为无法表示意见，占比为 7.34%，占全部上市公司审计意见数的 0.37%。109 份非标准审计意见中，108 份为我国国内会计师事务所出具，仅深南电 A（股票代码：000037）1 份被德勤华永会计师事务所出具了带强调事项段的无保留意见。

到了 2019 年年报时期，即使受到新冠肺炎疫情影响，审计意见仍以标准无保留审计意见为主。根据中国证监会 2020 年发布的《2019 年上市公司年报会计监管报告》，上市公司执行企业会计准则和财务信息披露规则整体质量较好。在沪深两市的 3 847 家上市公司，其中主板 1 987 家（包括 B 股 17 家），中小板 955 家，创业板 805 家，科创板 100 家。已披露年报的上市公司中，有 274 家公司被出具非标准审计意见的审计报告，其中 1 家公司被出具否定意见，45 家被出具无法表示意见，126 家被出具保留意见，102 家被出具带解释说明的无保留意见。另外，暴风集团、神雾退 2 家公司未按规定披露年报，*ST 凯迪向交易所申请延期至 2020 年 9 月 30 日前披露年报。

7.1 审计的含义与功能

由于所有权与经营权相分离，资金提供者并不是企业的管理者，管理者通过会计信息向资金提供者报告其受托责任履行情况。因此，客观上需要独立注册会计师对公司财务报表进行审计，以保障财务报表信息真实可靠，资金提供者才能据此做出合理决策。根据美国会计学会（American Accounting Association，AAA）审计基本概念委员会于 1973 年发表的《基本审计概念说明》，“审计是一个系统化过程，即通过客观地获取和评价有关经济活动与经济事项认定的证据，以证实这些认定与既定标准的符合程度，并将结果传达给有关使用者”。如何解读上述定义呢？

（1）经济活动与经济事项的认定。财务会计是对企业发生的经济活动进行处理并生成财务报表的经济信息系统。上述有关经济活动与事项的认定，就是企业管理层做出的。例如，企业发生了赊销 1 000 万元商品的经济活动，则资产负债表列示的应收账款 1 000 万元和利润表列示的营业收入 1 000 万元，就是管理层认定应收账款和营业收入都是存在的、计价是准确的、处理是符合会计准则的。

在我国现阶段，管理层（执行企业会计准则的企业管理层）的认定，是根据企业会计准则进行的。

（2）认定与既定标准的符合程度。但是，管理层的认定是否确实合理、合法，并不能由管理层自己标榜。审计工作的主要目的就是对与被审计经济活动及经济事项有关的认定形成审计意见，审计意见应当具体说明认定与标准的符合程度。

因此，审计意见应该具体说明执行企业会计准则的企业管理当局的认定与企业会计准则的符合程度。

（3）证据与系统化过程。为了达到这个目的，审计人员在审计过程中，需要获取和评价相关证据，以支持关于认定是否符合既定标准的判断。在获取这些证据并形成审计结论时，审计人员必须遵循系统化过程，即审计人员在制订审计计划、实施审计程序、获取审计证据和形成审计结论时需要通盘考虑，以实现审计目标。在我国现阶段，注册会计师必须遵循中国注册会计师审计准则与职业道德守则。

（4）将结果传递给有关使用者。审计人员形成审计意见，最终目的是出具审计报告，指明财务报表是否符合会计准则的要求，并将这一结果传递给有关使用者。

既然审计报告是审计的最终目的，且注册会计师的审计是提高财务信息的可信度、降低财务信息风险的一种保证服务，那么，我们在阅读财务报表时，特别是没有精通企业会计准则的人士，借助于审计报告，就可以帮助分析财务报表是否真实可靠。但是，必须明确，注册会计师的审计报告只是表明注册会计师根据审计准则与职业道德的要求，尽职尽责以合理的谨慎执行审计工作，对被审计单位的财务报表是否符合会计准则的规定做出鉴证。注册会计师的审计，并不能够作为财务报表是否真实可靠的保证。抽样审计、专业水平、职业道德、会计准则本身的质量等都可能使得审计报告的意见与事实有所出入。但是，无论如何，注册会计师依据审计准则与职业道德得出的审计报告，确实可以提高信息使用者对财务信息的信心。

7.2　审计报告的类型

审计报告分为标准审计报告和非标准审计报告。

标准审计报告是指不含有说明段、强调事项段、其他事项段或其他任何修饰性用语的无保留意见的审计报告。无保留意见审计报告是指当注册会计师认为财务报表在所有重大方面按照适用的财务报告编制基础编制并实现公允反映时发表的审计意见。包含其他报告责任段，但是不含有强调事项段或其他事项段的无保留意见的审计报告也属于标准审计报告。

非标准审计报告是指带强调事项段或其他事项段的无保留意见的审计报告和非无保留意见的审计报告。非无保留意见的审计报告包括保留意见的审计报告、否定意见的审计和无法表示意见的审计报告。

任何一种类型的审计报告，都应该包括如下要素：标题；收件人；审计意见；形成审计意见的基础；管理层对财务报表的责任；注册会计师对财务报表审计的责任；按照相关法律法规的要求报告的事项（如适用）；注册会计师的签名和盖章；会计师事务所的名称、地址和盖章；报告日期。关于这些要素的具体内容，本书将以实例具体呈现。学有余力的学生可以阅读有关审计学教材，以进一步加深理解。

7.3　报表阅读者如何利用审计报告

被出具标准审计报告的企业，表明注册会计师认为被审计单位的财务报表在所有重大方面是符合会计准则规定的，因此，报表阅读者对这类审计报告对应的财务报表的信任度是最高的。

被出具带强调事项段或其他事项段的无保留意见审计报告，表明注册会计师认为被审计单位的财务报表在所有重大方面是符合会计准则规定的，但注册会计师认为有些重要事项需要提醒报表阅读者注意，例如，企业发生了重大亏损、重要的诉讼、重要的担保等。报表阅读者对这类审计报告对应的财务报表的信任度也应该是最高的，但应该注意强调事项段或其他事项段所述事实对企业的影响。

保留意见的审计报告，可能属于如下几种情况（或之一）：①表明注册会计师认为被审计单位的财务报表整体是公允的，但还存在对财务报表产生重大影响的错报；②注册会计师无法获取充分、适当的审计证据以作为形成审计意见的基础，但认为未发现的错报（如果存在）对财务报表可能产生的影响虽重大，尚不具有广泛性。因此，报表阅读者对这类审计报告对应的财务报表的信任程度，应该低于标准审计报告的财务报表，尤其需要注意引起保留意见的事实对财务报表可能的影响。

否定意见的审计报告，表明注册会计师在获取充分适当的审计证据后，认为被审计单位错报单独或汇总起来，对财务报表的影响重大且具有广泛性，注册会计师应当发表否定意见。在这种情况下，报表阅读者必须带着足够怀疑的眼光看待被审计单位的财务报表，因为注册会计师已经在整体上给该财务报表予以“不信任表决”。报表阅读者想要获取企业的真实情况，必须寻找其他信息，对报表信息予以证实或证伪。

无法发表意见的审计报告，表明注册会计师无法获取充分适当的审计证据以作为形成审计意见的基础，但是认为未发现的错报（如果存在）对财务报表可能产生的影响重大且具有广泛性，注册会计师应当发表无法表示意见。对于这类审计报告对应的财务报表，也应该带着足够怀疑的眼光看待。虽然注册会计师没有整体否定这种财务报表，但那是因为注册会计师在审计过程中根本无法获取证据以进行判断。仅就被审计单位不配合注册会计师的审计这点，报表阅读者就应该充分怀疑其财务报表的真实性。

因此，阅读财务报表时，首先，阅读审计报告确定审计意见类型，它可以帮助确定财务报表的可信性；其次，关注关键审计事项，审计师关注的关键问题一般属于对财务报表具有重要影响的问题；最后，关注造成注册会计师发表非标准审计意见的原因。这也就不难理解为什么上市公司年度报告将审计报告置于财务报告之前。

7.4　几种类型审计报告的实例[①]

下面列示了几种不同类型审计意见的审计报告实例。

7.4.1　标准无保留意见的审计报告

万科企业股份有限公司（证券代码：000002）2020 年年度财务报表的审计报告（毕马威华振审字第 2000709 号）如下。

审计报告

万科企业股份有限公司全体股东：

① 审计报告包括“审计意见、形成审计意见的基础、关键审计事项、其他信息、管理层和治理层对财务报表的责任、注册会计师对财务报表审计的责任”，除了“审计意见、关键审计事项”，不同审计报告的其他组成部分的描述几乎一致。为了节约篇幅，下面列举的例子，除了第一份审计报告是完整的，其他有所删除。

一、审计意见

我们审计了后附的万科企业股份有限公司（以下简称“贵公司”）财务报表，包括2020年12月31日的合并及母公司资产负债表，2020年度的合并及母公司利润表、合并及母公司现金流量表、合并及母公司股东权益变动表以及相关财务报表附注。

我们认为，后附的财务报表在所有重大方面按照中华人民共和国财政部颁布的企业会计准则（以下简称“企业会计准则”）的规定编制，公允反映了贵公司2020年度的合并及母公司财务状况以及2020年度的合并及母公司经营成果和现金流量。

二、形成审计意见的基础

我们按照中国注册会计师审计准则(以下简称“审计准则”)的规定执行了审计工作。审计报告的“注册会计师对财务报表审计的责任”部分进一步阐述了我们在这些准则下的责任。按照中国注册会计师职业道德守则，我们独立于贵公司，并履行了职业道德方面的其他责任。我们相信，我们获取的审计证据是充分、适当的，为发表审计意见提供了基础。

三、关键审计事项

关键审计事项是我们根据职业判断，认为对本期财务报表审计最为重要的事项。这些事项的应对以对财务报表整体进行审计并形成审计意见为背景，我们不对这些事项（表7.1—表7.3）单独发表意见。

表7.1　存货的可变现净值的评估

关键审计事项	在审计中如何应对该事项
2020年12月31日，贵公司及其子公司（以下简称“贵集团”）已完工开发产品、在建开发产品及拟开发产品（以下统称“存货”）的账面价值合计金额重大。该等存货按照成本与可变现净值孰低计量。 管理层确定资产负债表日每个存货项目的可变现净值。 在确定存货可变现净值过程中，管理层需对每个拟开发产品和在建开发产品达到完工状态时将要发生的建造成本作出最新估计，并估算每个存货项目的预期未来净售价（参考附近地段房地产项目的最近交易价格）和未来销售费用以及相关销售税金等，该过程涉及重大的管理层判断和估计。 由于存货对贵集团资产的重要性，且估计存货项目达到完工状态时将要发生的建造成本和未来净售价存在固有风险，特别是考虑到当前的经济环境在各个城市推出的各种应对房地产市场的措施，我们将对贵集团存货的可变现净值的评估识别为关键审计事项。	与评价存货的可变现净值相关的审计程序中包括以下程序： • 评价管理层与编制和监督管理预算及预测各存货项目的建造和其他成本相关的关键内部控制的设计和运行有效性； • 在抽样的基础上对存货项目进行实地观察，并询问管理层这些存货项目的进度和各项目最新预测所反映的总开发成本预算； • 评价管理层所采用的估值方法，并将估值中采用的关键估计和假设，包括与平均净售价有关的关键估计和假设，与市场可获取数据和贵集团的销售预算计划进行比较； • 将各存货项目的估计建造成本与贵集团的最新预算进行比较，并将截至2020年12月31日发生的成本与截至2019年12月31日作出的预算进行比较，以评价管理层预测的准确性和预算过程； • 进行敏感性分析，以确定关键估计和假设单独或组合出现何种程度的变化会导致存货发生重大错报，并考虑关键估计和假设出现此类变动的可能性以及潜在的管理层偏向。

注：请参阅财务报表附注“三、公司重要会计政策、会计估计”注释10所述的会计政策及“五、合并财务报表项目附注”注释7。

表 7.2 土地增值税的计提

关键审计事项	在审计中如何应对该事项
贵集团应缴纳的主要税项之一为土地增值税。 贵集团销售开发的房地产需要就土地增值额按照超率累进税率 30%～60% 缴纳土地增值税。在每个财务报告期末，管理层需要对土地增值税的计提金额进行估算，在作出估算的判断时，主要考虑的要素包括相关税务法律法规的规定和解释，预计的销售房地产取得的收入减去预计可扣除的土地成本、房地产开发成本、利息费用、开发费用等。贵集团在土地增值税汇算清缴时，实际应付税金可能与贵集团预估的金额存在差异。 由于土地增值税的计提对合并财务报表的重要性，且管理层作出估计时的判断包括对相关税务法律法规和实务做法的理解等考虑要素，因此，我们将贵集团土地增值税的计提识别为关键审计事项。	与评价土地增值税的计提相关的审计程序中包括以下程序： • 评价管理层与计量预计的土地增值税相关的关键内部控制的设计和运行有效性； • 利用本所内部税务专家的工作，评价贵集团于 2020 年 12 月 31 日的土地增值税的计提，包括基于我们的经验、知识和对各地方税务机关就相关税法应用的实务操作的理解，评估贵集团的假设和判断； • 评价管理层对可扣除项目金额的估计，评估管理层的假设和判断； • 在抽样的基础上重新计算贵集团计提的土地增值税，并将我们的计算结果与贵集团所记录的金额进行比较。

注：请参阅财务报表附注“四、税项”注释 1 及“五、合并财务报表项目附注”注释 28、29、42。

表 7.3 房地产开发项目的收入确认

关键审计事项	在审计中如何应对该事项
销售房地产开发项目产生的收入占贵集团 2020 年度营业收入总额的 91.4%。这些收入在满足以下所有条件时进行确认。 （1）与客户签署了买卖合同； （2）取得了客户的首期款并且已确认余下房款的付款安排； （3）房产已经被客户接受，或根据买卖合同约定被视为已获客户接受（以较早者为准）。 由于房地产开发项目的收入对贵集团的重要性，以及单个房地产开发项目销售收入确认上的细小错误汇总起来可能对贵集团的利润产生重大影响，因此，我们将贵集团房地产开发项目的收入确认识别为关键审计事项。	与房地产开发项目的收入确认的评价相关的审计程序中包括以下程序： • 评价与房地产开发项目的收入确认相关的关键内部控制的设计和运行有效性； • 检查贵集团的房产标准买卖合同条款，以评价贵集团有关房地产开发项目的收入确认政策是否符合相关会计准则的要求； • 就本年确认房产销售收入的项目，选取样本，检查可以证明房产已经被客户接受，或被视为已获客户接受的支持性文件，以评价相关房产销售收入是否已按照集团的收入确认政策确认； • 就资产负债表日前后确认房产销售收入的项目，选取样本，检查可以证明房产已经被客户接受，或被视为已获客户接受的支持性文件，以评价相关房产销售收入是否在恰当的期间确认。

注：请参阅财务报表附注“三、公司重要会计政策、会计估计”注释 25 及“五、合并财务报表项目附注”注释 41。

四、其他信息

贵公司管理层对其他信息负责。其他信息包括贵公司 2020 年年度报告中涵盖的信息，但不包括财务报表和我们的审计报告。

我们对财务报表发表的审计意见不涵盖其他信息，我们也不对其他信息发表任何形式的鉴证结论。

结合我们对财务报表的审计，我们的责任是阅读其他信息，在此过程中，考虑其他信息是否与财务报表或我们在审计过程中了解到的情况存在重大不一致或者似乎存在重大错报。

基于我们已执行的工作，如果我们确定其他信息存在重大错报，我们应当报告该事实。在这方面，我们无任何事项需要报告。

五、管理层和治理层对财务报表的责任

管理层负责按照企业会计准则的规定编制财务报表，使其实现公允反映，并设计、执行和维护必要的内部控制，以使财务报表不存在由于舞弊或错误导致的重大错报。

在编制财务报表时，管理层负责评估贵公司的持续经营能力，披露与持续经营相关的事项（如适用），并运用持续经营假设，除非贵公司计划进行清算、终止运营或别无其他现实的选择。

治理层负责监督贵公司的财务报告过程。

六、注册会计师对财务报表审计的责任

我们的目标是对财务报表整体是否存在舞弊或错误导致的重大错报获取合理保证，并出具包含审计意见的审计报告。合理保证是高水平的保证，但并不能保证按照审计准则执行的审计在某一重大错报存在时总能发现。错报可能是舞弊或错误导致，如果合理预期错报单独或汇总起来可能影响财务报表使用者依据财务报表作出的经济决策，则通常认为错报是重大的。

在按照审计准则执行审计工作的过程中，我们运用职业判断，并保持职业怀疑。同时，我们也执行以下工作：

（1）识别和评估是舞弊或错误导致的财务报表重大错报风险，设计和实施审计程序以应对这些风险，并获取充分、适当的审计证据，作为发表审计意见的基础。由于舞弊可能涉及串通、伪造、故意遗漏、虚假陈述或凌驾于内部控制之上，未能发现舞弊导致的重大错报的风险高于未能发现错误导致的重大错报的风险。

（2）了解与审计相关的内部控制，以设计恰当的审计程序。

（3）评价管理层选用会计政策的恰当性和作出会计估计及相关披露的合理性。

（4）对管理层使用持续经营假设的恰当性得出结论。同时，根据获取的审计证据，就可能导致对贵公司持续经营能力产生重大疑虑的事项或情况是否存在重大不确定性得出结论。如果我们得出结论是存在重大不确定性，审计准则要求我们在审计报告中提请报表使用者注意财务报表中的相关披露；如果披露不充分，我们应当发表非无保留意见。我们的结论基于截至审计报告日可获得的信息。然而，未来的事项或情况可能导致贵公司不能持续经营。

（5）评价财务报表的总体列报、结构和内容（包括披露），并评价财务报表是否公允反映相关交易和事项。

（6）就贵集团中实体或业务活动的财务信息获取充分、适当的审计证据，以对财务报表发表审计意见。我们负责指导、监督和执行集团审计，并对审计意见承担全部责任。

我们与治理层就计划的审计范围、时间安排和重大审计发现等事项进行沟通，包括沟通我们在审计中识别的值得关注的内部控制缺陷。

我们还就已遵守与独立性相关的职业道德要求向治理层提供声明，并与治理层沟通可能被合理认为影响我们独立性的所有关系和其他事项，以及相关的防范措施（如适用）。

从与治理层沟通过的事项中，我们确定哪些事项对本期财务报表审计最为重要，因而构成关键审计事项。我们在审计报告中描述这些事项，除非法律法规禁止公开披露这些事项，或在极少数情形下，如果合理预期在审计报告中沟通某事项造成的负面后果超过在公众利益方面产生的益处，我们确定不应在审计报告中沟通该事项。

毕马威华振会计师事务所（特殊普通合伙）　　中国注册会计师

陈泳意（项目合伙人）

中国　北京　　李默然

2021年3月30日

7.4.2 带强调事项的无保留意见审计报告

成都卫士通信息产业股份有限公司（股票代码：002268）2019年审计报告如下。

成都卫士通信息产业股份有限公司全体股东：

一、审计意见

我们审计了成都卫士通信息产业股份有限公司（以下简称“贵公司”或“卫士通公司”）财务报表，包括2019年12月31日的合并及母公司资产负债表，2019年度的合并及母公司利润表、合并及母公司现金流量表、合并及母公司股东权益变动表以及相关财务报表附注。

我们认为，后附的财务报表在所有重大方面按照企业会计准则的规定编制，公允反映了贵公司2019年12月31日的合并及母公司财务状况以及2019年度的合并及母公司经营成果和现金流量。

二、形成审计意见的基础

我们按照中国注册会计师审计准则的规定执行了审计工作。审计报告的“注册会计师对财务报表审计的责任”部分进一步阐述了我们在这些准则下的责任。按照中国注册会计师职业道德守则，我们独立于贵公司，并履行了职业道德方面的其他责任。我们相信，我们获取的审计证据是充分、适当的，为发表审计意见提供了基础。

三、强调事项

贵公司全资子公司中电科（北京）网络信息安全有限公司（以下简称“北京网安”）向北京金丰科华房地产开发有限公司购买位于北京市丰台区花乡四合庄1516−15地块上5#办公商业楼由于涉诉被北京市第二中级人民法院查封，北京金丰科华房地产开发有限公司破产清算已被北京市丰台区人民法院受理。截至审计报告日，相关案件尚未审结。上述资产列报于“在建工程”项目，2019年12月31日余额116 309.74万元。

我们提醒财务报表使用者关注，财务报表附注十三（二）描述了北京网安涉诉房产详细情况及最新进展情况。本段内容不影响已发表的审计意见。

四、关键审计事项

关键审计事项是我们根据职业判断，认为对本期财务报表审计最为重要的事项。这些事项的应对以对财务报表整体进行审计并形成审计意见为背景，我们不对这些事项单独发表意见。

我们确定下列事项是需要在审计报告中沟通的关键审计事项：

（一）收入的确认

1. 事项描述

2019 年度，卫士通公司营业收入为 210 376.00 万元，较 2018 年度营业收入同比增长 8.95%。卫士通公司销售密码产品、信息安全产品、安全信息产品等信息安全相关产品，在相关产品到达客户指定地点并得到客户签收后确认产品销售收入，同时结转产品对应的成本。信息系统集成及信息技术服务收入在资产负债表日提供服务交易的结果能够可靠估计的，采用完工百分比法确认提供服务收入。采用完工百分比法时，合同完工进度依据已完工作的测量确定。

（1）销售商品收入的发生和完整，会对卫士通公司经营成果产生很大影响；

（2）根据完工百分比法确认的收入涉及管理层的重大判断和估计，进而可能影响卫士通公司是否按照完工百分比法在恰当的会计期间确认收入。因此，我们将收入的确认作为关键审计事项。

关于收入确认的会计政策见附注四（二十二）；关于收入的披露见附注六、注释 31。

2. 审计应对

我们对于收入确认所实施的重要审计程序包括：

（1）了解、评估了管理层对集成服务收入、集成产品收入、软件收入、技术服务收入确认的内部控制的设计，并测试了关键控制执行的有效性；

（2）通过检查业务合同及与管理层的访谈，对与收入确认有关的重大风险及报酬转移时点进行了分析评估，进而评估卫士通公司收入的确认政策；

（3）检查与收入确认相关的支持性文件，包括销售合同、订单、销售发票、客户签收单、回款情况等；

（4）针对资产负债表日前后确认的销售收入核对至客户签收单等支持性文件，以评估销售收入是否在恰当的期间确认；

（5）按照产品类别、施工项目对毛利率进行分析，与同行业进行比对，以评估毛利率水平的合理性；

（6）结合往来款检查对客户及供应商进行函证。

基于已执行的审计工作和获取的审计证据，我们认为，管理层对收入确认在财务报告中的列报与披露是适当的。

（二）存货跌价准备计提

1. 事项描述

截至2019年12月31日，卫士通公司存货在合并财务报表账面余额30 830.60万元，计提存货跌价准备1 779.28万元，存货账面价值29 051.32万元，占资产总额的4.88%。如附注四（十二）所述，卫士通公司按照单个存货成本高于可变现净值的差额计提存货跌价准备。存货的可变现净值的确定，要求管理层对存货的售价，至完工时将发生的成本、销售费用及相关税费进行估计。因此，我们将存货跌价准备计提确定为关键审计事项。

关于存货跌价准备计提的披露见附注六、注释6。

2. 审计应对

在审计存货跌价准备的过程中，我们的审计程序主要包括：

（1）对卫士通公司存货跌价准备相关内部控制的设计与执行进行了评估；

（2）获取并评价了管理层对于存货跌价准备的计提方法和相关假设，并考虑了卫士通公司的预期销售计划等因素对存货跌价准备的可能影响；

（3）对存货盘点实施监盘，检查存货的数量、状况及产品有效期等；

（4）对存货周转天数以及存货库龄进行了审核并执行了分析性程序，判断是否存在较长库龄的存货导致存货减值的风险；

（5）获取期末存货库龄清单，结合产品的有效期，对库龄较长的存货进行分析性复核，分析存货跌价准备是否合理；

（6）检查了存货跌价准备相关信息在财务报表中的列报和披露。

基于已执行的审计工作和获取的审计证据，我们认为，管理层对存货跌价准备计提在财务报告中的列报与披露是适当的。

五、其他信息（略）

六、管理层和治理层对财务报表的责任（略）

七、注册会计师对财务报表审计的责任（略）

7.4.3　保留意见审计报告

力帆实业（集团）股份有限公司（股票代码：601777）2019年审计报告如下。

力帆实业（集团）股份有限公司全体股东：

一、保留意见

我们审计了力帆实业（集团）股份有限公司（以下简称“力帆股份”）财务报表，包括2019年12月31日的合并及母公司资产负债表，2019年度的合并及母公司利润表、合并及母公司现金流量表、合并及母公司股东权益变动表以及相关财务报表附注。

我们认为，除“形成保留意见的基础”部分所述事项产生的影响外，后附的财务报表在所有重大方面按照企业会计准则的规定编制，公允反映了力帆股份2019年12

月31日的合并及母公司财务状况以及2019年度的合并及母公司经营成果和现金流量。

二、形成保留意见的基础

（1）如本报告“第十一节财务报告”中十五、4（四）所述，重庆盼达汽车租赁有限公司向重庆仲裁委提出仲裁申请，申请力帆股份子公司重庆力帆乘用车有限公司向其赔偿79 840.16万元。我们未能就该事项获取充分、适当的审计证据，从而无法判断该事项对力帆股份2019年度财务状况和经营成果的影响。

（2）如本报告“第十一节财务报告”中七、29所述，力帆股份在2019年末确认递延所得税资产89 728.08万元。我们未能获取充分、适当的审计证据，从而无法判断力帆股份未来是否能够产生足够的应纳税所得额。

我们按照中国注册会计师审计准则的规定执行了审计工作。审计报告的“注册会计师对财务报表审计的责任”部分进一步阐述了我们在这些准则下的责任。按照中国注册会计师职业道德守则，我们独立于力帆股份，并履行了职业道德方面的其他责任。我们相信，我们获取的审计证据是充分、适当的，为发表保留意见提供了基础。

三、与持续经营相关的重大不确定性

我们提请财务报表使用者关注，如本报告“第十一节财务报告”中、四2所述，力帆股份存在流动资产低于流动负债、债务逾期等情况，这些情况表明存在可能导致力帆股份持续经营能力产生重大疑虑的重大不确定性。该事项不影响已发表的审计意见。

四、其他信息

力帆股份管理层对其他信息负责。其他信息包括2019年度报告中涵盖的信息，但不包括财务报表和我们的审计报告。

我们对财务报表发表的审计意见不涵盖其他信息，我们也不对其他信息发表任何形式的鉴证结论。

结合我们对财务报表的审计，我们的责任是阅读其他信息，在此过程中，考虑其他信息是否与财务报表或我们在审计过程中了解的情况存在重大不一致或者似乎存在重大错报。

基于我们已执行的工作，如果我们确定其他信息存在重大错报，我们应当报告该事实。如上述“形成保留意见的基础”部分所述，我们无法就“形成保留意见的基础”部分所述的事项获取充分、适当的审计证据。因此，我们无法确定与该事项相关的其他信息是否存在重大错报。

五、关键审计事项

关键审计事项是我们根据职业判断，认为对本期财务报表审计最为重要的事项。这些事项的应对以对财务报表整体进行审计并形成审计意见为背景，我们不对这些事项单独发表意见。

除“形成保留意见的基础”部分所描述的事项外，我们确定下列事项是需要在审计报告中沟通的关键审计事项。

固定资产减值：

1. 事项描述

如本报告“第十一节财务报告”中五、29及七、20所述，于2019年12月31日，力帆股份固定资产账面原值761 761.39万元，累计折旧174 064.22万元，减值准备110 654.48万元，账面价值为477 042.68万元。

力帆股份于资产负债表日评估固定资产是否存在减值迹象。对于存在减值迹象的进行减值测试，减值测试结果表明资产或资产组的可收回金额低于其账面价值的，按其差额计提减值准备并计入减值损失。可收回金额为资产或资产组的公允价值减去处置费用后的净额。由于存在减值迹象的固定资产账面价值对财务报表影响重大且在确定固定资产减值准备时涉及管理层判断，我们将力帆股份的固定资产减值识别为关键审计事项。

2. 审计应对

我们就固定资产减值实施的主要审计程序包括：

（1）了解、评估及测试与固定资产减值相关的内部控制设计的合理性及执行的有效性；

（2）对重要固定资产进行监盘，确定期末固定资产数量，并观察固定资产状态；

（3）获取管理层编制的固定资产减值测试表，分析年末固定资产是否存在减值的迹象，复核管理层对资产组的判断；

（4）评价外部评估专家的专业胜任能力和独立性，复核减值测试方法的适当性，以及重置全价、综合成新率等参数选择的合理性；

（5）检查与固定资产减值相关的信息是否作出恰当的披露。

六、管理层和治理层对财务报表的责任（略）

七、注册会计师对财务报表审计的责任（略）

7.4.4 无法表示意见的审计报告

江苏保千里视像科技集团股份有限公司（股票代码：600074）2019年审计报告如下。

江苏保千里视像科技集团股份有限公司全体股东：

一、无法表示意见

我们接受委托，审计了江苏保千里视像科技集团股份有限公司（以下简称“保千里公司”）财务报表，包括2019年12月31日的合并及母公司资产负债表，2019年度的合并及母公司利润表、合并及母公司现金流量表、合并及母公司所有者权益变动表，以及相关财务报表附注。

我们不对后附的保千里公司财务报表发表审计意见。由于“形成无法表示意见的基础”部分所述事项的重要性，我们无法获取充分、适当的审计证据以作为对财务报表发表审计意见的基础。

二、形成无法表示意见的基础

1. 持续经营能力存在重大不确定性

保千里公司目前大部分银行账户、重要固定资产、对外投资股权等已被冻结，银行借款、公司债券、供应商货款均已逾期未付，近三年连续发生巨额亏损，归属于母公司股东的净资产连续为负数，财务状况已严重恶化，重整程序未能进入，终止上市很可能发生。以上情况表明，保千里公司持续经营能力存在重大不确定性。截至审计报告日，如财务报表附注二（二）所述，保千里公司就资产负债表日后12个月改善持续经营能力拟定了相关措施，但我们未能取得与评估持续经营能力相关的充分、适当的审计证据，因此我们无法确定保千里公司基于持续经营假设编制的财务报表是否恰当。

2. 无法确定前期问题对财务报表的影响

保千里公司前实际控制人、前董事长庄敏前期主导的对外投资、付款、关联交易等问题，涉嫌舞弊，庄敏失联至今，证监会于2017年12月因庄敏涉嫌信息披露违规违法对其进行立案调查，截至审计报告日，尚无最终结果。由于前期问题对财务报表的影响延续至本期，我们无法实施全面有效的审计程序，以获取充分、适当的审计证据确定其对财务报表的影响。

（1）如财务报表附注五（二）所述，应收账款期末余额原值26.20亿元，累计计提坏账准备25.91亿元，净额0.29亿元，应收账款坏账准备累计计提率98.89%；附注五（四）所述，其他应收款期末余额原值18.50亿元，累计计提坏账准备17.63亿元，净额0.87亿元，其他应收款累计坏账准备计提率95.35%；附注五（八）所述，长期股权投资期末余额原值30.36亿元，累计计提长期股权投资减值准备30.30亿元，净额0.06亿元，长期股权投资减值准备累计计提率99.80%；附注五（十三）所述，商誉期末余额原值6.92亿元，累计计提商誉减值准备6.92亿元，净额0.00亿元，商誉减值准备累计计提率100.00%。由于上述交易和事项与前期问题相关，我们无法确认相关报表项目的真实性以及减值准备计提的准确性。

（2）2019年4月证监会《行政处罚及市场禁入事先告知书》指出，保千里公司于2015年至2017年9月未披露有关关联方及关联交易，未披露的关联方20家，未披露的关联交易销售收入共34.09亿元，相应利润共14.74亿元。由于有关关联主体失联，保千里公司未能提供充分、必要的资料证实上述关联关系的存在和关联交易的真实性、公允性，我们无法确认关联方和关联交易列报的恰当性。

（3）由于前期问题的影响重大、广泛和持续，保千里公司保持财务报表可靠性的内部控制已经失效，我们认为除上述事项外，保千里公司财务报表可能还存在其他未被发现的错报。

三、管理层和治理层对财务报表的责任（略）

四、注册会计师对财务报表审计的责任（略）

7.4.5 否定意见的审计报告

上海富控互动娱乐股份有限公司（股票代码：600634）2019年审计报告如下。

上海富控互动娱乐股份有限公司全体股东：

一、否定意见

我们审计了上海富控互动娱乐股份有限公司（以下简称“富控互动”）的财务报表，包括2019年12月31日的合并及公司资产负债表，2019年度的合并及母公司利润表、合并及母公司现金流量表、合并及母公司股东权益变动表以及相关财务报表附注。

我们认为，由于“形成否定意见的基础”部分所述事项的重要性，后附的财务报表没有在所有重大方面按照企业会计准则的规定编制，未能公允反映富控互动2019年度的合并及母公司财务状况以及2019年度的合并及母公司经营成果和合并及母公司现金流量。

二、形成否定意见的基础

1. 预计负债、应付利息的转回事项

如财务报表附注七、50预计负债、附注七、68投资收益和十四、2（1）未决诉讼仲裁及其他事项形成的或有负债及其财务影响所述，富控互动本年度冲回预计负债18.86亿元，冲回应付利息11.06亿元，确认投资收益29.92亿元。其中，冲回对上海中技桩业股份有限公司担保确认的预计负债12.85亿元，冲回富控互动作为共同债务人确认的预计负债6.01亿元，冲回表内金融机构借款利息及罚息11.06亿元。

（1）冲回对上海中技桩业股份有限公司担保确认的预计负债12.85亿元。

本报告期末，富控互动《上海富控互动娱乐股份有限公司管理层对公司2019年年度重要事项账务处理的说明》：公司目前共涉及的合规担保中，除青岛城乡建设融资租赁有限公司及华融金融租赁股份有限公司外，其他金融机构已确定会债权转基金份额，且针对债转基金份额的主要条款，各方已达成一致。同时，某有限合伙企业已出具相关兜底函，承诺将按照公司要求，就该类案件中公司所负截至2019年12月31日的债务本金、利息、罚息、违约金、诉讼费、律师费等承担兜底责任，某有限合伙企业承担兜底责任后，不可撤销地、永久性地免除并放弃对公司以诉讼、仲裁或其他方式提出任何权利主张或其他类似行为（包括但不限于自愿放弃向公司追偿的权利等），也不会将任何已免除或放弃的诉讼主张及其他权利转让给任何自然人或组织。公司无须就某有限合伙企业直接清偿的公司相关债务或向公司支付的款项履行任何还款义务，承担任何赔偿、补偿责任、任何损失或承担任何成本和费用。综上，公司管理层认为：针对合规担保计提的预计负债，除青岛城乡建设融资租赁有限公司及华融金融租赁股份有限公司外，其他案件已达到冲回的条件，公司2019年年财务报表将截至2019年12月31日计提的预计负债12.85亿元予以冲回。

我们未取得相关债权人与该有限合伙企业就债转基金份额达成一致意见的相关资

料，与企业沟通中，企业表示公司和债权人处于商业保密的需要，无法向会计师及公众进行公开披露主要条款；我们访谈了上述全部债权人，获悉富控互动向部分债权人沟通了债转基金份额方案，但最终并未与债权人达成确定的和解方案。富控互动与某有限合伙企业签订的债务兜底协议为 2020 年签署，我们对该有限合伙企业承担兜底义务的实际能力及该协议的商业合理性存在重大疑虑。我们认为，富控互动对上述事项产生的预计负债的冲回不符合相关会计准则的规定，该错报对财务报表的影响重大且具有广泛性。

（2）冲回富控互动作为共同债务人确认的预计负债 6.01 亿元。

本报告期末，富控互动《上海富控互动娱乐股份有限公司管理层对公司 2019 年年度重要事项账务处理的说明》：目前，公司已签订及拟签订债权买断的共计 13 家，其中 2 家已支付买断价款，合同已经生效，某有限合伙收购债权后，将放弃向富控互动追索。针对剩余未生效及拟签订买断协议的相关事项，某有限合伙已出具相关兜底函，承诺将按照公司要求，就该类案件中公司所负截至 2019 年 12 月 31 日的债务本金、利息、罚息、违约金、诉讼费、律师费等承担兜底责任，某有限合伙承担兜底责任后，不可撤销地、永久性地免除并放弃对公司以诉讼、仲裁或其他方式提出任何权利主张或其他类似行为（包括但不限于自愿放弃向公司追偿的权利等），也不会将任何已免除或放弃的诉讼主张及其他权利转让给任何自然人或组织。公司无须就某有限合伙直接清偿的公司相关债务或向公司支付的款项履行任何还款义务，承担任何赔偿、补偿责任、任何损失或承担任何成本和费用。综上，公司管理层认为：公司无须承担该类案件中的还款责任。据此，公司 2019 年财务报表将该类案件截至 2019 年 12 月 31 日累计计提的预计负债 6.53 亿元予以冲回。

我们认为，除“2 家已支付买断价款合同已经生效”事项外，富控互动根据未生效及拟签订买断协议对预计负债冲回 6.01 亿元，不符合相关会计准则的规定；富控互动与某有限合伙企业签订的债务兜底协议为 2020 年签署，我们对该合伙企业承担兜底义务的实际能力及该协议的商业合理性存在重大疑虑。该错报对财务报表的影响重大且具有广泛性。

（3）冲回表内金融机构借款利息及罚息 11.06 亿元。

本报告期末，富控互动《上海富控互动娱乐股份有限公司管理层对公司 2019 年年度重要事项账务处理的说明》：针对表内借款利息及罚息，相关案件债权人已确定将债权转基金份额或进行和解，且针对债转基金份额及和解的主要条款，各方已达成一致。同时，某有限合伙企业也已向上市公司出具相关兜底函，承诺将按照公司要求，就该类案件中公司所负截至 2019 年 12 月 31 日的债务利息、罚息、违约金、诉讼费、律师费等承担兜底责任，某有限合伙承担兜底责任后，不可撤销地、永久性地免除并放弃对公司以诉讼、仲裁或其他方式提出任何权利主张或其他类似行为（包括但不限于自愿放弃向公司追偿的权利等），也不会将任何已免除或放弃的诉讼主张及其他权利转让给任何自然人或组织。公司无须就某有限合伙直接清偿的公司相关债务或向公司支付的款项履行任何还款义务，承担任何赔偿、补偿责任、任何损失或承担任何成本和费用。根据《企业会计准则第22号——金融工具确认和计量》相关规定：金融负债（或其一部分）的现时义务已经解除的，企业应当终止确认该金融负债(或该部分金融负债)。公司管理层认为：针对表内借款利息及罚息，已达到解除条件，2019年财务报表将截至2019年12月31日计提的应付利息约11.06亿元予以冲回。

我们未取得与相关债权人与某有限合伙企业就债转基金份额达成一致意见的相关资料，与富控互动沟通中，富控互动表示公司相关人员自2019年起多次与相关债权方沟通过利息及罚息的减免方案，且多家机构同意豁免部分本金及利息罚息，且针对和解的主要条款已达成一致或单方面同意豁免利息罚息，只是暂时未签订最终和解协议；我们访谈了部分债权人，获悉截至访谈日富控互动与部分债权人沟通了债转基金份额方案，但最终并未与债权人达成确定的和解方案。富控互动与某有限合伙企业签订的债务兜底协议为2020年签署，我们对该有限合伙企业承担兜底义务的实际能力及该协议的商业合理性存在重大疑虑。我们认为，富控互动冲回表内金融机构借款利息及罚息11.06亿元，不符合相关会计准则的规定，该错报对财务报表的影响重大且具有广泛性。

富控互动于2020年8月23日向我们出具了《关于转回预计负债及冲回应付利息不予披露的说明》：截至2019年12月31日，针对表内借款及合规担保事项，部分债权人已确定债权转某合伙企业基金份额或进行和解，且针对债权转某合伙企业基金份额及和解的主要条款，各方已达成一致，并取得相关材料，针对表外或有借款事项，部分债权人或债权申报方已与公司签订相关协议，但鉴于公司和债权人暂处于商业保密的需要，应债权人要求，无法向公众公开披露具体细节及内容，故要求年报审计会计师在2019年年度审计报告正文及非标意见专项报告中不予详细披露。

2. 与持续经营能力相关的重大事项

如财务报表附注四、2持续经营所述，富控互动以持续经营假设为编制基础。考虑审计报告“二、形成否定意见的基础”所述“富控互动本年度冲回预计负债18.86亿元，冲回应付利息11.06亿元，确认投资收益29.92亿元”之错报对财务报表的重大影响后，富控互动归属于母公司的所有者权益为−22.41亿元，资产负债率为145.42%；同时，由于诉讼事项，富控互动包括基本户在内的多个银行账户被冻结，所持子公司股权、多处房产被冻结，金额共计44.75亿元，已对生产经营活动带来重大影响；此外，富控互动占收入来源99%以上的重要子公司上海宏投网络科技有限公司及其子公司Jagex Limited被强制抵债或被出售。富控互动已不具备持续经营能力。

3. 其他预计负债的冲回11.19亿元及1.06亿元

如财务报表附注七、50预计负债、附注七、74营业外收入和十四、2（1）未决诉讼仲裁及其他事项形成的或有负债及其财务影响所述，富控互动本年度以部分债权人资金来源不合法为由冲回预计负债，金额共计11.19亿元；以部分债权人涉嫌套路贷为由冲回预计负债1.06亿元。

由于案件复杂且审计受到限制，我们无法对相关债权人、司法鉴定机构及办案机关相关人员进行访谈及函证，无法获取充分、适当的审计证据以确定上述冲回预计负债是否需要调整。

富控互动于2020年8月23日向我们出具了《关于转回预计负债及冲回应付利息不予披露的说明》：截至2019年12月31日，针对表内借款及合规担保事项，部分债权人已确定债权转某合伙企业基金份额或进行和解，且针对债权转某合伙企业基金份额及和解的主要条款，各方已达成一致，并取得相关材料，针对表外或有借款事项，部分债权人或债权申报方已与公司签订相关协议，但鉴于公司和债权人暂处于商业保密的需要，应债权人要求，无法向公众公开披露具体细节及内容，故要求年报审计会计师在2019年年度审计报告正文及非标意见专项报告中不予详细披露。

4. 债权转让12.18亿元，冲回以前年度已计提坏账准备5.62亿元

如财务报表附注七、8其他应收款所述，富控互动将2018年支付的采购款、往来款以及银行存款质押被划所形成的其他应收款，金额共计12.18亿元，通过富控互动内部公司之间债权转让协议，以账面原值转让给宏投网络，并冲回以前年度已计提的坏账准备5.62亿元。

我们对于内部债权交易的商业实质及交易价格的公允性、某有限合伙企业承担兜底义务的实际能力及该协议的商业合理性存在重大疑虑，我们通过访谈及实地查看债务人经营地，发现债务人的还款能力很差，对于公司以上会计处理，无法获取充分、适当的审计证据以确定是否需要调整。

5. 宏投网络等重要子公司审计受限

（1）宏投网络被司法裁定抵债，其法人营业执照及预留印鉴已变更，这导致《已开立银行账户结算清单》、期后各家银行对账单明细、银行询证函、往来询证函、管理层声明书、企业声明书、关联方及关联方交易声明书等需加盖公章、相关负责人签字等审计程序无法执行。同时这也导致富控互动未提供宏投网络财务资料。

（2）富控互动境外重要组成部分Jagex Limited位于英国剑桥，其营业收入占富控互动营业收入总额的99%以上。受国际新冠肺炎疫情影响，至审计报告日尚无法开展现场审计工作，执行必要的审计程序，具体包括IT测试、穿行测试、盘点、实地观察以及现场访谈等重要审计程序。

（3）富控互动子公司宏投网络（香港）有限公司2019年6月购入长江创投基金（CHANGJIANG CAPITAL FUND）长江证券资本基金1 000万英镑（9 827.42万港币，折合人民币约8 759.90万元），由星展银行有限公司香港分行星展银行托管为管理人、长江资产管理（香港）有限公司为投资经理。基金用于投资高怡贸易有限公司6个月期无抵押票据。截至宏投网络（香港）有限公司股权变更日2020年4月30日，投资本金仅赎回100万美元（折合人民币约778.78万元），占投资本金的7.91%。标的票据按照6个月计算已到期的情况下，大部分投资本金尚未收回。因宏投网络（香港）有限公司股东已变更，最新资金收回情况尚不知悉。我们已对长江证券两次发函，均未

收到回函确认。富控互动主营业务为游戏开发及应用公司，在资金压力较大的情况下购买基金产品，我们无法判断富控互动进行该笔投资的商业合理性及可收回性。

上述审计范围受限公司资产总额37.81亿元，占汇总总资产的36.66%；收入总额9.56亿元，占收入总额的99%以上。受上述受限事项的影响，我们未获取充分适当的审计证据以确定对财务报表的影响。

6. 转让Jagex Limited 100%股权和宏投网络（香港）公司100%股权事项

如财务报表附注七、11，七、42持有待售资产/持有待售负债所述，富控互动在转让Jagex Limited，涉及与买方Platinum Fortune，LP公司的补充协议（三、四、五），我们未能取得协议原件，相关协议及协议内容的真实性无法确定。

7. 大额顾问费

如财务报表附注七、64管理费用所述，富控互动与立德专业服务有限公司签订《财务顾问服务协议》、补充协议、补充协议一、补充协议二存在乙方负责人落款签名不一致，服务费未直接支付给立德专业服务有限公司的情况，鉴于协议签字及资金支付存在的问题无法核实，我们无法对该事项进行确认。

8. 表外担保

富控互动子公司宏投网络于2019年4月收到催款通知，共涉及担保权人4家，主张的担保权金额共计36.81亿元，宏投网络未予确认。我们审计范围受到限制，无法确定上述表外担保是否需要调整财务报表。

9. 百搭股权投资问题

如会计报表附注十四、2（2）所述，2018年1月，富控互动支付百搭网络51%股权收购款100 000万元，尚欠36 680万元。后因富控互动尾款未支付，出现双方互相诉讼之情况，富控互动于2018年度对该投资计提减值准备97 244.79万元。据富控互动书面确认，该事项正在经公安机关侦查，至审计报告日尚无结论。2018年9月富控互动临2018-093公告披露，10亿元收购款中9亿元已由沈乐借给颜静刚指定的公司。

2019年12月31日，富控互动对于该项投资以公允价值36 680万元金额计入其他权益工具投资科目，未支付尾款36 680万元计入其他应付款科目。我们对该交易的商业实质，以及相关资产负债列报的科目的适当性、金额的准确性尚无法确定。

10. 宏投网络超额分配股利事项

富控互动子公司宏投网络历年未计提法定盈余公积，导致对富控互动累计超额分配现金股利1.11亿元。

11. 证监会立案检查事项

富控互动于2018年1月17日收到中国证券监督管理委员会《调查通知书》（稽查总队调查通字180263号），于2020年6月24日收到中国证券监督管理委员会（以下简称“证监会”）《行政处罚及市场禁入事先告知书》（处罚字〔2020〕49号）。截至审计报告签发日，中国证监会对富控互动相关行为涉嫌违法违规的调查尚未结案。

我们按照中国注册会计师审计准则的规定执行了审计工作。审计报告的“注册会计师对合并财务报表审计的责任”部分进一步阐述了我们在这些准则下的责任。按照中国注册会计师职业道德守则，我们独立于富控互动，并履行了职业道德方面的其他责任。我们相信，我们获取的审计证据是充分、适当的，为发表否定意见提供了基础。

三、其他信息（略）

四、关键审计事项

除形成否定意见的基础部分所描述的事项外，我们确定不存在其他需要在我们的审计报告中沟通的关键审计事项。

五、其他事项

2018 年 12 月 31 日的公司财务报表由中汇会计师事务所（特殊普通合伙）审计，并于 2019 年 4 月 25 日发表了保留意见的审计报告。

六、管理层和治理层对财务报表的责任（略）

七、注册会计师对财务报表审计的责任（略）

【阅读材料】

上市公司退市风险警示标准对审计意见的运用

2012 年，上海证券交易所修改了《上海证券交易所股票上市规则》，审计意见被作为退市风险警示的条件之一，这也是上海证券交易所首次提出这种标准。当年，深圳证券交易所也修改了股票上市规则，采纳了相同做法。这表明审计意见在证券市场的监管作用更加明显。2012 年之后，股票上市规则几经修改完善，但退市风险警示标准一直不变。以 2019 年上海证券交易所修改的《上海证券交易所股票上市规则》为例，上市公司出现以下情形之一的，上海证券交易所将对股票实施退市风险。

①最近两个会计年度经审计的净利润连续为负值或者被追溯重述后连续为负值。

②最近一个会计年度经审计的期末净资产为负值或者被追溯重述后为负值。

③最近一个会计年度经审计的营业收入低于 1 000 万元或者被追溯重述后低于 1 000 万元。

④最近一个会计年度的财务会计报告被会计师事务所出具无法表示意见或者否定意见的审计报告。

⑤因财务会计报告存在重大会计差错或者虚假记载，被中国证监会责令改正但未在规定期限内改正，且公司股票已停牌两个月。

⑥未在法定期限内披露年度报告或者中期报告，且公司股票已停牌两个月。

⑦因第 12、13 条股权分布不具备上市条件，公司在规定的一个月内向本所提交解决股权分布问题的方案，并获得本所同意。

⑧因欺诈发行、重大信息披露违法或者其他涉及国家安全、公共安全、生态安全、生产安全和公众健康安全等领域的重大违法行为，本所对其股票作出实施重大违法强制退市决定的。

⑨公司可能被依法强制解散。

⑩法院依法受理公司重整、和解或者破产清算申请。

⑪本所认定的其他情形。

本所对重大违法强制退市实施标准和程序另有规定的，从其规定。

第 8 章　财务会计若干特殊问题①

【学习目的】

1. 理解债务重组交易对财务报表的影响。
2. 理解非货币性资产交换对财务报表的影响。
3. 理解资产负债表日后事项的概念及影响。
4. 理解会计政策、会计估计与前期差错更正的含义及影响。
5. 理解关联方关系及交易在报表的披露。

8.1　债务重组

8.1.1　债务重组的定义及方式

经济生活中，债务人可能出于各种原因不能按时足额偿还债务。在这种情况下，债权人可能会诉诸法院寻求帮助，也可能会与债务人协商进行债务重组。根据 2019 年修订的企业会计准则《债务重组》，债务重组是指在不改变交易对手方的情况下，经债权人和债务人协定或法院裁定，就清偿债务的时间、金额或方式等重新达成协议的交易。债务重组的方式主要包括以资产清偿债务、将债务转为资本、修改其他债务条件以及以上三种方式的组合等。其中，以资产清偿债务是指债务人转让其资产给债权人以清偿债务的债务重组方式。债务人用于清偿债务的资产包括现金、存货、金融资产、固定资产、无形资产等现金资产和非现金资产，据此又可以分为现金资产进行债务重组和非现金资产进行债务重组两种方式。债务转资本，就是债权人将债权变为长期股权投资，债权人身份变成股东身份，债务人因此增加了股本或实收资本。

8.1.2　债务重组的会计影响

在我国，债务重组会计准则发生了多次重要变化，本节介绍的会计处理办法是依据 2019 年最新修订的《债务重组》会计准则进行说明的。

---

① 在课时充足或学有余力前提下，建议学习本章知识。

1）对债务人的会计影响

债务重组方式不同，对债务人的影响也不同。

（1）以资产清偿债务方式进行债务重组的，债务人应当在相关资产和所清偿债务符合终止确认条件时予以终止确认，所清偿债务账面价值与转让资产账面价值之间的差额计入当期损益。例如，企业以某账面价值为 100 万元的产成品抵偿 120 万元的应付账款，则产生了 20 万元的债务重组收益。

（2）将债务转为权益工具方式进行债务重组的，债务人应当在所清偿债务符合终止确认条件时予以终止确认。债务人初始确认权益工具时应当按照权益工具的公允价值计量，权益工具的公允价值不能可靠计量的，应当按照所清偿债务的公允价值计量。所清偿债务账面价值与权益工具确认金额之间的差额，应当计入当期损益。例如，企业以发行股票方式抵偿债务，即债转股业务，发行了面值 1 元、市场价格 5 元的股票 100 万股，抵偿账面价值 550 万元的逾期债务，那么，债务重组之后，债务人股本增加 100 万元，“资本公积——股本溢价”增加 400 万元，产生债务重组收益 50 万元。

（3）采用修改其他条款方式进行债务重组的，债务人应当按照《企业会计准则第 22 号——金融工具确认和计量》和《企业会计准则第 37 号——金融工具列报》的规定，确认和计量重组债务。例如，企业无法如期偿还年利率 6%（与市场利率一致）、本金为 500 万元的一年期借款本息，经过协商进行债务重组，债权人同意延长债务期限一年，年利率下降为 5.5%（低于市场利率 0.5%）。为此，债务人需要重新计算新债务账面价值，并将它与原债务账面价值差异确认为债务重组收益。

（4）以多项资产清偿债务或者组合方式进行债务重组的，债务人应当按照企业会计准则并结合以上三点的规定，确认和计量权益工具和重组债务，所清偿债务的账面价值与转让资产的账面价值以及权益工具和重组债务的确认金额之和的差额，应当计入当期损益。

【案例思考】

澳柯玛股份有限公司 2012 年 4 月债务重组如何影响报表

2012 年 4 月 25 日，中国农业银行青岛市北区第一支行（甲方）、本公司（乙方）及该贷款的担保方青岛澳柯玛集团总公司（丙方）三方共同签署了《中国农业银行贷款利息减免协议》。协议主要条款：①甲方同意乙方所欠的下列贷款可以根据本协议减免所欠部分利息：贷款总金额 28 235 万元，贷款结欠利息总计 18 012.219 945 万元（截至 2011 年 12 月 31 日）；②甲乙双方同意乙方在 2013 年 1 月 6 日前偿还贷款本金 28 235 万元整，利息 1 500 万元整，具体还款期限、金额根据约定的还款计划执行。③甲方同意在乙方履行上述还款义务后，免除乙方所欠剩余利息 16 512.219 945 万元（截至 2011 年 12 月 31 日）及至本息清偿日止新生利息。④如乙方未按照约定期限偿付贷款本金、利息及相关费用，甲方有权终（中）止本协议，对剩余贷款本金及利息进行追偿。

思考：该交易如何影响债务公司 2012 年和 2013 年财务报表。

资料来源：中国会计网。

2）对债权人的会计影响

以资产清偿债务或者将债务转为权益工具方式进行债务重组的，债权人应当在相关资产符合其定义和确认条件时予以确认。总体原则是债权人以放弃债权公允价值为基础确定获取资产入账价值的基础，并将放弃债权的公允价值与账面价值之间的差额计入当期损益。

但是，如果债权人重组之后获得的是金融资产，则金融资产的确认应该基于金融工具会计准则，以自身公允价值进行初始确认。因此，债权人初始确认受让的金融资产以外的资产时，应当按照下列原则以成本计量。

（1）存货的成本，包括放弃债权的公允价值和使该资产达到当前位置和状态所发生的可直接归属于该资产的税金、运输费、装卸费、保险费等其他成本。

（2）对联营企业或合营企业投资的成本，包括放弃债权的公允价值和可直接归属于该资产的税金等其他成本。

（3）投资性房地产的成本，包括放弃债权的公允价值和可直接归属于该资产的税金等其他成本。

（4）固定资产的成本，包括放弃债权的公允价值和使该资产达到预定可使用状态前所发生的可直接归属于该资产的税金、运输费、装卸费、安装费、专业人员服务费等其他成本。

（5）生物资产的成本，包括放弃债权的公允价值和可直接归属于该资产的税金、运输费、保险费等其他成本。

（6）无形资产的成本，包括放弃债权的公允价值和可直接归属于使该资产达到预定用途所发生的税金等其他成本。

（7）以多项资产清偿债务或者组合方式进行债务重组的，债权人应当首先按照《企业会计准则第 22 号——金融工具确认和计量》的规定确认和计量受让的金融资产和重组债权，然后按照受让的金融资产以外的各项资产的公允价值比例，对放弃债权的公允价值扣除受让金融资产和重组债权确认金额后的净额进行分配，并以此为基础按照准则的规定分别确定各项资产的成本。放弃债权的公允价值与账面价值之间的差额，应当计入当期损益。

例如，上一个会计期间，债权人 A 初始取得 1 000 万元的应收账款，随后，由于担心不能足额收回款项，计提了 300 万元坏账准备。本期，债权人 A 与其债务人达成债务重组，由债务人以无形资产清偿债务。在这种情况下，债权人首先应该确定该应收账款的公允价值，假定为 600 万元，然后以 600 万元为基础加上承担的相关税费，确认获得的无形资产的入账价值；在此基础上，将应收账款账面价值 700 万元与公允价值 600 万元的差异确认为债务重组损失 100 万元，该损失性质上属于营业外支出。

3）构成权益性交易的债务重组

债务重组构成权益性交易的，债权人和债务人不能确认构成权益性交易的债务重组相关损益。债务重组构成权益性交易的情形包括：

（1）债权人直接或间接对债务人持股，或者债务人直接或间接对债权人持股，且持股方以股东身份进行债务重组。

（2）债权人与债务人在债务重组前后均受同一方或相同多方最终控制，且该债务重组的交易实质是债权人或债务人进行了权益性分配或接受了权益性投入。

以股东身份进行债务重组，可以理解为股东身份的存在，使其与市场中独立人士的债务重组行为有异。例如，某债务企业陷入财务困境，非股东身份的债权人给予了 30% 的债务豁免，股东身份的债权人给予了 50% 的债务豁免，那么，超出的 20% 的债务豁免就应该按照权益性交易进行会计处理（即不能将该豁免债务确认为债务重组收益）。

【案例分析】

东胜科技 2013 年 6 月的债务重组如何进行会计处理

2013 年 6 月 13 日，东胜科技及其子公司陕西东盛医药有限责任公司、安徽东盛制药有限公司分别与中国长城资产管理公司石家庄办事处签署了《债务减让协议》，根据协议的约定，公司及其子公司东盛医药、安徽东盛向长城公司支付 15 456.46 万元后，长城公司将减免公司利息债务 2 525.54 万元。

因中国长城资产管理公司于 2013 年 4 月持有了公司流通股股份 1 220 000 股，占公司总股本的 5%，目前为公司第二大股东，其分支机构中国长城资产管理公司石家庄办事处属于《股票上市规则》规定的上市公司关联法人，故上述行为构成关联方交易。

资料来源：中国会计网。

4）债务重组对财务报表分析的影响

根据 2019 年修订的《债务重组》会计准则，债务重组对债权人和债务人的直接损益影响是比较清晰的，债权人和债务人产生的损益属于债务重组损益，且会计准则要求债权人和债务人都要披露重组产生的重组损益，这种损益都属于临时性的，不具有持续性，与营业利润具有显著差异。需要注意，2007—2018 年执行的债务重组会计准则，债务人和债权人会计处理与 2019 年会计准则差异非常明显，尤其是债务人的会计处理。根据当时的会计准则，债务重组可能给债务人带来营业收入或营业成本、营业外收入或营业外支出，但是，报表阅读者应该清晰认识到，这些收入或支出并未伴随着现金流量的流入或流出，不能与现金流量表的“销售商品、提供劳务收到的现金”产生勾稽关系。

8.2 非货币性资产交换

与债务重组会计准则一样，非货币性资产交易的会计准则也发生了多次变化，且这两种业务的会计准则一般同步修改、同步发布。现依据 2019 年最新修订的《非货币性资产交换》会计准则进行说明。

8.2.1 非货币性资产交换的含义

经济生活当中，除了现金交易、信用交易，还经常发生了以物易物交易。以物易物交易的出现，可能是交易的某一方缺乏现金，也可能是交易双方确实需要对方非现金资产而直接进行的交易，还有可能基于改进财务报表的目的。以物易物的交易所涉及标的物如果全部是非货币性资产或者以非货币性资产为主导，企业会计准则冠之以“非货币性资产交换”。

资产可以归为货币性资产或非货币性资产。货币性资产是指企业持有的货币资金和将以固定或可确定的金额收取的资产，包括现金、银行存款、应收账款（尽管应收账款可能因为坏账损失而具有不确定性，但是资产负债表中扣除了坏账准备的应收账款的账面价值，仍然是企业在该时点认为能够收回的金额）和应收票据以及准备持有至到期的债券投资等。非货币性资产是指货币性资产以外的资产。与货币性资产相比，非货币性资产在将来为企业带来的经济利益，是不固定的或不可确定的。资产负债表列示的项目中属于非货币性资产的项目通常有：存货（原材料、包装物、低值易耗品、库存商品、委托加工物资、委托代销商品等）、长期股权投资、投资性房地产、固定资产、在建工程、工程物资、无形资产等。

根据我国会计准则的规定，非货币性资产交换是指企业主要以固定资产、无形资产、投资性房地产和长期股权投资等非货币性资产（注意交换的资产不包括存货）进行的交换。

非货币性资产交换一般不涉及货币性资产，或只涉及少量货币性资产即补价。非货币性资产交换准则规定，通常以补价占整个资产交换金额的比例是否低于 25%作为参考比例，认定涉及少量货币性资产的交换为非货币性资产交换。也就是说，支付的货币性资产占换入资产公允价值（或占换出资产公允价值与支付的货币性资产之和）的比例，或者收到的货币性资产占换出资产公允价值（或占换入资产公允价值和收到的货币性资产之和）的比例低于 25%的，视为非货币性资产交换；高于 25%（含 25%）的，视为货币性资产交换。

8.2.2 非货币性资产交换的会计影响分析

非货币性资产的计量是比较复杂的。例如，企业持有的固定资产，历史成本、扣除折旧和减值准备后的账面价值、公允价值，这三种计量的差异可能很明显。相对而言，货币性资产计量要简单些，例如，应收票据、应收账款，直接根据赊销发生时的金额入账即可，除非发生减值。分析非货币性资产交换会计处理对报表的影响，重点就在于选择了哪种计量方法。

两种不同的会计处理的不同影响：

例如，A 企业以某一项专利技术与 B 企业的固定资产交换。A 企业的专利技术的市场价格 500 万元、账面价值 300 万元；B 企业的固定资产公允价值 500 万元，账面价值 400 万元。假设不考虑税费和交易费用。

（1）公允价值为基础进行会计处理。如果非货币性资产交换具有商业实质，且换入资产或换出资产的公允价值能够可靠地计量，则该交易需要以公允价值为基础进行会计处理。具有商业实质，意味着交换双方换入换出的资产具有商业实质的差异，体现为至少满足如下两个条件之一：①换入资产的未来现金流量在风险、时间分布或金额方面与换出资产显著不同；②使用换入资产所产生的预计未来现金流量现值与继续使用换出资产不同，且其差额与换入资产和换出资产的公允价值相比是重大的。因此，企业与企业之间相似资产的交换，如卡车与卡车的交换可能就不满足商业实质的要求。企业与企业之间不同资产的交换，才更可能满足商业实质的要求。例如，股权投资或金融资产与固定资产、无形资产等的交换，无形资产与固定资产的交换、不同类型固定资产的交换、不同类型无形资产的交换，更可能具有商业实质。

以公允价值为基础计量的非货币性资产交换，对于换入资产，应当以换出资产的公允价值和应支付的相关税费作为换入资产的成本进行初始计量（例外情况是，如果换入资产是金融资产，金融资产的入账价值应该遵循金融工具会计准则规定进行处理）；对于换出资产，应当在终止确认时，将换出资产的公允价值与其账面价值之间的差额计入当期损益。有确凿证据表明换入资产的公允价值更加可靠的，对于换入资产，应当以换入资产的公允价值和应支付的相关税费作为换入资产的初始计量金额；对于换出资产，应当在终止确认时，将换入资产的公允价值与换出资产账面价值之间的差额计入当期损益。

上例中，如果双方以公允价值为基础进行处理，则对于 A 企业而言：视同按照 500 万元处置了专利技术，确认了 200 万元无形资产处置收益；公司处置无形资产取得的 500 万元，并不是现金，而是以固定资产结算。对于 B 企业而言，同样是视同处置固定资产，产生了 100 万元的固定资产处置损益。

与债务重组一样，尽管非货币性资产交换可能产生损益，但是这些损益并未直接伴随着现金流量的流入或流出，在财务报表分析中应该予以正确评价。

（2）账面价值为基础进行的会计处理。如果非货币性资产没有商业实质，或者具有商业实质但不能可靠获取资产的公允价值，则应该基于账面价值进行会计处理，以换出资产账面价值作为换入资产入账价值的依据，不产生损益。上例中，如果是账面价值为基础进行处理，则A企业以账面价值300万元的无形资产购买B企业固定资产，因此，A企业将固定资产的入账价值确定为300万元；同理，B企业将无形资产的入账价值确定为400万元。虽然不产生损益，但是交易仍然“很有意思”。无形资产在A企业的资产负债表中以300万元列示，在B企业当中却以400万元列示；固定资产在B企业的资产负债表中以400万元列示，在A企业当中却以300万元列示。

8.3 资产负债表日后事项

8.3.1 资产负债表日后事项含义

由于财务报告的编制和审计都需要一定的时间，资产负债表日与财务报告的批准报出日之间会存在时间差，这段时间企业发生的一些交易或事项可能会对财务报告使用者产生重要影响。例如，企业于20×1年11月销售了一批商品，20×2年初，财务报告批准报出前，企业销售的这批产品被退回。再如，20×2年2月，批准20×1年财务报告报出前，企业签订了一份非常重要的交易合同。这类交易或事项虽发生在20×2年，在会计期间上不属于20×1年，但由于会计信息及时性要求，会计准则通常要求企业在20×1年财务报告批准报出前，在财务报告中进行一定的处理，以让信息使用者及时获取这些信息，有利于他们做出更加合理的决策。

我国企业会计准则《资产负债表日后事项》将资产负债表日至财务报告批准报出日之间发生的有利或不利事项，称为资产负债表日后事项，并对其会计问题予以规范。其中，资产负债表日是指会计年度末和会计中期期末。年度资产负债表日是指公历12月31日；会计中期通常包括半年度、季度和月度等，会计中期期末相应地是指公历半年末、季末和月末等。财务报告批准报出日是指董事会或类似机构批准财务报告报出的日期。例如，20×1年度财务报告的资产负债表日是20×1年12月31日，公司董事会或类似机构于20×2年3月10日批准财务报告在3月12日正式对外报出。那么，在20×2年1月1日至20×2年3月10日发生的有利或不利事项，就属于资产负债表日后事项。

8.3.2 资产负债表日后事项类型

根据资产负债表日后事项对财务报表的影响方式，可以分为调整事项和非调整事项。

1）调整事项

资产负债表日后调整事项是指对资产负债表日已经存在的情况提供了新的或进一

步证据的事项。如果资产负债表日及所属会计期间已经存在某种情况，但当时并不知道其存在或者不能知道确切结果，资产负债表日后发生的事项能够证实该情况的存在或者确切结果，则该事项属于资产负债表日后事项中的调整事项。如果资产负债表日后事项对资产负债表日的情况提供了进一步的证据，证据表明的情况与原来的估计和判断不完全一致，则需要对原来的会计处理进行调整。

必须注意，调整是针对批准报出前的财务报表。例如，20×2年3月批准报出20×1年财务报表之前，发现符合调整事项的应收账款减值准备，需要在原先计提30万元的基础上补充计提50万元，那么，补充计提50万元将导致利润表营业利润减少50万元（通过利润表的“信用减值损失”项目反映）、资产负债表应收账款账面价值减少50万元。为此，根据准则的规定，调整的这些数据应该进入20×1年财务报表，报表使用者才能及时获取这些信息。

几种常见的调整事项，列举如下：

（1）资产负债表日已经发生但是尚未结案的诉讼案件在资产负债表日后结案，法院判决证实了企业在资产负债表日已经存在现时义务，需要调整原先确认的与该诉讼有关的预计负债，或确认一项新负债。例如，甲公司因为侵权问题与乙公司在20×1年11月发生诉讼，截至20×1年12月31日，甲公司根据《或有事项》会计准则的要求，判断很可能败诉且需要赔偿100万元。但是，20×2年2月，财务报告批准报出前，法案判决甲公司败诉且需要赔偿120万元。据此，甲公司需要修正原先的预计负债，该事项属于调整事项。

（2）资产负债表日后取得更进一步确凿证据，表明公司某项资产在资产负债表日发生了减值或需要调整原先确认的减值金额。例如，A公司拥有B公司一项100万元的应收债权，20×1年12月，B公司逾期未偿还债务，A公司观察到B公司财务状况不佳，并计提了30万元坏账准备。20×2年3月15日，财务报告批准报出前，A公司获知B公司已经申请破产，A公司进一步估计100万元的应收债权很可能有80万元无法收回。据此，A公司应该修正原先计提的减值准备，属于调整事项。

（3）资产负债表日后进一步确定了资产负债表日前买入的资产的成本或售出资产的收入。例如，A企业在20×1年12月销售一批商品，并根据会计准则规定确认了100万元收入和相应的成本，20×2年2月10日，财务报告批准报出前，A公司收到退货价值60万元。据此，A公司应该修正原先确认的收入和成本，属于调整事项。同样，对于买方而言，也应该修正其买入资产的成本，也属于调整事项。

（4）资产负债表日后发现了财务报表舞弊或差错，也应该据此对财务报表做出相应的调整。

2）非调整事项

资产负债表日后非调整事项，是指表明资产负债表日后发生的情况的事项。非调整事项的发生不影响资产负债表日企业的财务报表数字，只说明资产负债表日后发生了某些情况。对于财务报告使用者来说，非调整事项说明的情况有的重要，有的不重要；

其中重要的非调整事项虽然与资产负债表日的财务报表数字无关，但可能影响资产负债表日以后的财务状况和经营成果，准则要求适当披露。

必须注意，调整事项和非调整事项的主要区别在于，资产负债表日后发生的事项在资产负债表日是否已经存在。例如，上文例子中，20×2 年 3 月 15 日，20×1 年度报告批准报出前，由于债务人破产导致债权人进一步确认减值准备的金额，破产与资产负债表日之前已经存在的财务状况不佳是密切相关的，属于调整事项。如果债务人在资产负债表日后由于自然灾害无法偿还债务，则属于非调整事项，因为自然灾害属于不可抗力，不能认为在资产负债表日已经存在，债权人调整坏账计提金额影响的是 20×2 年度报表而非 20×1 年度报表，20×1 年度报表只需要在附注中披露该事项即可。常见的资产负债表日后非调整事项包括发行债券和股票，企业合并或处置子公司，意外事件造成的资产重大损失，巨额亏损，资产价格、外汇汇率或税收政策发生重大变化而对企业产生重大影响，对外提供重大担保，对外签订重大抵押合同，发生重大诉讼、仲裁、承诺、拟批准或经审议批准宣告发放的股利或利润等。

3）报表阅读者需要注意点

阅读报表时，应该关注财务报表附注所披露的调整事项和非调整事项信息，分析调整事项和非调整事项的划分是否合理，并分析其对财务报表的影响。

【案例分析】

深圳翰宇药业股份有限公司 2020 年度业绩预告修正

深圳翰宇药业股份有限公司（股票代码：300199），2021 年 4 月 10 日发布了《深圳翰宇药业股份有限公司 2020 年度业绩预告修正公告》（公告编号：2021-033）。

一、本期业绩预计情况

（1）同业绩预告期间：2020 年 1 月 1 日至 2020 年 12 月 31 日。

（2）前次业绩预告情况：

深圳翰宇药业股份有限公司（以下简称“翰宇药业”或“公司”）于 2021 年 1 月 30 日在巨潮资讯网上披露了《2020 年度业绩预告》（公告编号：2021-014），预计 2020 年度归属于上市公司股东的净利润为盈利 2 000 万 ~3 000 万元，比上年同期增长 102.26%~103.39%；预计扣除非经常性损益后的净利润为亏损 18 000 万 ~24 000 万元，比上年同期增长 73.95%~80.46%。

（3）修正后的预计业绩（表 8.1）。

扣除非经常性损益前后的净利润孰低者为负值。

表 8.1　业绩修正表

项目	本报告期		上年同期
	修正前	修正后	
归属于上市公司股东的净利润	盈利：2 000 万 ~3 000 万元	亏损：55 000 万 ~65 000 万元	亏损：88 477.24 万元
	比上年同期增长：102.26%~103.39%	比上年同期增长：26.53%~37.84%	
扣除非经常性损益后的净利润	亏损：18 000 万 ~24 000 万元	亏损：56 000 万 ~66 000 万元	
	比上年同期增长：73.95%~80.46%	比上年同期增长：28.37%~39.22%	亏损：92 135.88 万元
营业收入	70 000 万 ~80 000 万元	70 000 万 ~80 000 万元	61 419.15 万元
扣除后营业收入	70 000 万 ~80 000 万元	70 000 万 ~80 000 万元	61 419.15 万元
基本每股收益	盈利：0.02~0.03 元 / 股	亏损：0.60~0.70 元 / 股	亏损：0.96 元 / 股

二、与会计师事务所沟通情况

公司就业绩预告修正有关事项已与年审会计师事务所进行预沟通，公司与年审会计师事务所在本次业绩预告修正方面初步达成一致。

三、业绩修正原因说明

（1）公司从业绩预告后至 2021 年 4 月 9 日期间产生部分销售退货，影响净利润约为 −6 000 万元。

（2）公司业绩预告前计划出售科信必成部分项目，但是，截至 2021 年 4 月 9 日公司尚未收到正式的出售协议或意向购买协议及任何资金。基于谨慎性考虑，公司决定将剩余项目费用化处理，影响净利润约为 −3 000 万元。

（3）上海健麾信息股份有限公司（以下简称“健麾信息”）上市之后，公司对健麾信息的持股比例由 13.58% 被动稀释为 10.19%，PINXIANGYU 女士于 2020 年 12 月 28 日辞去健麾信息董事职务，且公司放弃向健麾信息派出董事的权利。基于以上情况，根据财政部 2017 年 9 月修订发布的《企业会计准则第 22 号——金融工具确认和计量》，公司第四届董事会第二十四次会议决议通过了《关于对参股公司会计核算方法变更的议案》，决定对健麾信息的股权按照交易性金融资产列报，并按照公允价值进行后续计量，详细内容见 2020 年 12 月 29 日披露的《关于对参股公司会计核算方法变更的公告》（公告编号：2020−102）。公司《2020 年度业绩预告》中说明了该事项对公司 2020 年度业绩的影响。

截至 2021 年 4 月 9 日，经与年审机构大华会计师事务所（特殊普通合伙）（以下简称“大华会计师事务所”）多次深入沟通，大华会计师事务所认为，截至 2020 年 12 月 31 日，公司仍保持对健麾信息的重大影响，公司在判断对被投资单位是否具有重大影响时对准则的理解存在差异和分歧，现阶段对健麾信息股权投资核算方法的变更依据不充分，应继续按照长期股权投资列报，并按权益法进行计量。本次取消会计核算方法变更，影响净利润约为 −2.03 亿元。

（4）2020 年业绩预告披露时，公司子公司翰宇药业（香港）有限公司应收账款按照账龄法计提信用减值损失。后续随着审计程序的进一步深入，了解到部分客户受海外疫情进一步加剧等因素影响，经营环境出现了恶化，还款能力缺失或不足，公司根据《企业会计准则》及公司会计政策的相关规定，基于会计核算谨慎性原则，决定对香港子公司的三大客户改为按单项计提信用减值损失，此事项已和年审机构大华会计师事务所充分沟通并获得认可，该事项影响净利润约 −3.00 亿元。

思考：上述影响业绩修正的事项属于资产负债表日后事项吗？如是，是否属于调整事项？

8.4　会计政策、会计估计与前期差错更正

【案例思考】

*ST 国商在 7 月 2 日下午召开的 2012 年第三次临时股东大会上，以现场全票审议通过了《关于公司投资性房地产后续计量由成本计量模式变更为公允价值计量模式的议案》。为正确反映公司持有的投资性房地产的价值，公司拟从 2012 年 1 月 1 日起将投资性房地产的后续计量模式，由成本计量模式改为公允价值计量模式。截至 2012 年 3 月 31 日，公司集中在广州、海南和深圳等地区的投资性房地产项目的账面价值合计为 129 642.05 万元，占 2011 年度经审计资产总额的 84.3%。

思考：公司为什么要变更处理方法，变更处理方法对财务报表产生什么影响？

资料来源：中证网。

会计政策、会计估计与前期差错更正是财务会计的难题，但也是报表阅读者经常遇到的问题，它们可能会对财务报表产生重要影响。本小节将用比较通俗的语言介绍它们的含义、对财务报表的影响，但不涉及具体的会计分录。

8.4.1　会计政策及其变更

1）会计政策

根据企业会计准则的规定，会计政策，是指企业在会计确认、计量和报告中所采用的原则、基础和会计处理方法。原则是指按照企业会计准则规定的、适合于企业会计要素确认过程中所采用的具体会计原则。基础是指为了将会计原则应用于交易或者事项而采用的基础，主要是计量基础（即计量属性），包括历史成本、重置成本、可变现净值、现值和公允价值等。会计处理方法是指根据会计准则规定的在诸多可选择

的会计处理方法中选择适合于本企业的会计处理方法。

会计政策具有可选择性，且不同会计政策具有不同的财务报表结果，因此，财务报表附注一般要求披露企业的会计政策。常见的会计政策包括：

在资产方面，存货的取得、发出和期末计价的处理方法，长期股权投资的取得及后续计量中的成本法或权益法，投资性房地产的确认及其后续计量模式，固定资产、无形资产的确认条件及其减值政策、金融资产的分类、非货币性资产交换商业实质的判断等，属于资产要素的会计政策。

在负债方面，贷款费用资本化的条件、债务重组的确认和计量、预计负债的条件、应付职工薪酬和股份支付的确认和计量、金融负债的分类等，属于负债要素的会计政策。

在所有者权益方面，权益工具的确认和计量、混合金融工具的分析等，属于所有者权益要素的会计政策。

在收入方面，商品销售收入和提供劳务收入的确认条件，建造合同、租赁合同、保险合同、贷款合同等合同收入的确认与计量方法，属于收入要素的会计政策。

在费用方面，商品销售成本及劳务成本的结转、期间费用的划分等，属于费用要素的会计政策。

除会计要素相关会计政策外，财务报表列报方面所涉及的编制现金流量的直接法和间接法、合并财务报表合并范围的判断、分部报告中报告分部的确定，也属于会计政策。

2）会计政策变更

会计政策具有多种选择，企业可能会基于两个原因进行会计政策变更：①法律、行政法规或国家统一的会计准则、会计制度等要求变更，属于强制性变更；②企业认为会计政策变更能够提供更可靠、更相关的会计信息。

3）会计政策变更的会计影响

会计政策变更应该采用追溯调整法，除非会计政策变更的累积影响数不能合理确定，才可采用未来适用法。下面将以实际例子简要说明这两种方法的主要差别。

（1）追溯调整法会计影响。

甲公司20×0年1月1日购买一商品房用于出租，购买成本200万元，月租金6 000元，年租金收入72 000元。根据会计准则规定，公司将其作为投资性房地产，并采用历史成本进行后续计量。假设房产可以使用50年，不考虑残值，公司每年计提折旧4万元。为此，甲公司出租商品房每年产生税前利润32 000元。20×3年1月1日，公司决定将投资性房地产的会计政策进行变更，采用公允价值计量。已知20×0年底、20×1年底、20×2年底、20×3年底，该商品房公允价值分别是240万元、280万元、290万元、300万元。

如果采用追溯调整法，将视同20×0年最初取得该商品房并用于出租（作为投资性房地产）时，就按照公允价值进行计量，而不是历史成本。为此，会计上将对20×0年、20×1年和20×2年原先计提的折旧予以消除，每年折旧费用（计入其他营业成本，反映在每年利润表的“营业成本”）将因此分别调低 4 万元，并且，3 年内公允价值变动分别产生 40 万元、40 万元和 10 万元正损益，每年增加利润表的“公允价值变动损益”。为此，20×0 年、20×1 年、20×2 年利润表营业利润分别增加 44 万元、44 万元和 14 万元。至于 20×3 年年初，公司将采用公允价值进行会计处理，产生租金收入 72 000 元和 10 万元公允价值变动损益，分别通过 20×3 年利润表的营业收入和公允价值变动损益进行反映。

在我国，企业对外呈报报表时，通常提供两年比较报表，例如，呈报 20×3 年报表，会同时提供 20×2 年报表，而 20×1 年和 20×0 年报表数据不再作为 20×3 年报表比较数据同时呈报。因此，会计准则规定，会计政策变更采用追溯调整法进行会计处理，将会计政策变更累积影响数调整列报前期最早期初留存收益（包括盈余公积和未分配利润），其他相关项目的期初余额和列报前期披露的其他比较数据应当一并调整。在这个例子中，甲公司呈报 20×3 年报表时，假设不考虑所得税费用因素，从 20×0 年初至 20×2 年初，将累积增加 20×2 年期初留存收益 88 万元，增加 20×3 年初留存收益 102 万元。

（2）未来适用法会计处理。

如果采用未来适用法进行会计处理，则 20×0—20×2 年原已经按照成本法进行的会计处理和报表影响，将不予调整，而是在 20×3 年初，从变更开始的时点采用新的会计政策进行处理。也就是，20×3 年不再计提 4 万元折旧，并将公允价值与账面价值的差异确认为公允价值变动损益。

（3）追溯调整法和未来适用法差异小结。

简而言之，追溯调整法，需要对变更以前年度的会计处理和报表影响重新计算考虑；未来适用法则仅对变更时点之后，采用新的会计处理方法。因此，两种方法对报表的影响程度是不一样的，未来适用法并不影响变更前的报表。

（4）会计政策变更的附注披露。

正因为会计政策变更会对财务报表产生较大影响，企业会计准则要求企业应当在附注中披露与会计政策变更有关的信息。这些信息主要包括会计政策变更的性质、内容和原因；当期和各个列报前期财务报表中受影响的项目名称和调整金额；无法进行追溯调整的，说明事实和原因以及开始应用变更后的会计政策的时点、具体应用情况。

（5）报表阅读者如何利用会计政策变更信息。

由于会计政策变更产生的重要影响，报表阅读者应该注意企业财务报表附注对会计政策变更的披露信息。首先，报表阅读者应注意企业自愿性会计政策变更，因为企业自愿性会计政策变更的理由是“变更后的会计政策提供的信息更相关、更可靠”，报表阅读者应该分析企业是否真的为了提供更相关、更可靠信息而变更会计政策，而非基于改善财务报表的真实动机。其次，报表阅读者应该关注变更对财务报表的影响程度。最后，如果变更确实重要，报表阅读者不妨比较与公司可比的其他公司（如行业内主要竞争对手）普遍采用的会计政策。

8.4.2 会计估计及其变更

【案例资料】

中材科技股份有限公司会计估计变更

2018年10月19日，中材科技股份有限公司发布《中材科技股份有限公司关于会计估计变更的公告》（公告编号2018-055）。公司控股股东中国中材股份有限公司与中国建材股份有限公司（以下简称"建材股份"）进行换股吸收合并，并已完成换股登记，在建材股份整体的制度框架下，同时结合公司产业发展及经验积累，为更加公允、客观地反映公司的财务状况和经营成果，提供更加可靠的会计信息，依照会计准则相关规定，公司拟对固定资产折旧计提、无形资产摊销计提会计估计变更。

其中，固定资产折旧年限、预计残值率、年折旧率等进行了调整，无形资产摊销年限、预计残值率、年摊销率等进行了调整。调整之后，以公司2017年度经审计的财务数据进行测算，本次会计估计变更将增加归属于上市公司股东的净利润约6 864.66万元，占2017年归属于上市公司股东的净利润的8.95%；增加归属于上市公司股东的净资产6 864.66万元，占2017年末归属于上市公司股东的净资产的0.78%，不会对公司的财务状况和经营成果产生重大影响，不会导致公司盈亏性质发生变化。

1）会计估计及其变更的含义

会计估计是指企业对结果不确定的交易或事项，以最近可利用的信息为基础所作出的判断。会计估计在会计处理过程中普遍存在。常见的会计估计包括存货可变现净值的估计，公允价值的估计，固定资产预计寿命、预计净残值、折旧方法等的估计，使用寿命确定的无形资产的预计使用寿命、残值和摊销方法的估计，资产减值准备计提金额的估计，预计负债的估计，建造合同完工进度的估计，企业销售商品退货比例和退货金额的估计，等等。会计估计是企业利用最近可利用的信息为基础进行的判断，随着时间的推移，企业获取的信息可能会导致原先的估计需要被修正。因此，会计估计变更是指由于资产和负债的当前状况及其预期经济利益和义务发生了变化，从而对资产或负债的账面价值或者资产的定期消耗金额进行调整。例如，固定资产折旧方法由直线法变为加速折旧法，应收账款减值准备计提比例由10%上升为30%。

2）会计估计变更的会计处理

会计估计变更的会计处理采用未来适用法。例如，企业20×0年初以10万元价格取得一项固定资产，预计使用5年，净残值为零，则每年计提折旧费用2万元。企业20×3年初，该固定资产已经使用了3年，已经累计计提折旧6万元，固定资产剩余账面价值为4万元。但是企业估计该固定资产还可以再使用4年。那么，20×3年企业将按照新的使用年限计提折旧，将需要计提折旧费用1万元。由于会计估计变更，20×3年比原先情况少计提1万元折旧费用，但20×0—20×2年报表不再进行调整。

3）会计估计变更的报表附注披露

同样地，由于会计估计变更将对变更后的财务报表产生影响，企业也应当在附注中披露与会计估计变更有关的信息，主要包括会计估计变更的内容和原因；会计估计变更对当期和未来期间的影响数；会计估计变更的影响数不能确定的，披露这一事实和原因。

4）报表阅读者如何利用会计估计变更信息

与会计政策变更类似，报表阅读者应该特别关注企业变更会计估计的真实动机，关注会计估计变更对财务报表的影响数，在必要的情况下，比较企业与其他企业对相似业务的会计估计的情况差异。

8.4.3 前期差错更正

由于疏忽、专业水平、职业道德、信息等，企业会计处理可能会出现差错。对于重要的前期差错，会计上通常采用追溯重述法（实际上与追溯调整法相似，读者可以参考追溯调整法的例子进行理解），对差错涉及的报表期间的财务报表进行调整（调整方法也类似于会计政策变更）。对于不重要的前期差错，会计上直接修改差错发现当期的报表即可，不需要调整以前年度的财务报表。重要差错和不重要差错的判断依据，是该差错是否足以影响财务报表使用者对企业财务状况、经营成果和现金流量作出正确判断。

例如，公司 20×0 年初购买了一台价值 100 万元的固定资产并随即投入生产使用，该固定资产的使用说明提示固定资产正常可以使用 10 年，但是，公司会计人员疏忽而未将该固定资产入账，因此也没有计提任何折旧。20×2 年，公司盘点固定资产时，才予以发现。公司决定采用追溯重述法进行会计处理。为此，公司需要对从 20×0 年开始的财务报表，补充计提折旧。公司呈报 20×2 年年度财务报表时，如果同时呈报的是 20×1 年年度财务报表，则 20×1 年和 20×2 年年度报表受影响项目都要相应作出调整。

同样地，会计准则要求企业应当在附注中披露与前期差错更正有关的信息，包括前期差错的性质；各个列报前期财务报表中受影响的项目名称和更正金额；无法追溯重述的，说明该事实和原因，以及对前期差错开始进行更正的时点、具体更正情况。

报表阅读者需要注意企业前期差错更正对财务报表可能产生的影响，并关注公司出现前期差错更正的频率。有些公司经常出现前期差错，报表阅读者应该对这类公司财务报表的质量予以足够怀疑。

由于会计政策选择、会计估计变更的判断，都具有一定的主观判断意识，且由于信息不对称，企业外部人士经常难以确定企业的一些会计估计及其变更、会计政策及其变更是否确实合理，如果是滥用会计估计或会计政策变更，实际上就是会计差错或舞弊，虽然会计政策变更和会计前期差错更正的会计处理方法相似，但其性质是不一样的。

【案例思考】

新疆青松建材化工（集团）股份有限公司（股票代码：600425）会计估计变更。

一、会计估计变更概述

新疆青松建材化工（集团）股份有限公司（以下简称“公司”）于 2017 年 12 月 12 日召开的第五届董事会第二十七次会议和第五届监事会第十三次会议分别审议通过了《关于会计估计变更的议案》，独立董事也发表了独立意见。

根据《企业会计准则》有关规定以及公司固定资产的实际使用情况，为更加客观、公允地反映公司的资产状况和经营成果，公司对所属生产行业子公司房屋、建筑物、机器设备的折旧年限进行了调整。本次会计估计变更事项无须提交股东大会审议。

二、具体情况及对公司的影响

1. 本次会计估计变更的原因

根据 2016 年 5 月 5 日国务院办公厅出台的《关于促进建材工业稳增长调结构增效益的指导意见》（国办发 2016 年 34 号）文件及 2016 年 10 月 25 日工信部、环保部联合下发《关于进一步做好水泥错峰生产的通知》（工信部联原〔2016〕351 号）文件精神，水泥生产行业实行错峰生产。2014 年开始，新疆水泥行业推行错峰生产、行业协同，强制与主动限制企业回转窑开停窑时间，控制熟料供给（2015 年强制性冬季错峰停产 4 个月，2016 年冬季错峰停产 5 个月，2017 年冬季错峰停产 5 个月），减少了机器设备的磨损。为了更加客观、公允地反映公司所属建材生产行业子公司的资产状况和经营成果，使固定资产的折旧年限与实际使用寿命更加接近，固定资产折旧计提年限更加合理，现对所属建材生产行业子公司所属合并范围内企业的房屋、建筑物、机器设备的折旧年限进行调整。

2. 本次会计估计变更的时间

自 2018 年 1 月 1 日起进行调整。

3. 本次会计估计变更的内容见表 8.2

表 8.2　会计估计变更内容

类别	变更折旧年限 / 年	变更后折旧年限 / 年
房屋、建筑物	20 ~ 30	20 ~ 40
机器设备	10 ~ 12	10 ~ 16

4. 本次估计变更对公司的影响

根据《企业会计准则第 28 号——会计政策、会计估计变更和差错更正》的相关规定，变更固定资产折旧年限属会计估计变更，应采用未来适用法，不会对以往各年度财务状况和经营成果产生影响，无须追溯调整。此估计变更自 2018 年 1 月 1 日起实行，不会对公司 2017 年计提折旧额、利润产生影响。以上房屋、建筑物、机器设备折旧年限的调整后，预计减少公司 2018 年折旧总额约 21 172 万元。

三、独立董事意见

公司依据《企业会计准则第 4 号——固定资产》及相关文件的规定，对公司的固定资产的使用寿命、预计净残值和折旧方法进行了复核，根据实际经营情况，公司对会计估计进行相应的变更，符合《企业会计准则第 28 号——会计政策、会计估计变更和差错更正》的规定，符合公司的实际经营情况，能够客观、公允地反映公司的资产状况和经营成果，不存在损害公司及中小股东利益的情形。本次会计估计变更的决策程序符合有关法律、法规和公司章程的规定，同意本次会计估计变更。

四、监事会意见

公司本次会计估计变更能够更真实、公允地反映公司的资产状况和经营成果，符合《企业会计准则》及相关解释的规定，决策程序符合法律、法规和公司章程的规定，未损害公司及中小股东的利益，同意公司本次会计估计变更。

特此公告。

新疆青松建材化工（集团）股份有限公司

董事会

2017 年 12 月 13 日

思考：请查找公司其他财务信息，对本公告进行评论。

【案例思考】

山西神州煤电焦化股份有限公司（以下简称“神州股份”）2001 年度报告披露，由于关闭小煤窑等因素影响，煤焦供不应求，公司应收款首次呈下降趋势，公司 2001 年收回以前年度货款 4 614 万元，应收款期末比期初下降 8.29%。为了更好地反映公司应收款实际情况，公司决议 2002 年 3 月 19 日变更坏账准备政策（3 月 22 日公布年报）。相关政策见表 8.3 和表 8.4。

表 8.3　应收账款账龄

账龄	变更前计提比例 /%
1 年以内	5
1 ~ 2 年	10
2 ~ 3 年	30
3 ~ 5 年	50
5 年以上	100

表 8.4　应收账款相关信息对比表

项目	神州股份	神火股份	盘江股份	兖州煤业
年度销售额 / 万元	66 250	63 921	49 322	646 935
期末应收账款 / 万元	50 977	5 241	13 520	60 865

续表

项目	神州股份	神火股份	盘江股份	兖州煤业
应收账款周转率 / 次	1.24	12.30	2.75	8.26
应收账款账龄比率 /%				
1 年以内	52	92.91	92.22	80
1 ~ 2 年	20.36	1.41	7.67	17
2 ~ 3 年	15.50	3.35	0.11	2
3 ~ 5 年	11.96	2.33		1
5 年以上	0.18			
坏账准备计提比率 /%				
1 年以内	2	5	5	3
1~2 年	5	10	10	30
2~3 年	10	30	20	50
3~4 年	20	50	30	100
4~5 年	20	50	40	100
5 年以上	30	100	100	100

思考：请评价神州股份应收账款坏账准备会计政策。

8.5 关联方关系及其交易

8.5.1 关联方及其交易

在经济生活中，企业与企业之间因为股权、人事权、购销等形成了复杂的利益关系，这些利益关系的存在，一方面可能使得企业与企业之间正常的市场经济活动变得更为顺畅，节约交易成本；另一方面，也可能存在定价不公允等利益转移行为，使得有些利益团体获益，另一些利益团体受损。因此，监管机构对企业的关联方关系及关联方交易都特别关注。例如，中国证监会 2020 年 7 月 10 日发布了《首次公开发行股票并上市管理办法（2020 年 7 月修正）》，明确规定发行人应完整披露关联方关系并按重要性原则恰当披露关联交易，关联交易价格公允，不存在通过关联交易操纵利润的情形；如果发行人最近 1 个会计年度的营业收入或净利润对关联方或者存在重大不确定性的客户存在重大依赖，将不能满足公开发行股票并上市对企业持续盈利能力的要求。

阅读报表时，明确企业存在的关联方，有助于分析企业当年取得的财务状况、经营成果和现金流量，在多大程度上受益于关联方的帮助，或在多大程度上受到关联方的侵蚀，从而正确认识企业取得的经营业绩。

因此，正确把握哪些关系属于企业会计准则规范的关联方关系，是正确分析关联方关系及其交易对企业报表影响的前提和关键。正因为关联方及其交易的重要性，我国第一份具体会计准则就是1997年出台的规范关联方交易及其披露的会计准则《企业会计准则——关联方关系及其交易的披露》，也因为其复杂性和重要性，随后多次进行了修改，目前，我国正在执行的准则是2006年发布的《企业会计准则第36号——关联方披露》。

【阅读材料】

2021年7月22日，中国证监会《第十八届发审委2021年第78次会议审核结果公告》显示，老铺黄金股份有限公司首次公开发行股票的申请没有获得通过。中国证监会发审委在审核过程中提出的一个重要问题就是关联方关系及交易对公司独立性的影响。具体问题如下。

"2016年12月，实际控制人将金色宝藏旗下'老铺黄金'品牌黄金类业务从金色宝藏剥离注入发行人作为主要上市资产，金色宝藏和文房文化于2017—2018年仍经营黄金类业务。请发行人代表说明：①未采用原金色宝藏作为上市主体的原因及合理性，金色宝藏停止经营的具体情况，未进行注销的原因及合理性，历次股权转让是否依法履行必要程序、是否合法合规、有无纠纷及潜在纠纷；②2017—2018年金色宝藏和文房文化将黄金类制品转让给发行人的定价依据及合理性；③金色宝藏剩余存货处置中将红珊瑚、和田玉及沉香等转给实际控制人后，该等存货具体用途，目前盘点情况，是否存在免费提供给发行人使用的情形；④金色宝藏和文房文化在剔除资产处置损失后，报告期内仍持续大幅亏损的原因，相关成本及费用是否归属上述公司；⑤2017—2018年发行人仍与金色宝藏发生较大金额关联采购的原因，是否影响发行人独立性，是否存在利益输送，金色宝藏将相关黄金制品销售给发行人后又对外采购黄金的原因及合理性。请保荐代表人说明核查依据、过程，并发表明确核查意见。"

根据公司的招股说明书，老铺黄金的实际控制人是徐高明、徐东波父子。徐东波父子合计享有老铺黄金88.957%的表决权，为公司实际控制人。其中，两人直接持有老铺黄金33.885%的股份，通过红乔金季控制公司41.100%的表决权。

从渊源上看，虽然老铺黄金招股书显示注册在2016年12月，而在2016年之前，其经营主体是金色宝藏，老铺黄金当时只是金色宝藏的一个品牌。金色宝藏的经营状况并不好，根据老铺黄金招股书，2017—2019年，金色宝藏营业收入分别是15 095.96万元、11 606.49万元、3 038.5万元，净利润分别为−1 534.41万元、−3 711.55万元、−2 188.99万元，营收连年下滑并且亏损，金色宝藏还曾因为虚假宣传被处罚。换句话说，徐氏父子或许更加倚重老铺黄金的品牌，进而以所谓古法黄金工艺为噱头开始了金蝉脱壳的上市之路。在此布局之前，2016年老铺黄金注册成立，也就是本次招股书的上市主体。根据招股书显示，2017—2018年，老铺黄金向金色宝藏采购产品的金额分别为4 219.07万元、457.51万元，且金色宝藏均在老铺黄金的前五大供应商的名单中，特别是2017年，金色宝藏更是老铺黄金的第二大供应商。根据股权关系，金色宝藏和老铺黄金的实际控股股东均为徐氏父子，那么，金色宝藏与老铺黄金是否构成同业竞争？老铺黄金在对金色宝藏的采购和销售价格方面是否公允？根据此前反馈意见，发审委针对金色宝藏的持续亏损、相关资产处置、是否存在利益输送和关联交易等提出了一系列疑问。

资料来源：

（1）第十八届发审委2021年第78次会议审核结果公告，中国证券监督管理委员会网站。

（2）老铺黄金IPO被否三大方面问题曝光，澎湃新闻。

8.5.2 关联方关系的范畴及其常见交易类型

1）关联方关系

根据2006年的《关联方披露》会计准则：一方控制、共同控制另一方或对另一方施加重大影响，以及两方或两方以上同受一方控制、共同控制或重大影响的，构成关联方。因此，关联方关系往往存在于控制或被控制、共同控制或被共同控制、施加重大影响或被施加重大影响的各方之间。根据企业会计准则，具体来讲，关联方关系包括如下几种①。

第一，该企业的母公司不仅包括直接或间接地控制该企业的其他企业，也包括能够对该企业实施直接或间接控制的企业等。①某企业直接控制一个或多个企业。例如，母公司控制一个或若干个子公司，则母公司与子公司之间即为关联方关系。②某企业通过一个或若干个中间企业间接控制一个或多个企业。例如，母公司通过其子公司，间接控制子公司的子公司，表明母公司与其子公司的子公司存在关联方关系。③某企业直接地和通过一个或若干个中间企业间接地控制一个或多个企业。例如，母公司对某企业的投资虽然没有达到控股的程度，但由于其子公司也拥有该企业的股份或权益，母公司与其子公司对该企业的投资之和达到拥有该企业一半以上表决权资本的控制权的，表明母公司与该企业之间存在关联方关系。

第二，该企业的子公司包括直接或间接地被该企业控制的其他企业，也包括直接或间接地被该企业控制的企业、单位、基金等特殊目的的实体。

第三，与该企业受同一母公司控制的其他企业。因为两个或多个企业有相同的母公司，对它们都具有控制能力，即两个或多个企业如果有相同的母公司，它们的财务和经营政策都由相同的母公司决定，各个被投资企业之间由于受相同母公司的控制，可能为自身利益而进行的交易受到某种限制。因此，关联方披露准则规定与该企业受同一母公司控制的两个或多个企业之间构成关联方关系。

第四，对该企业实施共同控制的投资方。这里的共同控制包括直接的共同控制和

---

① 如下关于关联方关系的内容，为了准确性和权威性，直接引自财政部会计司编写组《企业会计准则讲解》（2010），人民出版社。

间接的共同控制。需要强调的是，对企业实施直接或间接共同控制的投资方与该企业之间是关联方关系，但这些投资方之间并不能仅仅因为共同控制了同一家企业而视为存在关联方关系。例如，A、B、C三个企业共同控制D企业，从而A和D、B和D以及C和D成为关联方关系。如果不存在其他关联方关系，A和B、A和C以及B和C之间不构成关联方关系。

第五，对该企业施加重大影响的投资方。这里的重大影响包括直接的重大影响和间接的重大影响。对企业实施重大影响的投资方与该企业之间是关联方关系，但这些投资方之间并不能仅仅因为对同一家企业具有重大影响而视为存在关联方关系。例如，A企业和C企业均能够对B企业施加重大影响，如果A和C不存在其他关联方关系，则A和C不构成关联方关系。

第六，该企业的合营企业。合营企业是指按照合同规定经营活动由投资双方或若干方共同控制的企业。合营企业包括合营企业的子公司。合营企业的主要特点在于投资各方均不能对被投资企业的财务和经营政策单独作出决策，必须由投资各方共同作出决策。因此，合营企业是以共同控制为前提的，两方或多方共同控制某企业时，该企业则为投资者的合营企业。例如，A、B、C、D企业各占F企业表决权资本的25%，按照合同规定，投资各方按照出资比例控制F企业，由于出资比例相同，F企业由A、B、C、D企业共同控制，在这种情况下，A和F、B和F、C和F以及D和F之间构成关联方关系。

第七，该企业的联营企业。联营企业是指投资方对其具有重大影响，但不是投资者的子公司或合营企业的企业。联营企业包括联营企业的子公司。联营企业和重大影响是相联系的，如果投资者能对被投资企业施加重大影响，则该被投资企业视为投资者的联营企业。

第八，该企业的主要投资者个人及与其关系密切的家庭成员。主要投资者个人是指能够控制、共同控制一个企业或者对一个企业施加重大影响的个人投资者。①某企业与其主要投资者个人之间的关系。例如，张某是A企业的主要投资者，则A企业与张某构成关联方关系。②某企业与其主要投资者个人关系密切的家庭成员之间的关系。例如，A企业的主要投资者张某的儿子与A企业构成关联方关系。

第九，该企业或其母公司的关键管理人员及与其关系密切的家庭成员。关键管理人员是指有权力并负责计划、指挥和控制企业活动的人员。通常情况下，企业关键管理人员负责制订战略目标、经营计划、指挥调度生产经营活动等，主要包括董事长、董事、董事会秘书、总经理、总会计师、财务总监、主管各项事务的副总经理以及行使类似职能的人员等。①某企业与其关键管理人员之间的关系。例如，A企业的总经理与A企业构成关联方关系。②某企业与其关键管理人员关系密切的家庭成员之间的关系。例如，A企业的总经理的儿子与A企业构成关联方关系。

第十，该企业主要投资者个人、关键管理人员或与其关系密切的家庭成员控制、共同控制的其他企业。与主要投资者个人或关键管理人员关系密切的家庭成员，是指在处理与企业的交易时可能影响该个人或受该个人影响的家庭成员，如父母、配偶、兄弟、姐妹和子女等。判断与主要投资者个人或关键管理人员关系密切的家庭成员是否为一个企业的关联方，应当视他们在处理与企业交易时的互相影响程度而定。对于这类关联方，应当根据主要投资者个人、关键管理人员或与其关系密切的家庭成员对两家企业的实际影响力具体分析判断。①某企业与受该企业主要投资者个人控制、共同控制或施加重大影响的其他企业之间的关系。例如，A企业的主要投资者H拥有甲企业60%的表决权资本，则A和甲存在关联方关系。②某企业与受该企业主要投资者个人关系密切的家庭成员控制、共同控制或施加重大影响的其他企业之间的关系。例如，A企业的主要投资者乙的妻子拥有C企业60%的表决权资本，则A和乙存在关联方关系。③某企业与受该企业关键管理人员控制、共同控制的其他企业之间的关系。例如，A企业的关键管理人员D控制了丙企业，则A和丙存在关联方关系；④某企业与受该企业关键管理人员关系密切的家庭成员控制、共同控制或施加重大影响的其他企业之间的关系。例如，A企业的财务总监Y的妻子是丁企业的董事长，则A和丁存在关联方关系。

必须注意，控制、共同控制和重大影响是判断关联方关系的基本标准，因此，不符合标准的应当排除在外。具体而言，仅与企业存在下列关系的各方，不构成企业的关联方。

第一，不能仅仅因为经常发生借贷关系、购销关系等，将交易双方认定为关联方。与该企业发生日常往来的资金提供者、公用事业部门、政府部门和机构，以及与该企业发生大量交易而存在经济依存关系的单个客户、供应商、特许商、经销商和代理商之间，不构成关联方关系。

第二，与该企业共同控制合营企业的合营者之间，通常不构成关联方关系。例如，A公司和B公司形成对C公司的共同控制，则A和B都对C产生了重大影响力，A和C、B和C都构成了关联方关系，但是，A与B彼此之间不能相互影响，不构成关联方关系。

第三，前文指出，同受一个母公司控制的兄弟子公司之间也构成关联方，但是我国国有经济占主导地位，国有企业同受国家控制，因此仅仅同受国家控制而不存在控制、共同控制或重大影响关系的企业，不构成关联方关系。因为国有企业都是独立法人和市场主体，实行自主经营、自负盈亏，相互之间不存在关联方披露准则所指的控制、共同控制、重大影响关系，不符合关联方关系。

2）关联方交易常见类型

根据企业会计准则讲解，关联方的交易类型主要有：

第一，购买或销售商品。购买或销售商品是关联方交易较常见的交易事项。例如，企业集团成员之间互相购买或销售商品，从而形成了关联方交易。这类交易主要是关注交易价格是否公允，正确分析交易对买卖双方利润表的营业收入和营业成本的影响，以及对买卖双方资产负债表有关项目的影响。

第二，购买或销售除商品以外的其他资产。例如，母公司出售给其子公司设备或建筑物等；金融资产买卖可能影响投资收益，固定资产、无形资产买卖可能影响营业外收支。

第三，提供或接受劳务。例如，A 企业是 B 企业的联营企业，A 企业专门从事设备维修服务，B 企业的所有设备均由 A 企业负责维修，B 企业每年支付设备维修费用 300 万元。为此，A 企业每年据此可以产生 300 万元的收入。

第四，担保。担保包括在借贷、买卖、货物运输、加工承揽等经济活动中，为了保障其债权实现而实行的担保等。当存在关联方关系时，一方往往为另一方提供为取得借款、买卖等经济活动中所需要的担保。关联方之间的担保或相互担保，是经济生活中普遍存在的现象。由于提供担保，担保方最终可能需要为被担保方承担债务偿还等义务。本书预计负债知识点对此已经作了一些介绍，读者可以参阅前文。

第五，提供资金（贷款或股权投资）。例如，企业从其关联方取得资金，或权益性资金在关联方之间的增减变动等。这类关联方交易，尤其需要担心利益侵占，损害其他中小股东利益。报表阅读时，需要注意其他应收款或其他应付款的明细组成。

第六，租赁。租赁通常包括经营租赁和融资租赁等，关联方之间的租赁合同也是主要的交易事项。

第七，代理。代理主要是依据合同条款，一方可为另一方代理某些事务，如代理销售货物，或代理签订合同等。

第八，研究与开发项目的转移。在存在关联方关系时，有时某一企业所研究与开发的项目会由于一方的要求而放弃或转移给其他企业。例如，B 公司是 A 公司的子公司，A 公司要求 B 公司停止对某一新产品的研究和试制，并将 B 公司研究的现有成果转给 A 公司最近购买的、研究与开发能力超过 B 公司的 C 公司继续研制，从而形成关联方交易。

第九，许可协议。当存在关联方关系时，关联方之间可能达成某项协议，允许一方使用另一方商标等，从而形成了关联方之间的交易。

第十，代表企业或由企业代表另一方进行债务结算。

第十一，关键管理人员薪酬。企业支付给关键管理人员的报酬也是一项主要的关联方交易。

第十二，关联方交易还包括就某特定事项在未来发生或不发生时采取相应行动的任何承诺，例如（已确认及未确认的）待执行合同。

3）关联方关系及交易的会计要求

由于关联方关系的存在，可能影响交易价格的公允性，准则制定机构对关联方及其交易的披露进行了比较严格的规定，以便于信息使用者分析关联方关系及其交易对报表的影响。其中，关联方关系如果是母子公司关系，则不论是否发生关联方交易，企业都必须在附注中披露与该企业之间存在控制关系的母公司和子公司有关的信息。应当披露的信息包括母公司和所有子公司的名称，母公司和子公司的业务性质、注册地、注册资本（或实收资本、股本）及其变化，以及母公司对该企业或者该企业对子公司的持股比例和表决权比例。在披露母公司名称时，如果母公司不是该企业最终控制方的，还应当披露企业集团内对该企业享有最终控制权的企业（或主体）的名称。母公司和最终控制方均不对外提供财务报表的，还应当披露母公司之上与其最相近的对外提供财务报表的母公司名称。

关联方之间发生交易的，企业应该在附注中披露关联方关系的性质（如母子公司、联营企业或合营企业）、交易类型（如上文十二种交易）及交易要素。交易要素至少应当包括交易的金额；未结算项目的金额、条款和条件，包括承诺，以及有关提供或取得担保的信息；未结算应收项目的坏账准备金额；定价政策。由于关联方交易可能很频繁，重要性也不一样，对于重要交易，应当分开披露；对于不重要的、类型相似的非重大交易可以合并披露，但不应该以影响报表阅读者正确理解企业财务状况、经营成果和现金流量为前提。

4）报表阅读者需要注意的方面

除了披露，关联方交易的会计确认、计量、记录和表内确认，与非关联方交易并无差异。因此，报表阅读者并不能通过财务报表表内信息获取关联方交易对报表的影响，只有认真分析附注提供的关联方信息及其交易信息，才能够正确认识这些交易对报表的影响（回顾利润表章节，企业盈利独立性对申请 IPO 上市交易的重要性）。通常情况下，附注当中的应收账款、其他应收款、预付账款、应付账款、其他应付款、预收账款、担保、股权投资等都可能包括关联方信息披露，同时，年报中还会有专门项目披露关联方关系。

【阅读材料】

关联交易成 IPO 被否“大项”证监会设定 30% 分界线

近日，证监会发布 50 条首发业务若干问题解答，其中，作为拟 IPO 企业被否的重要原因——关联交易也有相关解答。证监会明确中介机构应对企业关联交易进行核查，企业需要进行充分披露。如果拟 IPO 企业关联交易超过收入的 30%，还需要披露是否存在利益输送情形。

目前，拟 IPO 企业普遍存在一定比例的关联交易情况。据《证券日报》记者不完全统计，仅 2018 年就有 43 家拟 IPO 因涉及关联交易或业务独立性存疑而被否，占比约为 73%（包括关联交易是被否原因之一和同时存在多种原因情况），而 2018 年全年有 59 家企业被否。

“关联交易很容易造假，引起虚增收入等现象，因此要求存在关联交易情况的企业提高信息披露有效性、充分性，这是净化市场、提高上市公司质量、保护投资者的必要措施。”一位第三方财务顾问公司研究人士在接受《证券日报》记者采访时分析称。

此次证监会发布 50 条首发业务若干问题解答明确，中介机构在尽职调查过程中，应当尊重企业合法合理、正常公允且确实有必要的经营行为，关于关联交易的决策程序，关于关联方和关联交易的核查等四方面信息。

对于存在关联交易的情况，上述解答提出一项30%的分界线，即对于控股股东、实际控制人与发行人之间关联交易对应的收入、成本费用或利润总额占发行人相应指标的比例较高（如达到30%）的，拟IPO企业应结合相关关联方的财务状况和经营情况、关联交易产生的收入、利润总额合理性等，充分说明并摘要披露关联交易是否影响发行人的经营独立性，是否构成对控股股东或实际控制人的依赖，是否存在通过关联交易调节发行人收入利润或成本费用、对发行人利益输送的情形。此外，发行人还应披露未来减少与控股股东、实际控制人发生关联交易的具体措施。

"其实只要存在关联交易，就必须充分披露，之所以强化30%这一分界线，要求企业披露是否存在利益输送，这一方面是向投资者充分揭示风险；另一方面，30%的分界线基本可以揭示拟IPO企业的主要收入来源不是来自单一公司。"有券商投行部人士向记者分析称。

资料来源：《证券日报》，2019年3月28日。转载自中国经济网。

参考文献

[1] 杜兴强 . 中级财务会计学［M］. 北京 : 高等教育出版社 , 2007.

[2] 葛家澍，杜兴强 . 中级财务会计学（上、下）［M］. 3 版 . 北京 : 中国人民大学出版社 , 2007.

[3] 葛家澍 , 林志军 . 现代西方会计理论［M］. 3 版 . 厦门 : 厦门大学出版社 , 2011.

[4] 黄雯君 . 从价值创造的角度构建企业业绩评价体系［D］. 厦门 : 厦门大学 , 2009.

[5] 黄世忠 . OPM 战略对财务弹性和现金流量的影响 : 基于戴尔、沃尔玛、国美和苏宁的案例分析［J］. 财务与会计 , 2006（12）: 15-18.

[6] 黄世忠 . 财务报表分析理论 · 框架 · 方法与案例［M］. 北京 : 中国财政经济出版社 ,2007.

[7] 黄世忠 . 滴滴与优步的业绩评价困境［J］. 财会月刊 , 2021（13）: 13-17.

[8] 刘峰，潘琰，林斌 . 会计学基础［M］.3 版 . 北京 : 高等教育出版社 , 2009.

[9] 佩普 , 希利 , 伯纳德 . 运用财务报表进行商务分析和评估［M］. 北京 : 中信出版社 , 2002.

[10] 戴维 · F. 霍金斯 . 公司财务报告与分析：教程与案例［M］. 孙铮 , 郭永清 , 译 .4 版 . 沈阳：东北财经大学出版社 , 2000.

[11] 利奥波德 · A. 伯恩斯坦 , 约翰 · J. 维欧德 , 财务报表分析［M］. 许秉岩 , 张海燕 , 译 .5 版 . 北京 : 北京大学出版社 , 2001.

[12] 夏冬林 . 会计学［M］.3 版 . 北京 : 清华大学出版社 , 2011.

[13] 张金若 , 连竑彬 , 胡梦云 . 金融危机“浪尖”上的公允价值思考［J］. 重庆大学学报 (社会科学版), 2010,16（1）: 65-71.

[14] 张新民，钱爱民 . 财务报表分析［M］.2 版 . 北京 : 中国人民大学出版社 ,2011.

[15] 中国注册会计师协会 . 会计［M］. 北京 : 中国财政经济出版社 , 2020.

[16] 中国注册会计师协会 . 审计［M］. 北京 : 中国财政经济出版社 , 2020.